Sabine Geyer
5/83

D1666656

UTB

Eine Arbeitsgemeinschaft der Verlage

Birkhäuser Verlag Basel und Stuttgart
Wilhelm Fink Verlag München
Gustav Fischer Verlag Stuttgart
Francke Verlag München
Paul Haupt Verlag Bern und Stuttgart
Dr. Alfred Hüthig Verlag Heidelberg
Leske Verlag + Budrich GmbH Opladen
J. C. B. Mohr (Paul Siebeck) Tübingen
C. F. Müller Juristischer Verlag – R. v. Decker's Verlag Heidelberg
Quelle & Meyer Heidelberg
Ernst Reinhardt Verlag München und Basel
K. G. Saur München · New York · London · Paris
F. K. Schattauer Verlag Stuttgart · New York
Ferdinand Schöningh Verlag Paderborn
Dr. Dietrich Steinkopff Verlag Darmstadt
Eugen Ulmer Verlag Stuttgart
Vandenhoeck & Ruprecht in Göttingen und Zürich

Grundwissen der Ökonomik

Betriebswirtschaftslehre

Herausgegeben von

F. X. Bea, Stuttgart-Hohenheim
E. Dichtl, Mannheim
M. Schweitzer, Tübingen

Die Steuerplanung der Unternehmung

Franz W. Wagner und H. Dirrigl

4 Abbildungen und 26 Tabellen

Gustav Fischer Verlag · Stuttgart · New York

Anschrift der Verfasser
Professor Dr. Franz W. Wagner
Dipl.-Kfm. H. Dirrigl
Institut f. Betriebswirtschaftslehre, Universität Hohenheim
Schloß Osthof 7000 Stuttgart 70

CIP-Kurztitelaufnahme der Deutschen Bibliothek

Wagner, Franz W.:
Die Steuerplanung der Unternehmung / Franz W.
Wagner u. H. Dirrigl. – Stuttgart, New York :
Fischer, 1980.
    (Uni-Taschenbücher ; 863) (Grundwissen der
    Ökonomik : Betriebswirtschaftslehre)
    ISBN 3-437-40068-1
NE: Dirrigl, Hans :

© Gustav Fischer Verlag · Stuttgart · New York · 1980
Wollgrasweg 49, 7000 Stuttgart 70
Alle Rechte vorbehalten
Satz und Druck: Graphischer Großbetrieb Friedrich Pustet,
Regensburg
Einband: Großbuchbinderei Sigloch KG, Leonberg-Ramtel
Printed in Germany

Vorwort der Herausgeber

Für die Studierenden im Anfänger- wie im Fortgeschrittenenstadium ist es erfahrungsgemäß eine große Hilfe, wenn ihnen der Stoff des Teilgebietes eines Faches in einer knappen, systematisch aufbereiteten und leicht faßlichen Form dargeboten wird. Gleichzeitig müssen sie die Gewißheit haben, daß die wichtigsten Inhalte so umfangreich und gründlich abgedeckt sind, daß die Diplomprüfung in der Regel bewältigt werden kann.

Diesem Ziel dienen die Uni-Taschenbücher (UTB), die wir in der Reihe «Grundwissen der Ökonomik: Betriebswirtschaftslehre» beim Gustav Fischer Verlag, Stuttgart, herausgeben. Die Thematik der einzelnen Bände ist so gewählt, daß der gesamte Wissensbereich der modernen Betriebswirtschaftslehre weitgehend abgedeckt ist. Welche Bücher bereits erschienen sind und welche in absehbarer Zeit publiziert werden, geht aus einer Übersicht am Ende dieses Werkes hervor. Wir werden auch in Zukunft bemüht sein, unsere Zielgruppe mit Neuentwicklungen unseres Faches vertraut zu machen. Praktikern mit und ohne Studium ebenso wie Angehörigen von Nachbardisziplinen wird daher mit dieser Reihe nicht nur ein kurzer Weg zur Gewinnung eines Überblicks über das gesamte Gebiet der Betriebswirtschaftslehre, sondern auch eine Information über aktuelle Wissensfortschritte geboten.

Als Autoren konnten wir Hochschullehrer gewinnen, die dank der Verschiedenheit von Alter, Herkunft und Wissenschaftsauffassung die Gewähr dafür bieten, daß keine bestimmte Schulrichtung den Charakter der Reihe prägt, sondern ein getreues Abbild der Wissenschaftsvielfalt in der Betriebswirtschaftslehre geboten wird.

Ein Spezifikum der Reihe besteht im übrigen darin, daß alle Bände durch Arbeitsbücher ergänzt werden, die vor allem der Vertiefung theoretischer Erörterungen, der Einübung von Wissen und der Anwendung von Erlerntem auf praktische Fälle dienen sowie eine wirksame Lernkontrolle erleichtern sollen. Damit wird zugleich die Hoffnung verbunden, die Tätigkeit von Dozenten in einer didaktisch sinnvollen Weise zu unterstützen und diese von Arbeiten zu befreien, deren Erledigung zwangsläufig zu Lasten vordringlicher Aufgaben ginge.

Eine wesentliche Voraussetzung für eine Arbeitsteilung in dem skizzierten Sinne besteht darin, daß Lehrtexte und Lernhilfen das Budget von Studierenden nicht übermäßig belasten. Diesem Gesichtspunkt wird durch die Konzeption, insbesondere Preisstellung von UTB-Büchern, so meinen wir, weitgehend Rechnung getragen.

Hohenheim, Mannheim und Tübingen,
im Mai 1979

F. X. Bea
E. Dichtl
M. Schweitzer

Vorwort der Verfasser

Die Betriebswirtschaftslehre hat sich in den letzten zwanzig Jahren zu einer schon weitgehend geschlossenen Entscheidungslehre entwickelt. Demgegenüber sind Darstellungen der betriebswirtschaftlichen Steuerlehre noch vergleichsweise stark an der steuerrechtlichen Systematik ausgerichtet. Die Umsetzung des Steuerrechts in betriebswirtschaftliche Entscheidungskalküle erfolgte bisher nur schrittweise, was angesichts der Unübersichtlichkeit des Steuerrechts nicht verwundert. Dennoch ist es notwendig, in Unternehmensentscheidungen die steuerlichen Konsequenzen zu berücksichtigen, weil die Problemlösungen ansonsten wichtige Aspekte der Realität übersehen würden.

Dieses Buch verfolgt die Absicht, die bisherigen Ansätze zur Steuerwirkungs- und Steuergestaltungslehre zu ordnen, zu erweitern und sie zu einer betriebswirtschaftlichen Konzeption zusammenzufügen. Entsprechend der Entwicklung in der Betriebswirtschaftslehre ist dies nur möglich, wenn die Darstellung durch eine Formalisierung der Entscheidungsprobleme gestrafft wird. Die von uns gewählte Darstellung stellt jedoch an den Leser nur geringe mathematische Anforderungen, sondern verlangt lediglich, daß er steuerrechtliche Grundkenntnisse besitzt.

Das Buch wendet sich an Studenten im fortgeschrittenen Studium sowie an Praktiker, die ihre Tätigkeit nicht auf die Steuererfüllungsberatung beschränken, sondern auch eine aktive Steuergestaltungsberatung durchführen. Angesichts der Tatsache, daß immer weitere staatliche Lenkungsmaßnahmen auf dem Wege der Steuerpolitik betrieben werden, ist es zunehmend notwendig, daß der Unternehmer erfährt, welchen Einfluß steuerliche Vorschriften auf seine Entscheidungen haben. Diese Frage kann eine Steuerberatung, die sich auf Initiativen zur Ausnutzung bilanzsteuerlicher Wahlrechte beschränkt, nicht beantworten.

Zu diesem Buch erscheint ein Arbeitsbuch, das der Vertiefung der dargestellten Probleme und Lösungen durch Lernkontrollen dienen soll. Es enthält Übungsaufgaben in Form von Fallbeispielen und Kontrollfragen. Im Text dieses Buches sind Hinweise angegeben, die auf die entsprechenden Aufgaben im Übungsbuch verweisen.

Das Schreiben dieses Buches wurde uns durch mancherlei Unterstützung erleichtert, für die wir uns hier bedanken wollen.

Als Mitarbeiter des Lehrstuhls haben Joachim Keck, Rolf Nonnenmacher und Hans-Jürgen Wurster mit uns viel Zeit bei Diskussionen verbracht und sich stets der Mühe unterzogen, die Manuskripte durchzusehen und Verbesserungsvorschläge zu machen. Kurt Gratz hat die Tabellen im Anhang und die Beispiele zur Steuerbilanzpolitik berechnet. Welche Geduld unsere Sekretärin, Frau Gudrun Ney, beim Schreiben der verschiedenen Fassungen des Manuskripts aufbringen mußte, wird sich der Leser denken können. Ihr gebührt unser besonderer Dank.

Falls der Reformeifer des Steuergesetzgebers unseren Bemühungen Schonung gewährt, so würde uns dies freuen; ein «Dank im voraus» an diese Adresse erschiene uns jedoch frivol.

Stuttgart, September 1979   Franz W. Wagner
                                                 Hans Dirrigl

Inhalt

Einführung

Probleme der Steuerplanung

Im Rahmen der wissenschaftlichen Arbeitsteilung werden Problemstellungen in verschiedenen wissenschaftlichen Disziplinen behandelt. Das, was traditionsgemäß in einer bestimmten Disziplin zu diskutieren ist, nennt man häufig ihre «Aufgaben». Diese ergeben sich nicht zwangsläufig, sondern durch Konsens der wissenschaftlich Tätigen über eine organisatorisch zweckmäßige Abgrenzung des Arbeitsgebietes. Zu den Aufgaben der betriebswirtschaftlichen Steuerlehre rechnet man meist:

1. das steuerliche Rechnungswesen
2. Interpretation und Kritik von Gesetzgebung und Rechtsprechung
3. die Einbeziehung der Besteuerung in die betriebswirtschaftliche Entscheidungstheorie

Die Aufgaben 1 und 2 werden neben der betriebswirtschaftlichen Steuerlehre auch in der Disziplin des Steuerrechts, die Aufgabe 3 auch von Vertretern der Finanzwissenschaft behandelt. Zwischen diesen drei Disziplinen besteht ein gewisses Konkurrenzverhältnis in der wissenschaftlichen Diskussion, da eine exakte Arbeitsteilung nicht möglich ist.

In den älteren Beiträgen der betriebswirtschaftlichen Steuerlehre lag der Schwerpunkt auf den Aufgaben 1 und 2. Hierzu existiert eine große Zahl geeigneter Monographien und eine Vielzahl von Beiträgen in den einschlägigen Fachzeitschriften. Die Aufgabe 3 wird konkret erst in jüngerer Zeit in Angriff genommen, da die Formulierung entsprechender Fragestellungen nur parallel zum Entwicklungsstand der Betriebswirtschaftslehre möglich war, die ebenfalls erst seit einigen Jahren als explizit «entscheidungsorientiert» bezeichnet werden kann.

Die Berücksichtigung von Steuern in der Theorie betrieblicher Entscheidungen ist im Prinzip nur eine Vervollkommnung der Planung. Daß es sich hierbei nicht um eine Marginalie handelt, wird deutlich, wenn man z. B. die Steuerzahlungen in den veröffentlichten Jahresabschlüssen der großen Gesellschaften betrachtet und in Relation zu anderen, zentralen Begriffen der betriebswirtschaftlichen Theorie, wie etwa den Dividendenausschüttungen, setzt.

Die den Steuern gewidmete Aufmerksamkeit steht zu ihrer Größenordnung oft in einem rechten Mißverhältnis: auch in jüngster Zeit verzichten «Einführungen in die Betriebswirtschaftslehre» noch darauf, Steuern auch nur als Stichwort zu erwähnen. Entscheidungen, die ohne Berücksichtigung des Einflußfaktors «Steuer» getroffen werden, können daher im Hinblick auf ihre Richtigkeit nur vorläufig beurteilt werden; sie können sich nach Einbeziehung der Steuern als Fehlentscheidungen erweisen. Über die Fähigkeit, dies zu beurteilen, verfügt man jedoch erst, wenn man die Steuern bei der Entscheidung berücksichtigt und deren Auswirkungen auf die Alternativen überblickt.

Daß Steuern die Entscheidungen beeinflussen sollen, gilt zumindest in der Finanzpolitik als ausgemacht, die in ständig stärkerem Maße als Mittel der Konjunkturpolitik eingesetzt wird. Weite Bereiche des Steuerrechts sind nur noch dann diesem Blickwinkel erklärbar. Gemessen an den Hoffnungen, die in finanzpolitische Instrumente zur Beeinflussung unternehmerischer Entscheidungen gesetzt werden, ist die Zahl von empirischen Untersuchungen über Steuerwirkungen vergleichsweise gering.

In der Literatur wird im Hinblick auf den Aspekt des Einflusses von Steuern auf Entscheidungen bzw. der Beeinflussung von Steuern durch Entscheidungen zwischen einer *Steuerwirkungslehre* und einer *Steuergestaltungslehre* unterschieden. Da man Ursache-Wirkung-Beziehungen lediglich mittels tautologischer Transformation in gestaltungsorientierte Mittel-Zweck-Beziehungen uminterpretieren kann, ist eine solche Unterscheidung nicht immer sinnvoll. Sie ist jedoch zweckmäßig, wenn man sie auf die beiden Adressaten von Informationen über steuerliche Einflüsse bezieht: Den Unternehmer interessiert die Frage, wie er sich gegenüber der Besteuerung im Hinblick auf seine Ziele und Umweltdaten *richtig* verhalten soll; dieser Frage widmet sich die *entscheidungslogische* Untersuchung der Steuergestaltungslehre. Den Finanzpolitiker interessieren nicht die leistungsfähigsten Rechenverfahren, die von der Betriebswirtschaftslehre angeboten werden, sondern die von den Steuerpflichtigen angewendeten, weil er Informationen über das *empirische* Verhalten benötigt; nur so erfährt er, wie Steuern tatsächlich auf die Entscheidungen *wirken*. Da vermutlich nur ein Teil der Individuen bei seinen Entscheidungen rechnerisch aufwendige Kalküle verwendet, aber trotzdem nach bestimmten tradierten oder gefühlsmäßigen Verfahren die Steuern bei seinen Entscheidungen berücksichtigt, sind entscheidungslogisch *richtiges* und *tatsächliches* Verhalten nicht identisch. In diesem Buch steht das entscheidungslogisch richtige Verhalten im Vordergrund. Auf die organisatorischen Probleme seiner Verwirklichung wird zusätzlich im Vierten Teil eingegangen.

Den Begriff der Steuerplanung kann man eng und weit fassen (*Eisenach* [Steuerplanung] 18 ff.). Faßt man ihn eng (*Haegert* [Unternehmensforschung], *Mann* [Steuerpolitik]), so zählt nur die zielorientierte Beeinflussung der Steuern dazu. Dieser Teil der Planung beinhaltet allerdings nur einen engen Teilbereich der gesamten Beeinflussungsmöglichkeiten der Steuern. Daher wird hier eine weite Begriffsfassung zugrundegelegt, die in die Steuerplanung auch die Einflüsse der Besteuerung auf die Bestimmung unternehmerischer Handlungsoptima mit einbezieht. Es handelt sich dann strenggenommen um eine betriebswirtschaftliche Planung mit Berücksichtigung der Steuern. Dies bedeutet, daß jede Form von steuerlicher Planung nicht um ihrer selbst willen erfolgt, sondern daß sie Teil einer übergeordneten Planung ist. Es sprechen jedoch Zweckmäßigkeitsgründe dafür, die Steuerplanung gesondert zu behandeln.

Planung im Sinne von zielgerichtetem Handeln ist nur dann erforderlich, wenn die Möglichkeit der Einflußnahme besteht. Die Beeinflussung der zu zahlenden Steuern erfolgt durch Verwirklichung steuerlich relevanter *Tatbestände* (§ 38 AO), d. h. durch die Anpassung wirtschaftlicher Sachverhalte an die entsprechenden *Tatbestandsmerkmale*. Was steuerlich relevant ist, bestimmt sich nach den Normen des kodifizierten Steuerrechts und der Rechtsprechung. Die Beziehungen zwischen den Variablen des Entscheidungsfeldes als Ausgangsgröße für die Steuerfolge und den Tatbeständen, an die die Steuerfolge anknüpft, können jedoch verschiedenartig sein (*Eisenach* [Steuerplanung] 96 ff.). Teilweise knüpfen Steuern *unmittelbar* an die Variablen des Entscheidungsfeldes an, wie z. B. die Umsatzsteuer an die Einnahmen. In diesem Fall sind die Entscheidungsvariablen mit den steuerlich relevanten Tatbestandsmerkmalen materiell identisch. Teilweise besteht nur eine *mittelbare* Beziehung, weil zwischen die Entscheidungsvariablen und die steuerauslösenden Tatbestandsmerkmale intervenierende Variable in Form bestimmter Rechtsfiguren treten. So kann beispielsweise eine bestimmte, in bezug auf die finanzielle Vorteilhaftigkeit zunächst äquivalente Struktur von Alternativen in unterschiedliche Rechtsformen gekleidet sein, an die jeweils unterschiedliche steuerliche Tatbestände anknüpfen und damit zu verschiedenen Steuerbelastungen führen. Zwischen den relevanten Variablen des Entscheidungsfeldes und den für das Vorliegen steuerlicher Tatbestände relevanten Rechtsfiguren besteht häufig keine oder nur eine lockere Verbindung. Außerdem ist es möglich, daß selbst bei hinsichtlich wirtschaftlicher und zivilrechtlicher Merkmale identischen Alternativen lediglich in bezug auf die Steuer noch Gestaltungsmöglichkeiten in Form von Wahlrechten bestehen. In diesem Fall besteht zwischen den ursprünglichen Entscheidungsvariablen und der durch Ausübung spezifisch steuerlicher Wahlrechte beeinflußbaren Steuerzahlung keine eindeutige Verbindung mehr.

Die Fälle der Steuerbeeinflussung lassen sich also wie folgt systematisieren:

1. Identität von Entscheidungsvariablen (wirtschaftlichen Sachverhalten) und steuerlichen Tatbestandsmerkmalen
2. Abweichungen zwischen Entscheidungsvariablen und steuerlichen Tatbestandsmerkmalen
   a) Gleiche wirtschaftliche Sachverhalte sind verbunden mit unterschiedlichen Rechtsfiguren, ohne die Möglichkeit spezifisch steuerlicher Wahlrechte.
   b) Gleiche wirtschaftliche Sachverhalte sind verbunden mit unterschiedlichen Rechtsfiguren und der zusätzlichen Möglichkeit der Ausübung steuerlicher Wahlrechte.

In der betriebswirtschaftlichen Steuerlehre ist eine Vielzahl von Modellen entwickelt worden, die den Unterschieden der hier gezeigten Wahlsituation gerecht werden können. Es sind sowohl Modelltypen möglich, die auf die in 1 beschriebene Wahlsituation zugeschnitten sind, als auch Modelle, die für die Situation 2 geeignet sind. Ihre Darstellung erfolgt im Dritten Teil dieses Buches.

Da die Steuerplanung Teil der übergeordneten Gesamtplanung ist, kann die Frage, wie die Steuerzahlungen beeinflußt werden sollen, nicht ohne Bezug auf die Ziele der Gesamtplanung beantwortet werden. Daher ist im anschließenden Ersten Teil zunächst zu prüfen, wie Steuern logisch in das unternehmerische Zielsystem einzuordnen sind.

Erster Teil:
Steuern im Entscheidungskalkül

Die Frage, ob und wie Steuern bei betriebswirtschaftlichen Entscheidungen zu berücksichtigen sind, läßt sich nicht für alle Steuern und alle Entscheidungstypen einheitlich beantworten. Für die Klärung der Zusammenhänge ist es nützlich, zwischen einer *materiellen* und einer *formellen* Betrachtung zu unterscheiden (*Engels* [Steuern] 554 ff.).

Materielle Gründe für die Einbeziehung von Steuern sind immer dann gegeben, wenn die Steuern Auswirkungen auf die Zielerreichung bzw. auf das Zielerreichungsausmaß haben. Dies ist dann nicht der Fall, wenn ausschließlich nichtfinanzielle Ziele angestrebt werden, doch wird von diesem Fall hier nicht ausgegangen. Das eigentliche Problem ist jedoch nicht die Auswirkung der Steuern auf die *Zielerreichung*, sondern die Auswirkung auf die *Entscheidung* als Wahl zwischen Alternativen. Eine Auswirkung auf die Zielerreichung muß nicht zwingend zu einer anderen Entscheidung führen, als es bei Nichtberücksichtigung der Steuern der Fall gewesen wäre. Es ist möglich, daß trotz der Zielwirkung der Steuern sich an der *relativen* Vorteilhaftigkeit einer Alternative gegenüber anderen nichts ändert, da alle von der Besteuerung gleichermaßen betroffen werden. Deshalb ist es möglich, daß trotz ausreichender *materieller* Gründe, die für eine Berücksichtigung der Steuern bei Entscheidungen sprechen, diese aus *formellen* Gründen unterbleiben kann. Daher muß der Prüfung der materiellen Auswirkungen der Steuern eine formelle Beurteilung der Gründe folgen, die die Einbeziehung von Steuern in Entscheidungskalküle überflüssig machen können. Dies geschieht zunächst in allgemeiner Form.

1. Materielle Begründung der Berücksichtigung von Steuern

Die gegenwärtige Diskussion wird durch entscheidungslogische Überlegungen bestimmt. Diese besitzen jedoch Vorläufer in älteren Auffassungen, die vielfach noch die Handhabung in der Praxis bestimmen. Inwiefern diese eine tragfähige Basis besitzen, soll daher zunächst untersucht werden.

1.1 Ältere Auffassung

Da in der älteren Literatur noch keine strenge Differenzierung nach entscheidungslogischen Kategorien vorgenommen wurde, kann die Darstellung auf die Untersuchung der Fragen, *ob* und *wie* Steuern zu berücksichtigen sind, eingeschränkt werden.

Typische Gebiete, in denen die Berücksichtigung der Steuern diskutiert wurde, waren in älteren Beiträgen vor allem die Kostenrechnung und die Unternehmensbewertung, also Gebiete, in denen traditionell schon Entscheidungsprobleme behandelt wurden. Über die Kriterien für die Beantwortung der Frage, ob Steuern in diesen Problembereichen berücksichtigt werden sollten, besteht in der älteren Literatur kein Konsens. Als Kriterien für die Berücksichtigung werden sowohl die *Rechtsstellung* des Steuerschuldners als auch die *Betriebsbezogenheit* der Besteuerung verwendet (vgl. hierzu *Engels* [Bewertungslehre] 229 ff.).

Nach dem Kriterium der Rechtsstellung (des Schuldners) sollen nur solche Steuern berücksichtigt werden, deren Steuerschuldner der Betrieb als juristische Person (z.B. KSt) oder als Steuerobjekt (z.B. GewSt) ist. Nach diesem Kriterium wäre etwa die ESt nicht zu berücksichtigen, weil sie nicht in die betriebliche, sondern in die «private» Sphäre fällt und vom Kapitaleigner persönlich zu zahlen ist.

Nach dem Kriterium der «Betriebsbezogenheit» wird argumentiert, die Berücksichtigung der Steuern solle davon abhängig sein, ob ein Zusammenhang der Besteuerung mit der betrieblichen Leistungserstellung bestehe. Dies wird etwa für die ESt verneint, da die Leistungserstellung nicht an die Erzielung von Gewinn gebunden sei.

Gegen eine Berücksichtigung gewinnabhängiger Steuern in Kostenrechnung und Unternehmensbewertung wurde auch ins Feld geführt, daß es sich bei der Steuer um einen Teil der *Gewinnverwendung* handle, während für Entscheidungen vom Ziel der *Gewinnerzielung* auszugehen sei. Danach wären auch Steuern, die nach den beiden obigen Kriterien zu berücksichtigen sind (z. B. KSt, GewESt), zu vernachlässigen.

Die kontroversen Auffassungen sind verständlich vor dem Hintergrund einer Betrachtungsweise «vom Standpunkt des Betriebs aus», der in der älteren Betriebswirtschaftslehre dominierte. Bei einer solchen Konzeption bleibt allerdings der Bezug zwischen den Zielen des fiktiven Subjekts *«Betrieb»* und den Zielen der *Kapitaleigner* unklar. Werden Steuern, die zwar vom Kapitaleigner als Steuersubjekt zu zahlen sind, die aber durch die Entscheidungen innerhalb des Betriebs – also seiner Kapitalbeteiligung – ausgelöst werden, bei den Entscheidungen nicht berücksichtigt, so werden offensichtlich nicht alle für den Kapitaleigner relevanten Aspekte der Entscheidung erfaßt. Die Vernachlässigung der Steuern durch den Betrieb kann daher aus der Sicht des Kapitaleigners zu einer Fehlentscheidung führen.

Die Problematik dieses Vorgehens liegt – entscheidungslogisch gesehen – darin, daß die Verbindungen zwischen den Teilbereichen des persönlichen Entscheidungsfeldes des Kapitaleigners nicht beachtet werden. Wird nun allein die Kapitalbeteiligung an einem Betrieb als Teilbereich betrachtet und wird die aus nicht betrieblichen Anlageobjekten und dem Konsumbereich bestehende *Privatsphäre* vernachlässigt, so bestehen für die Lösung von Entscheidungsproblemen, die den Betrieb betreffen, keine klaren Zielvorstellungen. Obwohl die in älteren Beiträgen angeführten Argumente überwiegend plausibel und für die partiellen Zusammenhänge auch zutreffend sind, fehlt es ihnen an einem übergeordneten Kriterium, anhand dessen sich die Richtigkeit der Argumente entscheiden ließe.

Dieses kann gewonnen werden, wenn die unklare Fiktion eines «Standpunktes des Betriebs» zugunsten einer Betrachtung aus der Sicht der Interessengruppen aufgegeben wird, die sich zwecks Interessenrealisation zu einer Koalition auf Zeit zusammengefunden haben und damit die Institution «Betrieb» tragen. Unter diesen Gruppen stand in der Betriebswirtschaftslehre der Eigentümer als Adressat von Verhaltensempfehlungen stets im Mittelpunkt. Aus der Sicht des finanziellen Interesses der Beteiligten werden die für die Einteilung der Steuern in der älteren Theorie verwendeten Kriterien hinfällig. Finanzielle Ziele werden zunächst immer für die jeweiligen *Personen* als Zielträger formuliert. Subziele für die – aus der Sicht der Eigner gesehen – Partialbereiche einzelner Beteiligungen an Betrieben sind aus den *persönlichen* finanziellen Zielen abzuleiten und nicht umgekehrt.

Neben der Frage, *ob* die Steuern bei Entscheidungen zu berücksichtigen sind, war in älteren Darstellungen auch die Frage umstritten, *wie* sie logisch im Zielsystem einzuordnen sind. Aus der Überlegung, daß Steuern eine negative Zielvariable darstellen, wurde gefolgert, daß eine *Minimierung* oder etwas modifiziert: eine *relative* Minimierung der Steuern als Ziel anzustreben sei (*Wehmeyer* [Planung] 17 ff.). Da die Steuern i. d. R. jedoch in einer Abhängigkeitsbeziehung zu den sonstigen Entscheidungsvariablen und -zielen stehen, kann die Betrachtung der steuerlichen Ziele nicht isoliert erfolgen, sondern muß in enger Verbindung zu den sonstigen Zielen gesehen werden. Man erkennt leicht, daß eine absolute Steuerminimierung nur um den Preis einer Einstellung aller wirtschaftlichen Aktivitäten zu erreichen ist. Daß dies nicht sinnvoll ist, liegt auf der Hand. Um diese offensichtlichen Einwände auszuräumen, wurde als Ziel die *relative Steuerminimierung* formuliert. Allerdings ist auch dieser Vorschlag den gleichen Einwänden ausgesetzt wie die absolute Steuerminimierung: Da Steuerbemessungsgrundlagen von der Erreichung anderer Ziele direkt oder indirekt beeinflußt werden, ist eine Minimierung der Steuern bei *gleichzeitiger* Maximierung anderer Ziele nicht möglich, wenn diese wieder erhöhend auf die Steuerbemessungsgrundlagen zurückwirken. Die Überlegung wäre nur dann brauchbar, wenn außer den zu minimierenden Steuern für alle anderen Ziele Satisfaktionsniveaus formuliert wären. Dies würde wiederum bedeuten, daß Individuen, um Steuern zu sparen, bereit wären, auf höhere Einnahmen zu verzichten. Da ein solches Verhalten jedoch empirisch nicht plausibel ist, sind sowohl die absolute als auch die relative Steuerminimierung der älteren Literatur nicht als brauchbare Antworten auf die Frage anzusehen, wie die Steuern in das unternehmerische Zielsystem einzuordnen sind.

Der Grund für die Widersprüche liegt auch hier in den unklaren Zielannahmen. Wenn einerseits das Ziel in der Gewinnmaximierung des Betriebs gesehen wird, andererseits aber die Steuerminimierung eine Minimierung des Gewinns der Steuerbilanz des Betriebs notwendig macht, so entsteht ein Dilemma, das durch die Unterscheidung zwischen dem steuerlichen Gewinn und dem «betriebswirtschaftlichen» Gewinn nicht überwunden werden kann. Für eine Klärung der Probleme ist es notwendig, den Gewinn als Zielgröße zugunsten besser durchdachter Konzepte finanzieller Zielsetzung aufzugeben, wie sie in neueren entscheidungslogischen Beiträgen zugrundegelegt werden.

1.2 Entscheidungslogische Betrachtung

Kennzeichnend für die entscheidungsorientierte Betrachtung ist die Zielbezogenheit des Handelns. Daher ist es erforderlich, zunächst ein Begriffsschema zu schaffen, in dem sich die Beziehungen zwischen unternehmerischen Zielen und Steuern möglichst vollständig darstellen lassen. Dies geschieht in einer *Totalbetrachtung*. Diese ist selbst dann von Nutzen, wenn sich die durch eine Totalbetrachtung erzielbaren Erkenntnisse nicht unmittelbar in die Praxis umsetzen lassen. Totalbetrachtungen sind auch notwendig, um zu zeigen, wie *Partialbetrachtungen* oberzielkonform zu konzipieren sind. Dadurch lassen sich die Schwächen älterer Partialkonzeptionen, die vor allem in den nicht gesehenen Bezügen zu den Totalproblemen liegen, überwinden.

Eine zielbezogene Betrachtung beschränkt sich notwendigerweise auf die Ziele der explizit erfaßten Zielträgergruppen. Da Erkenntnisobjekt der Betriebswirtschaftlichen Steuerlehre der *steuerzahlende* Unternehmer ist, ist es folgerichtig, sich auf dessen *finanzielle* Ziele zu beschränken. Es wird daher in diesem Abschnitt von einer Identität von Disponenten und Eigentümern ausgegangen. Eine Erweiterung der Analyse auf die Ziele anderer Gruppen und auf nichtfinanzielle Ziele ist für die allgemeine Problemstellung nicht nötig.

1.2.1 Totalbetrachtung

Ausgangspunkt neuerer Auffassungen hinsichtlich finanzieller Ziele ist die Vorstellung, daß Individuen bestrebt sind, die Breite eines nach seiner Zeitstruktur bestimmten und für Konsumzwecke vorgesehenen *Einkommensstromes* zu maximieren (*Moxter* [Präferenzstruktur] 11 ff.). Durch diese Zielkonzeption wird die Unterscheidung zwischen Gewinnerzielung und Gewinnverwendung hinfällig, da die Verwendung bereits Gegenstand der Zieldefinition und damit festgelegt ist.

Bezüglich der Struktur des Zielstroms kann zwischen starren und flexiblen Zielsystemen unterschieden werden. Unter starren Zielsystemen, die eine Zielgröße unter Nebenbedingungen maximieren, wird meist die *Einkommensmaximierung* und die *Vermögensmaximierung* unterschieden, wobei die Nebenbedingungen ein bestimmtes Endvermögen oder bestimmte Entnahmen während des Planungszeitraums fordern. Flexible Zielsysteme, die die Gewichtung der Ziele vom jeweiligen Zielrealisationsgrad abhängig machen und in der Form der «Wohlstandsmaximierung» verbal bekannt sind, sind bislang noch nicht in praktikabler Form in Modellrechnungen eingesetzt worden (*Schneider* [Investition] 179ff.).

Es ist zu betonen, daß die Zielgrößen – gleich, ob es sich um die zu extremierenden Größen in der Zielfunktion oder um die Satisfaktionsgrößen in den Nebenbedingungen handelt – für den Konsum des Kapitaleigners vorgesehen sind; eine Reinvestition der Zielgrößen ist nicht Bestandteil der entsprechenden Entscheidungsmodelle.

Gelten die Prämissen, die einen *vollkommenen Kapitalmarkt* kennzeichnen, so kann man die finanzielle Zielsetzung wesentlich vereinfachen, weil dann das Konsumproblem und das Investitionsproblem separabel sind. Als Entscheidungskriterium kann in diesem Fall das *Kapitalwertmaximum* dienen, weil durch Transformationen zum Kalkulationszinsfuß die kapitalwertmaximale Alternative in die jeder beliebigen Konsumstruktur entsprechende optimale Alternative umgeformt werden kann (*Drukarczyk* [Investitionstheorie] 33ff.).

Den Gegensatz des Zielstroms zu den herkömmlichen Gewinndefinitionen kann man sich leicht an einer Grafik verdeutlichen:

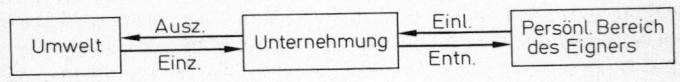

Abbildung 1

Während herkömmliche Gewinnbegriffe durch verschiedene Periodisierungsverfahren des Zahlungsstroms zwischen Unternehmung und Umwelt entstehen, fließt der *Zielstrom* zwischen der Unternehmung, verstanden als Summe aller auf Einkommenserzielung gerichteten Aktivitäten eines Individuums und dem Privatbereich = Konsumbereich. Da Steuerzahlungen zum Strom zwischen Unternehmung und Umwelt gerechnet werden, verringern sie das Potential der für den Konsumbereich verwendungsfähigen Beträge. Sie sind wegen der daraus entstehenden Zielwirkungen aus *materiellen Gründen* bei den Entscheidungen zu berücksichtigen. Dies gilt für alle Steuern, die nicht – wie etwa die Lohnsteuer für die Arbeitnehmer – nur durchlaufende Posten für die Unternehmung darstellen.

Aus dieser Sicht ist es belanglos, wer *Steuersubjekt* ist: Die materiellen Zielwirkungen der Steuern sind vorhanden, gleichgültig, ob das Steuersubjekt eine juristische Person ist, derer sich ein Individuum bei der Einkommenserzielung bedient, ob die Steuer durch das Vorliegen eines Gewerbebetriebs ausgelöst wird oder ob es sich um die Einkommensteuer handelt, die an die Summe der steuerlichen Merkmale einer natürlichen Person anknüpft. Die Steuern werden lediglich durch unterschiedliche Tatbestände ausgelöst, die in der Grafik einmal durch Merkmale der «Unternehmung» und einmal durch persönliche Merkmale des Eigners ausgelöst werden. In allen Fällen treten materiell die gleichen *negativen Zielwirkungen* auf, die zunächst für eine Berücksichtigung der Steuern bei den Entscheidungen sprechen. Die Verschiedenheit der Steuerbemessungsgrundlagen ist für eine materielle Betrachtung zunächst unerheblich und ist erst bei der formellen Betrachtung zu berücksichtigen.

Für die Einbeziehung des gesamten Entscheidungsfeldes beim Aufbau der Zielsystematik sprechen neben der Klärung der finanziellen Zielkonzeption auch spezifisch steuerliche Gründe. Da steuerlich relevante Merkmale wie etwa das Einkommen nicht im Hinblick auf Teilobjekte eines Investitionsprogramms wie etwa Anlage in Gewerbebetrieben, sondern nur im Hinblick auf eine *Person* definiert sind, können bei einer vom Gesamteinkommen abhängigen *Steuerprogression* zwar die einzelnen Teilbemessungsgrundlagen, nicht aber die darauf entfallende Steuerzahlung bestimmt werden, weil die Progression erst bei Zusammenfassung aller Einkunftsteile berechnet werden kann. Insofern liefern gerade die Besteuerungsprobleme für eine personenbezogene Totalbetrachtung sehr gute Gründe.

Im Gegensatz zur Unklarheit älterer Auffassungen, ob von Gewinnerzielung oder Gewinnverwendung auszugehen sei, und der sich daran anschließenden Unklarheiten bezüglich einer Maximierung des Gewinns vor oder nach Steuern ergibt sich bei Annahme eines präferenzkonformen Entnahmestroms als Zielgröße eindeutig, daß dieser als *Nettoentnahmestrom* zu interpretieren ist. Dies wäre nur dann nicht der Fall, wenn das Individuum die Steuern als eigenen Zielbeitrag ansehen würde, doch kann man dies in einer auf privaten Vorteil bedachten Wirtschaftsordnung ausschließen.

Daher beeinträchtigen die Steuern das Zielerreichungspotential in der gleichen Weise wie alle anderen nichtkonsumtiven Auszahlungen der Unternehmung. Eine spezielle Kennzeichnung der Steuern als negative Zielvariable ist daher überflüssig.

Grundlegende Prämisse der vorhergehenden Überlegungen ist die eingangs genannte *Identität von Zielträger und Kapitaleigner*. Gibt man diese Prämisse auf und führt man statt dessen ein vom Eigentum unabhängiges Management als Zielträger ein, so müssen sich mit der Zielprämisse auch die Gestaltungsempfehlungen ändern, die aus diesen abgeleitet werden.

1.2.2 Partialbetrachtung

Eine Totalbetrachtung läßt sich häufig nicht in der skizzierten Weise realisieren. Dies kann daran liegen, daß Kapitaleigentum und Entscheidungsbefugnis nicht in einer Hand liegen. Es können aber auch die vom vertretbaren Rechenaufwand her gesetzten Grenzen die Ursache sein. Dies bedeutet im Ergebnis, daß einzelne Entscheidungsbereiche gebildet werden müssen und in die Gestaltungsüberlegungen nur die Variablen dieser Bereiche explizit einbezogen werden; über die anderen Bereiche werden nur pauschale Annahmen getroffen.

In betriebswirtschaftlichen Entscheidungskalkülen wird meist die Abgrenzung des *Konsumbereichs* als unvermeidlich angesehen, weil sonst das Wahlproblem zu komplex würde. Ebenso unvermeidlich sind eine *zeitliche Abgrenzung* des Entscheidungsfeldes und eine Beschränkung der Planung auf einen für einsehbar gehaltenen Planungszeitraum. Beide Abgrenzungen werfen jedoch keine spezifisch steuerlichen Probleme auf. Neben diesen ist in der Regel eine Abgrenzung einzelner Entscheidungsbereiche notwendig. Dies kann in zweierlei Weise geschehen. Zum einen können Bereiche abgegrenzt werden, in denen Gestaltungsüberlegungen gleichzeitig, aber *dezentral* vorgenommen werden. Zum anderen können diese Gestaltungsüberlegungen in den einzelnen Bereichen *sukzessiv* durchgeführt werden. Beide Fälle sind für die Berücksichtigung der Steuern relevant.

Im ersten Fall werden in der Regel Gestaltungsaussagen bezüglich einzelner Funktionsbereiche gemacht, wobei die anderen Bereiche durch pauschale Annahmen berücksichtigt werden. Es sind jeweils bereichsspezifische Ziele zu formulieren und in diese die Steuern entsprechend einzubeziehen. Da die Bereichsmodelle jedoch nur die für die Gestaltung des Teilbereichs relevanten Größen enthalten, können nur solche Steuern erfaßt werden, die von diesen *unmittelbar* oder *mittelbar abhängig* sind. Zusätzlich zu den in einer solchen Bereichsbildung liegenden Problemen einer fehlenden Berücksichtigung der Interdependenzen zwischen den Bereichen können nun noch steuerliche Probleme auftreten.

Im zweiten Fall werden die Gestaltungsüberlegungen der Teilbereiche sukzessiv vorgenommen. Dadurch wird keine simultane Optimierung erreicht. Dieses Vorgehen kann für die Abstimmung von nichtsteuerlichen Variablen, aber auch für die Steuerplanung verwendet werden. In jüngster Zeit wurde in der Literatur vorgeschlagen, eine *sukzessive* Abstimmung nichtsteuerlicher und steuerlicher Teilbereiche vorzunehmen. Da die Steuerbemessungsgrundlagen aus den eingangs genannten Gründen nicht eindeutig mit den nichtsteuerlichen Entscheidungsvariablen verknüpft sind, ist die *simultane* Berücksichtigung aller steuerlichen Gestaltungsmöglichkeiten bei der Entscheidung über die nichtsteuerlichen Parameter ein sehr schwieriges Problem. Daher wird vorgeschlagen, die Optimierung spezifisch steuerlicher Gestaltungsparameter erst im Anschluß an die Entscheidung über nichtsteuerliche Parameter durchzuführen (*Marettek* [Unternehmenspolitik]).

Da es sich hierbei um eine in zwei Stufen durchgeführte sukzessive Optimierung handelt, müssen die Entscheidungen über die Festlegung der nichtsteuerlichen Variablen auf der ersten Entscheidungsstufe für die spezifisch steuerliche Optimierung als *Daten* aufgefaßt werden. In diesem Zusammenhang gewinnt nun das Ziel der Steuerminimierung eine andere Bedeutung als in der traditionellen Auffassung. Aus dem Ziel der Maximierung eines Nettozielstroms im Totalmodell ergibt sich als oberzielkonformes *Subziel* der spezifisch steuerlichen Gestaltung *die Minimierung der Steuern*.

Dies kann leicht verdeutlicht werden: Aus Zielfunktion

$$(ZB - S) \rightarrow Max$$

folgt für gegebene Bruttozielbeiträge ZB als Subziel für die Steuerzahlung S:

$$S \rightarrow Min.$$

Insofern zeigt sich, daß die Zielsetzungen der älteren Betrachtungsweise zwar nicht in dem dort angegebenen Zusammenhang anwendbar sind, aber im Rahmen von Partialkalkülen ihren Platz haben. Diese sind allerdings wegen der stufenweisen Optimierung nicht in der Lage, das Gesamtoptimum zu erreichen.

2. Formelle Begründung der Berücksichtigung von Steuern

Da die Berechnung von Steuern zusätzliche Informationskosten verursacht, ist es prinzipiell wünschenswert, die Berechnung zu vermeiden. Dies bedeutet, daß trotz der Klärung der Frage, ob Steuern aus materiellen Gründen für Entscheidungen bedeutsam sind, zu prüfen ist, ob es formelle Gründe gibt, die es zulassen, die Steuern zu vernachlässigen. Da Entscheidungen immer die Wahl zwischen *Alternativen* beinhalten, kann es sein, daß alle Alternativen in gleichem Maße von der Besteuerung betroffen sind, so daß die Berücksichtigung der Steuern an der ohne Berücksichtigung getroffenen Entscheidung nichts ändert.

Dabei ist nicht interessant, ob dies im Einzelfall zutrifft, denn dies weiß man erst im Nachhinein, sondern ob Bedingungen angebbar sind, unter denen dies generell der Fall ist. Sind diese Bedingungen angebbar und erkennbar, bevor die Rechnung mit Steuern angestellt wird, so können bei ihrem Vorliegen Informationskosten gespart werden.

In unserer auf entscheidungslogischer Basis geführten Untersuchung muß die Formulierung der Bedingungen in entscheidungslogischen Kategorien erfolgen. Da diese sich nicht immer mit Steuerbemessungsgrundlagen decken, werden zunächst nur Bedingungen für hypothetische Steuern formuliert. Anschließend wird geprüft, inwieweit diese real existierenden Steuern entsprechen.

Die zu untersuchende Frage lautet also: *Unter welchen Umständen ist ein ohne Berücksichtigung von Steuern ermitteltes Handlungsprogramm auch mit Berücksichtigung von Steuern optimal?* Da es darum geht, die Steuern wenn möglich zu vernachlässigen, muß die Suche den schwächsten Bedingungen gelten, unter denen *Indifferenz* besteht. Es geht also nicht um hinreichende, sondern um notwendige Bedingungen.

Im folgenden wird zwischen einer Untersuchung *vor* Steuern und *nach* Steuern unterschieden. Dabei wird davon ausgegangen, daß die Steuern zwar als Auszahlungen zu berücksichtigen sind, ansonsten aber auf die nichtsteuerlichen betriebswirtschaftlichen Ausgangsgrößen ohne Einfluß bleiben.

Dies impliziert zweierlei: Zum einen wird ein *Zielwandel* infolge der Besteuerung vernachlässigt. Dies heißt natürlich nicht, daß die *Zielerreichung* unverändert bleibt, sondern lediglich, daß die zuvor bestehende *Zielsetzung*, bestehend aus Zielfunktion und Nebenbedingung, nicht verändert wird. Demgegenüber wäre auch denkbar, daß ein Zielwandel stattfindet, also z.B. ein Individuum einen für den Zeitpunkt t geplanten Konsum eines Luxusgutes wegen einer befristeten Luxussteuer auf einen nach t liegenden Zeitpunkt verschiebt. Eine Einbeziehung solcher Zielwandlungen wäre wünschenswert, soll jedoch aus Vereinfachungsgründen unterbleiben.

Zum anderen impliziert das Vorgehen, daß auch Datenänderungen infolge sog. *Überwälzungsvorgänge* nicht berücksichtigt werden. Über diese von der Inzidenzlehre der Finanzwissenschaft behandelte Problematik gibt es bislang kaum gesicherte Erkenntnisse. Vieles spricht dafür, daß Überwälzungsvorgänge durch habituelle Denkweisen, die in die Kalkulationspraktiken eingegangen sind, mitbestimmt werden. Hier wird jedoch keine Untersuchung herrschender, sondern eine Darstellung zweckmäßiger Kalkulationspraktiken angestrebt. Hält man eine Verbesserung herrschender Praktiken durch Anwendung entscheidungslogischer Methoden für möglich, so sind entscheidungslogische Beiträge zwar keine Untersuchung gängiger *Überwälzungspraktiken*, aber möglicherweise Beiträge zur *Veränderung* von Überwälzungspraktiken (vgl. auch *Schult* [Steuerpolitik] 145 ff.).

Da Steuern bei den einzelnen Objekten innerhalb eines Handlungsprogramms zusätzliche Auszahlungen verursachen, können sie dazu führen, daß die Rangordnung der einzelnen Objekte innerhalb des Handlungsprogramms verändert wird und daß wegen der Liquiditätsbelastung infolge Steuerzahlung die Realisierung des ursprünglichen Programms unmöglich werden kann. Die für die Indifferenz erforderlichen Bedingungen werden daher getrennt in:

1. Rangfolgebedingungen
2. Realisierungsbedingungen

(*Strobel* [Einfluß] 376 ff.).

2.1 Rangfolgebedingungen

Für die Ermittlung der Rangfolgebedingungen erweist sich die Prüfung zweier Fragen als sinnvoll:

a) Besteht eine Abhängigkeit der Steuerzahlung von Entscheidungsvariablen?

b) Besteht eine Abhängigkeit der Steuerzahlung von dem Zielerreichungsausmaß?

Zu a): Besteht keine Abhängigkeit der Steuerzahlung von den Zielbeiträgen ZB oder den Instrumentalvariablen im Sinne einer Ursache-Wirkung-Beziehung, dann kann die Steuerzahlung durch die Entscheidung nicht beeinflußt werden. Die Steuern verhalten sich in diesem Fall in bezug auf die Entscheidung *fix* und sind ähnlich den fixen Kosten für die Entscheidung nicht relevant (*Schult* [Steuerpolitik] 63 f.). Dies läßt sich zeigen:

Gilt: $ZB_1 > ZB_2$
und ist $ZB_{1s} = ZB_1 - S$ und $ZB_{2s} = ZB_2 - S$ und $S = const.$,
so muß auch gelten: $ZB_{1s} > ZB_{2s}$

Eine solche *entscheidungsfixe* Steuer im generellen Sinne wäre nur dann gegeben, wenn die Besteuerung nicht an wirtschaftliche Größen anknüpft, also etwa im Falle einer Kopfsteuer. Sie ist jedoch in keinem der bekannten Steuersysteme anzutreffen, da die Steuern nach dem Prinzip der *wirtschaftlichen Leistungsfähigkeit* erhoben werden und daher bevorzugt an wirtschaftliche Größen anknüpfen, die allgemein als Indikatoren wirtschaftlicher Leistungsfähigkeit angesehen werden.

Dies ändert sich jedoch, wenn man die strenge Indifferenzbedingung aus pragmatischen Überlegungen schwächer formuliert. Wurde bisher davon ausgegangen, daß alle Variablen simultan festgelegt sind und keine Informationskosten infolge der Kalkülisierung der Steuer entstehen, so soll nun von realistischeren Bedingungen ausgegangen werden.

Ein Großteil der Entscheidungen in der Praxis wird laufend auf den mittleren und unteren Führungsebenen getroffen. Dabei handelt es sich i. d. R. um Entscheidungen mit kurzfristiger Wirkung wie z. B. Ablauforganisation, Arbeitsorganisation, Personalzuweisungs-Probleme, Werbeeinsatzplanung usw. In diesen Problembereichen, für die von der Betriebswirtschaftslehre ebenfalls Entscheidungsmodelle bereitgehalten werden, ist die *Zurechenbarkeit* der Steuern auf die Entscheidungstatbestände entweder nicht möglich oder nur unter Inkaufnahme relativ hoher Informationskosten möglich. Zwar ist keine strenge Indifferenzbedingung infolge einer vollkommen entscheidungsfixen Steuer gegeben, aber es ist für praktische Zwecke eine faktische Indifferenz gegeben.

Eine solche Vorgehensweise ist z. B. in der Kostenrechnung üblich. Bereitschaftsabhängige Steuern wie VSt, GewKSt und GrSt sind zwar nicht generell entscheidungsfix, können aber bei den kurzfristigen Entscheidungen, die mit Hilfe der Kostenrechnung zu fällen sind, als solche betrachtet und vernachlässigt werden (*Geese* [Rechnungswesen] 74 ff.).

Analog der Kostenrechnung ist der entscheidungsfixe Charakter der Steuern auch bei anderen Entscheidungsproblemen zu sehen. Immer dann, wenn eine Zurechenbarkeit der Steuern auf die Entscheidung entweder nicht möglich ist oder nur unter unvertretbaren Kosten erfolgen kann, ist die Steuer faktisch als entscheidungsfix und damit als vernachlässigbar anzusehen. Dies ist bei einer Vielzahl von

Entscheidungsproblemen insbesondere auf der unteren und mittleren Entscheidungsebene der Fall. Da die von der Größenordnung her wichtigen Steuern an aggregierte Bemessungsgrundlagen wie Einkommen, Vermögen und Umsatz anknüpfen, in den kompetenzmäßig abgegrenzten Partialbereichen jedoch nur Teilaspekte wie Terminplanung, Personalzuweisung u.ä. zur Disposition stehen, ist der Einfluß der Teilentscheidungen auf die Steuerzahlungen von den jeweiligen Entscheidungsinstanzen häufig nicht bestimmbar. In diesen Fällen ist die Steuer faktisch eine *entscheidungsfixe Größe* und kann somit vernachlässigt werden. Dies ist um so eher der Fall, je stärker die Entscheidungsfindung dezentralisiert ist.

Da der überwiegende Teil der praktischen Entscheidungen in Partialbereichen zu treffen ist, kann davon ausgegangen werden, daß in diesen Fällen Steuern aus guten Gründen vernachlässigt werden können. Zwar gilt dies nicht generell, sondern nur tendenziell, doch läßt sich angesichts der vorgetragenen Überlegungen die zunächst kaum verständliche Vernachlässigung der Steuern in betrieblichen Entscheidungsmodellen zumindest teilweise rechtfertigen.

Nicht rechtfertigen läßt sich dies jedoch für die globale Betrachtung, wie sie etwa für die *Rechtsformwahl, Investitionsentscheidung* oder die *Ausschüttungspolitik* erforderlich ist. Daher haben diese globalen Probleme besonderes Gewicht und stellen einen Schwerpunkt der Modellbildung im Rahmen der Steuerplanung dar.

Zu b): Neben der durch die entscheidungsfixe Besteuerung festgelegten Indifferenzbedingung wird in der Literatur noch darauf hingewiesen, daß die *Besteuerung der Zielgröße* selbst ebenfalls entscheidungsindifferent ist. Da die Besteuerung gemäß wirtschaftlicher Leistungsfähigkeit erfolgen soll, ist die Besteuerung des Zielausmaßes als Bemessungsgrundlage zunächst naheliegend.

Formal erklärt sich die Entscheidungsindifferenz der Zielbesteuerung wie folgt:

Gilt: $S_i = f(ZB_i)$
und $\quad ZB_1 > ZB_2$

so muß unter der Bedingung $\dfrac{dS}{dZB} < 1$ gelten:

$$ZB_{1s} > ZB_{2s}$$

Da die Bedingung $\dfrac{dS}{dZB} < 1$ praktisch immer erfüllt ist, da Grenzsteuersätze – von unwesentlichen Marginalproblemen und Freigrenzen abgesehen – in allen bekannten Steuersystemen kleiner als 100%

sind, kann von einer *faktischen Entscheidungsindifferenz der Zielbesteuerung* gesprochen werden.

Das Problem ist jedoch, daß eine solche Zielbesteuerung im strengen Sinne nicht generell verwirklicht werden kann. Dies liegt daran, daß Ziele subjektiv bestimmt werden, folglich die Steuerbemessungsgrundlage ebenfalls subjektiv und somit individuell festzulegen wäre. Dies ist mit dem Grundsatz der Gleichmäßigkeit der Besteuerung nicht vereinbar.

Man könnte zwar zunächst vermuten, die Gewinnbesteuerung sei eine Zielbesteuerung. Dies ist jedoch unzutreffend, wie aus Abb. 1 ersichtlich ist. Schon die Beobachtung zeigt, daß Steuerpflichtige bestrebt sind, den steuerlichen Gewinn zu verringern. Sie tun dies jedoch nicht, weil sie ihre Zielerfüllung verringern, sondern weil sie sie erhöhen wollen. Auch hier wirken sich die Unklarheiten aus, die sich hinter dem Gewinn als finanzieller Zielsetzung verbergen.

Sieht man hingegen entsprechend den neueren Vorstellungen das Ziel in der Maximierung des Niveaus des Zielzahlungsstroms gegebener zeitlicher Struktur, so zeigt sich, daß dieses finanzielle Ziel mit dem steuerlichen Gewinn keine Gemeinsamkeiten aufweist. Die Konsumzwecken dienenden Entnahmen, die den Zielzahlungsstrom speisen, sind aus der Sicht des der Besteuerung zugrundeliegenden Erfolges der Buchhaltung erfolgsneutral. Zwischen dem Ziel und dem steuerlichen Gewinn besteht also keinerlei begriffliche Verbindung.

Da eine solche Zielbesteuerung nur zufällig erfolgt, bietet die Einteilung in Zielsteuern und andere Steuern keine *praktisch* verwertbaren Vorteile bezüglich der Feststellung steuerlicher Indifferenz.

2.2 Realisierungsbedingungen

Die bisherigen Überlegungen galten der Frage, wann sich infolge Besteuerung die Rangfolge von Objekten innerhalb eines Handlungsprogramms ändern kann. Zusätzlich können aber auch *Realisierungskonsequenzen* entstehen, wenn durch die Liquiditätsbelastung infolge der Besteuerung die ursprünglich vorgesehenen Objekte nicht mehr realisiert werden können.

Es ist sinnvoll, zwischen zwei Formen von Realisierungskonsequenzen zu unterscheiden:

1. Realisierungskonsequenzen infolge von Liquiditätsengpässen
2. Realisierungskonsequenzen als Folge einer Besteuerung, die den Erfolg des Objektes übersteigt

Zu 1.: Da die Steuerzahlungen während des Planungszeitraums zusätzliche Auszahlungen verursachen, erfordern sie liquide Mittel. Können sie durch entsprechende Verringerung der Zielzahlungsreihe aufgebracht werden, so entstehen keine Realisierungskonsequenzen. Übersteigen jedoch die Steuerzahlungen das Niveau der Zielzahlungsreihe, so kann sich gegenüber dem Fall der Nichtberücksichtigung von Steuern zeigen, daß das ursprünglich optimale Programm nicht realisierbar ist. Verfolgt etwa ein Individuum das Ziel der Vermögensmaximierung bei gegebenen Entnahmen, und können die Steuern nicht aus den Entnahmen bestritten werden, so entstehen Realisierungskonsequenzen für das ursprüngliche Handlungsprogramm. Das Problem tritt nicht auf, wenn die Bedingungen eines vollkommenen Kapitalmarktes gelten und eine Vorfinanzierung der Steuerzahlungen möglich ist.

Zu 2.: In dem Fall, daß Realisierungskonsequenzen der ersten Art nicht auftreten, wäre es denkbar, daß die Summe der Steuern aus einer Handlung die Summe der Zahlungsüberschüsse übersteigt, z.B. bei hohen Substanzsteuern und relativ niedrigen Zahlungsüberschüssen. Dies würde bedeuten, daß infolge Besteuerung Teile des Handlungsprogramms nicht mehr realisiert werden könnten. Die Besteuerung würde dann zur Eliminierung von Objekten aus dem Handlungsprogramm führen. Faktisch ist eine solche Situation selten gegeben, doch ist dies für Teilentscheidungen durchaus denkbar.

Im Gegensatz zu den Rangfolgebedingungen lassen sich die Realisierungsbedingungen nicht verallgemeinern, weil eine Klassifikation bezüglich bestimmter hypothetischer oder realer Steuerarten nicht möglich ist. Daher müssen die Realisierungskonsequenzen der Besteuerung im Einzelfall überprüft werden.

Die Analyse der Wirkungen der Besteuerung zeigt, daß strenggenommen die gegenwärtige Besteuerung fast immer eine *Einbeziehung in die Entscheidungen* erfordern würde, da die idealisierten Indifferenzbedingungen nur selten gegeben sind. Kann man bei der Analyse von Entscheidungen in Partialbereichen für den Informationsstand der Praxis die Vernachlässigung der Steuern wegen der mangelnden Zurechenbarkeit zu Einzelentscheidungen noch begründen, so gilt dies nicht mehr bei den langfristigen Globalentscheidungen, mit denen sich das nächste Kapitel befaßt.

Soll die optimale Entscheidung unter Einbeziehung aller denkbaren nichtsteuerlichen und steuerlichen Alternativen gefunden werden, so entsteht ein sehr komplexes Problem mit einer fast unübersehbaren Zahl von Handlungsmöglichkeiten. Daher ist es sinnvoll, die Auswirkungen von Steuern auf Entscheidungen zunächst anhand überblickbarer Teilprobleme aufzuzeigen und sie anschließend zu umfassenderen Problemen zu kombinieren.

Im Zweiten Teil wird deshalb zunächst der Einfluß von Steuern auf langfristige Entscheidungen ohne die Einbeziehung spezifisch steuerlicher Wahlrechte untersucht. Im anschließenden Dritten Teil wird die Ausübung steuerlicher Wahlrechte bei getroffenen Entscheidungen über nichtsteuerliche Variable untersucht. Die Abstimmung der beiden Bereiche erfolgt also in sukzessiven gedanklichen Schritten.

Literatur zur Einführung und zum Ersten Teil

Bareis: Die Steuern in der betrieblichen Planung, Berlin 1969

Buchner: Zur Kontroverse um die negative Zielvariable in der unternehmerischen Planungsrechnung, in: ZfbF 1967, S. 350 ff.

Drukarczyk: [Investitionstheorie] und Konsumpräferenz, Berlin 1970

Eisenach: Entscheidungsorientierte [Steuerplanung], Wiesbaden 1974

Engels: Betriebswirtschaftliche [Bewertungslehre] im Licht der Entscheidungstheorie, Köln und Opladen 1962

Engels: Die gewinnabhängigen [Steuern] in der Kalkulation, der Unternehmens-Ertragswertberechnung und der Wirtschaftlichkeitsrechnung, in: WPg 1962, S. 553 ff.

Fischer: Zu einigen Problemen einer entscheidungsorientierten betriebswirtschaftlichen Steuerlehre, in: Schriften zur Unternehmensführung, Bd. 19, Wiesbaden 1974, S. 5 ff.

Geese: Steuern im entscheidungsorientierten [Rechnungswesen], Opladen 1972

Haegert: Die Rolle der Steuern in den Modellen der [Unternehmensforschung], in: Quantitative Ansätze in der Betriebswirtschaftslehre, Hrsg.: H. Müller-Merbach, München 1978, S. 317 ff.

Heigl/Melcher: Betriebliche Steuerpolitik – Ertragsteuerplanung, Köln 1974

Höhn/Lutz/Zünd (Hrsg.): [Steuerplanung] in der Unternehmung, Bern-Stuttgart 1975

Lauf: Liquiditätssicherung und Steuerbelastung, Berlin 1977

Mann: Betriebswirtschaftliche [Steuerpolitik] als Bestandteil der Unternehmenspolitik, in: WiSt 1973, S. 114 ff.

Marettek: Steuerbilanz- und [Unternehmenspolitik], Freiburg i. Br. 1971

Moxter: [Präferenzstruktur] und Aktivitätsfunktion des Unternehmers, in: ZfbF 1964, S. 6 ff.

Paulus: Ziele, Phasen und organisatorische Probleme steuerlicher Entscheidungen in der Unternehmung, Berlin-Bielefeld 1978

Raby: The Income Tax and Business Decisions, 3d ed., Englewood Cliffs 1975

Schneider, D.: Theorie und Praxis der Unternehmensbesteuerung, in: ZfbF 1967, S. 206 ff.

Schneider, D.: [Investition] und Finanzierung, 4. Aufl., Opladen 1975

Schneider, D.: Grundzüge der Unternehmensbesteuerung, 2. Aufl., Wiesbaden 1978

Schubert: Zur Einbeziehung von Steuern in die Theorie der Unternehmung – Steuern und unternehmerische Zielsetzungen, Diss. München 1970

Schult: Die Steuern des Betriebs, Bd. 3: [Steuerpolitik], Freiburg i. Br. 1977

Selchert: Besteuerung und Unternehmungspolitik (I), (II), in: ZfB 1975, S. 429 ff., S. 561 ff.

Sommerfeld: Federal Taxes and Management Decisions, Homewood 1974

Strobel: Der [Einfluß] der Gewinnsteuer auf Investitionsentscheidungen, in: ZfB 1970, S. 375 ff.

Wagner: Zum gegenwärtigen Forschungsprogramm der betriebswirtschaftlichen Steuerlehre, in: DB 1974, S. 393 ff.

Wehmeyer: Die steuerliche Planung der Unternehmung, Düsseldorf 1967

Wöhe/John: Steuerliche Planung, in: AGPLAN-Handbuch zur Unternehmensplanung, Berlin 1970, 1. Erg. Lfg., 1971, Kennziffer 2741, S. 1 ff.

Zweiter Teil:
Der Einfluß
von Steuern auf Entscheidungen

Unter den steuerlichen Entscheidungseinflüssen ist der Einfluß von Ertragsteuern auf langfristige Entscheidungen von besonderer Bedeutung. Hierzu gehören vor allem Entscheidungen über die *Investitions-, Finanzierungs- und Ausschüttungspolitik*; sie bilden das Schwergewicht der Literatur der Steuerwirkungslehre. Entsprechend der üblichen Darstellungsweise werden wir die Probleme zunächst als Partialprobleme formulieren, wobei implizit oder explizit unterstellt wird, daß von ihrer Lösung keine Einflüsse auf andere Probleme ausgehen. Da diese Annahme häufig nicht der Realität entspricht, werden die Partialprobleme kombiniert, wobei natürlich Umfang und Schwierigkeit wachsen. Hinsichtlich der Art und Zahl der Steuereinflüsse wird zunächst mit vereinfachenden Prämissen gearbeitet. Sie werden später durch die detaillierte Berücksichtigung der steuerlichen Regelungen ersetzt. Dies ist methodisch nicht schwierig, erhöht allerdings den Umfang der Darstellung und den Lösungsaufwand beträchtlich.

1. Investitionsplanung

Im Folgenden wird das Problem untersucht, wie sich die Besteuerung auf die Rangordnung zur Wahl stehender Investitionsalternativen auswirkt. Für diesen Zweck wird in der Literatur der *Kapitalwert* einer Investition als sinnvolles Entscheidungskriterium angesehen. Die Verwendung dieses einfachen und rechentechnisch gut zu handhabenden Kriteriums ist an eine Reihe von Prämissen geknüpft, die anhand der Erörterung seiner Komponenten aufgezeigt werden sollen. (Vgl. zum Folgenden *Wagner* [Ertragsteuerwirkungen])

1.1 Das Standardmodell

Zunächst wird exemplarisch ein Standardmodell formuliert, das die Auswirkungen steuerlich relevanter Faktoren auf die Vorteilhaftigkeit in allgemeiner Form exemplarisch aufzeigt. Die Strukturen entsprechen in erster Linie dem Fall von Sachinvestitionen, können aber auch für Finanzinvestitionen im privaten Bereich, also für die Berechnung der Vorteilhaftigkeit steuerbegünstigter Kapitalanlagen verwendet werden.

1.1.1 Das Entscheidungskriterium

Der Kapitalwert K eines mit *Eigenkapital* finanzierten Investitionsobjektes ohne Berücksichtigung von Steuern wird allgemein wie folgt bestimmt:

$$(1.1) \quad K = -A_0 + \sum_{t=1}^{n} (E_t - A_t) \, q^{-t} + L_n \cdot q^{-n}$$

Die Symbole haben folgende Bedeutung:

E_t, A_t = Periodische Einzahlungen und Auszahlungen des Objekts
A_0 = Anschaffungsausgabe
L_n = Liquidationserlös
t = Periodenindex $(t = 0, 1, \ldots, n)$
q = $1 + i$; i = Kalkulationszinsfuß (KZF) vor Steuern

Der Einfluß der Steuern wird im Standardmodell zunächst auf die Ertragsteuern mit dem Satz s beschränkt. Die Formel für das Grundmodell ist dann abhängig vom Verhältnis der steuerlichen betriebsgewöhnlichen Nutzungsdauer $n^\star$ (§ 7 Abs. 1 EStG) und der tatsächlichen Nutzungsdauer n (*Haberstock* [Analyse] 70 ff.).

Es gilt:
a) für $n^\star < n$:

$$(1.2) \quad K_s = -A_0 + \sum_{t=1}^{n^\star} [E_t - A_t - s \, (E_t - A_t - AfA_t)] \, q_s^{-t} +$$

$$\sum_{t=n^\star+1}^{n} [(E_t - A_t) - s \, (E_t - A_t)] \, q_s^{-t} + (L_n - s \cdot L_n) \, q_s^{-n}$$

b) für $n^\star \geqq n$:

$$(1.3) \quad K_s = -A_0 + \sum_{t=1}^{n} [E_t - A_t - s(E_t - A_t - AfA_t)] \, q_s^{-t} +$$
$$[L_n - s(L_n - B_n)] \, q_s^{-n}$$

Gegenüber dem Kapitalwert ohne Berücksichtigung von Steuern ist der Kapitalwert mit Berücksichtigung von Steuern K_s erweitert um die Steuerzahlungen S_t, die sich ergeben, indem der Steuersatz s mit den Steuerbemessungsgrundlagen der Formel multipliziert wird. Außerdem wird der KZF i durch den versteuerten KZF i_s ersetzt, sowie ein Restbuchwert B_n eingeführt. Dies wird anschließend erläutert.

Die beiden Fälle a) und b) unterscheiden sich dadurch, daß für den Fall, daß die betriebsgewöhnliche Nutzungsdauer $n^\star$ kürzer als die tatsächliche Nutzungsdauer n ist, für die Perioden von $n^\star + 1$ bis n keine Abschreibungen AfA_t mehr vorzunehmen sind, da:

$$\sum_{t=1}^{n^\star} AfA_t = A_0$$

Folglich ist der Veräußerungserlös L_n voll zu versteuern. Im Fall $n^\star > n$ ist hingegen in n noch ein positiver Restbuchwert in Höhe von

$$B_n = A_0 - \sum_{t=1}^{n} AfA_t$$

vorhanden, der den Veräußerungsgewinn entsprechend mindert. Im folgenden soll zur Verkürzung der Darstellung von Fall b) ausgegangen werden.

Die Faktoren des Standardmodells sind nun zu analysieren und die für das Standardmodell notwendigen Vereinfachungen zu erläutern. Es handelt sich um folgende Komponenten:

a) Periodische Zahlungen (E_t, A_t) einschließlich der Anschaffungsauszahlung (A_0)
b) Die tatsächliche Nutzungsdauer (n) und die steuerliche Abschreibungsdauer $(n^\star)$
c) Die Steuerzahlungen (S_t)
d) Der Kalkulationszinsfuß vor Steuern (i) und nach Steuern (i_s)

1.1.2 Komponenten des Standardmodells

1.1.2.1 Nichtsteuerliche Einzahlungen und Auszahlungen

Im Standardmodell besonders gekennzeichnet sind die periodischen Einzahlungen (E_t) und Auszahlungen (A_t) sowie die Anschaffungsauszahlung (A_0) und der Restverkaufserlös (L_n) am Ende der Nutzungsdauer des Objekts.

Anschaffungsauszahlung

Zu den Anschaffungsauszahlungen gehören neben den gesamten Anschaffungskosten auch die mit dem Beschaffungsvorgang verknüpften Steuern wie in Form der Vorsteuer in Rechnung gestellte Umsatzsteuern und eventuelle Grunderwerbsteuern, wenn die Beschaffung des Investitionsobjekts (Grund und Boden und Gebäude) grunderwerbsteuerpflichtige Tatbestände schafft. Allerdings kann die Vorsteuer im unternehmerischen Kapitalwertkalkül vernachlässigt werden, wenn der Unternehmer zum vollen Vorsteuerabzug berechtigt ist (§ 15 UStG).

Periodische Einzahlungen

Wird von der plausiblen Annahme ausgegangen, daß die USt immer überwälzt wird, so kann sie – wie die Vorsteuer – bei den Einzahlungen vernachlässigt werden, die dann als Nettoeinzahlungen zu interpretieren sind. Obwohl die USt-Pflicht wegen der Soll-Besteuerung bereits bei der Einnahmeerzielung entsteht, wird unterstellt, daß zwischen USt-Zahlungszeitpunkt und Zeitpunkt der Einzahlung keine zeitliche Verschiebung entsteht.

Restverkaufserlös

Er wird sowohl durch die Nutzungsdauer n, den Zustand des Objekts, als auch durch die Preisentwicklung auf dem Anlagemarkt bestimmt.

Periodische Auszahlungen

Sie erfolgen für Löhne, Material, Reparaturaufwendungen usw. Teile davon stehen in einer funktionalen Abhängigkeit zur Anschaffungsauszahlung A_0. (Hohe Anschaffungsauszahlungen für kapitalintensive Verfahren erfordern nur geringe periodische Auszahlungen für Löhne und umgekehrt).

1.1.2.2 Nutzungsdauer

Die Länge der zeitlichen Nutzung eines Investitionsobjekts muß für die Berechnung der Vorteilhaftigkeit festgelegt sein. Die technische

Lebensdauer bestimmt zwar die Obergrenze; sie ist jedoch abhängig von der Instandhaltungs- und Reparaturpolitik und insofern nicht eindeutig vorherbestimmt. Zwischen den Auszahlungen und der Nutzungsdauer bestehen insoweit Interdependenzen. Aus wirtschaftlichen Erwägungen kann es jedoch auch vorteilhaft sein, ein Objekt, dessen technisches Nutzungspotential noch nicht völlig erschöpft ist, vorzeitig durch einen Nachfolger zu ersetzen, der technisch verbessert ist oder geringere laufende Auszahlungen verursacht. Die Bestimmung der wirtschaftlich optimalen Nutzungsdauer eines Einzelobjekts erfordert einen zusätzlichen Investitionskalkül, der nicht nur vom Restverkaufserlös, sondern auch von der Rendite der Nachfolgeinvestitionen abhängig ist. Ein solcher Kalkül wird im Abschnitt 1.2 vorgestellt. Für das Standardmodell wird zunächst angenommen, daß die wirtschaftliche Nutzungsdauer bereits bestimmt ist.

1.1.2.3 Steuerzahlungen

Durch die Vornahme von Investitionen werden sowohl ertragsteuerpflichtige als auch substanzsteuer- und verkehrsteuerpflichtige Tatbestände geschaffen.

Die Verkehrsteuern wurden bereits bei der Erläuterung der Zahlungskomponenten berücksichtigt. Die Substanzsteuern werden in der Erweiterung des Grundmodells dargestellt. Die Ertragsteuerzahlungen S_t werden – wie alle Steuern – bestimmt durch:

(a) Steuerbemessungsgrundlagen
(b) Steuersätze
(c) Zeitpunkte der Steuerzahlung

Zu (a) und (b): Steuerbemessungsgrundlage und Steuersatz

Unter den Ertragsteuern kommen im Standardmodell die ESt und die GewESt in Betracht. Bemessungsgrundlage für die ESt ist das *zu versteuernde Einkommen* einer Person; Bemessungsgrundlage für die GewESt ist der *Gewerbeertrag*, der nach *Hinzurechnungen* und *Kürzungen* gemäß §§ 8 und 9 GewStG aus dem Steuerbilanzgewinn abgeleitet wird. Für das Standardmodell wird angenommen, daß Hinzurechnungen und Kürzungen nicht anfallen: Da unterstellt wird, daß das Investitionsobjekt mit Eigenkapital finanziert ist, brauchen Dauerschuldzinsen als wichtigste Hinzurechnungen nicht berücksichtigt zu werden. Für den sich aus dem Investitionsobjekt ergebenden periodischen Gewerbeertrag GE_t gilt demnach eine vereinfachte Definition der Bemessungsgrundlage:

$$GE_t = E_t - A_t - AfA_t$$

Für die einzelnen Komponenten der Steuerbemessungsgrundlagen wird von folgenden Annahmen ausgegangen:

- Als Erträge der laufenden Periode werden die Einzahlungen E_t in voller Höhe angesetzt. Forderungen führen im Zeitpunkt der Gewinnrealisierung noch nicht zur Erhöhung der Ertragsteuerbemessungsgrundlage.
- Als Betriebsausgaben mindern die laufenden Auszahlungen A_t in voller Höhe die Erträge.
- Außerdem muß die Anschaffungsausgabe A_0 auf die betriebsgewöhnliche Nutzungsdauer in Form periodischer Abschreibungen AfA_t verteilt werden. Für das Standardmodell wird vorausgesetzt, daß die Abschreibungsverteilung bereits festgelegt ist. Wie sich zeigen wird, kann das Abschreibungsverfahren die Vorteilhaftigkeit eines Investitionsobjekts beeinflussen.

Erzielt das Investitionsobjekt bei der Veräußerung einen Restverkaufserlös, der den Restbuchwert übersteigt, so entsteht nach Abzug der Veräußerungskosten ein Veräußerungsgewinn. Für diesen Veräußerungsgewinn gelten u. U. besondere steuerrechtliche Vorschriften: Teilweise werden Veräußerungsgewinne mit einem *ermäßigten Steuersatz* versteuert (§§ 14, 14a Abs. 1, §§ 16, 17, 18 Abs. 3 EStG); teilweise können stille Reserven auf andere Wirtschaftsgüter *übertragen* werden (§§ 6b, 6c EStG). Es erweist sich deshalb als sinnvoll, für Veräußerungsgewinne eine gesonderte Teil-Bemessungsgrundlage $L_t - B_t$ zu definieren. Die GewESt S_t^{ge} ergibt sich als Produkt des proportionalen GewESt-Faktors s^{ge} und der Bemessungsgrundlage. Der Faktor s^{ge} steht in Abhängigkeit von den Hebesätzen (§ 16 GewStG) und berücksichtigt die Abzugsfähigkeit der GewESt von ihrer eigenen Bemessungsgrundlage (vgl. Abschn. 1.1.3.2 im Dritten Teil). Es gilt:

$$s^{ge} = \frac{H}{2000 + H} \quad (H = \text{Hebesatz})$$

(Bei einem für Modellrechnungen üblichen Hebesatz von 300% erhält man somit für s^{ge} den bekannten Wert von 13,04%.) Die ESt bildet die zweite Komponente der Ertragsteuern. Bei der Bestimmung der Bemessungsgrundlage der ESt Y_t^{ek} wird von der Bemessungsgrundlage für den Gewerbeertrag ausgegangen. Zusätzlich ist noch zu berücksichtigen, daß die GewESt von der ESt-Bemessungsgrundlage abzugsfähig ist. Es gilt demnach:

$$Y_t^{ek} = (E_t - A_t - AfA_t - S_t^{ge})$$

Für das Standardmodell wird unterstellt, daß auf die Einkünfte aus dem Investitionsprojekt der Spitzen-Grenzsteuersatz $s^{ek}=56\%$ angewandt wird. Die Kennzeichnung des Steuersatzes s^{ek} mit einem Periodenindex erübrigt sich dann. Die ESt S_t^{ek} errechnet sich demnach als:

$$S_t^{ek} = s^{ek} \cdot Y_t^{ek}$$

Unter Verwendung von

$$S_t^{ge} = s^{ge} \, (E_t - A_t - AfA_t)$$

ergibt sich:

$$S_t^{ek} = (s^{ek} - s^{ek} \cdot s^{ge}) \, (E_t - A_t - AfA_t)$$

Die gesamte laufende Ertragsteuerbelastung S_t setzt sich aus S_t^{ek} und S_t^{ge} zusammen:

$$S_t = S_t^{ek} + S_t^{ge}$$
$$S_t = (s^{ek} + s^{ge} - s^{ek} \cdot s^{ge}) \, (E_t - A_t - AfA_t)$$

Die einzelnen und kombinierten Steuersätze werden zum Ertragsteuerfaktor s^{ER} zusammengefaßt:

$$s^{ER} = s^{ek} + s^{ge} - s^{ek} \cdot s^{ge}$$

(Für $s^{ek}=0,56$ und $H=300\%$ erhält man für s^{ER} den bekannten Satz von 61,739%).
Somit ist:

$$S_t = s^{ER} \, (E_t - A_t - AfA_t)$$

In den Kapitalwertformeln (1.2) und (1.3) und in der Darstellung des Standardmodells wird s^{ER} zu Vereinfachung durch s ersetzt.

In einzelnen Perioden der Nutzungsdauer kann die Ertragsteuerbemessungsgrundlage auch negativ werden. Die Gründe hierfür können in niedrigen Zahlungsüberschüssen, aber auch in hohen Abschreibungsbeträgen – etwa durch Sonderabschreibungen – liegen. Auch die Differenz aus Restverkaufserlös und Restbuchwert kann negativ werden, wenn ein Veräußerungsverlust entsteht. Bei positiven Ertragsteuerbemessungsgrundlagen vermindern Steuerzahlungen die dem Unternehmer verbleibenden Zahlungsüberschüsse um

$$s \, (E_t - A_t - AfA_t), \quad \text{wobei } E_t - A_t - AfA_t \geqq 0$$

Formal errechnet sich im Standardmodell bei negativer Ertrag-steuerbemessungsgrundlage eine zusätzliche positive Zahlung in Höhe von Steuersatz × Bemessungsgrundlage. Es wird deshalb im Standardmodell die *Prämisse des sofortigen vollständigen Verlustausgleichs* unterstellt. Diese zusätzliche Zahlung könnte damit begründet werden, daß ausreichend positive steuerpflichtige Einkünfte aus anderen Einkunftsquellen außerhalb des betrachteten Investitionsobjekts zur Verfügung stehen, mit denen ein Verlustausgleich stattfinden kann. Durch die Verluste aus dem Investitionsobjekt werden Auszahlungen in Höhe der sonst fälligen Steuern auf die übrigen Einkünfte verhindert. Diese verhinderte Zahlung kann dem Investitionsobjekt zugerechnet werden. Im Abschnitt 1.4.1 wird diese Prämisse modifiziert.

Zu (c): Zeitpunkt der Steuerzahlungen

Als Zeitpunkt von Zahlungen gilt allgemein das Ende einer Periode. Diese Prämisse gilt auch für die Steuerzahlungen.

1.1.2.4 Kalkulationszinsfuß vor und nach Steuern

Kalkulationszinsfuß vor Steuern

Formal erfüllt der KZF im Kapitalwertmodell die Funktion, alle Zahlungen auf $t = 0$ zu beziehen und somit vergleichbar zu machen. Die Operation der Diskontierung besagt jedoch nichts über die materiellen Hintergründe des Vorgangs. Diese werden erst dann deutlich, wenn ein Bezug zu den finanziellen Zielen des Investors hergestellt wird. Da fast alle Kontroversen in der Literatur bezüglich des steuerlichen Einflusses auf Investitionen sich auf unterschiedliche Auffassungen hinsichtlich der Funktion des KZF zurückführen lassen, sind einige grundlegende Überlegungen erforderlich.

Im Grundmodell wird die *Finanzierung mit Eigenkapital* unterstellt. Eine solche Einschränkung ist unter der Annahme des *vollkommenen Kapitalmarktes* zunächst nicht notwendig. Bei Gleichheit von Soll- und Haben-Zins bietet der Kapitalwert bekanntermaßen den Vorteil, die Investitionsentscheidung unabhängig von der Struktur des geplanten Entnahmestroms treffen zu können, weil die kapitalwertmaximale Alternative optimal im Sinne jeder beliebigen Struktur des Entnahmestroms ist. Außerdem erlaubt der Kapitalwert, die Investitionsentscheidung unabhängig von der Kapitalausstattung zu treffen, weil Finanzierungskosten unter den idealen Bedingungen des vollkommenen Kapitalmarktes nur in Höhe des KZF entstehen. Da somit der Kapitalwert notwendiger Finanzierungsmaßnahmen immer gleich Null ist, hat die Finanzierungsform auf die Höhe des Kapitalwertes eines Investitionsobjekts keinen Einfluß.

Es ist nun naheliegend, daß für eine solch enorme Leistungsfähigkeit eines Entscheidungskriteriums, das eine Separierung der Investitionsentscheidung von Entnahmeplänen und Finanzierungsmöglichkeiten erlaubt, ein Preis in Form von heroischen Prämissen erlegt werden muß, oder besser: von versteckten Prämissen, die das Vorgehen impliziert (*Drukarczyk* [Investitionstheorie] 53 ff.). Um eine *Separabilität* zwischen den genannten Entscheidungsbereichen a priori zu garantieren, muß der KZF Ausdruck folgender Größen sein:

(1) Zinssatz für Fremdkapital
(2) Zinssatz der optimalen Alternativanlage
(3) Zinssatz für Supplementinvestitionen
(4) Konsumpräferenzrate

Die teilweise auch anzutreffende Auffassung, der KZF sei als eine subjektiv gewünschte *Mindestverzinsung* anzusehen, ist für Entscheidungsmodelle hingegen unzutreffend.

Die Verwendung des KZF im Kapitalwertkriterium ist nur dann unproblematisch, wenn ein *einziger* Satz tatsächlich die vier genannten Größen zum Ausdruck bringt. Dies wird in der Realität nur selten der Fall sein. Man steht daher vor der Wahl, daß man entweder mit einem einzigen Satz arbeitet und deshalb wegen der Abweichungen von den tatsächlichen in der Realität geltenden Sätzen mit dem Kapitalwertkriterium das Optimum um einen im Entscheidungszeitpunkt unbekannten Betrag verfehlt, oder man versucht, sich durch Einschränkungen der Anwendungsbedingungen des Kapitalwertkriteriums bestimmter Implikationen zu entledigen. Um zu begründen, warum hier der zweite Weg gewählt wurde, soll nun die Funktion des KZF nach Steuern untersucht werden.

Kalkulationszinsfuß nach Steuern
Meist wird vorgeschlagen, den KZF nach Steuern i_s wie folgt zu berechnen:

$$i_s = i\,(1-s)$$

Dies wird damit begründet, daß dadurch sowohl die Besteuerung der *Alternativanlage* mit dem Satz s als auch die steuerliche *Abzugsfähigkeit von Fremdkapitalzinsen* erfaßt werden könne. Die im Fall ohne Steuern aus Gründen der Realitätsnähe problematische Annahme der Gleichheit von Soll- und Habenzins wirft bei Berücksichtigung von Steuern allerdings zusätzliche gravierende Probleme auf:

1. Finanzierungsmaßnahmen mit Finanzierungskosten in Höhe des KZF werden steuerlich unterschiedlich behandelt, je nachdem, ob es

sich um *Investitionsfinanzierung* oder *Konsumfinanzierung* handelt. Während die Zinsen für Investitionsfinanzierung als *Betriebsausgaben* steuerlich abzugsfähig sind, können Zinsen für Konsumkredite nicht (mehr) als *Sonderausgaben* abgezogen werden. Dies bedeutet, daß der KZF nicht einheitlich gekürzt werden kann, weil bei Anwendung des Kapitalwerts auf vollkommenem Kapitalmarkt noch nicht geklärt ist, welche Kredite in Anspruch genommen werden.

2. Habenzinsen unterliegen als Betriebseinnahmen sowohl der ESt als auch der GewESt. Sollzinsen sind zwar einkommensteuerlich als Betriebsausgaben abzugsfähig; soweit es sich um sog. *Dauerschuldzinsen* handelt, sind sie jedoch nach § 8 Abs. 1 GewStG dem Gewinn aus Gewerbebetrieb wieder hinzuzurechnen.

In den beiden Fällen ist entweder der Sollzinsfuß nach Steuern nicht einheitlich, oder Soll- und Haben-Zinsfuß sind verschieden. Diese Probleme treten dann nicht auf, wenn man die Sollzinsfußprämisse vermeidet. Im Rahmen des Standardmodells soll dies dadurch geschehen, daß – wie eingangs schon angegeben – zunächst eine *Finanzierung des Investitionsobjekts mit Eigenkapital* angenommen wird. Außerdem muß, um die Sollzinsfußprämisse für Konsumkredite auszuschalten, angenommen werden, daß die Konsumentnahmen die Zahlungsüberschüsse des Investitionsobjekts nicht übersteigen. Dies ist immer dann gesichert, wenn als Ziel die *Maximierung des Endvermögens* am Ende des Planungszeitraums ohne zwischenzeitliche Entnahmen unterstellt wird; davon soll zur Vereinfachung ausgegangen werden.

Würde man als Entscheidungskriterium für die Realisation dieser Zielsetzung anstelle des Kapitalwerts die zum Endwert aufgezinste Summe der Zahlungsüberschüsse verwenden, so hätte der KZF lediglich die Aufgabe, bei den mittels Endwertkriterium zu vergleichenden Investitionsobjekten die Verzinsung der Supplementinvestitionen anzugeben. Die Entscheidung zwischen sich einander ausschließenden Alternativen erfolgt dann für diejenige mit dem höchsten Endwert (*Kruschwitz* [Investitionsrechnung] 61 ff.).

Da es in der Literatur noch weitgehend üblich ist, den Kapitalwert als Entscheidungskriterium zu verwenden und außerdem für *Grenzpreiskalküle*, die der Ermittlung kritischer Entscheidungswerte dienen (*Sieben/Löcherbach/Matschke* [Bewertungstheorie]), ein auf den Entscheidungszeitpunkt bezogenes Kriterium notwendig ist, soll für das Standardmodell das Kapitalwertkriterium beibehalten werden. Da der Kapitalwert im Gegensatz zum Endwert die Vorteilhaftigkeit einer Alternative nicht nur *absolut*, sondern auch *relativ* im Vergleich zur

Alternative «Anlage zum KZF» ausdrückt, die ex definitione einen Kapitalwert von Null hat, ist zu beachten, daß der der Berechnung des Kapitalwerts zugrundeliegende KZF sowohl Ausdruck für die Verzinsung der *Supplementinvestition* als auch der *Alternativanlage* sein muß. Insofern ist die Überführung des Endwertkriteriums in das Kapitalwertkriterium keine lediglich formale Operation, sondern auch materiell interpretierbar: Ein positiver Kapitalwert eines Investitionsobjekts gibt an, daß mit dem Objekt ein höheres Endvermögen am Ende des Planungszeitraums realisiert werden kann, als wenn der Betrag in der sich in Höhe des KZF verzinsenden Alternative angelegt worden wäre.

Da die Erfolge des Investitionsobjekts um die Ertragsteuern gekürzt werden, muß im KZF auch die Steuerbelastung von Differenzinvestitionen bzw. Alternativanlagen berücksichtigt werden. Erfolgt die Alternativanlage innerhalb des Gewerbebetriebs, so unterliegen auch deren Erfolge sowohl der ESt als auch der GewESt. Der KZF ist daher um beide Steuern zu kürzen. Besteht die Alternative in einer *Finanzanlage des Privatvermögens*, so kann die Kürzung um die GewESt unterbleiben. Die Frage, ob die Kürzung vorzunehmen ist, läßt sich also nicht grundsätzlich entscheiden, sondern hängt vom Einzelfall ab. Somit läßt sich die Kürzung des KZF in der angegebenen Weise nur für den Fall der Finanzierung mit Eigenkapital und unter dem Ziel der Maximierung des Endvermögens begründen. Ist die Alternative *steuerbefreit*, so kann die Kürzung unterbleiben (*Schneider* [Investition] 305 f.).

Eine pauschale Kürzung der Zahlungsüberschüsse der Alternativanlage um Steuern ist nur dann möglich, wenn es sich nicht selbst wieder um eine Realinvestition handelt. Daher wird davon ausgegangen, daß der Netto-KZF i_s die Rendite einer beliebig teilbaren zu versteuernden Finanzanlage darstellt.

Die Erweiterung des Standardmodells um fremdfinanzierte Investitionsobjekte wird im Abschnitt 2. im Rahmen der Finanzierungsplanung untersucht.

1.1.3 Der Einfluß der Besteuerung auf Vorteilhaftigkeit und Rangfolge von Investitionsobjekten

Die Besteuerung kann bewirken, daß ein vor Steuern vorteilhaftes Einzelobjekt nach Besteuerung nicht mehr vorteilhaft ist oder daß sich bei der Entscheidung über technische Alternativen die Rangfolge der Objekte infolge der Besteuerung ändert. Dabei ist die Entscheidung über ein Einzelobjekt im Grunde auch eine Rangfolgeentscheidung, die über das Einzelobjekt und das bei Anwendung der Kapitalwert-Methode durch den KZF repräsentierte Alternativobjekt zu treffen ist. Wird das Alternativobjekt explizit betrachtet, genügt es, den Einfluß der Besteuerung auf die Rangfolge von Investitionsobjekten zu untersuchen. Als Einflußfaktoren sind die Steuerbemessungsgrundlage und der Steuersatz auseinanderzuhalten und getrennt zu behandeln.

1.1.3.1 Steuerbemessungsgrundlage als Einflußfaktor

a) Verteilung der Zahlungsüberschüsse

Um zu zeigen, daß steuerliche Wirkungen nicht nur von der Abschreibung ausgehen, soll für das folgende Zahlenbeispiel eine *Finanzinvestition* unterstellt werden (*Strobel* [Einfluß] 393 ff.). Es sei zu entscheiden über die Finanzinvestition X mit folgender Zahlungsreihe Z_t $(Z_t = E_t - A_t)$:

t	0	1	2	3	....	10
Z_t	-2000	$+168,44$	$+176,02$	$+183,95$	....	$+ 250,31$ $+2000$

Die Struktur ist gekennzeichnet durch die Bedingung:

$$E_t = E_{t-1} (1 + 0,045) \quad \text{für } t = 2, \ldots, 10$$

Für die Berechnung des Kapitalwertes dieser Investition wird der alternative Anlagesatz $i = 0,1$ als KZF verwendet. Für X errechnet sich somit ein Kapitalwert von Null. Die Einführung einer Ertragsteuer mit dem periodenkonstanten Satz s geschieht unter folgenden Bedingungen:

(1) Die Zinserträge sind im Jahr des Zuflusses steuerpflichtig.
(2) Die Rückzahlung des Kapitals in Höhe von A_0 in $t = 10$ erfolgt steuerfrei.
(3) Da auch das Alternativobjekt Y der Besteuerung unterliegt, das zur Bestimmung des KZF herangezogen wurde, ist der KZF entsprechend zu kürzen.

Für $s = 0,5$ errechnet sich nach Steuern für X ein Kapitalwert K_s von 12,95. Dies bedeutet, daß infolge Besteuerung der Kapitalwert steigt. Dieses zunächst überraschende Ergebnis ist wie folgt zu erklären: Durch die Diskontierung der Zahlungsreihe eines Objekts mit dem KZF wird das Objekt implizit mit einer sich hinter dem KZF verbergenden Finanzinvestition Y verglichen, die durch eine konstante periodische Verzinsung gekennzeichnet ist. Ein Kapitalwert von Null besagt, daß beide Objekte ohne Berücksichtigung von Steuern gleich vorteilhaft sind. Steigt der Kapitalwert nach Steuern (K_s) an, so besagt dies, daß sich X infolge Besteuerung gegenüber dem Vergleichsobjekt Y *relativ* verbessert hat. Dies kann anhand eines *expliziten Alternativenvergleichs* verdeutlicht werden. Nach Steuern ergeben sich folgende Nettozahlungsströme:

t	0	1	2	3	....	10
$X: Z_t - S_t$	-2000	$+84,22$	$+88,01$	$+91,98$	....	$+125,16$
						$+2000$
$Y: Z_t - S_t$	-2000	$+100$	$+100$	$+100$	....	$+100$
						$+2000$
$\Delta Z_t - \Delta S_t$	0	$-15,78$	$-11,99$	$-8,02$	....	$+25,16$

Indem man nun den Barwert der periodischen Differenzen $\Delta Z_t - \Delta S_t$ der Nettozahlungssalden von X und Y berechnet, erhält man ebenfalls einen Betrag von 12,95 in Höhe des Kapitalwertes von X. Durch den expliziten Vergleich der Alternativen X und Y wird deutlich, daß die Erhöhung des Kapitalwertes von X durch die gegenüber Y in die Zukunft verschobenen Steuerzahlungen verursacht wird. Insofern ist der *paradox* anmutende Effekt leicht erklärbar. Wir wollen nun die Frage stellen, wie die Zahlungsüberschüsse, die die Steuerbemessungsgrundlage bilden, verteilt sein müssen, damit von der Besteuerung *keine Wirkung* auf die Vorteilhaftigkeit ausgeht, die Entscheidung also nicht durch die Steuer beeinflußt wird. In Abschnitt 2.1 des Ersten Teils wurde gezeigt, daß dies dann der Fall ist, wenn das Entscheidungskriterium selbst besteuert wird. Dies ist aber nicht unbedingt notwendig; es ist hinreichend, wenn die Steuer auf eine Bemessungsgrundlagenreihe berechnet wird, die durch die gleiche *Lineartransformation* der Zielgröße gewonnen wird wie die Bemessungsgrundlagenreihe der Alternative. Das kann an unserem Beispiel gezeigt werden, in dem der Kapitalwert von Y berechnet wird. Dieser beträgt ohne und mit Berücksichtigung von Steuern Null; es liegt also der Fall *steuerlicher Indifferenz* vor.

Die Reihe der periodischen Bemessungsgrundlagen der alternativen Finanzinvestition $Y(Z_t = 200$ für $t = 1, \ldots, 10)$ erhält man durch Multiplikation des Ertragswertes $(EW = 2000)$ mit dem KZF $(i = 0,10)$:

$$Z_t = i \cdot EW$$

Die Besteuerung der Z_t wirkt dann wie eine Zielbesteuerung. Zielgröße ist der Ertragswert, Lineartransformation ist dessen Multiplikation mit dem KZF. Eine auf gleiche Weise gewonnene

Bemessungsgrundlagenreihe für Vergleichsobjekte zu Y heißt *steuerneutrale Reihe*, da die Besteuerung dann keinen Einfluß auf die Vorteilhaftigkeit der Objekte hat. Die Größe $EW \cdot i$ ist allgemein als «ökonomischer Gewinn» bekannt (*Schneider* [Investition] 314ff.). Er stellt eine Periodengewinngröße dar, die unmittelbar durch Lineartransformation aus dem Ertragswert gewonnen werden kann. Die hier angestellten Überlegungen lassen sich nun auf Sachinvestitionen übertragen.

b) Verteilung der Abschreibungen

Bei Finanzinvestitionen macht die Trennung der Z_t in Zinserträge für die Nutzung des Kapitals und Kapitalrückzahlung keine Schwierigkeiten. Damit werden gleichzeitig die buchhalterisch und steuerlich erfolgswirksamen von den erfolgsunwirksamen Zahlungen getrennt. Bei Realinvestitionen ist dies nicht so einfach, doch muß auch hier bestimmt werden, welcher Teil der Einzahlungen steuerfrei bleiben kann, weil er *Kapitalrückzahlung* darstellt. Dies spielt insbesondere bei abnutzbaren Wirtschaftsgütern eine Rolle.

Für die Verrechnung der Abschreibungen bestehen verschiedene Möglichkeiten. Zum einen wäre eine Sofortabschreibung denkbar. Diese ist im EStG jedoch nur für geringwertige Wirtschaftsgüter vorgesehen. In der Regel ist die Anschaffungsausgabe auf die *betriebsgewöhnliche Nutzungsdauer* zu verteilen. Es entsteht somit das Problem, wie sich die alternativen Verteilungen auf den Kapitalwert auswirken. Es ist möglich, daß infolge Abschreibungsverrechnung der Kapitalwert eines Investitionsobjektes unter Berücksichtigung von Steuern gegenüber dem Fall der Nichtberücksichtigung gleichbleibt, steigt oder fällt (*Schneider* [Investition] 314ff.). Dies soll zunächst an einem Beispiel gezeigt werden.

Zu beurteilen sei folgendes Objekt:

t	0	1	2	3	4	5
Z_t	-1000	$+400$	$+360$	$+320$	$+280$	$+240$

Für $i = 0,2$ errechnet sich $K = 0$.

Unterstellt man eine lineare Abschreibung, so ergibt sich für den Fall $n^\star = n$ folgende Rechnung für $s = 0,5$:

t	1	2	3	4	5
AfA_t	200	200	200	200	200
G_t	200	160	120	80	40
S_t	100	80	60	40	20
$Z_t - S_t$	300	280	260	240	220

Dabei bezeichnet G_t die Steuerbemessungsgrundlage $Z_t - AfA_t$. Nach (1.3) errechnet sich $K_s = 0$ für $i_s = 0{,}1$.

Dies zeigt, daß die Verrechnung von Abschreibungen nicht notwendigerweise einen Einfluß auf den Kapitalwert hat.

Es stellt sich nun wieder die Frage allgemeiner *Indifferenzbedingungen* für die Verrechnung von Abschreibungen. In der Literatur wurde nachgewiesen, daß eine hinreichende Indifferenzbedingung vorliegt, wenn die steuerliche Abschreibung AfA_t gleich der *Ertragswertabschreibung EWA* einer Periode ist. Die Ertragswertabschreibung einer Periode errechnet sich als Differenz zwischen den Ertragswerten zum Anfang und zum Ende der Periode nach Durchführung der Entnahme des Periodenüberschusses Z_t (*Schneider* [Investition] 314 ff.).

Es gilt für die Periode 1:

$$(1.4) \quad EWA_1 = \sum_{t=1}^{n} Z_t \cdot q^{-t} - \sum_{t=2}^{n} Z_t \cdot q^{-t+1}$$

Durch Umformung dieses Ausdrucks erhält man die Form:

$$(1.4a) \quad EWA_1 = Z_1 - (\sum_{t=1}^{n} Z_t \cdot q^{-t}) i$$

Die Ertragswertabschreibung entspricht somit der Differenz zwischen dem Zahlungsüberschuß und dem sog. *«ökonomischen Gewinn»* einer Periode. Da die Differenz zwischen Zahlungsüberschuß und ökonomischem Gewinn der Periode abgeschrieben wird, bedeutet dies, daß auch bei Sachinvestitionen der ökonomische Gewinn Besteuerungsgrundlage zu sein hat. Die Bedingung, daß die Ertragswertabschreibung gleich der steuerlichen Abschreibung sein muß, ist für die steuerliche Indifferenz zwar hinreichend, aber nicht notwendig. Für Indifferenzsituationen wird stets die schwächste notwendige Bedingung gesucht. Sie lautet:

$$(1.5) \quad \sum_{t=1}^{n} AfA_t \cdot q_s^{-t} = \sum_{t=1}^{n} EWA_t \cdot q_s^{-t}$$

Dies bedeutet, daß der Barwert der steuerlichen Abschreibung gleich dem Barwert der Ertragswertabschreibung sein muß, diskontiert mit dem Zinssatz nach Steuern. Für praktische Zwecke ist es von Bedeutung, ob mit der Erfüllung dieser Indifferenzbedingung tatsächlich gerechnet werden kann. Im geltenden Steuersystem ist die Abschreibung auf die Anschaffungskosten beschränkt. Zusätzlich zur Indifferenzbedingung muß also die Nebenbedingung erfüllt sein:

$$(1.6) \quad \sum_{t=1}^{n} AfA_t = A_0$$

Unter Beachtung von (1.6) ist (1.5) offensichtlich erfüllbar, wenn der Kapitalwert Null ist. Dies ist im obigen Beispiel der Fall. Ist der Kapitalwert positiv, so muß der Ertragswert und damit die Summe der Ertragswertabschreibungen größer als die Anschaffungskosten sein. Bei einer Beschränkung der Abschreibungen auf A_0 bliebe somit der Kapitalwert zu versteuern. Eine Auswirkung auf den Kapitalwert läßt sich nur dadurch verhindern, daß die AfA_t soweit vorverlagert werden, daß die dadurch verursachte Erhöhung des Barwertes der steuerlichen Abschreibung den Nachteil einer geringeren Abschreibungsmasse ausgleicht. Diese Möglichkeit ist jedoch begrenzt, weil ab einer bestimmten Höhe des Kapitalwertes die fehlende, durch den Kapitalwert bestimmte Abschreibungsmasse, die zur Herstellung der Indifferenz notwendig wäre, sich durch Zinseffekte nicht mehr ausgleichen läßt.

Die Wirkung von Abschreibungen auf den Kapitalwert hängt somit davon ab, ob infolge der Abschreibung der steuerliche Erfolg des betrachteten Objekts gegenüber dem steuerneutralen Erfolgsausweis der Indifferenzsituation vor- oder nachverlagert wird. Der Effekt ist im Grunde der gleiche wie bei der Auswirkung der Verteilung der Zahlungsüberschüsse. Gelingt es, durch die Abschreibung die Gewinnausweisreihe gegenüber der steuerneutralen Reihe stärker in die Zukunft zu verlagern, so kann die Abschreibung auch zu einer Erhöhung des Kapitalwertes führen. Dies kann durch Modifikation des Ausgangsbeispiels gezeigt werden:

Wird eine AfA_t mit höherem Barwert als bei steuerneutraler Abschreibung durchgeführt, so steigt der Kapitalwert nach Steuern. Unter der Annahme der gesetzlich maximal zulässigen AfA_t, beginnend mit einem degressiven Höchstsatz von 25% und Übergang zur Linear-AfA in der zweiten Periode, erhält man folgendes Ergebnis:

t	1	2	3	4	5
AfA_t	250	187,50	187,50	187,50	187,50
G_t	150	172,50	132,50	92,50	52,50
S_t	75	86,25	66,25	46,25	26,25
$Z_t - S_t$	325	273,75	253,75	233,75	213,75

Es errechnet sich nach (1.3) ein Kapitalwert von 4,71.

Gegenüber der Nichtberücksichtigung von Steuern ist der Kapitalwert gestiegen. Das «Paradoxe» dieses Ergebnisses liegt darin, daß infolge Abschreibungsverrechnung der Erfolg gegenüber der steuerneutralen Zahlungsreihe des durch den KZF repräsentierten Alternativobjekts stärker in die Zukunft verlagert wurde. Bezeichnet ΔAfA_t die periodische Differenz zwischen tatsächlicher und steuerneutraler Abschreibung, so errechnet sich die Kapitalwertänderung ΔK infolge Abschreibung gegenüber dem Fall vor Steuern wie folgt:

$$(1.7) \qquad \Delta K = \sum_{t=1}^{n^*} \Delta AfA_t \cdot s \cdot q_s^{-t}$$

ΔK kann positive und negative Werte annehmen und gibt dann jeweils die Verbesserung bzw. Verschlechterung des Kapitalwertes an. Die Veränderung des Kapitalwertes wird somit beeinflußt durch die Differenzen zwischen tatsächlicher und steuerneutraler Abschreibung, den Steuersatz s und den KZF i.

c) Die Steuerbemessungsgrundlage im KZF

Da das Alternativobjekt durch eine Finanzinvestition gebildet wird, die durch periodisch gleichbleibende Zahlungsüberschüsse gekennzeichnet ist, hat das Alternativobjekt bereits eine steuerneutrale Struktur. Von dem veränderten KZF nach Steuern i_s kann damit definitionsgemäß keine Wirkung auf den Kapitalwert ausgehen, wenn der KZF eine Finanzinvestition repräsentiert.

1.1.3.2 Steuersatz als Einflußfaktor

In der finanzpolitischen Diskussion herrscht die Überzeugung vor, daß *steigende Steuersätze* sich negativ auf die gesamtwirtschaftliche Investitionsneigung auswirken. Die folgende Analyse zeigt, daß dies nicht auf die individuelle Investitionsneigung übertragen werden kann.

Aus (1.3) geht hervor, daß die Wirkung des Steuersatzes sich in zwei verschiedene Teilwirkungen zerlegen läßt:

a) Mit steigendem Steuersatz verringern sich die Überschüsse des Objekts *und* der alternativen Finanzinvestition. Eine bestehende Vorverlagerung bzw. Nachverlagerung der Gewinnausweisreihe eines Objekts gegenüber der steuerneutralen Reihe führt mit steigendem Steuersatz zu einer Vergrößerung dieses Nachteils bzw. Vorteils.

b) Ein zweiter Effekt liegt in der Versteuerung der Finanzüberschußdifferenzen zwischen Realinvestition und Alternativobjekt. Dieser kapitalwertmindernde Effekt wächst mit steigendem Steuersatz.

Beide Effekte wirken teilweise gegenläufig. Dies kann dazu führen, daß die Vorteilhaftigkeit mit steigendem Steuersatz zunächst wächst und dann wieder abnimmt. Dies kann an einem Beispiel gezeigt werden.

Gegeben sei das Objekt O:

t	0	1	2	3
Z_t	-1000	$+500$	$+500$	$+500$

Es errechnet sich für $i = 0,2$ ein Kapitalwert von 53,24. Stellt man das Objekt O der sich hinter dem KZF verbergenden Finanzinvestition A gegenüber, so ergibt sich folgender Finanzplan:

(a) ohne Steuern

O	-1000	$+500$	$+500$	$+500$
A	-1000	$+200$	$+200$	$+1200$
Saldo O–A	0	$+300$	$+300$	-700

Nach Berücksichtigung von Steuern ergibt sich für alternative Steuersätze folgende Rechnung:

(b) $AfA_t = 500$ für $t = 1,2$

(ba) $s = 0,2$

t	0	1	2	3
O	-1000	$+500$	$+500$	$+400$
A	-1000	$+160$	$+160$	$+1160$
Saldo O–A	0	$+340$	$+340$	-760

(bb) $s = 0,4$

O	-1000	$+500$	$+500$	$+300$
A	-1000	$+120$	$+120$	$+1120$
Saldo O–A	0	$+380$	$+380$	-820

(bc) $s = 0,6$

O	-1000	$+500$	$+500$	$+200$
A	-1000	$+80$	$+80$	$+1080$
Saldo O–A	0	$+420$	$+420$	-880

Dies zeigt, daß, gemessen an den Überschußdifferenzen, sich das Objekt O mit steigendem Steuersatz relativ verbessert.

Dieses Ergebnis läßt jedoch noch keine Schlüsse auf die Vorteilhaftigkeit zu, weil für deren Berechnung auch die Versteuerung der Überschußdifferenzen zu berücksichtigen ist. Bezieht man diese ein, so ergibt sich folgender ergänzter Finanzplan aus der Anlage der Differenzinvestition:

t	1	2	3
(a) $s=0$			
	−300	+360	
		−660	
			+792
			−700
			+ 92
(b) $s=0,2$			
	−340	+394,40	
		−734,40	
			+851,90
			−760
			+ 91,90
(c) $s=0,4$			
	−380	+425,60	
		−805,60	
			+902,30
			−820
			+ 82,30
(d) $s=0,6$			
	−420	+453,60	
		−873,60	
			+943,50
			−880
			+ 63,50

Dies ergibt folgende Kapitalwerte:

$$K_{s=0} = 53,24 \quad (i = 0,20)$$
$$K_{s=0,2} = 58,88 \quad (i_s = 0,16)$$
$$K_{s=0,4} = 58,58 \quad (i_s = 0,12)$$
$$K_{s=0,6} = 50,41 \quad (i_s = 0,08)$$

Das Ergebnis zeigt, daß für $AfA_t = 500$ für $t = 1,2$ der Kapitalwert zunächst mit steigendem Steuersatz wächst, später aber wieder abnimmt. Dies bedeutet, daß ein kapitalwertmaximierendes s_{max} bestimmt werden kann, indem man folgenden Ausdruck nach s differenziert:

$$(1.8) \quad \sum_{t=1}^{3} [Z_t - s(Z_t - AfA_t) - i \cdot A_0 (1-s)] q_s^{-t} - A_0 \cdot q_s^{-3}$$

Für das obige Beispiel errechnet sich durch Probieren:

$$s_{max} \approx 0,29 \quad \text{und} \quad K_{s=0,29} = 59,57.$$

Aus den Ausführungen wird deutlich, daß sich generelle Aussagen bezüglich der Vorteilhaftigkeit von Investitionsobjekten in Abhängigkeit vom Steuersatz nicht machen lassen, sondern daß die jeweilige Wirkung von der Konstellation der übrigen Entscheidungsvariablen mitbestimmt wird.

Die Steuerwirkungen im Standardmodell lassen sich somit zusammenfassen:

a) Der Einfluß der Ertragsteuern auf die Vorteilhaftigkeit von Investitionsobjekten kann nicht generalisiert werden. Der Kapitalwert kann infolge Besteuerung gleichbleiben, steigen oder fallen.

b) Dieses zunächst überraschende Ergebnis ist dadurch zu erklären, daß mittels des KZF das zu beurteilende Objekt mit einer Alternative verglichen wird, die ebenfalls der Besteuerung unterliegt. Die Veränderung des Kapitalwerts hängt dann davon ab, ob die Steuerbemessungsgrundlagen bei dem Investitionsobjekt gegenüber den der Kapitalwertberechnung zugrundeliegenden Zahlungsüberschüssen vor- oder nachverlagert werden.

c) Die Auswirkung des Steuersatzes auf den Kapitalwert ist durch eine komplexe Beziehung bestimmt. Deshalb kann die Wirkung des Steuersatzes auf die individuelle Bereitschaft, Sachinvestitionen zu tätigen, nicht generalisiert werden.

(*Übungsaufgaben Nr. 1, 2 und 3 im Arbeitsbuch*)

1.2 Der Einfluß unterschiedlicher Nutzungsdauern auf die Investitionsauswahl unter Steuereinfluß

1.2.1 Die Bestimmungsfaktoren der optimalen Nutzungsdauer

Sind Investitionsobjekte mit unterschiedlichen Nutzungsdauern nach ihrer Vorteilhaftigkeit ohne Einbeziehung der Besteuerung geordnet, so kann sich bei Berücksichtigung der Besteuerung eine Änderung der Rangfolge ergeben. Bevor allerdings die Rangfolge nach Steuern etwa mit Hilfe des im Standardmodell beschriebenen Auswahlkalküls festgestellt werden kann, muß zuvor die wirtschaftliche Nutzungsdauer festgestellt werden, wenn Erträge und Vermögen der Investitionsobjekte der Besteuerung unterliegen, da sich gegenüber der Nutzungsdauer im Nichtsteuerfall Änderungen ergeben können. Für die Bestimmung der wirtschaftlichen Nutzungsdauer haben neben den sonstigen Ein- und Auszahlungen vor allem die *Restbuchwerte* und *Restverkaufserlöse* in den einzelnen Perioden, die einen etwaigen Veräußerungsgewinn entstehen lassen, besondere Bedeutung. Die Entwicklung der Restbuchwerte ist dabei abhängig vom angewandten Abschreibungsverfahren. Entsteht als Differenz zwischen Restverkaufserlös und Restbuchwert ein Veräußerungsgewinn, so können hinsichtlich der Besteuerung zwei Situationen unterschieden werden:

a) Die Veräußerungsgewinne unterliegen in voller Höhe den normalen Besteuerungsbedingungen.

b) Für Veräußerungsgewinne gelten steuerrechtliche Sondervorschriften, die einen temporären Steueraufschub, eine (teilweise) Steuerbefreiung durch Freibeträge oder Steuersatzermäßigungen vorsehen.

Solche *Sonderregelungen* ergeben sich z. B. aus dem § 6 b EStG, die sowohl bei der Veräußerung von Einzelobjekten als auch bei der Veräußerung von Vermögensgesamtheiten (Betriebe oder Teilbetriebe) anwendbar sind. Für die Veräußerung von Vermögensgesamtheiten gelten darüberhinaus die Regelungen des § 16 EStG. In diesem Abschnitt soll die optimale Nutzungsdauer von Investitionsobjekten bestimmt werden, wenn Veräußerungsgewinne den *normalen* Besteuerungsbedingungen unterworfen sind. Als Investitionsalternativen hatten wir bisher nur solche Investitionsobjekte bezeichnet, die sich bei gegebener Nutzungsdauer in zeitlicher Verteilung und Höhe der Zahlungsüberschüsse unterschieden. Ist die Nutzungsdauer – in Grenzen – variierbar, so können jetzt zusätzliche Alternativen formuliert werden, die sich nur jeweils durch die Hinzunahme einer weiteren Periode der Nutzungsdauer unterscheiden. In der zusätzlichen Periode gelten für das Investitionsobjekt bestimmte Daten hinsichtlich der Ein- und Auszahlungen, der Entwicklung des Restverkaufserlöses und des Restbuchwertes, die bei der Alternativenauswahl zu berücksichtigen sind. Damit sind die Alternativen aber noch nicht hinreichend vollständig formuliert: Es muß bekannt sein, ob und in welcher Zahl reale *Nachfolgeinvestitionsobjekte* geplant sind. Schließen sich nämlich an das betrachtete Investitionsobjekt Anschlußinvestitionen an, so werden die Zahlungen dieser Investitionsobjekte bei Verlängerung der Nutzungsdauer des betrachteten Erstobjektes in die Zukunft verschoben. Diese zeitliche Verschiebung der Zahlungen ist im Optimierungskalkül zu berücksichtigen. Bei variierender Nutzungsdauer können also folgende Alternativen unterschieden werden:

1. Projekte mit unterschiedlicher Nutzungsdauer ohne reale Nachfolgeinvestitionen. Es wird unterstellt, daß die kumulierten Zahlungsüberschüsse nach Ende der Nutzungsdauer mit dem KZF verzinst werden.
2. Projekte mit unterschiedlicher Nutzungsdauer und anschließenden Nachfolgeinvestitionen. Als Alternativen sind demnach Investitionsketten zu formulieren. Diese können noch danach differenziert werden, ob ein Nachfolger, eine endliche Zahl von Nachfolgern oder unendlich viele Nachfolger angenommen werden.

Für die Auswahl der verschiedenen Nutzungsdaueralternativen verwenden wir wie bisher das Kapitalwertkriterium: Es wird die Alternative gewählt, die den höchsten Kapitalwert erwarten läßt. Der Kapitalwert umfaßt dabei bei Einzelobjekten mit unterschiedlicher Nutzungsdauer ohne Nachfolger nur den Kapitalwert des Einzelobjekts, bei Investitionsketten auch die Kapitalwerte sämtlicher Nachfolger.

1.2.2 Optimale Nutzungsdauer von Investitionsobjekten ohne Nachfolger bei «normalen» Besteuerungsbedingungen

In Übereinstimmung mit unseren bisherigen Prämissen unterstellen wir, daß die Investitionsobjekte vollständig mit Eigenkapital finanziert sind. Die optimale Nutzungsdauer ist dann erreicht, wenn der Kapitalwert der Investition sein Maximum erreicht (vgl. hierzu *Schneider* [Investition] 308 ff.). Das zeitliche Kapitalwertmaximum kann exakt durch Differenzierung der Kapitalwertfunktion nach der Nutzungsdauer gefunden werden, wenn ein stetiger Verlauf dieser Funktion unterstellt wird. Wegen der bisherigen Prämissen bezüglich der Zahlungszeitpunkte wollen wir jedoch nur Investitionsobjekte mit diskreter Verteilung der Zahlungen untersuchen. Die optimale Nutzungsdauer ist dann erreicht, wenn der Grenzkapitalwert – verstanden als Kapitalwertzuwachs – bei Verlängerung der Nutzungsdauer um eine Periode nicht negativ ist, vorausgesetzt, daß er vorher stets positiv war und nachher stets negativ ist.

Ohne Steuern ergibt sich für den Kapitalwertzuwachs ΔK, bei Verlängerung der Nutzungsdauer von $n-1$ auf n Perioden:

(1.9) $\Delta K = -A_0 + \sum\limits_{t=1}^{n} Z_t \cdot q^{-t} + L_n \cdot q^{-n} +$

$$A_0 - \sum\limits_{t=1}^{n-1} Z_t \cdot q^{-t} - L_{n-1} \cdot q^{-(n-1)}$$

Daraus ergibt sich: *Zahlungsüberschüsse*
Liquidationserlös in t_n

$$\Delta K = [Z_n + L_n - L_{n-1} \cdot q] q^{-n}$$

Die optimale Nutzungsdauer ist dann gefunden, wenn $\Delta K = 0$.
Bei diskreter Verteilung wird diese (strenge) Bedingung selten erfüllt
werden. Sie muß deshalb ersetzt werden durch die Bedingung, daß
die optimale Nutzungsdauer dann erreicht ist, wenn ΔK null und danach negativ wird. Diese Bedingung soll so ausgedrückt werden:

$$\Delta K_{n-t} > \Delta K_n \geq 0 > K_{n+t'} \quad \text{für} \quad t = 1, \ldots, n-1 \text{ und } t' \geq 1$$

Es muß deshalb gelten:

$$[Z_n + L_n - L_{n-1} \cdot q] \, q^{-n} \geqq 0$$

Dividiert man durch q^{-n}, erhält man schließlich:

(1.10) $Z_n + L_n - L_{n-1} - i \cdot L_{n-1} \geqq 0$

Dieser Ausdruck wird als zeitlicher Grenzgewinn Gr_n der Anlage
bezeichnet. Das Ende der wirtschaftlichen Nutzungsdauer ist dem-
gemäß erreicht, wenn (das letzte Mal) gilt:

(1.11) $Z_n \geqq L_{n-1} - L_n + i \cdot L_{n-1}$

Die wirtschaftliche Nutzungsdauer hängt also ab von:

1. dem Einzahlungsüberschuß der Periode n: $Z_n = E_n - A_n$
2. der Restverkaufserlösminderung der Anlage in Periode n:
   $L_{n-1} - L_n$
3. den Zinsen auf den Restverkaufserlös der Periode $n-1$: $i \cdot L_{n-1}$

Die Weiternutzung um eine Periode bis zum Ende der Periode n
lohnt sich dann, wenn der Zahlungsüberschuß Z_n der Periode n größer
ist als die Minderung des Restverkaufserlöses der Anlage in dieser
Periode: $L_{n-1} - L_n$, die entsteht, wenn die Anlage eine Periode länger
genutzt wird, und die Zinsen auf den Restverkaufserlös am Ende der
Vorperiode $i \cdot L_{n-1}$. Da annahmegemäß nach Ablauf der wirtschaftlichen Nutzungsdauer eine Anlage der Zahlungsüberschüsse zum
Zinssatz i erfolgt, muß der Betrieb auf die Zinsen auf den Restver-

kaufserlös verzichten, wenn die Anlage um eine Periode weiter genutzt wird.

Bei Einbeziehung der Steuern muß berücksichtigt werden, daß die einzelnen Komponenten des zeitlichen Grenzgewinns versteuert werden müssen. Es müssen deshalb der steuerliche Restbuchwert B_n bzw. B_{n-1} und die Abschreibung AfA_n einbezogen werden. Außerdem müssen im Steuerfall die Zinsen versteuert werden. Der KZF wird verkürzt auf $i_s = i\,(1-s)$. Der zeitliche Grenzgewinn nach Steuern Gr_n^s ergibt sich demnach aus:

$$(1.12) \quad Gr_n^s = Z_n - s\,(Z_n - AfA_n) \qquad = \text{versteuerter Zahlungsüberschuß der Periode } n$$

$$+ L_n - s\,(L_n - B_n) \qquad = \text{Restverkaufserlös nach Abzug der Steuern auf den Veräußerungsgewinn in Periode } n$$

$$- (1 + i_s)\,[L_{n-1} - s\,(L_{n-1} - B_{n-1})] \qquad = \text{um ein Jahr aufgezinster Restverkaufserlös nach Abzug der Steuern auf den Veräußerungsgewinn der Periode } n-1,$$

wobei:

$B_{n-1} = $ Restbuchwert am Ende der Periode $n-1$
$B_n \quad = $ Restbuchwert am Ende der Periode n

Zwischen B_{n-1} und B_n besteht die Beziehung:

$$(1.13) \quad B_n = B_{n-1} - AfA_n$$

Mit (1.13) ergibt sich der zeitliche Grenzgewinn nach Steuern als:

$$(1.13a) \quad Gr_n^s = (1-s)\,Z_n + (1-s)\,L_n - (1-s)\,(1+i_s)\,L_{n-1} - i_s \cdot s \cdot B_{n-1}$$

Bei Einbeziehung von Steuern ist die optimale Nutzungsdauer dann erreicht, wenn $Gr_n^s \geqq 0$.

Es gilt somit folgendes Kriterium (nach einigen Umformungen unter Benutzung von (1.13)):

$$(1.14) \quad Z_n + L_n - (1+i)\,L_{n-1} + i \cdot s\,[L_{n-1} - B_{n-1}] \geqq 0$$

Die optimale Nutzungsdauer ist dann erreicht, wenn der Zahlungsüberschuß der n-ten Periode Z_n (mindestens) so hoch ist wie die Minderung des Restverkaufserlöses $L_{n-1} - L_n$, die Zinsen (mit dem Zins-

46

satz i) auf den Restverkaufserlös des Vorjahres $i \cdot L_{n-1}$ und die Minderung um den Faktor $i \cdot s[L_{n-1} - B_{n-1}]$:

(1.15) $\quad Z_n \geqq L_{n-1} - L_n + i \cdot L_{n-1} - i \cdot s[L_{n-1} - B_{n-1}]$

Dieses Kriterium unterscheidet sich von dem Kriterium (1.11) ohne Steuern um den Faktor $i \cdot s[L_{n-1} - B_{n-1}]$: Bei einer Besteuerung des Veräußerungsgewinns am Ende des Vorjahres $(L_{n-1} - B_{n-1})$ kann nur der um die Steuern verminderte Betrag zum Zinssatz i angelegt werden. Ein Veräußerungsgewinn tritt dann auf, wenn der Restverkaufserlös L_{n-1} größer ist als der Restbuchwert B_{n-1}. In diesem Falle braucht der durch die Weiternutzung bis zur Periode n entstehende Zahlungsüberschuß Z_n nur um diesen obigen Betrag geringer zu sein, damit sich die Verlängerung der Nutzungsdauer noch lohnt. Diese Bedingung ist damit leichter erfüllbar als das Kriterium im Nichtsteuerfall. Es kommt somit – tendenziell – zu einer Verlängerung der Nutzungsdauer. Ob allerdings die dafür ausschlaggebenden Faktoren eine solche Höhe aufweisen, daß es gleich zu einer Verlängerung um eine Periode (oder mehrere Perioden) kommt, hängt von den Daten des Einzelfalls ab. Entspricht der Restverkaufserlös des Vorjahres L_{n-1} dem steuerlichen Buchwert B_{n-1} zu diesem Zeitpunkt, bleibt die optimale Nutzungsdauer unverändert. Ist $L_{n-1} < B_{n-1}$, kommt es tendenziell zu einer Verkürzung der optimalen Nutzungsdauer.

1.2.3 Optimale Nutzungsdauer von Investitionsobjekten mit Nachfolger

Gewöhnlich wird unterstellt, daß die Nachfolgeinvestitionen identisch sind, d.h. der Kapitalwert gleich ist bei allen Nachfolgern. Um die Ableitungen möglichst einfach zu halten, wird unterstellt, daß nur ein Nachfolger geplant ist (zweigliedrige Kette) (*Stöber* [Nutzungsdauer] 69ff.). Dies wird zunächst ohne Steuern untersucht: Im Unterschied zum vorherigen Fall folgt auf das Objekt 1 ein Objekt 2 und erst danach die Anlage aller Zahlungsüberschüsse zum Zinssatz i. Wird die Nutzungsdauer von Objekt 1 um eine Periode bis zum Zeitpunkt n verlängert, so fallen die Zahlungen von Objekt 2 erst eine Periode später an. Bei der Berechnung des Kapitalwerts K_2 wirkt sich dies so aus, daß alle Zahlungen um eine Periode mehr abgezinst werden. Der Kapitalwert verringert sich demnach um:

$$\Delta K_2 = K_2 \cdot q^{-n+1} - K_2 \cdot q^{-n}$$

Daraus ergibt sich:

$$\Delta K_2 = K_2 \cdot i \cdot q^{-n}$$

Andererseits steigt bei einer Verlängerung der Nutzungsdauer der Kapitalwert des Objektes 1 um ΔK_1, sofern die optimale Nutzungsdauer noch nicht erreicht ist (wie im Fall 1):

$$\Delta K_1 = [Z_n + L_n - (1+i) \, L_{n-1}] \, q^{-n}$$

Der Gesamtkapitalwert steigt solange an als

$$\Delta K_1 > \Delta K_2$$

Die optimale Nutzungsdauer ist demnach erreicht, wenn

$$\Delta K_1 = \Delta K_2$$

Die Bedingung für die Erreichung der optimalen Nutzungsdauer kann daher auch wie folgt formuliert werden:

(1.16) $\quad Z_n + L_n - (1+i) \, L_{n-1} \geqq i \cdot K_2$

Der zeitliche Grenzgewinn Gr_n muß mindestens gleich sein den Zinsen auf den Kapitalwert des Nachfolgers.

Die optimale Nutzungsdauer einer Anlage, die nicht ersetzt wird, wird tendenziell länger sein, als für ein Objekt mit einem Nachfolger, weil bei einem positiven Kapitalwert des Nachfolgeobjekts der Grenzgewinn des Vorgängers nicht null werden darf. Bei der Herleitung von Kriterium (1.16) sind wir davon ausgegangen, daß der Kapitalwert K_2 des Nachfolgers bereits bestimmt war. Dies setzt voraus, daß für das Objekt 2 bereits seinerseits die optimale Nutzungsdauer festgelegt ist. Da in unserem speziellen Fall der Nachfolger nicht mehr ersetzt wird, gilt für die optimale Nutzungsdauer das Kriterium (1.11), das für den Fall einmaliger Investition abgeleitet wurde.

Der Fall mit einem einzigen Nachfolger läßt sich übertragen auf Fälle mit mehr als einer Ersatzinvestition. Unter solchen Bedingungen muß die zu ersetzende Anlage jeweils die Zinsen auf die Kapitalwerte sämtlicher Nachfolger decken, wenn eine Verlängerung stattfinden soll. Da die Zahl der Nachfolger abnimmt, je mehr Vorgänger die zu ersetzende Anlage hatte, kann der zeitliche Grenzgewinn umso eher die Zinsen auf die Kapitalwerte der Nachfolger übersteigen. Die optimale Nutzungsdauer eines Objekts nimmt damit tendenziell zu, je weiter hinten es in der Kette angesiedelt ist und ist tendenziell länger als die seiner Vorgänger und kürzer als die seiner Nachfolger.

Bezieht man die Steuern mit ein, so gelten folgende Veränderungen:

1. Es ist der Grenzgewinn nach Steuern Gr_n^s in den Vergleich einzubeziehen.
2. Der Zinssatz i verändert sich zu $i_s = i\,(1-s)$.
3. Der Kapitalwert der Ersatzanlage wird zum Kapitalwert nach Steuern K_s.

Bei der Berechnung des Kapitalwerts nach Steuern ist die unter Berücksichtigung der Steuern optimale Nutzungsdauer des Objektes 2 vorab zu bestimmen. Hierfür gelten die zuvor abgeleiteten Aussagen. Insbesondere kann sich bei einem Veräußerungsgewinn die optimale Nutzungsdauer durch den Steuereinfluß verlängern. Die optimale Nutzungsdauer für das Objekt 1 ist erreicht, wenn

$$(1.17) \quad Gr_{n1}^s \geqq i_s \cdot K_{2s}$$

Unter Verwendung von (1.13a) und Umformung erhält man das Kriterium nach Steuern:

$$Z_n \geqq L_{n-1} - L_n + i \cdot L_{n-1} - i \cdot s\,[L_{n-1} - B_{n-1}] + i \cdot K_{2s}$$

Dieses Kriterium unterscheidet sich von Kriterium (1.16) ohne Steuern neben dem bereits bekannten Faktor

$$i \cdot s\,[L_{n-1} - B_{n-1}] \text{ um die Differenz } i\,(K_{2s} - K_2).$$

Tendenziell wird sich die Nutzungsdauer verlängern, wenn $K_{2s} < K_2$. Diese Relation dürfte im Normalfall zutreffen. Ist $K_{2s} > K_2$, verkürzt sich die optimale Nutzungsdauer; bei $K_{2s} = K_2$ bleibt sie unverändert. Die gesamte Veränderung der optimalen Nutzungsdauer durch den Steuereinfluß hängt vom Zusammenwirken dieser beiden Faktoren ab.

Der Fall des endlich wiederholten und unendlich wiederholten Ersatzes kann durch analoge Anwendung des Entscheidungskriteriums für den Fall des einmaligen Ersatzes erörtert werden.

1.2.4 Optimale Nutzungsdauer bei temporärer Steuerbefreiung für Veräußerungsgewinne

Die Einbeziehung der temporären Steuerbefreiung durch den § 6b EStG bei der Bestimmung der Nutzungsdauer ist bereits in der Literatur ausführlich erörtert worden. Die modelltechnische Einordnung bereitet dann keine besonderen Schwierigkeiten, wenn angenommen werden kann, daß das Nachfolgeobjekt, auf das aufgedeckte stille Reserven übertragen werden, ein nichtabnutzbares Wirtschaftsgut ist. Unterstellt man als Nachfolgeobjekt realistischerweise ein ebenfalls abnutzbares Wirtschaftsgut, bei dessen Veräußerung wieder die Regelungen des § 6 b EStG anwendbar sind und darauf folgend wieder ein abnutzbares Anlagegut, so erweist sich die modellmäßige Integration als bedeutend schwieriger. Sie ist bisher nur unter vereinfachten Bedingungen vorgenommen worden. Da eine umfassende Analyse hier nicht möglich ist, soll auf die Bestimmung der optimalen Nutzungsdauer bei (temporärer) Veräußerungsgewinnfreiheit nicht näher eingegangen werden (*Streitferdt* [Wirkung]).

(*Übungsaufgabe Nr. 4 im Arbeitsbuch*)

1.3 Der Einfluß von Investitionsmerkmalen auf die Vorteilhaftigkeit nach Steuern

Mit dem Standardmodell läßt sich unter den angegebenen Prämissen der Steuereinfluß quantifizieren und die Vorteilhaftigkeit jedes einzelnen Investitionsobjekts berechnen. Die Berücksichtigung von Steuern ist jedoch mit einigem Rechenaufwand verbunden. Dieser kann unterbleiben, wenn es gelingt, die steuerlichen Einflüsse auf die Entscheidung zu *generalisieren*. Dies ist nicht schlechthin möglich, doch können für Investitionstypen, die durch bestimmte *Merkmale* charakterisiert werden, solche Aussagen abgeleitet werden. Solche Merkmale bestehen z. B. in der unterschiedlichen *Kapitalintensität von Produktionsverfahren*, die jeweils bei bestimmten Investitionsobjekten angewendet werden, und in der *unterschiedlichen Nutzungsdauer* bestimmter Investitionsobjekte mit gleichen technischen Eigenschaften (vgl. hierzu *Schneider* [Investition] 319 ff.).

Wenn die steuerlichen Wirkungen generalisierbar sind, so wird damit auch eine Information für fiskalpolitische Zwecke geliefert, wenn etwa die Förderung bestimmter Investitionstypen aus wirtschaftspolitischen Gründen angestrebt wird.

1.3.1 Der Einfluß
unterschiedlicher Nutzungsdauern

Nachdem die Ermittlung optimaler Nutzungsdauern gezeigt wurde, ist nun zu fragen, ob über Objekte, die sich durch die Nutzungsdauer unterscheiden, generelle Aussagen bezüglich der Steuerwirkungen auf die Vorteilhaftigkeit gemacht werden können. Das Ergebnis solcher Aussagen hängt davon ab, ob es sich um einmalige Investitionen oder um Investitionsketten handelt.

Handelt es sich um einmalige Investitionen, so wird im Kapitalwertkalkül automatisch unterstellt, daß die Zahlungsüberschüsse des Projekts mit der kürzeren Nutzungsdauer bis zum Ende des Projekts mit der längeren Nutzungsdauer zum KZF angelegt werden. Dies wäre jedoch nur bei Unternehmen von begrenzter Dauer realistisch und insofern nur unter sehr speziellen Bedingungen aussagefähig.

Wenn Unternehmungen auf Dauer angelegt sind, haben Investitionsobjekte in der Regel Nachfolger, die unmittelbar nach dem Ersatzzeitpunkt des ersten Objekts eingesetzt werden. Somit sind Investitionsketten zu vergleichen. Dabei entsteht das Problem eines allen Projekten gemeinsamen Planungshorizontes, da Zeithorizonte, die nicht ein gemeinsames Vielfaches der Nutzungsdauern der zu vergleichenden Objekte bilden, zu einem unvollständigen Vergleich führen würden. Der Weg, den Planungszeitraum als das kleinste gemeinsame Vielfache der wirtschaftlichen Nutzungsdauern festzulegen, ist allerdings sehr mechanistisch und ohne Bezug zu den jeweiligen prognostischen Möglichkeiten. Eine Lösung dieses Problems ist auch nicht von der zeitlichen Abgrenzung des Planungszeitraums durch Bewertung des Endvermögens zum Liquidationswert zu erwarten, weil durch die Prämisse fiktiver Veräußerung Verzerrungen zwischen den Alternativen entstehen, da der Liquidationserlös bei geplanter Fortführung das Zahlungspotential nicht realitätskonform abbildet (*Adam* [Restwerte] 406 ff.).

Um diese für die steuerliche Fragestellung nicht spezifischen Probleme auszuschalten, soll zur Vereinfachung unterstellt werden, daß nur zwei Objekte mit kurzer und mit langer Nutzungsdauer zur Wahl stehen, wobei die lange Nutzungsdauer ein Vielfaches der kurzen ist. Um den Einfluß der Nutzungsdauer auf die Steuerwirkungen herauszuarbeiten, soll methodisch wie folgt vorgegangen werden:

- Der Kapitalwert vor Steuern soll bei beiden Objekten gleich sein.
- Anschaffungsausgabe und Struktur der Zahlungsüberschüsse stimmen überein.

- Die angenommene Nutzungsdauer ist die optimale Nutzungsdauer nach Steuern und somit bereits bestimmt.
- Für die Berechnung der Vorteilhaftigkeit ist der Kapitalwert des Projekts A mit längerer Nutzungsdauer einer Kette von Projekten des Objekts B mit kürzerer Nutzungsdauer gegenüberzustellen.

Die Auswirkungen der Besteuerung sollen an einem Beispiel demonstriert werden. Es sei zwischen folgenden Objekten zu wählen ($i = 0,1$):

t	0	1	2	3	4	5	6
A	-1200	$+392,99$	$+392,99$	$+392,99$	$+392,99$	$+392,99$	$+392,99$
B	-1200			-1200			
		$+600$	$+600$	$+600$	$+600$	$+600$	$+600$

Es errechnet sich für A und B jeweils $K = 511,58$. Berücksichtigt man Steuern mit dem Satz $s = 0,5$ und verrechnet man lineare AfA, so ergeben sich folgende Nettozahlungsströme $(Z_t - S_t)$:

t	0	1	2	3	4	5	6
A	-1200	$+296,495$	$+296,495$	$+296,495$	$+296,495$	$+296,495$	$+296,495$
B	-1200			-1200			
		$+500$	$+500$	$+500$	$+500$	$+500$	$+500$

Somit ergibt sich: $K_{As} = 304,92$ und $K_{Bs} = 301,24$. Dies zeigt, daß die Alternative mit längerer Nutzungsdauer sich unter Berücksichtigung von Steuern relativ verbessert. Der Grund hierfür liegt darin, daß bei längerer Nutzungsdauer der Abschreibungseffekt, der durch Abweichung der tatsächlichen von der steuerneutralen Abschreibung entsteht, sich stärker auswirkt.

Dies wird noch deutlicher im Fall maximaler Vorverlagerung der AfA unter der Nebenbedingung, daß kein Verlust eintritt. Es ergeben sich dann folgende Nettozahlungsströme $(Z_t - S_t)$:

t	0	1	2	3	4	5	6
A	-1200	$+392,99$	$+392,99$	$+392,99$	$+207,01$	$+196,50$	$+196,50$
B	-1200			-1200			
		$+600$	$+600$	$+300$	$+600$	$+600$	$+300$

$$K_{As} = 341,11$$
$$K_{Bs} = 325,79$$

Es zeigt sich, daß das Objekt mit der längeren Nutzungsdauer sich relativ infolge der Abschreibungsvorverlagerung stärker verbessert. Die Versteuerung der gebildeten stillen Rücklagen muß bei dem Objekt mit längerer Nutzungsdauer A später erfolgen als bei B, da in B vor jedem Anlagenersatz die stillen Rücklagen zwangsläufig aufgelöst werden, wenn normale Besteuerungsbedingungen gelten.

1.3.2 Der Einfluß unterschiedlicher Anschaffungsausgaben

In der Literatur ist darauf hingewiesen worden, daß kapitalintensive Projekte steuerlich bevorzugt werden (*Strobel* [Einfluß] 388 ff., *Buchner* [Steuern] 548 ff., *Schult* [Steuerpolitik] 160 ff.). Eine solche generelle Aussage ist von Bedeutung für die Klärung der Frage, auf welche Investitionsarten sich steuerliche Maßnahmen zur *Investitionsförderung* stärker oder weniger stark auswirken. Investitionstheoretisch kann man die *Kapitalintensität* durch die Höhe der Anschaffungsausgabe messen. Um den davon ausgehenden Einfluß klar herauszuarbeiten, sind folgende Annahmen erforderlich:

– Die Zahlungsüberschüsse der in Betracht kommenden Objekte sind für alle Perioden konstant.
– Die Nutzungsdauer ist bei allen betrachteten Objekten gleich.
– Die Objekte werden linear abgeschrieben.
– In $t = n$ entsteht kein Veräußerungsgewinn.

Um den aus der unterschiedlichen Kapitalintensität entstehenden Effekt zu isolieren, müssen Objekte mit gleichem Kapitalwert, aber unterschiedlichen Anschaffungsausgaben verglichen werden.

Auf die etwas umständliche Durchführung des Beweises, daß Objekte mit höherer Anschaffungsausgabe c. p. steuerlich vorteilhaft sind, soll hier verzichtet werden, da der isolierte Anlageneffekt sich rechnerisch kaum bemerkbar macht, weil er i. d. R. nur Bruchteile von Prozenten beträgt. Die Aussage, kapitalintensive Verfahren seien steuerlich bevorzugt, trifft zwar formal zu, ist jedoch materiell fast bedeutungslos.

1.4 Erweiterungen des Standardmodells

1.4.1 Die Behandlung von Verlusten

Im Standardmodell wird *sofortiger Verlustausgleich* für Verluste aus dem Sachinvestitionsobjekt unterstellt. Sofortiger vollständiger Verlustausgleich bedeutet: Ist die Steuerbemessungsgrundlage aus dem Investitionsobjekt negativ, also $E_t - A_t - AfA_t < 0$, so wird eine positive zusätzliche Zahlung in Höhe von $s\,(E_t - A_t - AfA_t)$ angenommen. Die Unterstellung eines automatischen Verlustausgleichs wird aufgehoben, indem die Kapitalwertformel wie folgt modifiziert wird:

$$(1.18) \quad K_s = \sum_{t=1}^{n} [E_t - A_t - s\,(E_t - A_t - AfA_t + V_t)]\, q_s^{-t} - A_0$$

wobei gilt:

$$\begin{cases} V_t = 0 & \text{für} \quad E_t - A_t - AfA_t \geqq 0 \\ V_t = |E_t - A_t - AfA_t| & \text{für} \quad E_t - A_t - AfA_t < 0 \end{cases}$$

Durch Einfügung des Symbols V_t in Höhe des Verlustes der Periode t wird der den Faktor s enthaltende Summand stets Null. Dann ist eine steuerliche Berücksichtigung des Verlustes ausgeschlossen. Der Kapitalwert K_s verringert sich dadurch gegenüber dem Fall des automatischen Verlustausgleichs.

1.4.1.1 Die gesetzlichen Regelungen zur Behandlung von Verlusten

Die *gesetzliche Regelung* basiert weder auf der im Grundmodell unterstellten automatischen Steuererstattung, noch schließt sie die Verlustberücksichtigung ganz aus. Im gegenwärtigen Steuersystem ist die Verlustbehandlung in folgender Reihenfolge durchzuführen:

1. Interner (horizontaler) Verlustausgleich

Bei der Ermittlung des zu versteuernden Einkommens ist von den Einkünften aus den einzelnen Einkunftsarten auszugehen, also z.B. von den Einkünften aus Gewerbebetrieb, in denen die Einkünfte aus den verschiedenen gewerblichen Aktivitäten zusammengefaßt sind. Verursacht eine Aktivität Verluste, so muß zunächst ein *Ausgleich* mit anderen Einkünften derselben Einkunftsart, etwa den Zinsen auf das betriebliche Finanzvermögen, versucht werden. Kann dadurch der

Verlust nicht voll ausgeglichen werden, ist zur nächsten Stufe überzugehen.

2. Externer (vertikaler) Verlustausgleich

Falls die Einkünfte aus einer Einkunftsart negativ sind, so hat ein Verlustausgleich mit positiven Einkünften anderer Einkunftsarten, etwa aus nichtselbständiger Arbeit oder Vermietung und Verpachtung, zu erfolgen. Falls dann der Verlust immer noch nicht ausgeglichen ist, erfolgt der Übergang zum *interperiodischen Verlustausgleich*, steuerrechtlich «*Verlustabzug*» genannt (§ 10d EStG).

3. Verlustrücktrag

Die Möglichkeit des Verlustrücktrags beschränkt sich auf das Einkommen des dem Verlustjahr vorausgehenden Veranlagungszeitraums. Wurde in dieser Zeit für eine positive einkommensteuerliche Bemessungsgrundlage Einkommensteuer entrichtet, so erfolgt eine Steuerrückerstattung auf den noch nicht ausgeglichenen Verlust, soweit dieser die Bemessungsgrundlage des Vorjahres (und die Grenze von 5 Mio DM) nicht übersteigt. Im Gewerbeertragsteuerrecht ist allerdings kein Verlustrücktrag vorgesehen.

4. Verlustvortrag

Als letzte Möglichkeit zum Verlustausgleich verbleibt noch der Verlustvortrag. Innerhalb der dem Verlustjahr folgenden fünf Jahre können auf sonstige Weise nicht ausgeglichene Verluste mit den positiven ertragsteuerlichen Bemessungsgrundlagen ausgeglichen werden. Der danach noch nicht ausgeglichene Verlust bleibt unberücksichtigt.

1.4.1.2 Einbeziehung von Verlustsituationen in den Investitionskalkül

Die genannten gesetzlichen Regelungen zur Behandlung von Verlusten sind in den (Partial-)Kalkül zur Auswahl von Investitionsalternativen einzubeziehen (*Scherrer* [Verlustrücktrag]).

1. Interner (horizontaler) Verlustausgleich (IVA)

Zum Ausgleich mit Verlusten aus dem Sachinvestitionsobjekt kommen die Zinserträge aus sekundären Finanzinvestitionen in Frage, die einen Bestandteil des zu bewertenden Investitionsobjektes bilden und versteuert werden müssen. Durch die Reduktion des KZF um den Steuersatz wurde jeweils *sofortige Versteuerung* unterstellt. Tritt nun aber in einer Periode t aus dem Sachinvestitionsobjekt ein Verlust auf, so bleiben die Erträge aus der Finanzinvestition in dieser Höhe unversteuert. Dieser Konsequenz könnte man Rechnung tragen, indem die Reduktion des KZF um den Steuersatz unterbleibt. Dies würde zu der rechentechnisch unerwünschten Folge verlustabhängiger Kalkulationszinsfüße führen. Es wird daher vorgezogen, die Verlustverrechnung im Zahlungsstrom und nicht im KZF vorzunehmen. Dies geschieht durch Fiktion einer zusätzlichen Einzahlung in Höhe der verhinderten Steuerzahlung auf die Finanzerträge in Höhe von $s \cdot V_t^{IVA}$, wobei V_t^{IVA} denjenigen Teil der Finanzerträge bezeichnet, der im Verlustjahr t unversteuert bleibt. Dieser Teil der Finanzerträge FE_t ist zunächst festzustellen. Die Finanzerträge FE_t ergeben sich durch Verzinsung des bis $t-1$ angesammelten Finanzvermögens F_{t-1} wie folgt:

$$FE_t = i \cdot F_{t-1}$$

Das Finanzvermögen ergibt sich durch die bis dahin angefallenen Netto-Zahlungsüberschüsse:

$$(1.19) \quad F_{t-1} = \sum_{t'=1}^{t-1} (E_{t'} - A_{t'} - S_{t'}) \, (1+i_s)^{t-1-t'}$$

Hinsichtlich der Möglichkeit des Verlustausgleichs mit dem Finanzvermögen sind zwei Fälle zu unterscheiden:

(a) Die Finanzerträge sind nicht kleiner als der Verlust V_t in der Periode t:

$$i \cdot F_{t-1} \geqq V_t$$

In diesem Fall kann der Verlust vollständig mittels des internen Verlustausgleichs V_t^{IVA} verrechnet werden. Es gilt somit:

$$(1.20) \quad V_t^{IVA} = V_t$$

Die Zahlung $s \cdot V_t^{IVA}$ ist deshalb zusätzlich als Einzahlung in die Kapitalwertformel einzubeziehen. Damit der Verlustausgleich nicht doppelt erfolgt, muß allerdings die Steuerbemessungsgrundlage in der Kapitalwertformel mit null angesetzt werden.

(b) Die Finanzerträge sind niedriger als der Verlust in der Periode t:

$$i \cdot F_{t-1} < V_t$$

In diesem Fall bleiben die Finanzerträge in t unversteuert, doch kann der Verlust nicht vollständig im Wege des internen Verlustausgleichs verrechnet werden. Es gilt:

$$(1.21) \quad V_t^{IVA} = i \cdot F_{t-1}$$
$$V_t^{\bullet} = V_t - V_t^{IVA}$$

wobei $V_t^{\bullet}$ den im Wege des internen Verlustausgleichs im Jahre t nicht ausgeglichenen Verlust bezeichnet.

In diesem Fall hängt die Wirkung auf den Kapitalwert davon ab, ob ein interperiodischer Verlustausgleich möglich ist oder nicht. Ist er nicht möglich, so ist in die Kapitalwertformel wie in Fall (1) eine Zahlung in Höhe von $s \cdot V_t^{IVA}$ einzubeziehen, wobei der Betrag allerdings entsprechend verringert ist.

2. Externer (vertikaler) Verlustausgleich

Da in Partialkalkülen wie der Auswahl einzelner Investitionsobjekte außer den Zahlungsüberschüssen aus der Sachinvestition und der Finanzinvestition keine weiteren Einkünfte mehr vorhanden sind, mit denen der (projekt-)externe Verlustausgleich stattfinden könnte, ist zum Verlustabzug überzugehen.

3. Verlustrücktrag

In der geltenden Regelung ist die Verlustrücktragsmöglichkeit auf den steuerpflichtigen Gewinn G_{t-1} des dem Verlustjahr vorangehenden Jahres begrenzt:

2 Jahre

$$G_{t-1} = E_{t-1} - A_{t-1} - AfA_{t-1} + i \cdot F_{t-2}$$

Auch hier sind zwei Fälle zu unterscheiden:

(a) $\quad V_t^{\bullet} \leq G_{t-1}$

In diesem Fall kann der durch internen und externen Verlustausgleich noch nicht ausgeglichene Verlust durch die Möglichkeit des Verlustrücktrages ausgeglichen werden. Der Kapitalwert wird dann durch eine Einzahlung in Höhe von $s \cdot V_t^{VRT}$ erhöht, wobei V_t^{VRT} den im Wege des Verlustrücktrages ausgeglichenen Betrag bezeichnet. Es gilt:

$$(1.22) \quad V_t^{VRT} = V_t - V_t^{IVA}$$

(b) $\quad V_t^{\bullet} > G_{t-1}$

In diesem Fall kann der noch nicht ausgeglichene Verlust $V_t^{\bullet}$ auch durch den Verlustrücktrag nicht ausgeglichen werden. Es gilt:

$$(1.23) \quad V_t^{VRT} = G_{t-1}$$

sowie

$$V_t^{\bullet\bullet} = V_t - V_t^{IVA} - V_t^{VRT}$$

4. Verlustvortrag

Es muß nun versucht werden, den noch verbleibenden Restverlust $V_t^{\bullet\bullet}$ in den dem Verlustjahr folgenden fünf Jahren zu verrechnen. Zunächst wird dies im Folgejahr versucht. Die steuerpflichtigen Einkünfte (ohne Verlustvortrag) betragen:

$$G_{t+1} = E_{t+1} - A_{t+1} - AfA_{t+1} + i \cdot F_t$$

Es sind wieder zwei Fälle zu unterscheiden:

(a) Ist $V_t^{\bullet\bullet} \leqq G_{t+1}$, so kann der Verlustabzug bereits im ersten Jahr vollständig durchgeführt werden.

Modelltechnisch ist wiederum zu unterscheiden, ob Ertragsteile aus dem Realinvestitionsobjekt oder aus der Finanzinvestition zum Verlustabzug herangezogen werden. Reichen die Erträge aus der Realinvestition aus, so vermindert sich die einkommensteuerliche Bemessungsgrundlage des Objekts um

$$(1.24) \quad V_{t,t+1}^{VVT} = V_t^{\bullet\bullet}$$

$V_{t,t+1}^{VVT}$ ist der im Jahre $t+1$ im Wege des Verlustvortrags zu verrechnende Verlust des Jahres t.

Der steuerpflichtige Gewinn nach Berücksichtigung des Verlustvortrags errechnet sich wie folgt:

$$G_{t+1}' = E_{t+1} - A_{t+1} - AfA_{t+1} - V_{t,t+1}^{VVT} + i \cdot F_t$$

(b) Reichen die Erträge aus dem Realobjekt nicht aus und müssen Finanzerträge zur Durchführung des Verlustabzugs herangezogen werden, so ist eine zusätzliche Einzahlung in Höhe von $s \cdot V_{t+1}^{IVA}$ in den Kapitalwert aufzunehmen. Gilt:

$$(1.25) \quad V_t^{\bullet\bullet} > G_{t+1}$$

so verbleibt erneut ein vorzutragender Verlust $V_t^{\bullet\bullet\bullet}$ für die nächste Periode. Es ist dann analog (1.24) vorzugehen.

5. Konsequenzen für die Vorteilhaftigkeit

Es kann nun die modifizierte Kapitalwertformel, die alle bisher berücksichtigten Verlustausgleichsmöglichkeiten enthält, formuliert werden. Aus ihr sind auch die Veränderungen der Vorteilhaftigkeit gegenüber der Kapitalwertformel im Standardmodell ersichtlich:

$$(1.26) \quad K_s = \sum_{t=1}^{n} [E_t - A_t - s\,(E_t - A_t - AfA_t + V_t)]\, q_s^{-t}$$

$$+ s \sum_{t=1}^{n} \sum_{t'=t+1}^{t+5} V_{t,t'}^{VVT} \cdot q_s^{-t'} + s \sum_{t=1}^{n} (V_t^{IVA} + V_t^{VRT})\, q_s^{-t} - A_0$$

wobei die Nebenbedingung $t' - t \leqq 5$ zu beachten ist.

Daraus läßt sich folgendes erkennen:

Bei der Möglichkeit des sofortigen internen Verlustausgleichs und der des Verlustrücktrags erfolgt jeweils eine zusätzliche Zahlung im Verlustjahr. Insofern ist gegenüber der im Standardmodell generell vorgesehenen Möglichkeit des sofortigen Verlustausgleichs keine Veränderung der Vorteilhaftigkeit gegeben. Reichen diese Möglichkeiten aber nicht aus, so muß zusätzlich auf den Verlustvortrag zurückgegriffen werden. Hier ergeben sich gegenüber dem sofortigen Verlustausgleich Zinsverluste, die umso größer sind, je später der Verlust verrechnet werden kann.

Kann der Verlust auch im Wege des Verlustvortrags nicht ausgeglichen werden, so bleiben Verluste bei der steuerlichen Gewinnermittlung unberücksichtigt. Der Kapitalwert wird gegenüber dem Fall des sofortigen Verlustausgleichs um den nach fünf Jahren verfallenden Restverlust verringert.

(*Übungsaufgaben Nr. 5 und 6 im Arbeitsbuch*)

1.4.2 Die Einbeziehung von Substanzsteuern

1.4.2.1 Merkmale der Substanzbesteuerung

Für die Besteuerung des die realisierten Investitionsobjekte enthaltenden Betriebsvermögens kommen folgende Substanzsteuern in Frage:

1. Vermögensteuer
2. Grundsteuer
3. Gewerbekapitalsteuer

Wegen der unterschiedlichen Anknüpfungspunkte der genannten Steuerarten und den Unterschieden in den Wertmaßstäben sind die Investitionsobjekte danach zu beurteilen, ob sie zum Grundvermögen oder dem beweglichen Anlagevermögen gehören. Im folgenden wird davon ausgegangen, daß die Investitionsobjekte dem beweglichen Anlagevermögen zuzurechnen sind.

Als Bewertungsmaßstab gilt der Teilwert, für dessen Ermittlung in den VStR detaillierte Regelungen bestehen (Abschn. 52 VStR):

1. Für Wirtschaftsgüter, die nicht innerhalb der letzten drei Jahre vor dem Bewertungsstichtag angeschafft oder hergestellt worden sind, sind auch Preisänderungen relevant und somit Abweichungen von den Anschaffungs- oder Herstellungskosten möglich.

2. Über die Normal-AfA hinausgehende Minderungen der Anschaffungskosten durch Sonderabschreibungen und Übertragung stiller Rücklagen dürfen nicht berücksichtigt werden.

3. Für im Betrieb noch genutzte Wirtschaftsgüter sind angemessene Restwerte («Anhaltewerte») von i. d. R. 30% der tatsächlichen Anschaffungs- oder Herstellungskosten anzusetzen.

1.4.2.2 Einbeziehung der Substanzsteuern in den Investitionskalkül

Es ist zu unterscheiden zwischen den Einflüssen der Substanzbesteuerung

(a) auf das Objekt (Realinvestition) selbst,
(b) auf den Kalkulationszinsfuß, der aus der Rendite einer alternativen Finanzinvestition abgeleitet wird.

Zu (a): Zunächst sind die substanzsteuerlichen Bemessungsgrundlagen für das Objekt zu den einzelnen Zeitpunkten t zu bestimmen, die wir mit A_t^{Su} bezeichnen wollen.

Zur Ableitung dieser Größe ist in folgenden Schritten vorzugehen:

1. Es sind jeweils die zum Bewertungsstichtag geltenden mutmaßlichen Anschaffungskosten festzustellen. Es bezeichnen:

A_0 = Anschaffungsauszahlungen, zugleich Anfangs-Buchwert für ertragsteuerliche Zwecke

A_{ot}^{Su} = mutmaßliche Anschaffungskosten im Zeitpunkt t für substanzsteuerliche Zwecke

p_t = zu berücksichtigende Preisveränderungen für den Zeitpunkt t

Unter Berücksichtigung der bereits verbal angeführten Regelungen gilt demnach:

$$A_{ot}^{Su} = A_0 \qquad \text{für} \quad t = 0, 1, 2, 3$$

$$A_{ot}^{Su} = A_0 \, (1 + p_t) \qquad \text{für} \quad t = 4, \dots, n$$

2. Es sind die mutmaßlichen Wiederbeschaffungskosten (Teilwert) zum Bewertungsstichtag ohne Berücksichtigung von Anhaltewerten zu errechnen. Diese ergeben sich durch den Abzug der zulässigen Abschreibungen AfA_t^{Su} von den mutmaßlichen Anschaffungskosten A_{ot}^{Su}. Für lineare Abschreibungen gilt:

$$A_t^{Su} = A_{ot}^{Su} \cdot \frac{n-t}{n} \qquad \text{für} \quad t = 0, \dots, n$$

3. Es muß überprüft werden, ob die im Schritt 2) ermittelten Wiederbeschaffungskosten nicht kleiner sind als die angemessenen Restwerte $\bar{A}_t^{Su}$. Diese haben i. d. R. die Höhe (vgl. Abschn. 52, Abs. 3 VStR):

$$\bar{A}_t^{Su} = 0{,}3 \, A_0$$

Für die Bemessungsgrundlage A_t^{Su} gilt demnach:

$$A_t^{Su} = \begin{cases} A_{ot}^{Su} \cdot \dfrac{n-t}{n} & , \text{wenn} \quad A_t^{Su} \geqq \bar{A}_t^{Su} \\[2mm] 0{,}3 \, A_0 & , \text{wenn} \quad A_t^{Su} < \bar{A}_t^{Su} \end{cases}$$

Unter Verwendung von A_t^{Su} können damit die Substanzsteuerbelastungen aus der VSt und GewKSt ermittelt werden. Für die VSt in der Periode t gilt mit dem VSt-Satz s^v:

$$S_t^v = s^v \cdot A_{t-1}^{Su}$$

Die GewKSt ergibt sich mit dem GewKSt-Faktor s^{gk} als:

$$S_t^{gk} = s^{gk} \cdot A_{t-1}^{Su}$$

Wegen der Abzugsfähigkeit der GewKSt als Betriebsausgabe gilt nun für die Ertragsteuern:

GewESt: $\quad S_t^{ge} = s^{ge} \, (E_t - A_t - AfA_t - S_t^{gk})$

ESt: $\quad\quad S_t^{ek} = s^{ek} \, (E_t - A_t - AfA_t - S_t^{ge} - S_t^{gk})$

Die Gesamtsteuerbelastung aus der Realinvestition beträgt:

(1.27) $\quad S_t = S_t^v + S_t^{gk} + S_t^{ge} + S_t^{ek}$

Zu (b): Im Kalkulationszinsfuß kommen die Ertragsmöglichkeiten einer alternativen Finanzinvestition zum Ausdruck, bei der nun ebenfalls die Folgen der Substanzbesteuerung zu berücksichtigen sind. Wird eine Finanzinvestition mit dem Betrag F_0 realisiert, so ergeben sich bei einer Bruttoverzinsung mit dem Zinssatz i im Jahre 1 folgende Steuerbelastungen:

(1) $\quad S_1^v = s^v \cdot F_0$

(2) $\quad S_1^{gk} = s^{gk} \cdot F_0$

(3) $\quad S_1^{ge} = s^{ge} (i \cdot F_0 - S_1^{gk})$

(4) $\quad S_1^{ek} = s^{ek} (i \cdot F_0 - S_1^{ge} - S_1^{gk})$

Werden die abzugsfähigen Gewerbesteuerbelastungen durch ihre Steuerart-Gleichungen ersetzt, so gilt für die Gesamtsteuerbelastung der Finanzinvestition S_1:

$$S_1 = S_1^v + S_1^{gk} + S_1^{ge} + S_1^{ek}$$
$$= s^v \cdot F_0 + s^{gk} \cdot F_0 + s^{ge} (i \cdot F_0 - s^{gk} \cdot F_0)$$
$$+ s^{ek} [i \cdot F_0 - s^{ge} (i \cdot F_0 - s^{gk} \cdot F_0) - s^{gk} \cdot F_0]$$

Dafür kann auch geschrieben werden:

(1.28) $\quad S_1 = (s^{ge} + s^{ek} - s^{ek} \cdot s^{ge}) \, i \cdot F_0$
$$+ (s^v + s^{gk} - s^{ge} \cdot s^{gk} + s^{ek} \cdot s^{ge} \cdot s^{gk} - s^{ek} \cdot s^{gk}) \, F_0$$

Aus (1.28) wird die Ertragsteuerbelastung im 1. Summanden, die Substanzsteuerbelastung im 2. Summanden erkennbar. Die Steuerbelastung ist abhängig vom KZF und (einfachen oder zusammengesetzten) Steuerfaktoren, so daß ein Steuerfaktor $s^\star (i)$ definiert werden kann, der alle einbezogenen Steuerbelastungen erfaßt.

Mit $s^{ER} = s^{ge} + s^{ek} - s^{ge} \cdot s^{ek}$ gilt für diesen Faktor:

$$s^\star (i) = s^{ER} \cdot i + s^v + s^{gk} (1 - s^{ge}) (1 - s^{ek})$$

Die nach Abzug aller Steuern verbleibende Nettorendite, die mit $i_{s\star}$ symbolisiert werden soll, errechnet sich demnach mit:

(1.29) $\quad i_{s\star} = i - s^\star (i)$
$$= i - s^{ER} \cdot i - s^v - s^{gk} (1 - s^{ge}) (1 - s^{ek})$$
$$= (1 - s^{ER}) \, i - s^v - s^{gk} (1 - s^{ge}) (1 - s^{ek})$$

Die Modifikationen gegenüber dem KZF i_s ohne Einbezug der Substanzbesteuerung sind in (1.29) deutlich erkennbar.

Es kann nun der Kapitalwert um die Substanzsteuern zu K_{s*} erweitert werden (*Breuker* [Korrekturen]). Es gilt:

$$(1.30) \quad K_{s*} = \sum_{t=1}^{n} (E_t - A_t - S_t) \, (1 + i_{s*})^{-t} - A_0$$

1.4.2.3 Der Einfluß auf die Vorteilhaftigkeit von Investitionsprojekten

Um die grundsätzliche Wirkung der Substanzbesteuerung herauszuarbeiten, sollen nur die VSt und die ESt einbezogen werden. Die zusätzliche Berücksichtigung der GewSt läßt bezüglich der Wirkung keine weiteren Erkenntnisse zu. Es ist nun zu prüfen, wie sich die Einbeziehung der Vermögensbesteuerung in das Investitionskalkül auf den Kapitalwert eines Investitionsobjekts auswirkt.

a) Zunächst gehen wir vom Fall $K = 0$ aus. Die Aussagen sollen mit Hilfe eines Beispiels erläutert werden. Wir unterstellen folgende Zahlungsreihe:

t	0	1	2
Z_t	-1200	$+660$	$+726$

Vor Steuern ist der Kapitalwert bei einem angenommenen KZF von $i = 0,1$ gleich Null. Werden bei der Ertragsbesteuerung als Abschreibungen $AfA_1 = 540$ und $AfA_2 = 660$ verrechnet, so bleibt der Kapitalwert K_s für $s^{ek} = 0,5$ ebenfalls Null, da die AfA *steuerneutral* erfolgt.

Wird bei einer zusätzlich eingeführten hypothetischen Vermögensbesteuerung mit dem Satz $s^v = 0,01$ bei der Besteuerung des Betriebsvermögens ebenfalls obige Abschreibungsverrechnung zugrundegelegt, so gilt:

$$A_0^{Su} = 1200; \qquad A_1^{Su} = 660$$

Die zu leistende Vermögensteuer $S_t^v = s^v \cdot A_{t-1}^{Su}$ beträgt demnach:

$$S_1^v = 12; \qquad S_2^v = 6,6$$

Da auch das in der Finanzinvestition gebundene Vermögen steuerpflichtig ist, muß der KZF um die VSt-Belastung gekürzt werden:

$$(1.31) \quad i_{s*} = i \, (1 - s^{ek}) - s^v = 0,1 \, (0,5) - 0,01 = 0,04$$

Der Kapitalwert K_{s*} bei Einbeziehung der Einkommens- und Vermögensbesteuerung

$$K_{s*} = \sum_{t=1}^{n} (E_t - A_t - S_t^{ek} - S_t^v)\,(1+i_{s*})^{-t} - A_0$$

bleibt im Beispiel unverändert Null.

Dies ist darauf zurückzuführen, daß *neben* den für die ertragsteuerliche Indifferenz geltenden Bedingungen nun auch für sämtliche Perioden die für die substanzsteuerliche Indifferenz geltende Bedingung erfüllt ist: Die substanzsteuerliche Indifferenz ist dann gegeben, wenn in jeder Periode der *Ertragswert* Bemessungsgrundlage für die VSt ist. Dies gilt auch im Falle eines positiven Kapitalwerts.

Wie auch bei der Ertragsbesteuerung läßt sich eine äquivalente Bedingung unter Verwendung des Begriffs der Ertragswertabschreibung, als Differenz der Ertragswerte zweier Perioden formulieren. Die VSt-Belastung verändert die Vorteilhaftigkeit dann nicht, wenn für jede Periode die Bedingung gilt:

Verminderung der substanzsteuerlichen Bemessungsgrundlage (durch Abschreibung) = Ertragswertabschreibung

Die Ableitung dieser Bedingung läßt sich an dem obigen Beispiel besonders leicht verdeutlichen, wenn man einen Finanzplan aufstellt, bei dem das Objekt I mit einer alternativen Finanzinvestition II verglichen wird. Die *substanzsteuerliche Indifferenz* tritt auf, wenn die Verringerung der substanzsteuerlichen Bemessungsgrundlage A^{su} bei I und II pro Periode gleich ist. Ist die Verminderung bei I höher, so muß die Abschreibung der Bemessungsgrundlage in Höhe der Differenz vorgenommen werden, wenn substanzsteuerliche Indifferenz hergestellt werden soll. Wir erhalten für obiges Beispiel folgende Rechnung:

t	1	2
ΔA_I^{su}	+660	+726 + 54[1]
ΔA_{II}^{su}	+120	+120
Saldo	+540	+660

[1] $54 = 0,1 \cdot 540$

Wir erhalten somit das gleiche Ergebnis wie bei Bestimmung der Indifferenzbedingung auf kapitaltheoretischem Weg.

Ist diese Bedingung nicht erfüllt, so ergeben sich für den Kapitalwert folgende Veränderungen:

1. Der Kapitalwert sinkt durch die Vermögensbesteuerung, wenn die Ertragswertabschreibung größer ist als die Verminderung der vermögensteuerlichen Bemessungsgrundlage durch die Abschreibung.
2. Der Kapitalwert steigt, wenn die Ertragswertabschreibung niedriger ist als die substanzsteuerliche Abschreibung. Man könnte diese Tatsache als «substanzsteuerliches Paradoxon» bezeichnen.

Dies ist aus folgendem Beispiel ersichtlich: Werden bei sonst gleichen Daten für die substanzsteuerliche Bemessungsgrundlage lineare Abschreibungen in Höhe von $AfA_1 = 600$; $AfA_2 = 600$ verrechnet, so ergibt sich ein positiver Kapitalwert K_{s*} in Höhe von 0,55. Diese Kapitalwertsteigerung ist auf die (abgezinste) Verminderung der VSt-Zahlung gegenüber dem Vergleichsobjekt in der Periode 2 zurückzuführen, weil am Ende der Periode 1 die Höhe des Betriebsvermögens durch Abschreibungen stärker vermindert wurde. Im Unterschied zur Ertragsbesteuerung, wo durch eine zeitlich vorgezogene Aufwandsverrechnung nur zusätzlich Zinserträge erzielt werden konnten, die zur Kapitalwertsteigerung führten, können bei der Substanzbesteuerung absolute Steuerersparnisse erzielt werden.

Bisher wurde ein Fall mit zwei Perioden zugrundegelegt, bei dem in jeder Periode für die Herstellung der substanzsteuerlichen Indifferenz die Gleichheit von Ertragswertabschreibung und AfA_t^{Su} des Investitionsobjekts für substanzsteuerliche Zwecke gegeben sein mußte. Erstreckt sich die Nutzungsdauer über mehr als zwei Perioden, so kann analog der ertragsteuerlichen Indifferenzbedingung die strenge Bedingung durch die schwächere ersetzt werden:

$$(1.32) \quad \sum_{t=1}^{n} EWA_t \, (1+i_{s*})^{-t} = \sum_{t=1}^{n} AfA_t^{Su} \, (1+i_{s*})^{-t}$$

Danach muß also der *Barwert der Ertragswertabschreibung* gleich dem *Barwert der substanzsteuerlichen Abschreibung* sein, wobei der um die Substanzbesteuerung verminderte KZF als Diskontierungsfaktor zu verwenden ist.

b) Hebt man nun auch die Prämisse auf, daß der Kapitalwert Null beträgt, so kann diese Bedingung für die substanzsteuerliche Indifferenz um den Einfluß des Kapitalwertes erweitert werden. In diesem Fall muß gelten:

$$(1.33) \quad \sum_{t=1}^{n} EWA_t \, (1+i_{s*})^{-t} = \sum_{t=1}^{n} AfA_t^{Su} \, (1+i_{s*})^{-t} + K$$

Dies bedeutet, daß der Barwert der steuerlichen Abschreibung geringer ist als der Barwert der Ertragswertabschreibung. Um diese Bedingung erfüllen zu können, muß deshalb gegenüber dem Fall $K=0$ die Abschreibungsverrechnung tendenziell später stattfinden. Man kann dies auch durch eine andere Überlegung verdeutlichen: Bei positivem Kapitalwert müßte in der alternativen Finanzinvestition der Betrag $A_0 + K$ angelegt werden, wenn beide Investitionen vor Steuern gleich vorteilhaft sein sollen. Dadurch wird eine höhere Substanzbesteuerung ausgelöst als beim Sachinvestitionsobjekt, bei dem nur A_0 zu versteuern ist. Zur Herstellung der Indifferenz nach Steuern müssen daher die Steuerbemessungsgrundlagen des Sachinvestitionsobjekts vergleichsweise erhöht werden und die Abschreibungen daher entsprechend in die Zukunft verlagert werden. Da einer Erhöhung der substanzsteuerlichen Bemessungsgrundlagen des Sachinvestitionsobjekts jedoch Grenzen gesetzt sind, kann bei wachsenden Kapitalwerten die Bedingung für substanzsteuerliche Indifferenzen nicht mehr erfüllt werden.

Bei steigendem Kapitalwert verbessert sich infolge Substanzbesteuerung das Sachinvestitionsobjekt relativ gegenüber der sich hinter dem KZF verbergenden Finanzinvestition, und folglich steigt der Kapitalwert nach Substanzsteuern.

(*Übungsaufgaben Nr. 7 und 8 im Arbeitsbuch*)

Literatur zu Abschnitt 1

Adam: Die Bedeutung der [Restwerte] von Investitionsobjekten für die Investitionsplanung in Teilperioden, in: ZfB 1968, S. 391 ff.

Albach: Steuersystem und unternehmerische Investitionspolitik, Wiesbaden 1970

Breuker: Besitzsteuerliche [Korrekturen] im Rahmen des investitionsrechnerischen Kapitalwert-Modells, in: StuW 1972, S. 239 ff.

Brown: Business-Income Taxation and Investment Incentives, in: Income, Employment and Public Policy, Essays in Honour of Alvin H. Hansen, New York 1948, S. 300 ff.

Buchner: Der Einfluß erfolgsabhängiger Steuern auf investitions- und finanzierungstheoretische Planungsmodelle, in: ZfB 1971, S. 671 ff.

Buchner: Zur Berücksichtigung erfolgsabhängiger [Steuern] im Investitions- und Preiskalkül, in: ZfB 1975, S. 547 ff.

Dellmann/Haberstock: Nutzungsdauer und Ersetzungszeitpunkt von Anlagen, in: DB 1971, S. 1729 ff.

Drukarczyk: [Investitionstheorie] und Konsumpräferenz, Berlin 1970

Gaugler: Sonderabschreibungen als Konjunkturmaßnahme, in: ZfbF 1968, S. 518 ff.

Grundmann: Optimale Investitions- und Finanzplanung unter Berücksichtigung der Steuern, Diss. Hamburg 1973

Haberstock: Vergleichende [Analyse] steuerlicher Maßnahmen zur Beeinflussung der konjunkturellen Entwicklung, in: Personal- und Sozialorientierung der Betriebswirtschaftslehre, Hrsg.: G. Reber, Bd. 2: Vorträge der Arbeitsgruppe Steuern/Unternehmungsrechnung, Stuttgart 1977, S. 69 ff.

Haegert: Der Einfluß der Steuern auf das optimale Investitions- und Finanzierungsprogramm, Wiesbaden 1971

Huth: Der Einfluß der Gewinnbesteuerung auf Investitionsneigung und Risikobereitschaft des Unternehmers, Diss. Frankfurt 1967

Kleineidam/Seutter: Der optimale Ersatzzeitpunkt von Investitionsobjekten unter dem Einfluß der Ertragsbesteuerung, Teil I und II, in: DB 1977, S. 361 ff., S. 409 ff.

Kruschwitz: [Investitionsrechnung], Berlin-New York 1978

Lüder: Die Beurteilung von Einzelinvestitionen unter Berücksichtigung von Ertragsteuern, in: ZfB 1976, S. 539 ff.

Mozer: Der Kalkulationszinsfuß unter Berücksichtigung der Erfolgsteuern bei Publikumskapitalgesellschaften, insbesondere im deutschen und amerikanischen Steuersystem, Diss. TU Berlin 1972

Rosenberg: Der Einfluß der Finanzierung auf die optimale Nutzungsdauer von Investitionsobjekten, in: ZfB 1977, S. 167 ff.

Scherrer: Zum Einfluß eines [Verlustrücktrag]es auf die unternehmerische Investitionsentscheidung, in: Investitionstheorie und Investitionspolitik privater und öffentlicher Unternehmen, Hrsg.: H. Albach/H. Simon, Wiesbaden 1976, S. 371 ff.

Schneider, D.: [Investition] und Finanzierung, 4. Aufl., Opladen 1975

Schneider, H.: Der Einfluß der Steuern auf die unternehmerischen Investitionsentscheidungen, Tübingen 1964

Schult: Die Steuern des Betriebs, Bd. 3: [Steuerpolitik], Freiburg i. Br. 1977

Sieben/Löcherbach/Matschke: [Bewertungstheorie], in: HWB, 4. Aufl., Hrsg.: E. Grochla/W. Wittmann, Stuttgart 1974, Bd. I/1, Sp. 839 ff.

Stöber: Optimale [Nutzungsdauer] und steuerliche Investitionsbegünstigungen, Berlin 1975

Streitferdt: Zur [Wirkung] steuerfreier Veräußerungsgewinne auf den Ersatzzeitpunkt von Anlagen, in: ZfB 1977, S. 239 ff.

Strobel: Der [Einfluß] der Gewinnsteuer auf Investitionsentscheidungen, in: ZfB 1970, S. 375 ff.

Strobel: Zur Analyse komplexer Gewinnsteuerwirkungen, in: ZfB 1973, S. 847 ff.

Strobel: Steuerlehre, betriebswirtschaftliche, in: HdWW, Hrsg.: W. Albers u. a., Stuttgart-Tübingen-Göttingen, Bd. 7, 1977, S. 270 ff.

Swoboda: Die Wirkungen von steuerlichen Abschreibungen auf den Kapi-

talwert von Investitionsprojekten bei unterschiedlichen Finanzierungsformen, in: ZfbF 1970, S. 77ff.

U.E.C.: Steuerliche Maßnahmen als Einflußfaktoren bei Investitionsentscheidungen privater Unternehmen, Gesamtbericht der Kommission für
Steuerwesen der U.E.C., Düsseldorf 1975

Wagner: Das Grundmodell der [Ertragsteuerwirkungen] auf die Investitionsentscheidung, in: WiSt 1979, S. 67ff.

Weinreich: Das Problem der Erfassung erfolgsabhängiger Steuern im Kalkül zur Bestimmung optimaler Sachinvestitionsentscheidungen, Frankfurt a. M.-Zürich 1978

2. Finanzierungsplanung

2.1 Planungsziele
und Finanzierungsalternativen

Im Finanzbereich einer Unternehmung sind Entscheidungen zu
treffen:

1. über die Auswahl von Finanzierungsalternativen
2. über die Kapitalstruktur
3. zur Wahrung der Liquidität

Die unter 2 genannten Entscheidungen sind nur dann ein zusätz-
liches Problem zu 1, wenn die Unsicherheit berücksichtigt wird.
Dies ist hier nicht vorgesehen. Die unter 3 genannten Entscheidun-
gen gelten der Liquiditäts- und Finanzplanung und haben insofern
Steuern zum Gegenstand, als Steuern zu Auszahlungen führen. Da die
damit verbundenen Probleme jedoch nicht spezifisch steuerlicher
Natur sind, sollen sie hier nicht angesprochen werden (vgl. hierzu
Kaiser [Liquidität], *Lauf* [Liquiditätssicherung]).

2.1.1 Finanzierungsarten

Unter der Annahme der Sicherheit hat die Finanzierungsplanung
die zieladäquate Auswahl von Finanzierungsalternativen unter Einbeziehung steuerlicher Einflüsse zum Gegenstand. Nach herkömmlicher
Auffassung werden Finanzierungsarten unterteilt in Beteiligungs-

finanzierung, Fremdfinanzierung und Selbstfinanzierung. Damit ist jedoch nicht gesagt, daß es sich hierbei um sich ausschließende Alternativen handelt, denn dies ist bei der Finanzierung in besonderem Maße von dem zugrundeliegenden Entscheidungsfeld abhängig (vgl. insbesondere *Krawitz* [Finanzpolitik]). Während bei der *Fremdfinanzierung* die Verzinsung des Kapitals grundsätzlich von der Gewinnhöhe unabhängig ist, ist bei der *Beteiligungsfinanzierung* grundsätzlich von gewinnabhängigen Ansprüchen der Kapitalgeber auszugehen. Da in beiden Fällen das Kapital nicht über die Markterlöse, sondern durch Kredite bzw. Einlagen der Kapitalgeber aufgebracht wird, rechnet man beide Finanzierungsarten zur Außenfinanzierung. Im Gegensatz dazu steht die *Selbstfinanzierung*, bei der die Finanzmittel über Markterlöse zufließen. Bei der Selbstfinanzierung ist das Problem insofern anders gelagert, als ihr Ausmaß nicht durch die Höhe der *Kapitalzuführung* bestimmt wird, sondern zunächst von der Höhe des berechneten *Gewinns* abhängt, also im Grunde einen bestimmten Gewinnbegriff voraussetzt.

Geht man davon aus, daß neben dem aufgrund konventioneller Bilanzierungsvorschriften ermittelten Gewinn noch ein zutreffenderes Erfolgsmaß «Gewinn» existiert, so kann man zwischen *offener* und *stiller* Selbstfinanzierung unterscheiden, bzw. bezogen auf Steuern zwischen *versteuerter* und *unversteuerter* Selbstfinanzierung. Unversteuerte Selbstfinanzierung kann man aber auch lediglich als Steueraufschub ansehen, weil durch den Nichtausweis und damit die Nichtausschüttung eines Gewinns die Besteuerung auf spätere Perioden verschoben wird. Ob man die Selbstfinanzierung überhaupt als *Finanzierungs*problem betrachtet, ist nicht generell entscheidbar, sondern in ganz besonderem Maße zielabhängig. Es sind häufig erst steuerliche Folgen der Selbstfinanzierung, die sie zum Gegenstand eines Entscheidungsproblems machen.

Die genannten Finanzierungsarten werden von der Besteuerung in unterschiedlicher Weise betroffen; dies kann dazu führen, daß sich eine ohne Steuern optimale Finanzierung unter Berücksichtigung von Steuern als falsch erweist.

Die unterschiedliche steuerliche Behandlung zeigt sich

a) sowohl an den Unterschieden bezüglich der Behandlung der Finanzierungs*arten* als auch

b) bei der Behandlung unterschiedlicher Gestaltungen *innerhalb* der Finanzierungsarten.

Zu a): Bei der Fremdfinanzierung sind Zinsen bei der ertragsteuerlichen Bemessungsgrundlage und die Kapitalschuld bei der substanzsteuerlichen Bemessungsgrundlage grundsätzlich abzugsfähig.

Durch die Aufnahme von Beteiligungskapital wird Gesellschaftsteuer verursacht. Dieses ist weder als Schuldposten bei den substanzsteuerlichen Bemessungsgrundlagen abzugsfähig, noch mindern Dividendenzahlungen die Ertragsteuern. Allerdings vermindert sich die KSt der Kapitalgesellschaft bei Ausschüttung von Dividenden gegenüber dem Fall der Gewinnthesaurierung.

Zu b): Innerhalb der Fremdfinanzierungsalternativen wird im Hinblick auf die GewSt unterschieden, ob es sich um Dauerschulden und Dauerschuldzinsen handelt. Bei der Beteiligungsfinanzierung ist von Bedeutung, ob die Ausgabe von Anteilen zu pari oder mit Aufschlag eines Agios erfolgt. Die Abzugsfähigkeit der Emissionskosten hängt von der Deckung der Emissionskosten durch das Agio ab.

Diese Unterschiede machen es unumgänglich, die Steuern bei Finanzierungsentscheidungen zu berücksichtigen.

2.1.2 Der Einfluß der Zielprämisse auf die Formulierung von Finanzierungsalternativen

Für diesen Zweck ist es nützlich, zwischen personenbezogener und firmenbezogener Betrachtungsweise zu unterscheiden (*Schneider* [Investition] 176 ff.). Im ersten Fall liegt Personalunion von Kapitalgeber und Unternehmensleitung vor. Im zweiten Fall ist von einer Trennung beider Funktionen auszugehen, wobei auch Zielkonflikte zwischen Leitung und Kapitaleignern möglich werden (vgl. auch *Lehmann* [Eigenfinanzierung] 142 ff.).

2.1.2.1 Firmenbezogene Betrachtung

Für diesen Fall, dessen Grundtyp die Publikumskapitalgesellschaft ist, wird meist von zwei alternativen Annahmen ausgegangen:

1. Die Firmenleitung verfolgt eigene Ziele und wird darin nur durch Nebenbedingungen eingeschränkt, die sich aus den Ansprüchen der Kapitalgeber ableiten.
2. Die Firmenleitung verfolgt die Ziele der Kapitaleigner, wobei sie entweder unmittelbar gemäß deren Ausschüttungspräferenzen handelt oder versucht, den Marktwert der Anteilswerte der Firma zu maximieren. Die Annahme der Marktwertmaximierung folgt aus der Unmöglichkeit der Ermittlung und Aggregation unterschiedlicher Zeitpräferenzen einer Vielzahl von Anteilseignern. Auf die Erörterung der mit der Zielannahme verbundenen, vorwiegend in der amerikanischen Literatur ent-

wickelten und theoretisch sehr reizvollen Problemstellungen kann hier nicht eingegangen werden, da dies ohne Erörterung grundlegender Ansätze der neueren Finanzierungstheorie nicht möglich ist.

Der Realität von Publikumsgesellschaften entspricht häufig die Annahme firmeneigener Ziele, wie z. B. die firmenbezogene Vermögensmaximierung. Die Berücksichtigung von Fremd- und Beteiligungsfinanzierung bedeutet in diesem Fall, daß die dadurch entstehenden Ausgaben als Finanzierungs-«Kosten» angesehen werden, wobei wegen deren Eigenschaft als negative Zielbeiträge eine Minimierung der Kosten pro aufzubringender Kapitaleinheit angestrebt wird. Die Höhe der Selbstfinanzierung ergibt sich als Differenz von Gewinn und für die Beteiligungsfinanzierung aufzubringender Dividendenleistung und stellt in diesem Fall kein Problem, sondern eine Residualgröße dar.

2.1.2.2 Personenbezogene Betrachtung

Der personenbezogenen Betrachtung liegt die Vorstellung zugrunde, daß alle erwerbswirtschaftlich ausgerichteten Interessen eines Individuums in der Unternehmung zusammengefaßt sind. Für diesen Fall ist zunächst die auf die Konsumpräferenzen des Individuums abgestimmte Zielsetzung zu formulieren. Als idealtypische Ausprägungen werden die Einkommens- und die Vermögensmaximierung angesehen. Dabei ist zu betonen, daß es sich bei diesen Zielsetzungen nicht um inhaltliche Ausprägungen der Zeitpräferenzen handelt in dem Sinne, daß Einkommensmaximierung den Wunsch nach frühen und Vermögensmaximierung nach späten Entnahmen bezeichnen, sondern lediglich um begriffliche Rahmen für den formalen Ausdruck der Zeitpräferenz.

Mit der Festlegung der Zielsetzung, die auf einen einfachen Nenner gebracht die Beantwortung der Frage: Konsum heute oder morgen? verlangt, wird zunächst das Ausmaß der für Ausschüttungen benötigten Beträge festgelegt. In bezug auf diese Frage wäre eine Unterscheidung zwischen Beteiligungs- und Selbstfinanzierung überflüssig, weil die nicht für Konsumzwecke benötigten Beträge investiert werden, gleich ob durch Einlagen oder durch Thesaurierung. Eine solche Unterscheidung wird erst durch die unterschiedliche steuerliche Behandlung von Gewinneinbehaltung und -ausschüttung erforderlich. Daher entsteht für den Fall, daß die Gewinne nicht für Konsumzwecke benötigt werden, das Problem, ob sie thesauriert werden sollen oder ob sie ebenfalls vermögenssteigernd im Rahmen des *Schütt aus-Hol zurück*-Verfahrens (SAHZ) zunächst ausgeschüttet und anschließend wieder in die Unternehmung eingelegt werden sollen. Dieses Problem entsteht nur aus steuerlichen Gründen und wird daher ausführlich behandelt.

Die Finanzierung mit Fremdkapital wirft bei der personenbezogenen Betrachtungsweise keine spezifischen Probleme auf; es interessiert nur die Frage, ob durch mit Fremdkapital finanzierte Investitionen das Zielniveau erhöht werden kann. Die Beantwortung dieser Frage kann in der gleichen Weise wie bei firmenbezogener Betrachtung erfolgen.

2.1.3 Auswahl der Problemstellungen

Die Ausführungen haben deutlich gemacht, daß eine Einschränkung der Problemstellungen auf bestimmte Zieltypen erfolgen muß (*Schneider* [Investition] 471 ff.). Die meisten Darstellungen, die den steuerlichen Einfluß auf die Finanzierung zum Gegenstand haben, beschränken sich auf folgende Fragen:

1. Welche Finanzierungsalternative verursacht aus firmenbezogener Sicht die geringsten nichtsteuerlichen und steuerlichen *Finanzierungskosten?* Im Hinblick auf diese Frage ist es möglich, Beteiligungsfinanzierung und Fremdfinanzierung gegenüberzustellen. Da die Selbstfinanzierung keine nichtsteuerlichen Kosten verursacht, ist sie anderen Finanzierungsarten bei der firmenbezogenen Betrachtung überlegen, doch läßt sie sich wegen der Substanzsteuerbelastung in einen solchen Vergleich einbeziehen.

2. Bei personenbezogener Betrachtung ist zu unterscheiden zwischen dem gesamten Entscheidungsfeld und der Unternehmung als einzelnem Objekt des Entscheidungsfeldes. Bezogen auf das gesamte Entscheidungsfeld stellt sich die Alternative von Eigen- und Selbstfinanzierung gegenüber der Fremdfinanzierung nicht, da zunächst das gesamte Eigenkapital, das auch als *Bestandskapital* bezeichnet wird, im Entscheidungsfeld investiert werden muß, weil es im Gegensatz zum Fremdkapital keine Ausgaben verursacht. Bezogen auf die Unternehmung als Teilbereich des Entscheidungsfeldes stellt sich die Frage: Sollen die erwirtschafteten Mittel in der Unternehmung bleiben und als Gewinne *thesauriert* werden, oder sollen sie *ausgeschüttet* und in andere Teilbereiche des persönlichen Entscheidungsfeldes verlagert werden? Diese Frage ist zunächst von der in der Unternehmung und in anderen Anlageobjekten erzielbaren Rendite abhängig, und insofern ist

das Maß an Selbstfinanzierung bzw. Beteiligungsfinanzierung abhängig von der Lösung des Investitionsproblems. Selbstfinanzierung und Beteiligungsfinanzierung sind jedoch in diesem Fall keine Alternativen, die sich ausschließen. Infolge der unterschiedlichen steuerlichen Behandlung von einbehaltenen und ausgeschütteten Gewinnen durch die KSt stellt sich jedoch auch in dem Fall, in dem beabsichtigt ist, Finanzierungsmittel an die Unternehmung zu binden, die Frage, ob dies besser durch Thesaurierung der Gewinne oder durch Ausschüttung mit anschließender Wiedereinlage geschieht. Selbstfinanzierung und Beteiligungsfinanzierung über das SAHZ-Verfahren stellen in diesem Fall Alternativen dar, die sich durch die steuerliche Behandlung unterscheiden und die daher Gegenstand der steuerlichen Planung sind.

Es wird daher in der anschließenden Darstellung wie folgt getrennt: Im Abschnitt 2. wird die Finanzierungsplanung in firmenbezogener Betrachtungsweise untersucht. In Abschnitt 3. wird die Ausschüttungsplanung dargestellt, wobei den Gestaltungsüberlegungen eine vorwiegend personenbezogene Betrachtungsweise zugrundeliegt. Da das Problem der firmenbezogenen Betrachtung vom Modell der Kapitalgesellschaft ausgeht und auch die personenbezogene Betrachtung der Ausschüttung der Kapitalgesellschaft die interessanteren Probleme aufwirft, wird in beiden Fällen vom Beispiel der Kapitalgesellschaft ausgegangen.

2.2 Die Finanzierungsalternativen und ihre Merkmale

2.2.1 Kriterien für die Beschreibung der Finanzierungsalternativen

Die Vergleichbarkeit wird durch die Verwendung eines Schemas der relevanten Merkmale erleichtert. Für die Quantifizierung der Finanzierungsbelastung ist die Kenntnis folgender Angaben notwendig:

2.2.1.1 Nichtsteuerliche Belastungen

(1) Höhe des in Anspruch genommenen Finanzierungsbetrages
(2) Tilgungsmodalitäten und Laufzeit

(3) Einmalige (laufzeitunabhängige) Belastungen
(4) Variable (laufzeitabhängige) Belastungen

Zu (1): Bei isolierter Betrachtungsweise der Finanzierung hängt das notwendige Finanzierungsvolumen vom festgelegten Investitionsbetrag ab. Stimmen der erforderliche Verfügungsbetrag und der Rückzahlungsbetrag nicht überein, so muß die Höhe des notwendigen Rückzahlungsbetrages aus dem Verfügungsbetrag ermittelt werden.

Zu (2): Es werden nur langfristige Finanzierungsalternativen untersucht. Da z.B. bei der Beteiligungsfinanzierung keine Laufzeit festgelegt ist, muß in solchen Fällen zu Vergleichszwecken ein Rückzahlungstermin fingiert werden. Außerdem wird von einer vertraglichen Fixierung des Tilgungstermins ausgegangen, da ansonsten die *Interdependenzen* zwischen Investitionsrendite und Kapitaltilgung einzubeziehen wären. Die Möglichkeiten vertraglicher Tilgungsvereinbarungen sind im einzelnen zu untersuchen, da sie für die Vorteilhaftigkeit der Finanzierungsalternativen von Bedeutung sein können.

Zu (3) und (4): Die einmaligen und laufenden Kosten sind abhängig von den Finanzierungsalternativen und werden bei deren Darstellung im einzelnen erörtert.

2.2.1.2 Steuerliche Belastungen

Auch steuerlich ist zwischen einmaligen und laufenden Belastungen und zusätzlich zwischen Ertrags- und Substanzbesteuerung zu unterscheiden. Für einmalige Belastungen ist ertragsteuerlich zu prüfen, ob sie sofort als Aufwand verrechnet werden können, ob Aktivierungspflicht besteht oder ob sie nichtabziehbare Ausgaben sind. Die Abzugsfähigkeit muß auch für die laufenden Kosten geprüft werden.

Für die Substanzbesteuerung sind die Bewertung von Verbindlichkeiten (Nominalbetrag, höherer oder niedrigerer Wert) und die Abzugsfähigkeit als Schuldposten zu klären.

2.2.2 Merkmale der einzelnen Finanzierungsalternativen

2.2.2.1 Fremdfinanzierung

a) *Nichtsteuerliche Merkmale*

Finanzierungsmöglichkeiten wie Industrieschuldverschreibungen, Schuldscheindarlehen, Hypothekarkredite usw. sind durch eine Vielzahl von Merkmalen gekennzeichnet. Da hier die durch die Finanzierungsalternativen hervorgerufene Steuerbelastung untersucht wird, ist es ausreichend, die Merkmale zu erfassen, von denen steuerliche Wirkungen ausgehen.

1. Höhe des zu beschaffenden Finanzierungsbetrages
Differieren Auszahlungsbetrag und Rückzahlungsbetrag, weil ein Disagio bzw. Damnum mit dem Satz *dam* vereinbart ist und beträgt das zu finanzierende Investitionsvolumen A_0, so gilt für die Höhe des aufzunehmenden nominellen FK-Betrages FK_0:

$$FK_0 = \frac{A_0}{1 - dam}$$

2. Laufzeit und Tilgungsmodalitäten
Vertraglich wird häufig vereinbart, daß die Tilgung

a) am Ende der Laufzeit in einem Betrag,
b) in gleichbleibenden Raten während der Laufzeit,
c) annuitätisch, d.h. durch einen periodenkonstanten Betrag für Zins- und Tilgungsleistungen

vorzunehmen ist. Für alle Arten wird davon ausgegangen, daß die Nutzungsdauer des Investitionsobjekts und die Laufzeit des *FK* übereinstimmen und daß die Tilgung nur am Periodenende erfolgen kann.

3. Einmalige Belastungen
Es handelt sich um verschiedene Kosten wie Provisionen, Kosten der Besicherung und Schätzung von Sicherungsgut, Beurkundungs- und Eintragungsgebühren, Druck- und Veröffentlichungskosten usw. Von besonderer Bedeutung ist das Disagio oder Damnum, da es in nichtsteuerlicher Betrachtung lediglich Zinssubstitut darstellt, steuerlich jedoch anders als die Nominalzinsen behandelt wird.

4. Variable Nominalzinsbelastung
Die periodische Zinsbelastung ist abhängig vom Rückzahlungsbetrag und ist auf den jeweils noch nicht getilgten Schuldbetrag zu berechnen. Die Zinszahlung erfolgt nachschüssig in jeder Periode.

b) *Die steuerliche Behandlung der Fremdfinanzierung*

Bei der steuerlichen Behandlung der *einmaligen* Finanzierungskosten ist zwischen der Behandlung des Disagios (Damnums) und den sonstigen Geldbeschaffungskosten zu trennen.

Geldbeschaffungskosten: Für die Geldbeschaffungskosten im engeren Sinne ist zu prüfen, ob Aktivierungspflicht besteht. Eine Aktivierung kann grundsätzlich in Frage kommen als

1. Anschaffungskosten der Verbindlichkeit,
2. Rechnungsabgrenzungsposten (RAP),
3. immaterielles Wirtschaftsgut.

Da es für Verbindlichkeiten keine tatsächlichen Anschaffungskosten gibt, ist anstelle der Anschaffungskosten der Nennwert anzusetzen. Deshalb ist die Kürzung des zu passivierenden Betrages um die Geldbeschaffungskosten nicht möglich. Ob eine Aktivierung als RAP in Frage kommt, richtet sich nach den handelsrechtlichen GoB, die über § 5 EStG auch für die Steuerbilanz gelten. Nach der Auffassung des BFH setzt die Bildung eines aktiven RAP voraus, «daß einer Vorleistung des Kaufmanns eine noch nicht erbrachte Gegenleistung des Vertragspartners gegenübersteht»[1]. Ein immaterielles Wirtschaftsgut kann dann angesetzt werden, wenn die dafür getätigten Aufwendungen einen sich über mehrere Wirtschaftsjahre erstreckenden Nutzen bringen.

Bezüglich der Aktivierungspflicht der Geldbeschaffungskosten ist die Rechtsprechung des BFH uneinheitlich: Provisionszahlungen brauchen nicht aktiviert zu werden, während Verwaltungs- und Bearbeitungsgebühren hingegen als RAP abzugrenzen sind, weil diese Leistungen als Vergütungen für die Überlassung des Kapitals angesehen werden. Bezüglich der Aufteilung des RAP auf die Laufzeit des Darlehens kann zwischen einer kapitalanteiligen Aufteilung (Zinsstaffelmethode) und einer zeitlich gleichmäßigen Verteilung gewählt werden.

Damnum: Ist der Schuldner Gewerbetreibender und bilanzierungspflichtig, so ist ein einbehaltenes Damnum bzw. Disagio beim Schuldner aktivierungspflichtig. Für die Verteilung kann ebenfalls zwischen kapitalanteiliger und zeitanteiliger Verteilungsmethode gewählt werden. Hingegen tragen nach Auffassung des BFH weder Disagio noch Damnum Dauerschuldcharakter. Eine Ausnahme ist nur denkbar bei ungewöhnlich niedrigem Nominalzins und entsprechend hohem Disagio.

Die *variablen Zinsen* bilden Aufwendungen und mindern den Steuerbilanzgewinn buchführender Steuerpflichtiger. Dadurch verringert sich das körperschaftsteuerliche Einkommen. Für die Bemessungsgrundlage nach dem Gewerbeertrag sind sie aber wieder hinzuzurechnen, soweit sie Dauerschuldcharakter haben, also Zinsen für Schulden sind, «die wirtschaftlich mit der Gründung oder dem Erwerb des Betriebs (Teilbetriebs) oder eines Anteils am Betrieb oder mit

---

[1] Urteil des BFH v. 4. 3. 1976, IV R 78/77, BStBl II 1977, S. 380

einer Erweiterung oder Verbesserung des Betriebs zusammenhängen oder der nicht nur vorübergehenden Verstärkung des Betriebskapitals dienen» (§ 8 Ziff. 1 GewStG).

Für die *substanzsteuerliche Behandlung* der Fremdfinanzierung gilt, daß bei der Ermittlung des Einheitswerts zu den einzelnen Bewertungsstichtagen die durch die Fremdkapitalaufnahme entstandenen Verbindlichkeiten, soweit sie Betriebsschulden sind (§ 103 Abs. 1 BewG), mit dem Nennwert anzusetzen sind, wenn nicht besondere Umstände einen höheren oder geringeren Wert begründen (§ 12 Abs. 1 BewG). Ein Abweichen vom Nennwert ist insbesondere dann geboten, wenn die Verbindlichkeiten unverzinslich, niedrig verzinslich oder hoch verzinslich sind (Abschn. 55 und 56 VStR).

Durch den Abzug als Schuldposten vom Einheitswert verringert sich die Bemessungsgrundlage für die VSt und die Ausgangsgrundlage für die GewKSt. Für Dauerschulden muß jedoch zur Ermittlung des Gewerbekapitals wieder eine Hinzurechnung vorgenommen werden (§ 12 Abs. 2 Ziff. 1 GewStG).

2.2.2.2 Beteiligungsfinanzierung

a) *Nichtsteuerliche Merkmale*

Die Ausgabe von Beteiligungsrechten kann zu pari oder unter Einforderung eines Agios über pari erfolgen. Nach Art der eingebrachten Leistungen kann zwischen Geldleistungen und Sachleistungen unterschieden werden.

1. Höhe des zu beschaffenden Finanzierungsbetrages

Zu finanzieren ist das Investitionsvolumen in Höhe von A_0. Da mit der Aufnahme von Beteiligungskapital Emissionskosten sowie Gesellschaftsteuer verbunden sein können, die ebenfalls aus dem Finanzierungsbetrag zu decken sind, muß das einzulegende Kapital größer als A_0 sein. Die exakte Höhe hängt auch von der steuerlichen Behandlung der Belastungen ab und kann erst nach deren detaillierter Darstellung ermittelt werden.

2. Laufzeit und Tilgungsmodalitäten

Da für Beteiligungskapital keine Tilgung festgelegt ist, muß aus Gründen der Vergleichbarkeit mit der Alternative der Fremdkapitalaufnahme von einer fiktiven Tilgung am Ende des Planungszeitraums ausgegangen werden.

3. Einmalige Belastungen

Zu den einmaligen nichtsteuerlichen Fremdleistungskosten einer Aktienemission gehören:

- Kosten der Vorbereitung (z. B. Notargebühren und Register-
  gerichtskosten)
- Kosten der Auflegung (z. B. Übernahmeprovision für das Ban-
  kenkonsortium)
- Kosten der Börseneinführung (z. B. Börseneinführungsprovision)

4. Variable Kosten der Beteiligungsfinanzierung

Betrachtet man die Dividendenzahlungen als Kosten, so werden
sie berechnet als Prozentsatz des Nominalwertes NK. Der Nominal-
wert braucht bei Vorliegen eines Agios mit dem aufgenommenen
Eigenkapitalbetrag nicht übereinzustimmen; das Agio ist der gesetzlichen Rücklage zuzuweisen.

Die aus der Sicht des Anteilseigners erwarteten laufenden Nut-
zungsentgelte setzen sich bei anrechnungsberechtigten Steuerpflichtigen zusammen aus der Bardividende (die noch um die Kapitalertragsteuer gekürzt wird) und dem Anrechnungsanspruch auf die Bardividende, in dessen Höhe die ausschüttende Kapitalgesellschaft die
Ausschüttungsbelastung zu tragen hat. Inwieweit die Anteilseigner
den Anrechnungsanspruch als der Dividende gleichwertiges Verzin-
sungselement ihres Kapitals ansehen, kann nicht abschließend beurteilt werden. Im folgenden wird davon ausgegangen, daß der Empfänger der Dividenden den Anrechnungsanspruch als gleichwertig
erachtet.

b) Die steuerliche Behandlung der Beteiligungsfinanzierung

Die Kapitalerhöhung durch Ausgabe von Gesellschaftsrechten an
einer inländischen Kapitalgesellschaft an den Ersterwerber unterliegt
der Gesellschaftsteuer (§ 2 Abs. 1 Nr. 1 KVStG). Bemessungsgrundlage für die Berechnung der Gesellschaftsteuer ist der Wert der Gegenleistung. Der Steuersatz der Gesellschaftsteuer beträgt im Regelfall 1%
der Bemessungsgrundlage. Es sind zwei Fälle zu unterscheiden:

(a) die Gesellschaft trägt die Gesellschaftsteuer selbst
(b) der Gesellschafter trägt die Gesellschaftsteuer.

Wird die Gesellschaftsteuer von den Gesellschaftern übernommen,
so wird sie nicht zur Gegenleistung gerechnet. In den nachfolgenden
Berechnungen wird jeweils davon ausgegangen, daß die Gesellschaft
die Gesellschaftsteuer mit dem Satz s^{ges} übernimmt. Der Wert der
Gegenleistung von ausgegebenen Gesellschaftsrechten richtet sich bei
Bareinlagen nach der Höhe des eingebrachten Geldbetrages.

Die Einzahlung von Eigenkapital ist den gesellschaftsrechtlichen
Beziehungen zuzuordnen und berührt deshalb den ertragsteuerlich

relevanten Bereich der Gesellschaft nicht. Ob die Komponenten der Anfangsbelastung (Gesellschaftsteuer und Emissionskosten mit der Quote *em* bezogen auf das Eigenkapital) von den ertragsteuerlichen Bemessungsgrundlagen abzugsfähig sind, richtet sich danach, ob diese Aufwendungen aus dem Ausgabeaufgeld gedeckt werden können oder nicht. Nur der Teil, der nicht aus einem Agio gedeckt werden kann, ist gemäß § 9 Nr. 1 Buchst. a KStG als Betriebsausgabe *(BA)* abzugsfähig und mindert damit die gewerbeertragsteuerliche und die körperschaftsteuerliche Bemessungsgrundlage. Die Entlastungswirkung beträgt demnach $s^{ER} \cdot BA$. Um diesen Betrag kann das aufzunehmende Eigenkapital vermindert und zur Finanzierung herangezogen werden. Das aufzubringende Eigenkapital EK ergibt sich dann mit:

$$EK = \frac{A_0}{1 - (1 - s^{ER})\,(em + s^{ges})}$$

Laufende Belastungen: Die Dividenden-Ausschüttungen an die Gesellschafter mindern zwar als Gewinnverwendungen weder das körperschaftsteuerpflichtige Einkommen noch den Gewerbeertrag. Sie werden jedoch über zwei Stufen vollständig von der Tarifbelastung wieder befreit. Gemäß der Systematik des KSt-Rechts sind folgende Schritte zu unterscheiden:

1. Auf das körperschaftsteuerpflichtige Einkommen wird die Tarifbelastung in Höhe von 56% (bei dem Normaltarif s^{kn}) berechnet.

2. Erfolgen Ausschüttungen, so mindert sich die KSt um den Unterschiedsbetrag zwischen der Tarifbelastung und der Ausschüttungsbelastung von 36%. Bezogen auf die Barausschüttung, die sich zusammensetzt aus dem für die Ausschüttung benötigten verwendbaren Eigenkapital (es soll hier nur vollbelastetes verwendbares Eigenkapital der Gruppe EK_{56} zugrundegelegt werden) und der KSt-Minderung beträgt der Entlastungssatz $t_A^{kn} = \frac{5}{16} = 0,3125$.

3. Die danach noch verbleibende KSt («Ausschüttungsbelastung») wird auf der Ebene des Anteilseigners auf die persönliche ESt angerechnet. Der Anrechnungsanspruch beträgt $s^{ka} = \frac{9}{16} = 0,5625$ der Barausschüttung D^a (§ 36 Abs. 2 EStG).

Rückzahlungen des Beteiligungskapitals können im Wege der Liquidation oder einer normalen Kapitalherabsetzung erfolgen. Die körperschaftsteuerlichen Regelungen sollen sicherstellen, daß eine vollständige Entlastung von der KSt erfolgt. Es können Nominalkapital oder auf Rücklagepositionen ausgewiesene Kapitalbeträge zurückgezahlt werden. Für die Rückzahlung von Nominalkapital ist es von Belang, ob dieses Nominalkapital durch eine Kapitalerhöhung aus Gesellschaftsmitteln entstanden ist, die vor Inkrafttreten des KStG 1977 gebildet wurden. Werden solche Kapitalteile innerhalb von fünf Jahren nach der Kapitalerhöhung zurückgezahlt, so erfolgt eine besondere KSt-Besteuerung.

Die Verteilung auf das nominelle und das auf Rücklagekonten ausgewiesene Beteiligungskapital beeinflußt die Belastung mit Substanzsteuern nicht. Für die Anteile an Kapitalgesellschaften ist zusätzlich noch die persönliche VSt der Gesellschafter zu entrichten, die aber hier bei einer firmenbezogenen Betrachtungsweise außerhalb der Überlegungen bleiben kann.

2.2.2.3 Selbstfinanzierung

Selbstfinanzierung nennt man die Zurückbehaltung von Gewinnen. Werden die Gewinne ausgewiesen und der Besteuerung unterworfen, spricht man von offener, werden Gewinne durch überhöhte Geltendmachung von Aufwand zu gering ausgewiesen, so spricht man in Höhe des nicht ausgewiesenen Gewinnanteils von stiller Selbstfinanzierung. Da bei Nichtausweis von Gewinnen diese auch nicht der Besteuerung unterliegen, kann man stille Selbstfinanzierung auch als *unversteuerte* Selbstfinanzierung bezeichnen.

a) Nichtsteuerliche Merkmale

Da bei Selbstfinanzierung in Höhe des nicht ausgeschütteten Gewinnbetrages Mittel bis zur Ausschüttung zur Verfügung stehen, entstehen keine nichtsteuerlichen Belastungen. Aus Vergleichbarkeitsgründen muß anstelle der Tilgung von einer Auflösung der durch Selbstfinanzierung gebildeten offenen oder stillen Rücklagen ausgegangen werden.

b) Steuerliche Merkmale

Hierfür ist zwischen der offenen und der stillen Selbstfinanzierung zu unterscheiden:

1. Offene Selbstfinanzierung

In diesem Fall ergibt sich der Verfügungsbetrag nach Abzug der Steuern vom ausgewiesenen und nicht zur Ausschüttung vorgesehenen Gewinn, wobei davon ausgegangen wird, daß der Gewinn in liquider Form zur Verfügung steht. In Höhe dieses Restbetrages wird verwendbares Eigenkapital gebildet. Da in Höhe dieses Betrages Mittel für Investitionen zur Verfügung stehen, werden dadurch gleichzeitig substanzsteuerliche Bemessungsgrundlagen gebildet.

2. Stille Selbstfinanzierung

Im Grunde bedeutet stille Selbstfinanzierung lediglich, daß steuerlich *überhöhter* Aufwand geltend gemacht wird, der in späteren Perioden nachversteuert werden muß. Da das Ausmaß stiller Selbstfinanzierung deshalb von der steuerlichen Gewinnausweispolitik abhängig ist und diese ihrerseits von der Kapitalstruktur weitgehend unabhängig ist, stellt die stille Selbstfinanzierung im Grunde keine echte Finanzierungsalternative dar, sondern ist Ergebnis des Einsatzes *steuerbilanzpolitischer Aktionsparameter*. Die stille Selbstfinanzierung kann daher nicht mit anderen Finanzierungsalternativen verglichen werden, weil sie sowohl bei Fremdfinanzierung als auch bei Beteiligungsfinanzierung möglich ist. Die Vorteilhaftigkeit der stillen Selbstfinanzierung ist in anderem Zusammenhang zu beurteilen und wird daher im Dritten Teil dieses Buches im Rahmen der Steuerbilanzpolitik behandelt (vgl. auch *Schneider* [Selbstfinanzierung]).

2.3 Statische Entscheidungskalküle zur Auswahl von Finanzierungsalternativen

2.3.1 Konzeption der statischen Mindestertragsbedarfsrechnung

Bestehen keine Interdependenzen zwischen Investitions- und Finanzierungsalternativen, so kann die Frage gestellt werden, wie hoch die Investitionsrendite mindestens sein muß, damit die durch eine Finanzierungsalternative verursachten Auszahlungen und die durch Realisierung eines Investitionsobjekts und der betreffenden Finanzierungsalternative ausgelösten Steuern gedeckt werden können (*Rosenberg* [Finanzierung]). Dieser sog. *Mindestertrag* kann in dem Sinne als Maßgröße für die Auswahl von Finanzierungsalternativen verwendet werden, daß eine Finanzierungsalternative, die einen niedrigeren Mindestertrag benötigt als eine andere, dieser vorgezogen wird. Darüber hinaus kann der Mindestertrag auch als *kritischer Wert* für die Auswahl von Investitionsobjekten verstanden werden, da er die Mindestrendite angibt, die auf alle Fälle erzielt werden muß, um sich gegenüber dem Fall des Unterlassens der Investition nicht zu verschlechtern.

Da die Mindestertragsbedarfsrechnung auf einer einperiodischen Maßgröße basiert, handelt es sich um ein statisches Entscheidungskriterium. Bei der in der Literatur üblichen Vorgehensweise wird davon ausgegangen, daß der zu Beginn des Planungszeitraums aufgenommene Finanzmittelbetrag bis zum Ende des Planungszeitraums unverändert bleibt. Die Berücksichtigung von *Tilgungen* des Kapitals ist wegen der einperiodischen Betrachtungsweise nicht möglich. Außerdem können einmalige Belastungen nicht erfaßt werden, weil diese nicht repräsentativ für die Folgeperioden sind. Die statische Mindestertragsbedarfsrechnung ist jedoch besonders geeignet zu zeigen, welche grundsätzlichen Zusammenhänge bei der Besteuerung zu beachten sind, und stellt eine sinnvolle Vorstufe für die folgenden dynamischen Entscheidungskalküle dar.

2.3.2 Berechnung des Mindestertragsbedarfs bei den einzelnen Finanzierungsarten

2.3.2.1 Fremdfinanzierung

Gesucht ist der Mindestertrag, der notwendig ist, um

1. die für das Fremdkapital zu entrichtenden Zinsen und
2. die mit der Investition des Fremdkapitalbetrags und der Erzielung des gesuchten Mindestertrags verbundene Steuerbelastung decken zu können.

Dieser Mindestbetrag wird mit BE^{FK} bezeichnet.

Zu 1.: Da der nominelle Fremdkapitalbetrag FK beträgt, sind bei dem als konstant angenommenen FK-Zinssatz p in der Periode 1 und allen weiteren Perioden ZI an Zinsen zu entrichten, wobei für deren Berechnung gilt:

$$(2.0) \quad ZI = p \cdot FK$$

Zu 2.: Das in Investitionsobjekten gebundene Fremdkapital läßt positive substanzsteuerliche Bemessungsgrundlagen bei der VSt der Kapitalgesellschaft und der GewKSt entstehen. A^{Su} bezeichnet die für das Ende der Periode 1 festgestellte Höhe des (Roh-)Betriebsvermögens; davon sind bei der Ermittlung des Einheitswerts die mit dem Betriebsvermögen in wirtschaftlichem Zusammenhang stehenden Verbindlichkeiten abzuziehen. Somit ergibt sich die VSt:

$$(2.1) \quad S^v = s^v (A^{Su} - FK)$$

82

Da für positive Wirtschaftsgüter die besonderen Wertmaßstäbe des BewG gelten, die oftmals zu Wertansätzen unter den Anschaffungskosten führen, kann es leicht vorkommen, daß der Wert des Rohbetriebsvermögens A^{Su} geringer als der Nominalbetrag der entsprechenden Verbindlichkeit FK ist. In diesem Falle wird angenommen, daß im Unternehmen ausreichend anderweitiges positives Betriebsvermögen vorhanden ist, mit dem eine (teilweise) Verrechnung der FK-Verbindlichkeit stattfinden kann. Die dadurch ausgelöste Verringerung der VSt wird der FK-Verbindlichkeit zugerechnet, so daß sich der Mindestertrag verringert.

Zur Bestimmung der Bemessungsgrundlage der GewKSt muß eine Hinzurechnung der Dauerschulden DS – worunter die hier unterstellten langfristigen FK-Verbindlichkeiten i.d.R. fallen – erfolgen, so daß die GewKSt sich ergibt als:

$$(2.2) \quad S^{gk} = s^{gk} [A^{Su} - FK + DS]$$

Ist die gesamte FK-Verbindlichkeit als Dauerschuld zu klassifizieren, was hier angenommen werden kann, also $FK = DS$, so vereinfacht sich (2.2) zu:

$$(2.3) \quad S^{gk} = s^{gk} \cdot A^{Su}$$

Als weitere Komponenten des Mindestertrags BE^{FK} sind noch die GewESt und die KSt einzubeziehen, denen der gesuchte Mindestertrag, der als Bruttoertrag, also vor Abzug von Steuern und Zinsen definiert ist, unterliegt. Für die Berechnung des Gewerbeertrags als Bemessungsgrundlage kann die GewKSt S^{gk} vom BE^{FK} als Betriebsausgabe abgezogen werden. Soweit die FK-Zinsen ZI bei der Ermittlung des Gewinns abgesetzt wurden, aber Dauerschuldzinsen $DSZI$ im Sinne des § 8 Nr. 1 GewStG darstellen, sind sie dem BE^{FK} wieder hinzuzurechnen. Die GewESt beläuft sich damit auf:

$$(2.4) \quad S^{ge} = s^{ge} [BE^{FK} - ZI + DSZI - S^{gk}]$$

Unter Berücksichtigung von (2.3) und für $ZI = DSZI$ ergibt sich:

$$(2.5) \quad S^{ge} = s^{ge} [BE^{FK} - s^{gk} \cdot A^{Su}]$$

BE^{FK} unterliegt ebenfalls der KSt, doch sind für die Ermittlung des körperschaftsteuerpflichtigen Einkommens ZI, S^{gk} und S^{ge} abzugsfähig, so daß sich die KSt ergibt als:

$$(2.6) \quad S^{kn} = s^{kn} [BE^{FK} - ZI - S^{gk} - S^{ge}]$$

bzw. mit (2.0), (2.3) und (2.5) als:

$$(2.7) \quad S^{kn} = s^{kn} [BE^{FK} - p \cdot FK - s^{gk} \cdot A^{Su} - s^{ge} (BE^{FK} - s^{gk} \cdot A^{Su})]$$

Der gesuchte Mindestertrag ergibt sich dann als:

$$(2.8) \quad BE^{FK} = ZI + S^v + S^{gk} + S^{ge} + S^{kn}$$

Wird jeweils die rechte Seite der einzelnen Bestimmungsgleichungen (2.0), (2.1), (2.3), (2.5) und (2.7) eingesetzt, so erhält man:

$$(2.8a) \quad BE^{FK} = p \cdot FK + s^v [A^{Su} - FK] + s^{gk} \cdot A^{Su}$$
$$+ s^{ge} (BE^{FK} - s^{gk} \cdot A^{Su}) + s^{kn} [BE^{FK} - p \cdot FK$$
$$- s^{gk} \cdot A^{Su} - s^{ge} (BE^{FK} - s^{gk} \cdot A^{Su})]$$

Wird der gesuchte Mindestertrag BE^{FK} auf der linken Seite isoliert, so ergibt sich:

$$(2.8b) \quad [(1 - s^{ge}) (1 - s^{kn})] BE^{FK} = (1 - s^{kn}) p \cdot FK + s^v [A^{Su} - FK]$$
$$+ s^{gk} (1 - s^{ge}) (1 - s^{kn}) A^{Su}$$

Der Ausdruck $(1 - s^{ge}) (1 - s^{kn})$ kann ersetzt werden durch $(1 - s^{ER})$, wobei s^{ER} den aus GewESt und KSt zusammengefaßten Ertragsteuerfaktor für Kapitalgesellschaften von derzeit 0,61739 bezeichnet, wobei von einem Hebesatz der GewSt von 300% ausgegangen wird.

Ausdruck (2.8b) ist folgendermaßen zu interpretieren: Die rechte Seite gibt den Betrag an, der – nach Abzug der Ertragsteuern in Höhe von 61,739% vom gesuchten Mindest(brutto)-ertrag BE^{FK} – noch verfügbar sein muß, damit daraus die nach Berücksichtigung der körperschaftsteuerlichen Abzugsfähigkeit noch verbleibenden FK-Zinsen und die nach Berücksichtigung der steuerartenbedingten Interdependenzen noch verbleibende GewKSt gedeckt werden können. Ob durch die VSt im Einzelfall eine Be- oder eine Entlastung eintritt, ist vom Verhältnis zwischen A^{Su} und FK abhängig. Für den Fall der Gleichheit hat die VSt keine Auswirkung. Für $A^{Su} > FK$ fällt auf die Differenz VSt an. Der dafür aufzubringende Bruttobetrag muß auch noch die Ertragsteuern auf diesen Betrag enthalten, da die VSt eine nichtabziehbare Betriebsausgabe darstellt. Für den wohl häufigeren Fall $A^{Su} < FK$ verringert sich insgesamt die VSt. Dadurch mindert sich auch die Verringerung des verwendbaren Eigenkapitals. Um über den gleichen Betrag an verwendbarem Eigenkapital verfügen zu können wie ohne diese VSt-Ersparnis, kann demnach auch der Bruttoertrag um die Ertragsteuerersparnis verringert sein.

Wird Ausdruck (2.8b) durch $(1-s^{ge})\,(1-s^{kn})$ dividiert und vereinfacht, so erhält man:

$$(2.8c) \quad BE^{FK} = \frac{1}{1-s^{ge}} \cdot p \cdot FK + s^{gk} \cdot A^{Su}$$
$$+ \frac{s^v}{(1-s^{ge})\,(1-s^{kn})}\,[A^{Su}-FK]$$

Bezeichnet s^{ge*} den nominalen GewSt-Satz (Meßzahl × Hebesatz), so kann infolge der Abzugsfähigkeit der GewESt bei der eigenen Bemessungsgrundlage der Faktor s^{ge} definiert werden als:

$$s^{ge} = \frac{s^{ge*}}{1+s^{ge*}}; \text{ daraus folgt: } \frac{1}{1-s^{ge}} = 1+s^{ge*}, \text{ so daß auch gilt:}$$

$$(2.8d) \quad BE^{FK} = (1+s^{ge*})\,p \cdot FK + s^{gk} \cdot A^{Su}$$
$$+ (1+s^{ge*}) \frac{s^v}{1-s^{kn}}\,[A^{Su}-FK]$$

Mit den üblichen Modellsteuersätzen folgt daraus:

$$BE^{FK} = 1{,}15\,p \cdot FK + 0{,}006\,A^{Su} + 0{,}018295\,[A^{Su}-FK]$$

Wenn $A^{Su}=FK$, so entfällt der 3. Ausdruck.

Beispiel zur statischen Berechnung des Mindestertragsbedarfs bei Fremdfinanzierung		
$p=12{,}5\%$; $A^{Su}=10000$; $FK=10000$		
Dann ergibt sich:	Probe:	
$BE^{FK}=1{,}15\,p \cdot FK + 0{,}006\,A^{Su}$	$-S^{gk}$	1497,5 − 60
$BE^{FK}=1437{,}5+60=1497{,}5$	$-S^{ge}$	− 187,5
	ZI	1250

2.3.2.2 Beteiligungsfinanzierung

Um in der gleichen Weise wie für die Fremdfinanzierung auch für die Beteiligungsfinanzierung eine Mindestertragsbedarfsrechnung durchführen zu können, müssen die laufenden Dividendenzahlungen als Kosten betrachtet werden, die den Zielerreichungsgrad mindern (*Schneider* [Investition] 459 f.).

Bei der Beteiligungsfinanzierung wird ebenfalls ein Mindestertragsbedarf BE^{EK} berechnet, der notwendig ist,

1. um die laufenden Dividendenzahlungen und
2. die durch Investition und Beteiligungsfinanzierung ausgelösten
   Ertrag- und Substanzsteuerbelastungen

decken zu können.

Zu 1.: Der Dividendensatz, der auf das Nominalkapital NK bezogen wird, sei mit d bezeichnet und erfaßt nur die *Bar*dividende (auch
im normalen Sprachgebrauch «Dividende» genannt). Es wird angenommen, daß eine Ausgabe der Beteiligungsrechte zu pari erfolgt ist.
Das Nominalkapital NK deckt sich demnach mit dem aufgenommenen Eigenkapitalbetrag EK. Es gilt für die Dividendenzahlung D^a:

$$(2.9) \quad D^a = d \cdot NK$$

Zu 2.: Die Bestimmung der steuerlichen Bemessungsgrundlagen
wurde verbal bereits in Abschnitt 2.2.2.2 geschildert. Hinsichtlich der
KSt ist zu beachten, daß sich die endgültige KSt S^k ergibt aus der
Summe von körperschaftsteuerlicher Tarifbelastung mit dem Steuersatz $s^{kn}=0,56$, bezogen auf das körperschaftsteuerpflichtige Einkommen und der *Entlastung* durch die Herstellung der Ausschüttungsbelastung mit dem Faktor t_A^{kn} in Höhe von $\frac{5}{16}$ der Barausschüttung
$d \cdot NK$. Für die einzelnen Steuerarten gelten demnach die folgenden
Bestimmungsgleichungen:

$$(2.10) \quad S^v = s^v \cdot A^{Su}$$

$$(2.11) \quad S^{gk} = s^{gk} \cdot A^{Su}$$

$$(2.12) \quad S^{ge} = s^{ge} [BE^{EK} - S^{gk}]$$

$$(2.13) \quad S^k = s^{kn} [BE^{EK} - S^{gk} - S^{ge}] - t_A^{kn} \cdot d \cdot NK$$

Demnach ergibt sich der *Mindest-Bruttoertragsbedarf* BE^{EK} bei Beteiligungsfinanzierung aus:

$$(2.14) \quad BE^{EK} = D^a + S^{gk} + S^v + S^{ge} + S^k$$

Werden die einzelnen Gleichungen (2.9), (2.10), (2.11), (2.12) und
(2.13) eingesetzt, so erhält man:

$$(2.14a) \quad BE^{EK} = d \cdot NK + s^v \cdot A^{Su} + s^{gk} \cdot A^{Su} + s^{ge} [BE^{EK} - s^{gk} \cdot A^{Su}]$$
$$+ s^{kn} [BE^{EK} - s^{ge} (BE^{EK} - s^{gk} \cdot A^{Su}) - s^{gk} \cdot A^{Su}]$$
$$- t_A^{kn} \cdot d \cdot NK$$

oder analog (2.8b) umgestellt:

(2.14b) $(1-s^{ge})(1-s^{kn}) BE^{EK} = (1-t_A^{kn}) d \cdot NK + s^v \cdot A^{Su}$
$$+ s^{gk} (1-s^{ge})(1-s^{kn}) A^{Su}$$

Wenn dieser Ausdruck durch $(1-s^{ge})(1-s^{kn})$ dividiert wird, ergibt sich:

(2.14c) $BE^{EK} = \dfrac{1-t_A^{kn}}{(1-s^{ge})(1-s^{kn})} \cdot d \cdot NK + s^{gk} \cdot A^{Su}$
$$+ \dfrac{s^v}{(1-s^{ge})(1-s^{kn})} \cdot A^{Su}$$

Folgende Vereinfachungen können vorgenommen werden:

(a) $\dfrac{1}{(1-s^{ge})}$ kann ersetzt werden durch $(1+s^{ge*})$.

(b) Die Substanzsteuerbelastung kann zusammengefaßt werden zum Faktor $t^{Su} = s^{gk} + \dfrac{s^v}{(1-s^{ge})(1-s^{kn})}$.

Der derzeitige Satz beträgt 0,0242953.

Somit ergibt sich der notwendige Bruttoertragsbedarf BE^{EK} als:

(2.14d) $BE^{EK} = (1+s^{ge*}) \dfrac{1-t_A^{kn}}{1-s^{kn}} \cdot d \cdot NK + t^{Su} \cdot A^{Su}$

Der Faktor $\dfrac{1-t_A^{kn}}{1-s^{kn}}$ wird am leichtesten verständlich, wenn man die konkreten Werte des KStG für $t_A^{kn} = \frac{5}{16}$ und $s^{kn} = \frac{56}{100} = \frac{14}{25}$ einsetzt.

Es ergibt sich demnach für diesen Faktor:

$$\frac{1-t_A^{kn}}{1-s^{kn}} = \frac{1-\frac{5}{16}}{1-\frac{14}{25}} = \frac{25}{16} = (1+\frac{9}{16}) = 1 + s^{ka}$$

Demnach ist für eine Barausschüttung in Höhe von $d \cdot NK$ auch eine KSt-Belastung von $\frac{9}{16} \cdot d \cdot NK$, nämlich genau in Höhe des körperschaftsteuerlichen Anrechnungsanspruchs der Anteilseigner aufzubringen.

Mit den derzeitigen konkreten steuerlichen Belastungssätzen ergibt sich nach (2.14d) folgender Wert für den Mindest-Bruttoertrag bei der Beteiligungsfinanzierung:

$$BE^{EK} = 1,15 (1+\tfrac{9}{16}) d \cdot NK + 0,0243 A^{Su}$$

87

Beispiel zur statischen Berechnung des Mindestertragsbedarfs bei Beteiligungsfinanzierung	
$d = 8\%$; $NK = 10000$; $A^{Su} = 10000$	
Dann ergibt sich:	
$BE^{EK} = 1,15\ (1 + \frac{9}{16})\ 0,08\ NK + 0,0243\ A^{Su}$	Probe:
	1680,50
$= 1437,5 + 243 = 1680,5$	$- S^{gk}$ $-\quad$ 60
	$- S^{ge}$ $-$ 211,36
	$- S^{k}$ $-$ 539,12
	$- S^{v}$ $-\quad$ 70
	Bardividende 800,02
	(Rundungsdifferenz 0,02)

2.3.2.3 Selbstfinanzierung

Die Selbstfinanzierung verursacht zwar im eigentlichen Sinne keine Finanzierungskosten, doch sind die ertragsunabhängigen Steuerbelastungen zu bedenken, die auf die investierten Mittel anfallen. Es kann demnach der Mindestertrag errechnet werden, der notwendig ist, damit der eingesetzte Selbstfinanzierungsbetrag erhalten bleibt. Es muß mindestens erzielt werden:

1. die GewKSt
2. die VSt
3. die GewESt und die KSt auf den zu erzielenden Mindestertrag bei Selbstfinanzierung BE^{SF}

Für die einzelnen Steuerarten gelten folgende Bestimmungsgleichungen:

(2.15) $\quad S^{gk} = s^{gk} \cdot A^{Su}$

(2.15a) $\quad S^{v} = s^{v} \cdot A^{Su}$

(2.15b) $\quad S^{ge} = s^{ge}\ (BE^{SF} - s^{gk} \cdot A^{Su})$

(2.15c) $\quad S^{kn} = s^{kn} \cdot BE^{SF} - s^{gk} \cdot A^{Su} - s^{ge}\ (BE^{SF} - s^{gk} \cdot A^{Su})$

Zusammengefaßt ergibt sich daraus:

(2.16) $\quad BE^{SF} = s^{gk} \cdot A^{Su} + \dfrac{s^{v}}{(1 - s^{ge})\ (1 - s^{kn})} \cdot A^{Su}$

(2.17) $BE^{SF} = t^{Su} \cdot A^{Su}$

bzw. mit den derzeitigen konkreten Steuersätzen:

$$BE^{SF} = 0{,}0243 \, A^{Su}$$

Beispiel zur statischen Berechnung des Mindestertragsbedarfs bei Selbstfinanzierung
$A^{Su} = 10\,000$
Dann ergibt sich: $BE^{SF} = 0{,}0243 \cdot 10\,000 = 243$

2.3.2.4 Indifferenzbedingung für die Finanzierungskosten von Fremd- und Beteiligungsfinanzierung

Wenn man die Kapitalstruktur nicht berücksichtigt, hängt die Finanzierungsentscheidung ausschließlich von den als gegeben angenommenen Finanzierungskosten ab. Eine sinnvolle Fragestellung besteht dann darin, die Konstellation von Dividendensatz d und Fremdkapitalsatz p für den Fall zu bestimmen, daß beide Finanzierungsalternativen den gleichen Ertragsbedarf erfordern (*Büschgen* [Auswirkung], *Krawitz* [Finanzpolitik] 294 ff.). Bei geltender Indifferenzbedingung ergeben sich dann jeweils Kombinationen der Sätze p und d, deren Gegenüberstellung mit den im Einzelfall gegebenen konkreten Bedingungen die vorteilhaftere Finanzierungsalternative unmittelbar erkennen läßt.

Zur Ableitung setzt man: $BE^{FK} = BE^{EK}$

Ist diese Bedingung erfüllt, so folgt nach Vereinfachungen aus (2.8c) und (2.14c):

$$(2.18) \quad p \cdot FK - \frac{s^v}{1-s^{kn}} \cdot FK = \frac{1-t_A^{kn}}{1-s^{kn}} \cdot d \cdot NK$$

bzw.

$$(2.18a) \quad p \cdot FK \, (1-s^{kn}) - s^v \cdot FK = (1-t_A^{kn}) \, d \cdot NK$$

Stimmen die Höhe des Nominalkapitals bei der Beteiligungsfinanzierung NK und des Fremdkapitals FK überein, so ergibt sich daraus für die Höhe des Dividendensatzes d folgende Beziehung:

$$(2.18b) \quad d = \frac{p \, (1-s^{kn}) - s^v}{1-t_A^{kn}}$$

Werden die derzeitigen Steuersätze eingesetzt, so folgt aus (2.18a):

$$p\,(1-0,56)-0,007=d\,(1-0,3125)$$

Daraus ergibt sich:

$$d = \frac{0,44}{0,6875} \cdot p - \frac{0,007}{0,6875} = 0,64\,p - 0,01018$$

Bei einer Erweiterung um $\left(1 + \frac{9}{16}\right) = 1,5625$ folgt:

$$1,5625\,d = p - 0,015909$$

Die Interpretation dieses Ergebnisses hängt nun davon ab, ob man davon ausgeht, daß der Anrechnungsanspruch in Höhe von $\frac{9}{16}$ der Ausschüttung vom Dividendenempfänger als gleichwertig gegenüber einer Ausschüttung in Höhe des Anspruchs angesehen wird. Da es sich bei dem Anrechnungsanspruch um reguläres Einkommen handelt, was u. a. auch daraus hervorgeht, daß die anrechenbare KSt nach § 36b EStG auf Antrag vergütet wird, wenn keine ESt-Veranlagung in Betracht kommt, besteht kein Grund zu der Annahme, daß der Anrechnungsanspruch nicht als Äquivalent zu einer gleich hohen Ausschüttung angesehen werden sollte.

In diesem Fall ist, selbst wenn der Bruttodividendensatz, der sich zusammensetzt aus dem Bardividendensatz d und dem Anrechnungsanspruch in Höhe von 56,25% der Bardividende, dem Fremdkapitalzinssatz p entsprechen sollte, keine Belastungsgleichheit gegeben: Bei der Fremdfinanzierung ist ein Entlastungseffekt durch die Abzugsfähigkeit der Verbindlichkeit bei der vermögensteuerlichen Bemessungsgrundlage gegeben, der bei der Beteiligungsfinanzierung entfällt. Soll unter Einbezug dieser Komponente dennoch die gleiche Belastung durch die Beteiligungsfinanzierung wie bei der Fremdfinanzierung gegeben sein, so muß der Bruttodividendensatz um $\approx 1,6\%$ niedriger sein als der in Betracht kommende Fremdkapitalzinssatz p.

Würde man hingegen von der unrealistischen Annahme ausgehen, daß der Dividendenempfänger den Anrechnungsanspruch mit Null bewertet, so würden die Kapitalkosten, die aufgebracht werden müssen, um einen bestimmten Kapitalverfügungsbetrag zu erhalten, bei der Beteiligungsfinanzierung stets höher liegen als bei der Fremdfinanzierung, oder anders ausgedrückt: Bei nomineller Gleichheit von Zinssatz p und Dividendensatz d wäre die Finanzierung mit Fremdkapital immer günstiger.

Da jedoch die dieser Überlegung zugrundeliegenden Annahmen unrealistisch sind, kann davon ausgegangen werden, daß die im alten

KSt–Recht bestehende «Diskriminierung» der Aktie weitgehend beseitigt ist (*Wöhe/Bieg* [Grundzüge] 319 f.).

2.3.3 Beurteilung der statischen Mindestertrags- bedarfsrechnung

Die Prämissen der statischen Mindestertragsbedarfsrechnung in der dargestellten Form sind sehr restriktiver Art und werden nur selten mit den Gegebenheiten übereinstimmen. Häufiger dürfte sich das Problem ergeben, innerhalb einer bestimmten Finanzierungsart, etwa der Fremdfinanzierung, Alternativen vergleichen zu müssen, die sich nicht nur in der Höhe des FK–Zinssatzes p unterscheiden, sondern in einer Reihe anderer Merkmale, etwa den Tilgungsmodalitäten oder der Art und Höhe der Anfangsbelastung. Außerdem muß berücksichtigt werden, daß es sich bei den zu finanzierenden Objekten auch um solche handeln kann, bei denen ursprünglich eingesetztes Kapital zwischenzeitlich freigesetzt wird, also eine Desinvestition stattfindet, wobei Wertminderungen steuerlich durch die Abschreibungsverrechnung zu erfassen sind.

Es besteht daher die Notwendigkeit, Kalküle bereit zu stellen, die den Verlauf und die Veränderungen von nichtsteuerlichen und steuerlichen Belastungen im Zeitablauf erfassen.

(*Übungsaufgabe Nr. 9 im Arbeitsbuch*)

2.4 Dynamische Entscheidungskalküle zur Auswahl von Finanzierungsalternativen

2.4.1 Dynamische Gesamtbelastungsrechnung

Finanzierungsmaßnahmen lassen sich wie Investitionsmaßnahmen durch Zahlungsreihen kennzeichnen, wobei sie im Unterschied zu Investitionen nicht mit Auszahlungen, sondern mit Einzahlungen beginnen (*Schneider* [Investition] 167). Daher sind die Beurteilungskriterien «*Kapitalwert*» und «*Interner Zinsfuß*», die für Investitionsentscheidungen verwendet werden, grundsätzlich ebenso anwendbar. Die Verwendung des internen Zinsfußkriteriums ist in der Praxis unter dem Begriff des «Effektivzinses» weit verbreitet. Nun treten allerdings die problematischen Implikationen des internen Zinsfußes, die zu seiner weitgehenden Ablehnung als investitionsrechnerisches Entscheidungskriterium geführt haben (*Kruschwitz* [Investitionsrechnung] 96 ff.), auch dann auf, wenn das Kriterium für Finanzierungsobjekte verwendet wird. Eine ausführliche Begründung wird unter Punkt 2.4.2 nachfolgend gegeben. Wir geben daher dem Kapitalwertkriterium den Vorzug; dies hat den Vorteil, daß die Überlegungen zum Einfluß der Besteuerung auf den Kapitalwert eines Investitionsobjekts nun analog auf Finanzierungsalternativen übertragen werden können.

Für die Anwendung des Kapitalwertkriteriums muß zunächst einmal unterschieden werden, ob die Finanzierungsalternativen vom Vorliegen bestimmter Investitionsobjekte abhängen, wie etwa der Hypothekarkredit von der Sicherung durch ein Grundstück usw., oder ob die Finanzierung nicht an bestimmte Investitionsobjekte gebunden ist. Besteht eine solche Abhängigkeit, so ist der isolierte Kapitalwert von Investitionsobjekt und Finanzierungsalternative ohne Aussagekraft, da beide nur zusammen realisiert werden können; in diesem Fall muß die *Summe der Kapitalwerte* als Entscheidungskriterium verwendet werden. Zum gleichen Ergebnis wie bei der Zusammenfassung der Kapitalwerte von Investitionsobjekt und Finanzierungsobjekt kommt man, indem der Kapitalwert eines Investitionsobjekts berechnet wird, von dessen Zahlungsüberschüssen bereits die Finanzierungszahlungen in den einzelnen Perioden abgezogen worden sind.

Besteht keine Abhängigkeit zwischen Investitions- und Finanzierungsobjekten, so ist zunächst das Investitionsobjekt mit dem höchsten Kapitalwert und im Anschluß daran das beste Finanzierungsobjekt auszuwählen, wobei jeder der beiden isolierten Kapitalwerte für sich genommen als Entscheidungskriterium verwendet werden kann. Damit die Finanzierungskosten und die verursachten Steuern aus den Überschüssen der damit finanzierten Investition gezahlt werden können, die Aufnahme von Kapital also vorteilhaft ist, muß allerdings auch in diesem Fall vorausgesetzt werden, daß die Summe der Kapitalwerte positiv ist (vgl. auch *Laux/Franke* [Finanzplanung] 45).

Das Vorgehen in beiden Fällen der Abhängigkeit und Unabhängigkeit von Investitions- und Finanzierungsobjekten unterscheidet sich also nicht rechnerisch, sondern nur hinsichtlich der Interpretation der Ergebnisse. Deshalb zeigen wir zunächst, wie die Finanzierungszahlungen grundsätzlich in den gemeinsamen Kapitalwert von Investitions- und Finanzierungsobjekt einzubeziehen sind (*Swoboda* [Kapitalwert], *Weinreich* [Problem] 45 ff.); um Wiederholungen zu vermeiden, wird hierfür beispielhaft die Fremdfinanzierung verwendet. Anschließend wird gezeigt, wie der Kapitalwert einzelner Finanzierungsalternativen berechnet wird, wobei auf die Besonderheiten der Finanzierungsalternativen im Detail eingegangen wird.

Für die Berechnung des gemeinsamen Kapitalwertes ist zunächst

a) der Zahlungsstrom, der durch das *Investitionsobjekt* und die dadurch verursachten Steuern ausgelöst wird,

b) der Zahlungsstrom, der durch das *Finanzierungsobjekt* und die dadurch verursachten Steuern ausgelöst wird,

zu prognostizieren.

Zu a): Das Investitionsobjekt, das jetzt vollständig mit Fremdkapital finanziert werden soll, kann gekennzeichnet werden durch die Anschaffungsauszahlung A_0 und die Reihe der explizit prognostizierten Zahlungsüberschüsse Z_t für $t = 1, \ldots, n$, die nach Abzug der Abschreibungen AfA_t der Ertragsbesteuerung unterliegen. Das im Objekt jeweils noch gebundene Vermögen unterliegt darüber hinaus der Substanzbesteuerung. Die substanzsteuerlichen Bemessungsgrundlagen in den einzelnen Perioden t werden durch A_t^{Su} zum Ausdruck gebracht, in denen sich die Abschreibungen, die nach den bewertungsrechtlichen Maßstäben erlaubt sind, als auch die Besonderheiten der Ermittlung des Teilwerts für bewegliche Anlagegüter, auswirken. Zusammenfassend kann die Belastung des Investitionsobjekts mit den einzelnen Steuerarten in den einzelnen Perioden t wie folgt definiert werden:

$$(2.19) \quad S_t^v = s^v \cdot A_{t-1}^{Su}$$

$$(2.20) \quad S_t^{gk} = s^{gk} \cdot A_{t-1}^{Su}$$

$$(2.21) \quad S_t^{ge} = s^{ge} [Z_t - AfA_t - S_t^{gk}]$$

$$(2.22) \quad S_t^{kn} = s^{kn} [Z_t - AfA_t - S_t^{ge} - S_t^{gk}]$$

Die Gesamtsteuerbelastung ergibt sich (unter Berücksichtigung der Interdependenzen) aus den einzelnen Gleichungen als:

$$(2.23) \quad S_t = s^{ER} [Z_t - AfA_t] + [s^v + s^{gk} (1 - s^{ge}) (1 - s^{kn})] A_{t-1}^{Su}$$

wobei $\quad s^{ER} = s^{kn} + s^{ge} - s^{kn} \cdot s^{ge}$

Zu b): Durch die Finanzierung mit Fremdkapital (ohne Einbezug eines Damnums und sonstiger Geldbeschaffungskosten) werden die folgenden Zahlungs-Effekte ausgelöst, die sich trennen lassen in nichtsteuerliche und steuerliche: In $t = 0$ erfolgt eine Einzahlung in

Höhe des aufgenommenen Fremdkapitalbetrags FK_0. In den einzelnen Perioden der Laufzeit des Kredits, die mit der Nutzungsdauer als übereinstimmend angenommen wird, müssen Zinszahlungen ZI_t geleistet werden, die sich ergeben als Produkt aus dem zum Ende der vorangegangenen Periode $t-1$ noch gebundenen Fremdkapitalbetrag, gekennzeichnet durch FK_{t-1}, und dem als konstant angenommenen Fremdkapitalzinsfuß p:

$$ZI_t = p \cdot FK_{t-1}$$

Außerdem müssen gemäß den vereinbarten Modalitäten Tilgungen TIL_t zu den einzelnen Zeitpunkten t geleistet werden, für $t = 1, \ldots, n$. Die Aufnahme des Fremdkapitals löst darüber hinaus Minderungen der Steuerbemessungsgrundlagen aus: Die Bemessungsgrundlage der KSt mindert sich um die gezahlten Fremdkapitalzinsen $ZI_t = p \cdot FK_{t-1}$, wodurch sich ein körperschaftsteuerlicher Entlastungseffekt in Höhe von $s^{kn} \cdot p \cdot FK_{t-1}$ einstellt. Wegen der Hinzurechnung von Dauerschuldzinsen gemäß § 8 Nr. 1 GewStG tritt bei der GewESt kein Entlastungseffekt.

Da die Verbindlichkeit in ihrem jeweiligen Bestand als Schuldposten bei der Einheitsbewertung abzugsfähig ist, wird die vermögensteuerliche Bemessungsgrundlage um FK_{t-1} gemindert, der dadurch entstehende Entlastungseffekt hat die Höhe von $s^v \cdot FK_{t-1}$. Wegen der Hinzurechnungsvorschrift des § 12 Abs. 2 Nr. 1 GewStG wird die Minderung in Höhe von FK_{t-1} durch die Hinzurechnung der Dauerschuld DS in Höhe von DS_{t-1} wieder rückgängig gemacht. Wenn $FK_{t-1} = DS_{t-1}$ (bei einer Nichtberücksichtigung eines Damnums), so tritt deshalb kein Entlastungseffekt bei der GewKSt ein.

Faßt man die durch das Investitions- und das Finanzierungsprojekt ausgelösten Zahlungsströme zusammen, so verbleibt von dem aus dem Investitionsobjekt resultierenden Zahlungsüberschuß Z_t der Periode t demnach nach Abzug aller nichtsteuerlichen Auszahlungen für das Finanzierungsprojekt und der Steuerzahlungen unter Berücksichtigung der Minderungen der Bemessungsgrundlagen, die durch das Finanzierungsprojekt veranlaßt werden, ein Betrag in Höhe von F_t, der sich aus der folgenden Gleichung ergibt:

$$(2.24) \quad F_t = Z_t - s^{ER}(Z_t - AfA_t) - p \cdot FK_{t-1}(1 - s^{kn}) - TIL_t$$
$$- s^{gk}(1 - s^{ge})(1 - s^{kn}) A_{t-1}^{Su} - s^v(A_{t-1}^{Su} - FK_{t-1})$$

Ist der Betrag F_t in allen Perioden nicht negativ, so können in der Höhe der Zahlungsüberschüsse F_t, die nicht für Steuern und Finanzierungszahlungen benötigt werden, Beträge zum KZF angelegt werden. Da für die Berechnung der Netto-Zahlungsüberschüsse Substanzsteuern berücksichtigt wurden, ist der KZF i_{s*} zu verwenden, der nach (1.29) ermittelt wurde. Für Kapitalgesellschaften muß i_{s*} allerdings modifiziert werden, da anstelle der ESt die KSt zu berücksichtigen ist. Es ergibt sich demnach:

$$(2.25) \quad i_{s*} = (1 - s^{ge})(1 - s^{kn}) i - s^v - s^{gk}(1 - s^{ge})(1 - s^{kn})$$

Somit kann der kombinierte Kapitalwert von Investitions- und Finanzierungsobjekt K_{s*} errechnet werden:

$$(2.26) \quad K_{s*} = -A_0 + FK_0 + \sum_{t=1}^{n} F_t (1 + i_{s*})^{-t}$$

Unter Verwendung von Formel (2.24) für die finanziellen Überschüsse F_t kann dafür auch geschrieben werden:

$$(2.27) \quad K_{s*} = -A_0 + FK_0 + \sum_{t=1}^{n} \{ Z_t - s^{ER}(Z_t - AfA_t)$$
$$- p \cdot FK_{t-1}(1 - s^{kn}) - TIL_t - s^{gk}(1 - s^{ge})(1 - s^{kn}) A_{t-1}^{Su}$$
$$- s^v [A_{t-1}^{Su} - FK_{t-1}] \} \ (1 + i_{s*})^{-t}$$

Ist der Kapitalwert K_{s*} positiv, so ist die Realisierung des Investitionsprojekts bei Finanzierung mit der entsprechenden Finanzierungsalternative lohnend. Eine Separierung der Elemente der Formel (2.27) in alle aus dem Investitionsprojekt resultierenden Zahlungsgrößen einerseits und die durch das Finanzierungsprojekt ausgelösten Zahlungen andererseits ist für die weitere Analyse nützlich. Es ergibt sich dann:

$$(2.27a) \quad K_{s*} = -A_0 + \sum_{t=1}^{n} \{ Z_t - s^{ER} [Z_t - AfA_t]$$
$$\left. - s^{gk}(1 - s^{ge})(1 - s^{kn}) A_{t-1}^{Su} - s^v \cdot A_{t-1}^{Su} \} \atop (1 + i_{s*})^{-t} \right\} = K_{s*}^{I}$$
$$\left. + FK_0 - \sum_{t=1}^{n} \{ p \cdot FK_{t-1}(1 - s^{kn}) + TIL_t \atop - s^v \cdot FK_{t-1} \} \ (1 + i_{s*})^{-t} \right\} = K_{s*}^{FK}$$

In der ersten der zu diskontierenden Teilsummen ist wieder die bekannte Definition des *Kapitalwerts* nach Steuern *für ein Investitionsprojekt* bei Eigenfinanzierung erkennbar. Der Ausdruck der zweiten Teilsumme, in der alle Zahlungen, die durch das Fremd-Finanzierungsobjekt ausgelöst werden, zusammengefaßt sind, ergibt den Kapitalwert des *Finanzierungsprojekts*.

Die gemeinsame und getrennte Berechnung der Kapitalwerte soll an einem Beispiel verdeutlicht werden:

Es sei ein Investitionsprojekt geplant mit einer Anschaffungsauszahlung A_0 in Höhe von 10000 und periodischen Zahlungsüberschüssen $Z_t = 4000$ während der fünfjährigen Nutzungsdauer. Das Investitionsobjekt wird ertragsteuerlich linear abgeschrieben. Auch der Wertentwicklung für substanzsteuerliche Zwecke wird diese Abschreibung zugrundegelegt. Zur Finanzierung wird Fremdkapital in Höhe von $FK_0 = 10000$ aufgenommen, das in konstanten Quoten von $TIL_t = 2000$ pro Periode zu tilgen ist. Der Fremdkapitalzinssatz beträgt 12,5%, der Brutto-KZF $i = 6\%$. Es ist der Kapitalwert des Projekts zu errechnen. Dieser ergibt sich gemäß (2.26) aufgrund der Tabelle auf S. 97.

Bei dem nach (2.25) berechneten KZF nach Steuern i_{s*} in Höhe von 1,366% [$i_{s*} = (1-0,61739)\,0,06-0,0093$] beträgt der Kapitalwert $K_{s*} = 2008,63$. Er ergibt sich durch Addition der Spalten in Zeile (8).

Der Kapitalwert K_{s*} kann auch errechnet werden, indem die Kapitalwerte des Investitionsprojekts K_{s*}^I und des Finanzierungsprojekts K_{s*}^{FK} gemäß (2.27a) getrennt ermittelt und dann addiert werden.

Der Kapitalwert des Investitionsobjekts K_{s*}^I ergibt sich aufgrund der ersten Tabelle auf S. 98.

Der Kapitalwert K_{s*}^I (Summe der Zeile (6)) beträgt 3006,86.

Den Kapitalwert des Finanzierungsprojekts K_{s*}^{FK} erhält man aufgrund der zweiten Tabelle auf S. 98.

Der Kapitalwert des Finanzierungsobjekts K_{s*}^{FK} (Summe der Zeile (8)) beträgt −998,24.

Der Kapitalwert $K_{s*} = K_{s*}^I + K_{s*}^{FK}$ beträgt dann wieder 2008,62 (0,01 Rundungsdifferenz).

2.4.2 Der Kapitalwert einer Fremdfinanzierungsalternative

Nach Darstellung der Berechnung des Kapitalwerts einer Fremdfinanzierungsalternative sind nun zunächst die Bestimmungsfaktoren im einzelnen zu untersuchen; anschließend ist eine Konkretisierung bzw. Erweiterung der Kapitalwertformel für bestimmte Modalitäten der Fremdfinanzierung vorzunehmen.

t	0	1	2	3	4	5
(1) A_0, Z_t	-10000	+4000	+4000	+4000	+4000	+4000
(2) FK_0, TIL_t	+10000	-2000	-2000	-2000	-2000	-2000
(3) $s^{ER}[Z_t - AfA_t]$		-1234,78	-1234,78	-1234,78	-1234,78	-1234,78
(4) $(1-s^{kn})p \cdot FK_{t-1}$		- 550	- 440	- 330	- 220	- 110
(5) $s^{gk}(1-s^{ER})A_{t-1}^{Su}$		- 22,96	- 18,37	- 13,77	- 9,18	- 4,59
(6) $s^v[A_{t-1}^{Su} - FK_{t-1}]$		0	0	0	0	0
(7) $(1)+(2)+(3)+(4)+(5)+(6)$	0	+ 192,26	+ 306,85	+ 421,45	+ 536,04	+ 650,63
(8) $(7) \cdot (1+i_{s*})^{-t}$	0	+ 189,67	+ 298,64	+ 404,64	+ 507,72	+ 607,96

t	0	1	2	3	4	5
(1) A_0, Z_t	−10000	+4000	+4000	+4000	+4000	+4000
(2) $s^{ER}[Z_t - Af A_t]$		−1234,78	−1234,78	−1234,78	−1234,78	−1234,78
(3) $s^{gk}(1-s^{ER})A_{t-1}^{Su}$		− 22,96	− 18,37	− 13,77	− 9,18	− 4,59
(4) $s^v \cdot A_{t-1}^{Su}$		− 70	− 56	− 42	− 28	− 14
(5) (1)−(2)−(3)−(4)	−10000	+2672,26	+2690,85	+2709,45	+2728,04	+2746,63
(6) (5) $\cdot (1+i_{s*})^{-t}$	−10000	+2636,25	+2618,82	+2601,38	+2583,93	+2566,48

t	0	1	2	3	4	5
(1) FK_t	10000	8000	6000	4000	2000	0
(2) FK_0, TIL_t	+10000	−2000	−2000	−2000	−2000	−2000
(3) $ZI_t = p \cdot FK_{t-1}$		−1250	−1000	− 750	− 500	− 250
(4) (2)+(3)	+10000	−3250	−3000	−2750	−2500	−2250
(5) $(1-s^{kn})ZI_t$		− 550	− 440	− 330	− 220	− 110
(6) $s^v \cdot FK_{t-1}$		+ 70	+ 56	+ 42	+ 28	+ 14
(7) (2)+(5)+(6)	+10000	−2480	−2384	−2288	−2192	−2096
(8) (7) $\cdot (1+i_{s*})^{-t}$	+10000	−2446,58	−2320,18	−2196,74	−2076,21	−1958,53

2.4.2.1 Einflußfaktoren

Der Kapitalwert einer Fremdfinanzierungsalternative ergibt sich nach (2.27a) als:

$$K_{s\bullet}^{FK} = +FK_0 - \sum_{t=1}^{n} \{p \cdot FK_{t-1} (1-s^{kn}) + TIL_t - s^v \cdot FK_{t-1}\}$$
$$(1+i_{s\bullet})^{-t}$$

Folgende Größen beeinflussen demnach den Kapitalwert:

Zahlungen
– die Höhe des FK-Betrages FK_0
– der FK-Nominalzinssatz p
– die Tilgungsmodalitäten, deren zeitliche Struktur durch die Zahlungsreihe TIL_t beschrieben wird
– die steuerliche Behandlung der einzelnen Komponenten und
– die Höhe der Steuersätze s^{kn} und s^v

Kalkulationszinsfuß
– der Kalkulationszins i vor Steuern
– die steuerlichen Einflußfaktoren auf i, die mit $s\star$ bezeichnet werden

Um die Wirkungsweise der Einflußfaktoren zu verdeutlichen, sollen zunächst keine Steuern berücksichtigt werden. Der Kapitalwert errechnet sich dann als:

$$K = +FK_0 - \sum_{t=1}^{n} \{p \cdot FK_{t-1} + TIL_t\} (1+i)^{-t}$$

Die Auswirkungen dieser Parameter auf K werden im wesentlichen durch die Konstellation von p und i sowie die Struktur der Tilgungen TIL_t bestimmt.

Einfluß des Kalkulationszinsfußes
Da eine sinnvolle Interpretation des Kapitalwertes einer FK-Alternative nur im Zusammenhang mit einem zu finanzierenden Investitionsobjekt möglich ist, muß die *Erklärung des KZF* von der Kombination der Kapitalwerte von Investitions- und Finanzierungsobjekt ausgehen. Da Finanzierungskosten explizit erfaßt werden, besitzt der KZF ausschließlich die Funktion, den *Anlagesatz* der nach Abzug der Steuern und Finanzierungszahlungen verbleibenden Überschüsse F_t zum Ausdruck zu bringen. Werden die Überschüsse Z_t durch die periodischen Zins- und Tilgungszahlungen verringert, so vermindert sich der anlagefähige Betrag.

Einfluß der Zins- und Tilgungszahlungen

Ein Entscheidungskriterium, das zur Auswahl von Finanzierungsalternativen herangezogen wird, muß sowohl gegenüber Unterschieden in der Höhe der Zinszahlungen als auch gegenüber Unterschieden in der zeitlichen Struktur der Tilgungen sensibel sein. Die Richtung der Wirkung auf den Kapitalwert ist von der Konstellation von p und i abhängig:

- Gilt $i = p$, so ist der Kapitalwert einer Finanzierungsalternative immer gleich Null. In diesem Fall sind der kombinierte Kapitalwert und der Kapitalwert des Investitionsobjekts gleich hoch.
- Geht man von der Annahme $i > p$ aus, so kann durch eine Verschiebung der Tilgungsleistungen in die Zukunft der Kapitalwert gesteigert werden. Ein solches Größenverhältnis zwischen p und i dürfte jedoch unrealistisch sein. Durch eine zusätzliche Aufnahme von Fremdkapital könnte der kombinierte Kapitalwert beliebig gesteigert werden.
- Gilt die wohl realistischere Annahme $i < p$, so ist der Kapitalwert der Finanzierungsalternative negativ. Eine Verringerung des negativen Kapitalwerts könnte durch zusätzliche vorgezogene Tilgungen erreicht werden, ist wegen der Annahme einer vertraglich vereinbarten Tilgung jedoch ausgeschlossen. Der Kapitalwert des Finanzierungsobjekts ist insofern tilgungsabhängig, als die frühzeitige Tilgung eines (teuren) Kredits gegenüber einer späteren Tilgung vorteilhaft ist.

Diese Auswirkungen werden vom Kapitalwert einer Finanzierungsalternative korrekt erfaßt. Dies ist anders bei Verwendung des internen Zinsfußes einer Finanzierungsalternative, den wir mit r bezeichnen. Ist der Auszahlungsbetrag des Fremdkapitals gleich dem Rückzahlungsbetrag, so gilt *unabhängig von der zeitlichen Verteilung der Tilgung*:

$$r = p$$

Würde man den internen Zinsfuß als Entscheidungskriterium verwenden, so würde die für die Vorteilhaftigkeit der Maßnahme wesentliche Tilgungsstruktur des Kredits nicht erfaßt, weil sich die Tilgungsmaßnahmen auf das Entscheidungskriterium nicht auswirken. Dies wirkt sich nur dann nicht verzerrend auf die Entscheidung aus, wenn der interne Zinssatz der FK-Alternative gleich dem Anlagesatz ist:

$$r = i$$

Damit wird die Prämisse des vollkommenen Kapitalmarkts

$$p = i$$

beansprucht, deren Vorliegen jedoch unrealistisch ist. Verwendet man trotzdem den internen Zinsfuß einer Finanzierungsalternative als Entscheidungskriterium, so bedeutet dies, daß damit eine Anlagemöglichkeit der Überschüsse zu r impliziert wird. Die Schwere des dabei sich in die Rechnung einschleichenden Fehlers hängt von der Abweichung zwischen r und i und von der Länge des Planungszeitraums ab (*Kruschwitz* [Investitionsrechnung] 98 ff.).

Zusätzliche Einwände gegen den internen Zinsfuß ergeben sich, wenn man in die Überlegungen Steuern mit einbezieht. Da ohne Berücksichtigung von Steuern stets $r = p$ gilt, ergibt sich der interne Zinsfuß bei Berücksichtigung von Steuern r_{s*} wegen der Abzugsfähigkeit der Fremdkapitalzinsen von der körperschaftsteuerlichen und der FK-Verbindlichkeit von der vermögensteuerlichen Bemessungsgrundlage stets als:

$$(2.28) \quad r_{s*} = p\,(1 - s^{kn}) - s^v$$

Demgegenüber ergibt sich der KZF i_{s*} aus (2.25). Selbst für den – unrealistischen – Fall, daß i und p übereinstimmen, sind bei Dauerschuldcharakter des Fremdkapitals und der entsprechenden gewerbesteuerlichen Behandlung der Fremdkapitalverbindlichkeit und -zinsen r_{s*} und i_{s*} nicht mehr identisch. Die Verwendung des internen Zinsfußes r_{s*} als Entscheidungskriterium wäre deshalb auch aus spezifisch steuerlichen Gründen problematisch.

2.4.2.2 Kapitalwert bei verschiedenen Tilgungsmodalitäten

Die bisher allgemein formulierte Kapitalwertformel soll nun im Hinblick auf verschiedene Tilgungsmodalitäten untersucht und in 2.4.2.3 um die Einbeziehung eines Damnums erweitert werden.

– Handelt es sich um ein *Fälligkeitsdarlehen*, das am Ende der Laufzeit zurückzuzahlen ist, so betragen die FK-Zinsen unverändert in jeder Periode:

$$ZI_t = p \cdot FK_0 \quad \text{für alle} \quad t = 1, \dots, n$$

Für die Tilgungsleistung gilt:

$$TIL_t = \begin{cases} 0 & \text{für} \quad t = 1, \dots, n-1 \\ FK_0 & \text{für} \quad t = n \end{cases}$$

Somit ergibt sich folgender Kapitalwert:

$$(2.29) \quad K_{s^*}^{FK} = +FK_0 - \sum_{t=1}^{n} \{p \cdot FK_0 \, (1-s^{kn}) - s^v \cdot FK_0\} \, (1+i_{s^*})^{-t}$$
$$-FK_0 \, (1+i_{s^*})^{-n}$$

Dafür kann unter den obigen Annahmen auch geschrieben werden:

$$(2.29a) \quad K_{s^*}^{FK} = +FK_0 - [p \cdot FK_0 \, (1-s^{kn}) - s^v \cdot FK_0] \, \frac{(1+i_{s^*})^n - 1}{i_{s^*}(1+i_{s^*})^n}$$
$$-FK_0 \, (1+i_{s^*})^{-n}$$

– Erfolgt eine *annuitätische* Tilgung, so erhöht sich von Periode zu Periode die Tilgungsleistung um die ersparten Zinsen auf die Tilgungsleistung der Vorperiode. In jeder Periode beträgt die Zinszahlung:

$$(2.30) \quad ZI_t = p \cdot FK_{t-1}$$

Bezeichnet *ANN* die konstante Annuität, so beträgt die Tilgungsleistung $TIL_t = ANN - p \cdot FK_{t-1}$, die Tilgung $TIL_1 = ANN - ZI_1 = ANN - p \cdot FK_0$. Mit ZI_1 und TIL_1 läßt sich für jede Periode t die *Zinszahlung* ZI_t ausdrücken als:

$$(2.31) \quad ZI_t = ANN - TIL_1 \, (1+p)^{t-1}$$

Die *Tilgungsleistung* in der Periode t beträgt:

$$(2.32) \quad TIL_t = TIL_1 \, (1+p)^{t-1}$$

Das zum Ende der Periode t noch *gebundene Fremdkapital* FK_t beträgt jeweils:

$$(2.33) \quad FK_t = FK_0 - TIL_1 \, \frac{(1+p)^t - 1}{(1+p) - 1}$$

Setzt man für die Zins- und Tilgungsleistung und den Stand des Fremdkapitals jeweils die Werte nach (2.30) bis (2.33) ein, so ergibt sich als Kapitalwert:

$$(2.34) \quad K_{s^*}^{FK} = +FK_0 - \sum_{t=1}^{n} \{p \cdot FK_{t-1} \, (1-s^{kn}) + TIL_t - s^v \cdot FK_{t-1}\}$$
$$(1+i_{s^*})^{-t}$$

Je nach Tilgungsplan hat die Fremdfinanzierungsalternative jeweils andere Kapitalwerte. Demgegenüber ergibt sich sowohl für den Fall der Tilgung am Ende der Laufzeit als auch für den Fall der annuitätischen Tilgung der interne Zinsfuß gemäß (2.28) in gleicher Höhe, woraus man schließen könnte, daß die Alternativen gleichwertig sind. Daß dies jedoch nicht der Fall ist, soll an einem Beispiel gezeigt werden:

Es wird eine Fremdkapitalaufnahme von $FK_0 = 10000$ mit dem Zinssatz $p = 12,5\%$ unterstellt, wobei der KZF vor Steuern $i = 6\%$ betragen soll. Die Tilgung erfolgt zunächst in einem Betrag am Ende der Laufzeit, dann im Vergleich dazu annuitätisch.

Das Ergebnis der Rechnung ist aus den Tabellen auf S. 104f. ersichtbar.

Während man auf Grund des internen Zinsfußes r_{s*} (jeweils 4,8%) der Meinung sein könnte, es handle sich um gleichwertige Alternativen, ergibt das Kapitalwertkriterium einen deutlichen Vorteil für die annuitätische Tilgung. Dies folgt auch aus der einfachen Überlegung, daß bei einem Zinssatz p von 12,5% für Fremdkapital und einem Anlagesatz i von 6% es vorteilhaft ist, Schulden vor Ende der Laufzeit zurückzuzahlen.

Noch deutlicher wird das Versagen des internen Zinsfußkriteriums, wenn man dem Fall der annuitätischen Tilgung mit dem FK-Zinssatz $p = 12,5\%$ eine Alternative mit einmaliger Tilgung am Ende der Laufzeit gegenüberstellt, für die jedoch nun der FK-Zinssatz nur $p = 8\%$ beträgt. Der Kapitalwert dieser Alternative verbessert sich dadurch wegen der geringeren Zinszahlungen zwar von bisher $-1648,92$ auf $-1120,66$, ist aber immer noch ungünstiger als die annuitätische Tilgung mit $K_{s*}^{FK} = -1074,88$. Der interne Zinsfuß der zweiten Alternative ist jedoch nun günstiger, da er sich von 4,8% auf 3,7% verbessert. Er gibt also die dem Kapitalwertkriterium entgegengesetzte und damit falsche Reihenfolge an.

2.4.2.3 Kapitalwert bei Einbeziehung eines Damnums

Die Kreditinstitute bieten dem Kreditnehmer häufig alternative Kombinationen aus Auszahlungskurs und Nominalzinssatz an, die vor Steuern in etwa gleich hohe Belastungen mit sich bringen. Unter Berücksichtigung der steuerlichen Konsequenzen ergeben sich jedoch beachtliche Vorteile zugunsten der Alternative mit dem (höheren) Damnum bzw. Disagio.

Die Kapitalwertformel für K_{s*}^{FK} ist bei Einbehaltung eines Damnums, das als Prozentsatz dam des Rückzahlungsbetrages (=Nominalbetrages) ausgedrückt werden kann, zu erweitern:

103

Kapitalwert eines Fremdfinanzierungsprojekts bei einmaliger Tilgung am Ende der Laufzeit ($i = 0{,}06$)

t	0	1	2	3	4	5
(1) FK_t	10000	10000	10000	10000	10000	10000
(2) FK_0, TIL_t	+10000	0	0	0	0	−10000
(3) $ZI_t = p \cdot FK_{t-1}$		− 1250	− 1250	− 1250	− 1250	− 1250
(4) (2)+(3)	+10000	− 1250	− 1250	− 1250	− 1250	−11250
(5) $(1-s^{kn})\, ZI_t$		− 550	− 550	− 550	− 550	− 550
(6) $s^u \cdot FK_{t-1}$		+ 70	+ 70	+ 70	+ 70	+ 70
(7) (2)+(5)+(6)	10000	− 480	− 480	− 480	− 480	−10480
(8) (7) $\cdot (1+i_{s\bullet})^{-t}$	10000	− 473,53	− 467,15	− 460,86	− 454,64	− 9792,64

Der Kapitalwert $K_{s\bullet}^{-FK}$ beträgt −1648,82, der interne Zinssatz $r_{s\bullet}$ 4,8 %.

Kapitalwert eines Fremdfinanzierungsprojekts bei annuitätischer Tilgung ($i = 0,06$)

t	0	1	2	3	4	5
(1) FK_t	10000	8441,46	6688,10	4715,57	2496,48	0
(2) FK_0, TIL_t	10000	-1558,54	-1753,36	-1972,53	-2219,09	-2496,48
(3) $ZI_t = p \cdot FK_{t-1}$		-1250	-1055,18	-836,01	-589,45	-312,06
(4) (2)+(3)		-2808,54	-2808,54	-2808,54	-2808,54	-2808,54
(5) $(1-s^{kn}) ZI_t$		-550	-464,28	-367,84	-259,36	-137,31
(6) $s^v \cdot FK_{t-1}$		+70	+59,09	+46,82	+33,01	+17,48
(7) (2)+(5)+(6)	+10000	-2038,54	-2158,55	-2293,55	-2445,44	-2616,31
(8) (7) $\cdot (1+i_{s•})^{-t}$	+10000	-2011,07	-2100,77	-2202,07	-2316,26	-2444,71

Der Kapitalwert $K_{s•}^{FK}$ beträgt nun -1074,88, der interne Zinssatz $r_{s•}$ beträgt wie bei dem Fälligkeitsdarlehen jedoch ebenfalls 4,8 %.

- Die nichtsteuerliche Belastung durch das Damnum ergibt sich für den Kreditnehmer dadurch, daß er einen höheren Rückzahlungsbetrag zu leisten hat, als ihm in $t=0$ als Verfügungsbetrag tatsächlich zugeflossen ist. Die Belastung ist also in den einzelnen Tilgungsleistungen TIL_t enthalten.
- Bei den steuerlichen Konsequenzen ist zwischen den Auswirkungen auf die ertragsteuerlichen und substanzsteuerlichen Bemessungsgrundlagen zu unterscheiden.

Gemäß der Rechtsprechung des BFH ist das Damnum als Rechnungsabgrenzungsposten zu aktivieren und auf die Laufzeit zu verteilen, wobei ein Wahlrecht zwischen zeitanteiliger und kapitalanteiliger Verrechnung besteht. Durch die periodische, erfolgswirksame Verringerung des Damnums kommt es zu einer Kürzung der körperschaftsteuerlichen als auch der gewerbeertragsteuerlichen Bemessungsgrundlage; damit tritt in jeder Periode t ein steuerlicher Entlastungseffekt in Höhe von $s^{ER} \cdot DAM_t^{ER}$ ein. Die Berechnung von DAM_t^{ER} ist abhängig von der Verrechnung des Damnums und kann aus (2.37) bzw. (2.38) entnommen werden. Für die VSt bringt das Damnum keine Besonderheiten, da es als Teil des Rückzahlungsbetrages ein Schuldposten und insofern bei der Einheitsbewertung abzugsfähig ist.

Die Hinzurechnung des Fremdkapitalbetrags bei der GewKSt beschränkt sich auf die Differenz zwischen dem jeweiligen, noch nicht getilgten Nominalkapitalbetrag und dem noch nicht getilgten Bestand des Damnums. Da mit jeder Tilgungsrate auch ein Teil des Damnums getilgt wird, beläuft sich die Dauerschuld DS_t auf den Betrag von $DS_t = (1-dam)FK_{t-1}$. In Höhe von $dam \cdot FK_{t-1}$ findet dann in der jeweiligen Periode t eine Minderung der Bemessungsgrundlage für die GewKSt statt, die sich wegen der Interdependenzen des Steuersystems in einem Entlastungseffekt in Höhe von

$$(2.35) \quad s^{gk} \ (1-s^{ge}) \ (1-s^{kn}) \ dam \cdot FK_{t-1}$$

auswirkt.

Die allgemeine Kapitalwertformel für ein Fremdfinanzierungsprojekt ist unter *Einbeziehung eines Damnums* in folgender Weise zu modifizieren:

$$(2.36) \quad K_{s\bullet}^{FK} = (FK_0 - DAM_0) - \sum_{t=1}^{n} \{p \cdot FK_{t-1} \ (1-s^{kn}) - s^{ER}$$

$$\cdot DAM_t^{ER} + TIL_t - s^{gk} \ (1-s^{ge}) \ (1-s^{kn}) \ dam \cdot FK_{t-1}$$

$$- s^v \cdot FK_{t-1}\} \ (1+i_{s\bullet})^{-t}$$

(2.36) soll nun für die Fälle des *Fälligkeits- und Annuitätendarlehens* spezifiziert werden. Dazu ist zunächst darauf einzugehen, wie ertragsteuerlich die *Verteilung des Damnums* bei den verschiedenen Tilgungsstrukturen gestaltet werden kann. Zu unterscheiden sind die zeitanteilige und kapitalanteilige Verrechnung.

a) Bei der *zeitanteiligen* Verrechnung wird für jede Periode der Laufzeit der gleiche konstante Teilbetrag des Damnums verrechnet. Bezeichnet DAM_t^{ER} den in der Ertragsteuerbilanz der Periode t zu verrechnenden Teil des Damnums DAM_0, so gilt für die zeitanteilige Verrechnung:

$$(2.37) \quad DAM_t^{ER} = DAM_0 \cdot \frac{1}{n} \quad \text{für} \quad t = 1, \ldots, n$$

b) Bei der *kapitalanteiligen* Verrechnung soll die Verteilung gemäß der quantitativen Inanspruchnahme des Kreditbetrags während der Laufzeit stattfinden. Als Verteilungsbasis kann für die kapitalanteilige Verteilung des Damnums die Summe der gesamten während der Laufzeit zu entrichtenden Zinsen herangezogen werden, weil die periodische Zinszahlung – und damit auch die Summe – der Nutzung des Kapitels äquivalent ist (*Hüttemann* [Verbindlichkeiten] 81 ff.).

Bezeichnet ZI_t = Zinsanteil der Periode t, ZI^{SUM} = Summe der Zinszahlungen und DAM_0 = einbehaltenes Damnum, so beträgt der Anteil des in der Ertragsteuerbilanz zu verrechnenden Damnums der Periode t bei kapitalanteiliger Verrechnung:

$$(2.38) \quad DAM_t^{ER} = \frac{DAM_0}{ZI^{SUM}} \cdot ZI_t \qquad \text{für} \quad t = 1, \ldots, n$$

Diese Verrechnung hat zur Konsequenz, daß bei einem Annuitätendarlehen die verrechneten Beträge des Damnums am Anfang der Laufzeit hoch sind, weil der Zinsanteil ebenfalls hoch ist, und mit zunehmender Zeitdauer abnehmen. Um einen möglichst großen Vorteil durch die Verrechnung des Damnums zu erzielen, wird bei einem Annuitätendarlehen die *kapitalanteilige* Verrechnung vorgezogen werden, die auch der verursachungsgerechten Belastung durch die Nutzung eher entspricht.

Fälligkeitsdarlehen:

Bei einem Fälligkeitsdarlehen führen die kapitalanteilige und die zinsanteilige Verrechnungsmethode *zum selben Ergebnis*, da die Nutzung des Nominalkapitalbetrags in jeder Periode gleich hoch ist. Das

Damnum ist nach beiden Methoden verursachungsgerecht verteilt. Das zu verrechnende DAM_t^{ER} beträgt hier in jeder Periode t:

$$(2.39) \quad DAM_t^{ER} = DAM_0 \cdot \frac{1}{n} \qquad \text{für} \quad t = 1, \dots, n$$

Bei der *Substanzbesteuerung* wird in jeder Periode t der nominelle Fremdkapitalbetrag FK_0 vom Rohbetriebsvermögen abgezogen; da eine zwischenzeitliche Tilgung nicht stattfindet, beträgt die Minderung der Bemessungsgrundlage bei der GewKSt in jeder Periode $dam \cdot FK_0$. Der Kapitalwert K_{s*}^{FK} vereinfacht sich bei einem *Fälligkeitsdarlehen* deshalb zu:

$$(2.40) \quad K_{s*}^{FK} = +(FK_0 - DAM_0) - \left\{ p \cdot FK_0\,(1 - s^{kn}) - s^{ER} \cdot \frac{DAM_0}{n} \right.$$
$$\left. - s^{gk}\,(1 - s^{ge})\,(1 - s^{kn})\,DAM_0 - s^v \cdot FK_0 \right\} \frac{(1 + i_{s*})^n - 1}{i_{s*}\,(1 + i_{s*})^n}$$
$$- FK_0\,(1 + i_{s*})^{-n}$$

Annuitätendarlehen

Bei einem Annuitätendarlehen ergibt sich die für die periodische Verteilung des Damnums in der Ertragsteuerbilanz notwendige Größe ZI^{SUM} als[2]:

$$(2.41) \quad ZI^{SUM} = FK_0 \left(\frac{n\,(1 + p)^n}{ewf_n} - 1 \right)$$

wobei $ewf_n = \dfrac{(1 + p)^n - 1}{(1 + p) - 1}$ den Rentenendwertfaktor bezeichnet.

---

[2] Ableitung:

Da sich die periodische Zinszahlung ZI_t ergibt als

$$ZI_t = TIL_1\,(1 + p)^n - TIL_1\,(1 + p)^{t-1} \quad \text{und} \quad TIL_1 = \frac{ANN}{(1 + p)^n} = \frac{FK_0}{ewf_n}$$

kann für die Summe der Zinszahlungen geschrieben werden:

$$ZI^{SUM} = \sum_{t=1}^{n} ZI_t = \sum_{t=1}^{n} \frac{FK_0}{ewf_n} [(1 + p)^n - (1 + p)^{t-1}]$$
$$= \frac{FK_0}{ewf_n} \left[n\,(1 + p)^n - \frac{(1 + p)^n - 1}{(1 + p) - 1} \right] = FK_0 \left[\frac{n\,(1 + p)^n}{ewf_n} - 1 \right]$$

Der periodische Zinsanteil ZI_t der Annuität kann gemäß (2.30) oder (2.31) errechnet werden. Damit sind die Größen für die ertragsteuerliche Verteilung des Damnums nach (2.38) bekannt.

Wegen der in den einzelnen Perioden stattfindenden Tilgung TIL_t, die jeweils gemäß (2.32) errechnet werden kann, vermindert sich sowohl der als Schuldposten bei der VSt abzugsfähige Fremdkapitalbetrag FK_{t-1} als auch der bei der GewKSt abzugsfähige Betrag $dam \cdot FK_{t-1}$. Für die Berechnung des Kapitalwerts K_s^{FK} bei einem Annuitätendarlehen kann unmittelbar (2.36) herangezogen werden.

(Übungsaufgabe Nr. 10 im Arbeitsbuch)

2.4.3 Der Kapitalwert bei Beteiligungsfinanzierung

Eine der Fremdfinanzierung vergleichbare Rechnung für die Beteiligungsfinanzierung kann nur dann sinnvoll sein, wenn die Dividendenzahlungen als abgrenzbare Kosten der Finanzierungsart Beteiligungsfinanzierung angesehen werden. Eine dieser Annahme entsprechende Zielsetzung ist etwa bei der firmeneigenen Vermögensmaximierung gegeben.

Es sind wiederum zwei Fragestellungen zu prüfen:

1. Ist es für die Kapitalgesellschaft lohnend, ein Investitionsprojekt vollständig mit Beteiligungskapital zu finanzieren?
2. Welche der alternativen Formen der Beteiligungsfinanzierung ist optimal?

Da die durch das Investitionsprojekt ausgelösten Zahlungen bereits erörtert wurden, sind nur noch die Konsequenzen der Finanzierung darzustellen. Zunächst sind erneut die Einflußgrößen zu beschreiben.

Im Planungszeitpunkt $t = 0$ erfolgt eine Einzahlung von Beteiligungskapital in Höhe von EK, die so bemessen sein muß, daß daraus das zu finanzierende Objekt mit den Anschaffungsauszahlungen A_0 und die Anfangsbelastung der Beteiligungsfinanzierung durch Gesellschaftsteuer und Emissionskosten, evtl. vermindert um Steuerentlastungen aufgrund der ertragsteuerlichen Abzugsfähigkeit der Anfangsbelastung, gedeckt werden können. Die Komponenten der Anfangsbelastung werden zunächst im Symbol AB_0^{EK} zusammengefaßt. Diese mindern den eingezahlten Betrag EK, so daß nur A_0 verbleibt: $EK - AB_0^{EK} = A_0$. Erst zum Ende des Planungszeitraums wird eine fiktive Rückzahlung des Beteiligungskapitals in Höhe des Nennkapitals NK_0 unterstellt.

Am Ende einer jeden Periode erfolgen Dividendenausschüttungen, die sich ergeben als Produkt aus dem Bardividendensatz d und dem

Nominalkapital NK_0, so daß die Barausschüttung D_t^a beträgt: $D_t^a = d \cdot NK_0$ für $t = 1, \ldots, n$. Der Anteilseigner erhält zusätzlich einen Anrechnungsanspruch in Höhe von $\frac{9}{16}$ der Bardividende D_t^a, so daß seine Bruttodividende $D_t = (1 + \frac{9}{16}) D_t^a$ beträgt.

Die Gesellschaft muß für die Dividenden die Ausschüttungsbelastung herstellen. Geht man davon aus, daß das gesamte Einkommen der Tarifbelastung mit dem Satz s^{kn} unterliegt, so mindert sich auf Grund der Ausschüttungen die KSt um den Satz $t_A^{kn} = \frac{5}{16} = 0{,}3125$ der Bardividende D_t^a. Auswirkungen der Ausschüttungen auf die GewESt ergeben sich nicht.

Bei den Substanzsteuern löst das Beteiligungskapital keine Minderungen der Bemessungsgrundlage aus. Der Kapitalwert eines vollständig beteiligungsfinanzierten Investitionsobjekts K_{s^*} ergibt sich dann als:

$$(2.42) \quad K_{s^*} = -A_0 + EK - AB_0^{EK} + \sum_{t=1}^{n} \{Z_t - s^{ER} (Z_t - AfA_t)$$

$$-[s^{gk} (1 - s^{ge}) (1 - s^{kn}) + s^v] A_{t-1}^{Su}\} (1 + i_{s^*})^{-t}$$

$$- \sum_{t=1}^{n} \{D_t^a - t_A^{kn} \cdot D_t^a\} (1 + i_{s^*})^{-t} - NK_0 (1 + i_{s^*})^{-n}$$

Spaltet man die aus der Beteiligungsfinanzierung resultierenden Komponenten aus (2.42) ab, so kann der Kapitalwert der Beteiligungsfinanzierung $K_{s^*}^{EK}$ definiert werden als:

$$(2.43) \quad K_{s^*}^{EK} = EK - AB_0^{EK} - \sum_{t=1}^{n} \{D_t^a - t_A^{kn} \cdot D_t^a\} (1 + i_{s^*})^{-t}$$

$$- NK_0 (1 + i_{s^*})^{-n}$$

Wegen der in jeder Periode konstanten Dividendenzahlungen $D_t^a = D^a$ vereinfacht sich (2.43) zu:

$$(2.43a) \quad K_{s^*}^{EK} = EK_0 - AB_0^{EK} - D^a (1 - t_A^{kn}) \frac{(1 + i_{s^*})^n - 1}{i_{s^*} (1 + i_{s^*})^n}$$

$$- NK_0 (1 + i_{s^*})^{-n}$$

Bestimmungsfaktor des KZF i_{s^*} ist wiederum die Höhe der nach Steuern verbleibenden Erträge der Alternativanlage.

Der Kapitalwert ist neben dem KZF i_{s^*} abhängig:

1. vom Verhältnis zwischen notwendigem Einzahlungsbetrag EK, der von der Höhe der Anfangsbelastung AB_0^{EK} mitbestimmt wird und dem Rückzahlungsbetrag NK_0,

2. von der Höhe der von den Anteilseignern geforderten Dividenden D_t^a.

Hinsichtlich der Höhe und steuerlichen Behandlung der *Anfangsbelastung* sind drei Fälle zu unterscheiden, die nun spezifiziert werden sollen:

a) Es erfolgt eine Ausgabe der Beteiligungstitel *zu pari*. Die anfallenden Emissionskosten, die dann nicht aus dem Agio gedeckt werden können, sind ertragsteuerlich als Betriebsausgaben abzugsfähig (§ 9 Ziff. 1 a KStG).

b) Es erfolgt eine Ausgabe *über pari*, wobei die anfallenden Emissionskosten vollständig aus dem Agio gedeckt werden können. In diesem Falle wird die ertragsteuerliche Bemessungsgrundlage nicht vermindert, weil sich der Vorgang der Kapitalerhöhung nicht innerhalb der Einkommenssphäre vollzieht, was auch dadurch zum Ausdruck kommt, daß der Abzug von den Einlagen (Teilbetrag des verwendbaren Eigenkapitals (vEK) i. S. d. § 30 Abs. 2 Nr. 4 KStG) und nicht von den voll-belasteten Teilen des vEK i. S. d. § 30 Abs. 1 Nr. 1 KStG erfolgt.

c) Es erfolgt eine Ausgabe über pari, doch übersteigen die im Zusammenhang mit der Einlage stehenden Aufwendungen das eingeforderte Agio. In diesem Falle sind die Aufwendungen in einen abziehbaren Teil, der wie unter a) behandelt wird, und einen nicht abziehbaren Teil, der wie unter b) behandelt wird, aufzuspalten.

Zunächst erfolgt die Berechnung des notwendigen Beteiligungskapitals für den Fall der Ausgabe zu pari. Gesucht ist der Betrag EK, der ausreicht, um A_0 und die Anfangsbelastung AB_0^{EK} zu decken. Die Anfangsbelastung setzt sich zusammen aus der Gesellschaftsteuer und sonstigen Emissionskosten. Wird die Gesellschaftsteuer S^{ges} von der Gesellschaft getragen, so bemißt sich die Gesellschaftsteuer nach dem *Wert der Gegenleistung*, somit also der Höhe der Bareinlage:

$$S^{ges} = s^{ges} \cdot EK$$

Die sonstigen Emissionskosten EM sollen 1% ($em = 0,01$) der Bareinlage betragen:

$$EM = em \cdot EK$$

Gesellschaftsteuer und sonstige Emissionskosten mindern im Jahre ihres Anfalls sowohl die gewerbeertragsteuerliche als auch die körperschaftsteuerliche Bemessungsgrundlage. Dadurch mindert sich die Ertragsteuerbelastung – verglichen mit einer ansonsten stattfindenden Thesaurierung – um

$$s^{ER} \, (EM + S^{ges})$$

Die verbleibende Anfangsbelastung AB_0^{EK} ergibt sich damit als:

(2.44) $AB_0^{EK} = S^{ges} + EM - s^{ER} (EM + S^{ges}) = (1 - s^{ER}) (em + s^{ges}) EK$

Das aufzubringende Beteiligungskapital EK errechnet sich damit als:

(2.45) $EK = A_0 + (1 - s^{ER}) (em + s^{ges}) EK$

daraus folgt:

(2.45a) $EK = \dfrac{1}{1 - (1 - s^{ER}) (em + s^{ges})} \cdot A_0$

Der zu tilgende Betrag NK_0 entspricht bei einer Ausgabe zu pari dem aufgenommenen Betrag EK

$$NK_0 = EK$$

Der Kapitalwert der Beteiligungsfinanzierung bei «pari-Ausgabe» kann damit ausgedrückt werden als:

(2.46) $K_{s*}^{EK} = EK [1 - (1 - s^{ER}) (s^{ges} + em)]$
$$- (1 - t_A^{kn}) \sum_{t=1}^{n} D_t^a (1 + i_{s*})^{-t} - NK_0 (1 + i_{s*})^{-n}$$

wobei EK gemäß (2.45a) bestimmt wird.

Für den Fall b) der Ausgabe der Beteiligungsrechte über pari entfällt die steuerliche Abzugsfähigkeit der Anfangsbelastung, so daß das aufzubringende Beteiligungskapital EK höher ist als im Falle a) und sich ergibt als:

(2.47) $EK = \dfrac{1}{1 - (em + s^{ges})} \cdot A_0$

Dieser Betrag gliedert sich in das Nominalkapital und das Agio. Ist ein Emissionskurs von emk vorgesehen, so gilt:

(2.48) $EK = emk \cdot NK_0$

Die Rückzahlung erfolgt in Höhe des Nominalkapitals NK_0.
Der Kapitalwert der Beteiligungsfinanzierung ergibt sich dann als:

(2.49) $K_{s*}^{EK} = EK [1 - (s^{ges} + em)] - (1 - t_A^{kn}) \sum_{t=1}^{n} D_t^a (1 + i_{s*})^{-t}$
$$- NK_0 (1 + i_{s*})^{-n}$$

wobei EK gemäß (2.48) bestimmt wird.

Vergleicht man die Fälle «zu pari» und «über pari» miteinander, die grundsätzlich als Alternativen in Frage kommen, so erkennt man, daß im Fall «zu pari» das aufzubringende Beteiligungskapital EK wegen der steuerlichen Abzugsfähigkeit der Anfangsbelastung niedriger ist als im Falle «über pari». Aus dieser Sicht erscheint die Ausgabe «zu pari» günstiger. Für eine abschließende Beurteilung sind aber auch mögliche Unterschiede in der Höhe der Dividendenausschüttungen von der Firmenleitung bei ihrer Entscheidung einzubeziehen:

Teilweise wird die Ansicht vertreten, daß das eingezahlte Agio als «nicht dividendenpflichtig» angesehen werden kann, d. h. daß die Anteilseigner – bei einem, verglichen mit der pari-Ausgabe, übereinstimmenden Dividendensatz – als Basis für die Dividendenzahlungen lediglich das Nominalkapital betrachten. Unter solchen Umständen verringern sich die Dividendenzahlungen für die Unternehmung, so daß hieraus eine Bevorzugung der «über pari»-Ausgabe abgeleitet werden kann.

Darüber hinaus geht von der Prämisse, daß nur das Nennkapital zurückzuzahlen sei, eine beträchtliche Wirkung zur Wahl der «über pari»-Emission aus, die diese Alternative fast immer als vorteilhaft erscheinen läßt. Auf die Problematik dieser Prämisse, von der eine Relativierung der Aussagen zur Vorteilhaftigkeit der «über pari»-Emission abgeleitet werden kann, sei hier hingewiesen. Eine vollständige (und realistischere) Darstellung müßte zusätzlich den Einflußfaktor «Börsenkurs» bei den Überlegungen zur Festlegung des Ausgabe*kurses* explizit mit einbeziehen.

Literatur zu Abschnitt 2

Büschgen: Zur [Auswirkung] der Körperschaftsteuerreform auf die Finanzierung der Unternehmen, in: BFuP 1977, S. 291 ff.

Hambrecht: Zur steuerlichen Belastung der Eigen- und Fremdfinanzierung bei Kapitalgesellschaften, in: BB 1975, S. 602 f.

Hielscher/Laubscher: Finanzierungskosten, Frankfurt 1976

Hüttemann: Grundsätze ordnungsmäßiger Bilanzierung für [Verbindlichkeiten], 2. Aufl., Düsseldorf 1976

Kaiser: [Liquidität] und Besteuerung, Köln et. al. 1971

Kottke: Finanzierung und Steuer, Berlin 1968

Krawitz: Steuern und [Finanzpolitik] der Kapitalgesellschaften, Frankfurt a. M.-Zürich 1975

Kruschwitz: [Investitionsrechnung], Berlin-New York 1978

Lauf: [Liquiditätssicherung] und Steuerbelastung, Berlin 1977

Laux/Franke: Investitions- und [Finanzplanung] mit Hilfe von Kapitalwerten, in: ZfbF 1969, S. 43 ff.

Lehmann: [Eigenfinanzierung] und Aktienbewertung, Wiesbaden 1978

v. Lindeiner: Belastungs- und Liquiditätswirkungen der langfristigen Fremdfinanzierung unter besonderer Beachtung steuerlicher Aspekte, Diss. Köln 1974

Montag: Die Ermittlung des Brutto-Ertragsbedarfs auf der Grundlage der Teilsteuerrechnung (Teilbedarfsrechnung), in: StuW 1977, S. 230 ff.

Rosenberg: Die steuerliche Behandlung der [Finanzierung] nach der Körperschaftsteuerreform, in: WISU 1978, S. 63 ff.

Schneeloch: Besteuerung und Investitionsfinanzierung, Berlin 1972

Schneider, D.: [Investition] und Finanzierung, 4. Aufl., Opladen 1975

Schneider, D.: «Kapitalkosten», [Selbstfinanzierung] und Dividendensätze nach der Körperschaftsteuerreform, in: ZfbF-Kontaktstudium 1977, S. 137 ff.

Swoboda: Die Wirkungen von steuerlichen Abschreibungen auf den [Kapitalwert] von Investitionsprojekten bei unterschiedlichen Finanzierungsformen, in: ZfbF 1970, S. 77 ff.

Swoboda: Investition und Finanzierung, 2. Aufl., Göttingen 1977

Weinreich: Das [Problem] der Erfassung erfolgsabhängiger Steuern im Kalkül zur Bestimmung optimaler Sachinvestitionsentscheidungen, Frankfurt a. M.-Zürich 1978

Wöhe/Bieg: [Grundzüge] der Betriebswirtschaftlichen Steuerlehre, München 1978

3. Ausschüttungsplanung

3.1 Probleme der Gewinnverwendung

Die Gewinnverwendung von Kapitalgesellschaften kann zwei Probleme stellen:

(1) Die Bestimmung der Höhe der potentiell an die Anteilseigner ausschüttungsfähigen Beträge.

(2) Die zielgerichtete Verwendung der ausschüttungsfähigen Beträge.

Zu (1): Die Höhe der potentiell ausschüttungsfähigen Beträge ist abhängig von den jeweils geltenden gesetzlichen und gesellschaftsvertraglichen Bestimmungen und wird zusätzlich von steuerlichen Bedingungen beeinflußt: Nach § 58 Abs. 2 AktG können Vorstand und Aufsichtsrat maximal die Hälfte des Jahresüberschusses in die freien Rücklagen einstellen, vorher sind allerdings nach § 150 Abs. 2 Nr. 1 AktG jeweils 5% des um einen eventuellen Verlustvortrag geminderten Jahresüberschusses in die gesetzliche Rücklage einzustellen, bis die vorgeschriebene Höhe von einem Zehntel des Grundkapitals erreicht ist. Die Höhe des Jahresüberschusses *(JÜ)* selbst ist aber erst bestimmbar, wenn die Aufteilung des *JÜ* auf Ausschüttung und Einbehaltung bereits vorgenommen wurde, da die Höhe der KSt ausschüttungsabhängig ist. Deshalb ist in Abschnitt 3.2 zunächst die Bestimmung des *JÜ* und der möglichen Ausschüttung in Abhängigkeit von der Höhe der KSt zu untersuchen.

Laut § 29 GmbHG haben die Gesellschafter Anspruch auf den sich nach der jährlichen Bilanz ergebenden Reingewinn, soweit nicht der Gesellschaftsvertrag etwas anderes bestimmt. Die Größe des Reinertrags ist dem aktienrechtlichen *JÜ* vergleichbar; insofern ergeben sich analoge Probleme wie bei der AG. Aufgrund der ausgeprägten Dispositionsfreiheit bei der GmbH ergeben sich mehr Anknüpfungspunkte für die Gewinnverwendungsentscheidung als bei der AG; dem wird Rechnung getragen, indem verschiedenartige Abhängigkeitskonstellationen zwischen Ausschüttungen, Jahresüberschuß und Rücklagen untersucht werden.

Zu (2): Potentiell ausschüttungsfähige Beträge können vollständig oder teilweise ausgeschüttet, aber auch thesauriert werden. Zusätzlich muß berücksichtigt werden, daß eine vorübergehende Ausschüttung mit anschließender Wiedereinlage im Rahmen des Schütt aus-Hol zurück-Verfahrens (SAHZ) möglich ist. Die Ausübung des SAHZ kann gegenüber der unmittelbaren Thesaurierung vorteilhaft, aber auch nachteilig sein; daher entsteht das Problem, kritische Bedingungen festzulegen, die eine einfache Entscheidung dieser Frage erlauben.

Um die grundlegende Frage zu entscheiden, ob die Ausschüttung oder die Thesaurierung von Mitteln vorteilhaft ist, müssen sowohl künftige Anlagemöglichkeiten innerhalb und außerhalb der Unternehmung als auch die steuerlichen Folgen von Thesaurierung und Ausschüttung einbezogen werden. Die Berücksichtigung von Anlagemöglichkeiten kann zum einen erfolgen, indem die Alternativen durch pauschale Anlagesätze gekennzeichnet werden, zum anderen dadurch, daß die Alternativen explizit durch Zahlungsströme und deren Steuerfolgen erfaßt werden. Dabei ist es möglich, auch die durch die Alternativenwahl gegebenen Möglichkeiten der Steuerbilanzpolitik zu berücksichtigen. In den folgenden Ausführungen wird unter

Abschnitt 3.4 zunächst von einer pauschalen Erfassung der Alternativen ausgegangen. Im Dritten Teil wird nach der Darstellung der Steuerbilanzpolitik in Abschnitt 3.4 eine simultane Optimierung von Ausschüttungspolitik und Steuerbilanzpolitik vorgenommen. Die beiden Fragestellungen unterscheiden sich dadurch, daß im ersten Fall die Vorteilhaftigkeit der Entscheidung lediglich durch die steuerlichen Folgen interner und externer Anlage der Gewinne bestimmt wird, während im zweiten Fall ein zusätzliches Problem in der Bestimmung des Zeitpunkts des optimalen Gewinnausweises gesehen wird.

3.2 Die Bestimmung von Ausschüttung und Rücklagenveränderung bei Kapitalgesellschaften

3.2.1 Problemstellung

Im Jahresabschluß einer AG ist unter Position 28 der GuV-Rechnung der *Jahresüberschuß (JÜ)* auszuweisen, der die zentrale Größe der Gewinnverwendung darstellt (§§ 58, 150 Abs. 2 AktG). Der Jahresüberschuß ist vergleichbar dem *Reingewinn* nach § 29 GmbHG; die Darstellung kann daher auf die GmbH übertragen werden. Der *JÜ* als Ausgangsgröße der Gewinnverteilung kann als «versteuerter handelsrechtlicher Periodengewinn» definiert werden. Dies bedeutet, daß er nur dann ermittelt werden kann, wenn die Steuern vom Einkommen, Ertrag und Vermögen (Pos. 24a) der GuV nach § 157 AktG feststehen. Nun sind diese ihrerseits aber nicht von handelsrechtlichen Gewinngrößen, sondern von der Höhe der steuerrechtlichen Bemessungsgrundlagen – insbesondere dem *körperschaftsteuerlichen Einkommen* – abhängig. Die KSt hängt jedoch nicht nur vom Einkommen im Sinne des KStG ab, sondern zusätzlich davon, wie der Jahresüberschuß auf Rücklagen und Ausschüttung aufgeteilt wird. Die Ausschüttungsabhängigkeit der KSt resultiert aus der Vorschrift des § 27 KStG, nach der für Ausschüttungen eine einheitliche KSt-Belastung von 36% des Gewinns herzustellen ist, wodurch sich eine *Änderung* gegenüber der *Tarifbelastung* des Einkommens mit KSt ergibt. Zwischen der Berechnung des *JÜ* einerseits und der KSt andererseits besteht also eine *gegenseitige Abhängigkeit*.

Die Schwierigkeit der Gewinnverteilungsrechnung ist von zwei Gruppen von Einflußfaktoren abhängig:

a) Bestimmungsmerkmale der Gewinnverteilung
b) Struktur des für Ausschüttungen *verwendbaren Eigenkapitals* (§§ 29 und 30 KStG), dessen Kenntnis zur Berechnung der KSt notwendig ist

Zu a): Es sind folgende *Möglichkeiten der Gewinnverteilung* denkbar:

- Der gesamte Jahresüberschuß (Reingewinn) wird ausgeschüttet.
- Im Rahmen der Gewinnverwendungskompetenz des § 58 Abs. 2 AktG wird von Vorstand und Aufsichtsrat die Hälfte des JÜ in die freien Rücklagen eingestellt.
- Die Satzung ermächtigt Vorstand und Aufsichtsrat, mehr als die Hälfte des JÜ in die freien Rücklagen einzustellen.
- Nach § 150 Abs. 2 Nr. 1 AktG sind jeweils 5% des um einen eventuellen Verlustvortrag gekürzten JÜ in die gesetzliche Rücklage einzustellen.
- Es werden freie Rücklagen aufgelöst.
- Bei der GmbH besteht weitgehende Dispositionsfreiheit bezüglich der Ausschüttung.

Auf die Fälle, in denen der JÜ durch Gewinnbeteiligungen von Vorstand, Aufsichtsrat und Belegschaft gemindert ist, wird hier nicht eingegangen (*Popp* [Berechnung], *Strauß* [Belastungsfaktoren]).

Zu b): Das *verwendbare Eigenkapital* (vEK) ist nach § 30 KStG zu gliedern in Teilbeträge, die entstanden sind aus:

1. Einkommensteilen, die *ungemildert* der KSt unterliegen *(EK$_{56}$)*
2. Einkommensteilen, die *ermäßigter* KSt unterliegen (etwa EK_{36})
3. Vermögensmehrungen, die der KSt *nicht* unterliegen und sog. Altkapital *(EK$_0$)*

Es wird hier davon ausgegangen, daß sämtliche Gruppen des vEK vorhanden sind und für die Ausschüttung verwendet werden können.

3.2.2 Ausschüttungsmodalitäten

Die vor allem bei der GmbH unbegrenzte Zahl der Gestaltungsmöglichkeiten soll in zwei Gruppen unterteilt werden:

A. Die Ausschüttung ist ganz oder teilweise von der Höhe des JÜ funktional abhängig.
B. Die Ausschüttung wird in absoluter Höhe und unabhängig vom JÜ vorgegeben.

Bei der Gruppe A ist die *Höhe der möglichen Ausschüttung* zu bestimmen. In der Gruppe B müssen in Abhängigkeit von der Höhe des

JÜ u. U. freie Rücklagen gebildet oder aufgelöst werden; demnach ist die *Höhe der Rücklagenveränderung* zu bestimmen. In Abhängigkeit von der Art der Ausschüttungsbemessung lassen sich folgende Einzelfälle unterscheiden:

Fall 1: Es wird der *gesamte JÜ* ausgeschüttet.

Fall 2: Wie Fall 1, doch mit zusätzlicher Rücklagenauflösung.

Fall 3: Ausschüttung eines *quotalen Anteils* des *JÜ*.

Hierunter fallen alle Fälle, in denen durch Gesetz oder Satzung bestimmte Anteile des *JÜ* den Rücklagen zugeführt werden müssen (etwa gesetzliche Rücklage gemäß § 150 Abs. 2 Nr. 1 AktG) oder können (Hälfte des *JÜ* gemäß § 58 Abs. 2 AktG).

Fall 4: Wie Fall 3, doch mit Auflösung von Rücklagen.

Fall 5: Höhe der *Rücklagenzuführung* wird in absoluter Höhe vorgegeben; demnach wird nur noch der Rest des *JÜ* ausgeschüttet.

Die bisher genannten Fälle sind der unter A. genannten Gruppe zuzuordnen, in denen die Höhe der möglichen Ausschüttung zur gesuchten Größe wird.

Fall 6: Die Höhe der *Ausschüttung* wird vorgegeben.

In diesem Falle ist die Rücklagenveränderung zu bestimmen.

3.2.3 Durchführung der Gewinnverwendungsrechnung

3.2.3.1 Bestimmung der Ausgangsdaten

Der *JÜ* ist als Basisgröße für die Berechnung der möglichen Ausschüttung bzw. der notwendigen Rücklagenveränderung ungeeignet, da er selbst eine von der Ausschüttung abhängige Größe ist. Die Rechnung muß auf einer Größe basieren, die noch nicht von der KSt-Änderung auf Grund der Ausschüttungen beeinflußt ist. Ist eine solche Größe bestimmt, so kann in einem 2. Schritt der endgültige *JÜ* errechnet werden, wenn die Änderung der KSt durch die verschiedenen Ausschüttungsstrategien einbezogen ist. Hierfür muß der Bestand der einzelnen Gruppen des verwendbaren Eigenkapitals bekannt sein.

Eine geeignete *Basisgröße*, die von der Ausschüttung unabhängig ist, ist der *Jahresüberschuß*, der sich bei *vollständiger Thesaurierung* des Gewinns ergeben würde. Der *JÜ* bei vollständiger Thesaurierung ist mit KSt in einer Höhe belastet, wie sie sich bei vollständiger Thesaurierung des körperschaftsteuerpflichtigen Einkommens errechnen würde.

Um die KSt als Funktion des $J\ddot{U}$ ausdrücken zu können, ist es daher notwendig, auch die Beziehungen zwischen $J\ddot{U}$ und Einkommen laut § 7 KStG zu klären.

Die als «Tarifbelastung» gekennzeichnete KSt wird mit KSt I (S_I^k) bezeichnet. Analog dazu wird im folgenden der $J\ddot{U}$ bei vollständiger Thesaurierung als Jahresüberschuß I ($J\ddot{U}_I$) bezeichnet. Nachfolgend sind deshalb in einer «Vorabrechnung» die notwendigen Ausgangsdaten zu ermitteln. Es sind im einzelnen folgende Größen schrittweise zu bestimmen:

1. a) der handelsrechtliche Jahresüberschuß vor Berücksichtigung jeglicher KSt, als «vorläufiger Jahresüberschuß» ($J\ddot{U}_v$) bezeichnet
   b) die Tarifbelastung mit KSt (S_I^k)

Aus a) und b) kann die Gewinn-Ausgangsgröße $J\ddot{U}_I$ als Differenz errechnet werden:

$$(3.1) \quad J\ddot{U}_I = J\ddot{U}_v - S_I^k$$

Tarifbelastung [56%]

handelsrechtl. JÜ (⁄. GewSt, VSt)

2. die Struktur und die Höhe der einzelnen Teilbeträge des verwendbaren Eigenkapitals nach Berücksichtigung der Zu- und Abgänge der laufenden Periode

Zu 1.a): *Vorläufiger Jahresüberschuß ($J\ddot{U}_v$)*

$J\ddot{U}_v$ ist der handelsrechtliche Gewinn abzüglich aller Steuern, die von der Ausschüttungshöhe nicht beeinflußt werden, also vor allem GewSt und VSt; er wird eigens für die Zwecke dieser Rechnung abgeleitet.

Zu 1.b): *Tarifbelastung mit KSt (S_I^k)*

S_I^k ergibt sich durch Anwendung der Tarifbestimmungen (einschließlich der Ermäßigungsvorschriften) auf das körperschaftsteuerpflichtige Einkommen. Dieses weist gegenüber dem vorläufigen Jahresüberschuß $J\ddot{U}_v$ Unterschiede auf, die sich folgendermaßen systematisieren lassen.

ba) Zwar gilt grundsätzlich das *Maßgeblichkeitsprinzip* der Handelsbilanz für die Steuerbilanz, doch enthält das EStG eine Reihe von zwingenden Abweichungen gegenüber der Handelsbilanz: So werden z. B. handelsrechtlich zulässige Rückstellungen verboten und planmäßige handelsrechtliche Abschreibungen im Sinne der steuerlich höchstzulässigen AfA-Sätze korrigiert. Außerdem können eine Anzahl von Aufwendungen nicht als Betriebsausgaben abgezogen werden (§ 4 Abs. 5 und 6 EStG). Die genannten Abweichungen werden als *einkommensteuerliche Modifikationen M^e* bezeichnet.

ESt – Modifikationen

119

bb) Daneben nennt das KStG in §§ 9 und 10 Positionen, die zwar handelsrechtlich Aufwand darstellen, jedoch bei der Ermittlung des Einkommens der Gesellschaft nicht abzugsfähig sind: Dies sind z. B. Spenden, soweit sie DM 600 überschreiten sowie die Vermögensteuer. Zu dieser Gruppe von *körperschaftsteuerlichen Modifikationen*, die als M^k bezeichnet werden, gehört auch die KSt; da sie jedoch $JÜ_v$ nicht gemindert hat, ist sie folglich hier nicht zu M^k zu rechnen.

bc) Steuerfreie Einnahmen der Gesellschaft, die im handelsrechtlichen Gewinn enthalten sind, rechnen nicht zum Einkommen im Sinne des KStG: Hierzu zählen z. B. Investitionszulagen (§ 5 InvZulG) und ausländische Einkünfte, die aufgrund von Doppelbesteuerungsabkommen von der deutschen KSt freigestellt sind. Sie werden unter den *steuerfreien Modifikationen M^{stfr}* erfaßt.

Der Zusammenhang zwischen dem Einkommen E und dem vorläufigen Jahresüberschuß $JÜ_v$ ergibt sich demnach als:

$$(3.2) \quad E = JÜ_v + M^e + M^k - M^{stfr}$$

Ist die Höhe des Einkommens bekannt, so kann die Tarifbelastung mit KSt errechnet werden. Körperschaftsteuerlicher Normaltarif ist der Steuersatz s^{kn} von 56% bezogen auf das Einkommen. Das zu versteuernde Einkommen der Kapitalgesellschaft unterliegt jedoch nicht immer der vollen Tarifbelastung, sondern kann in bestimmten Fällen auch besonderen Steuersätzen (46%, 30%, 28%, 25%) unterworfen sein. Darüber hinaus kann die KSt, wie sie aufgrund des Normaltarifs oder der besonderen Steuersätze errechnet wurde, noch gemindert werden um steuerliche Abzüge, wenn etwa die Gesellschaft Berlin-Darlehen (i. S. d. §§ 16, 17 Berlin FG) gewährt oder vermögenswirksame Leistungen (§ 14 des 3. VermBG) erbracht hat. Wichtig ist die Kürzung der KSt wegen der Anrechenbarkeit im Ausland gezahlter Steuern gem. § 26 Abs. 1 KStG. Die Summe der *körperschaftsteuerlichen Ermäßigungen* gegenüber der Anwendung des Normaltarifs $s^{kn} = 56\%$ auf das Einkommen wird mit S_{erm}^k bezeichnet. Damit ergibt sich die körperschaftsteuerliche Tarifbelastung S_t^k als:

$$(3.3) \quad S_t^k = s^{kn} \cdot E - S_{erm}^k$$

Somit ist die Voraussetzung für die Berechnung des Jahresüberschusses abzüglich der Tarifbelastung mit KSt auf das Einkommen der Gesellschaft geschaffen. Setzt man (3.3) unter Berücksichtigung von (3.2) in (3.1) ein, so erhält man:

$$(3.4) \quad JÜ_I = (1 - s^{kn})\left(E - M^e - M^k + M^{stfr}\right) + S_{erm}^k$$

120

Zu 2: Abschließend ist noch der *Bestand und die Gliederung* des *verwendbaren Eigenkapitals* zu ermitteln. Zur Berechnung der KSt ist der Bestand des verwendbaren Eigenkapitals zum Schluß des letzten vor dem Gewinnverteilungsbeschluß abgelaufenen Wirtschaftsjahres zugrundezulegen; dieser Bestand ist demnach noch nicht um die für die Ausschüttung verwendeten Teile gemindert.

EK-Gliederung

Dem vorhandenen Bestand sind zunächst die Zugänge der laufenden Periode hinzuzurechnen. Sie sind abzuleiten aus dem zu versteuernden körperschaftsteuerpflichtigen Einkommen und den sonstigen Vermögensmehrungen, die nicht der KSt unterliegen. Letztere sind unmittelbar dem EK_0 zuzurechnen: Eigenkapitalteile aus ausländischen Einkünften der Untergruppe EK_{01}, sonstige Vermögensmehrungen dem EK_{02}.

Soweit das zu versteuernde Einkommen der vollen Tarifbelastung unterliegt, erfolgt nach Abzug der darauf entfallenden KSt eine Zurechnung zum EK_{56}. Sind im Einkommen auch Einkommensteile enthalten, für die sich die KSt ausschließlich durch einen besonderen Steuersatz ermäßigt, können diese Teile ebenfalls unmittelbar nach Abzug der darauf entfallenden, ermäßigten Körperschaftsteuer den dafür vorgesehenen Teilbeträgen des verwendbaren Eigenkapitals (EK_{46}, EK_{30}, EK_{28}, EK_{25}) zugeordnet werden. Hat sich die KSt jedoch, wie oben beschrieben, auf andere Weise als durch einen besonderen Steuersatz ermäßigt, so muß eine Aufteilung der Eigenkapitalteile gemäß § 32 Abs. 2 KStG erfolgen, das sog. *Splitting* von Eigenkapitalteilen. Hieraus ergeben sich je nach der Tarifbelastung der ermäßigt belasteten Einkommensteile weitere Zugänge zum EK_{56} und dem in Höhe der Ausschüttungsbelastung belasteten EK_{36} (wenn die Tarifbelastung höher als 36% ist) oder zum EK_{36} und den EK_0-Beträgen (wenn die Tarifbelastung weniger als 36% beträgt).

Die auf die geschilderte Weise ermittelten Bestände der einzelnen Kategorien sind zu kürzen um die Abgänge gemäß § 31 KStG. Eine besonders wichtige Kategorie bilden die *sonstigen nichtabziehbaren Ausgaben* i.S.d. § 31 Abs. 1 Nr. 4 KStG, etwa die Vermögensteuer. Grundsätzlich sind diese vom EK_{56} abzuziehen. Wenn dieser EK-Teil nicht ausreicht, erfolgt in der Reihenfolge abnehmender Tarifbelastung ein Abzug von den ermäßigt belasteten EK-Teilen; übersteigen die sonstigen nichtabziehbaren Ausgaben auch diese Einkommensteile, so ist der Unterschiedsbetrag auf die folgenden Veranlagungszeiträume vorzutragen.

Für die weiteren Berechnungen wird von einem gegebenen Bestand der Gruppen EK_{56}, EK_{36} und EK_0 ausgegangen. Damit ist die Ableitung der für die eigentliche Gewinnverwendungsrechnung benötigten Ausgangsgrößen abgeschlossen. Das Problem besteht nun darin, für die genannten Ausschüttungsmodalitäten bei gegebenem $JÜ_I$ und gegebenen Teilbeträgen des verwendbaren Eigenkapitals die gesuchten Größen, die mögliche Ausschüttung bzw. die notwendige Rücklagenveränderung zu bestimmen.

3.2.3.2 Mögliche Ausschüttung und Rücklagenveränderung in den einzelnen Fällen

a) *Ausschüttung eines quotalen Anteils des Jahresüberschusses ohne Auflösung von Rücklagen*

Diese Situation (Fall 3) wird als *Grundfall* gewählt. Die Ausschüttungsquote des *JÜ* wird mit *a* bezeichnet; somit wird der Betrag *JÜ* *(1 – a)* den Rücklagen zugewiesen. Die Quote *a* kann alle Werte im Intervall von 0 bis 1 annehmen. Um Wiederholungen zu vermeiden, wird die Rechnung in allgemeiner Form durchgeführt; spezielle Ausprägungen von *a* im Einzelfall brauchen dann nur noch eingesetzt zu werden (*Knorr* [Maximalausschüttung], *Weindl* [Ermittlung]): Ist lediglich eine Zuweisung zu der gesetzlichen Rücklage in Höhe von 5% des *JÜ* vorgesehen, so beträgt *a* = 0,95. Soll gemäß der Höchstgrenze des § 58 AktG die Hälfte des *JÜ* in die freien Rücklagen eingestellt werden, so ist *a* = 0,5; wenn zuvor noch die Zuweisung zu gesetzlichen Rücklagen vorzunehmen ist, beträgt *a* = 0,5 (1 – 0,05) = 0,475. Wird der gesamte *JÜ* ausgeschüttet, so ist der Fall *a* = 1 als Grenzfall der quotalen Ausschüttung anzusehen (Fall 1).

In allen Fällen ist die Höhe der *möglichen Ausschüttung* die gesuchte Größe. Um sie zu berechnen, ist wie folgt vorzugehen: Zunächst ist die Beziehung zwischen dem endgültigen *JÜ* und der Ausschüttung *(AS)* festzulegen. Sie lautet im Fall 3:

$$(3.5) \qquad AS = a \cdot JÜ$$

Im nächsten Schritt ist das Verhältnis des *JÜ* bei vollständiger Thesaurierung *($JÜ_I$)* zum endgültigen *JÜ*, der sich nach Vornahme der jeweiligen Ausschüttungen ergibt, zu bestimmen. Dabei ist zu berücksichtigen, daß immer dann, wenn die Tarifbelastung der für die Ausschüttung verwendeten Teile des verwendbaren Eigenkapitals nicht mit der Ausschüttungsbelastung von 36% übereinstimmt, sich eine *Änderung* der KSt gegenüber der Tarifbelastung ergibt. Diese Änderung wird mit S_{II}^k bezeichnet und kann – je nachdem, welche Teile des verwendbaren Eigenkapitals herangezogen werden – einen positiven oder negativen Wert annehmen.

Eine Minderung der KSt wird durch ein negatives Vorzeichen gekennzeichnet ($S_{II}^k < 0$), eine Erhöhung durch ein positives ($S_{II}^k > 0$). Die Höhe des Jahresüberschusses $J\ddot{U}$ ergibt sich demnach aus der Differenz von $J\ddot{U}_I$ und der KSt-Änderung S_{II}^k:

$$(3.6) \quad J\ddot{U} = J\ddot{U}_I - S_{II}^k$$

Bei einer Minderung der KSt erhöht sich $J\ddot{U}$ gegenüber $J\ddot{U}_I$. Die Änderung der KSt ist nun näher zu spezifizieren. Sie hängt davon ab, welche Teile des verwendbaren Eigenkapitals für die Ausschüttung als verwendet gelten.

– Wird für die Ausschüttung Eigenkapital der Kategorie EK_{56} verwendet, so mindert sich die Körperschaftsteuer um $\frac{20}{44} = \frac{5}{11}$ des für die Ausschüttung verwendeten EK oder, bezogen auf die daraus mögliche Ausschüttung, um $\frac{5}{16}$. Bezeichnet:

$AS_{56}^{EK} =$ für die Ausschüttung verwendetes vollbelastetes Eigenkapital EK_{56} und

$AS_{56} =$ mögliche Ausschüttung aus der Verwendung von AS_{56}^{EK},

so beträgt demnach die Körperschaftsteuerminderung

$S_{II}^k - \frac{5}{11} AS_{56}^{EK}$ oder $-\frac{5}{16} AS_{56}$.

Die mögliche Ausschüttung beträgt somit:

$$(3.7) \quad AS_{56} = \frac{16}{11} AS_{56}^{EK}$$

– Wird für die Ausschüttung EK_{36} verwendet, so ergibt sich keine Körperschaftsteueränderung; die mögliche Ausschüttung deckt sich mit der Höhe des verwendeten Eigenkapitals dieser Kategorie. Bezeichnet:

$AS_{36}^{EK} =$ für die Ausschüttung verwendetes, ermäßigt (in Höhe der Ausschüttungsbelastung) belastetes Eigenkapital EK_{36}

$AS_{36} =$ aus AS_{36}^{EK} mögliche Ausschüttung, so gilt also:

$$(3.8) \quad AS_{36} = AS_{36}^{EK}$$

– Die Kategorie des nicht-belasteten verwendbaren Eigenkapitals gliedert sich in vier Gruppen, von denen die ersten drei, nämlich EK_{01}, EK_{02} und EK_{03} eine Erhöhung der Körperschaftsteuer hervorrufen, wenn sie für die Ausschüttung als verwendet gelten.

Die Verwendung von EK_{04}, also von Einlagen, die nach dem 1.1. 1977 getätigt wurden, löst keine Änderung der KSt aus und bleibt wegen ihrer Besonderheiten hier außer Betracht. Eine Verwendung von Teilen EK_{01}, EK_{02} und EK_{03} löst immer eine Erhöhung der KSt um $\frac{36}{100} = \frac{9}{25}$ des für die Ausschüttung als verwendet geltenden EK_0 oder um $\frac{9}{16}$ der daraus möglichen Ausschüttung aus. Bezeichnet:

AS_0^{EK} = für die Ausschüttung verwendetes, nicht-belastetes Eigenkapital EK_0 und

AS_0 = aus AS_0^{EK} mögliche Ausschüttung,

so beträgt die KSt-Erhöhung $\frac{9}{25} AS_0^{EK}$ bzw. $\frac{9}{16} AS_0$.

Die mögliche Ausschüttung beträgt $\frac{16}{25}$ des verwendeten EK_0:

$$(3.9) \quad AS_0 = \tfrac{16}{25} AS_0^{EK}$$

Damit ist es nun möglich, die Körperschaftsteueränderung S_{II}^k in Abhängigkeit von den für die Ausschüttung verwendeten EK-Teilen als dritte grundlegende Beziehung zu formulieren. Je nachdem ob die verwendeten EK-Teile oder die daraus möglichen Ausschüttungen als Basis herangezogen werden, ergibt sich S_{II}^k als:

$$(3.10) \quad S_{II}^k = -\tfrac{5}{11} AS_{56}^{EK} + \tfrac{9}{25} AS_0^{EK}$$

bzw.

$$(3.11) \quad S_{II}^k = -\tfrac{5}{16} AS_{56} + \tfrac{9}{16} AS_0$$

Das Problem besteht nun darin, die Höhe der Teilbeträge AS_{56}^{EK}, AS_{36}^{EK} und AS_0^{EK} zu bestimmen. Da die möglichen Ausschüttungen AS_{56}, AS_{36} und AS_0 mit den einzelnen Teilbeträgen des verwendbaren Eigenkapitals über die Relationen (3.7), (3.8) und (3.9) verknüpft sind, ist mit der Kenntnis dieser Größen das Problem ebenfalls gelöst.

Die Festlegung der genannten Größen ist abhängig

– von der gesetzlich statuierten *Verwendungsfiktion* des § 28 KStG und
– von der *Höhe des Bestandes* der *einzelnen EK-Teile*.

Danach ist solange zunächst EK_{56}, dann EK_{36} und schließlich EK_0 zu verwenden, bis die gesamte Ausschüttung AS gedeckt ist. Es muß also die Beziehung gelten:

$$(3.12) \quad AS = AS_{56} + AS_{36} + AS_0$$

bzw.

$$(3.13) \quad AS = \tfrac{16}{11} AS_{56}^{EK} + AS_{36}^{EK} + \tfrac{16}{25} AS_0^{EK}$$

aa) Zunächst wird auf EK_{56} zurückgegriffen. Wenn für die gesamte vorgesehene Ausschüttung EK_{56} verwendet werden kann $(AS = AS_{56})$, so beträgt $S_{II}^k = -\frac{5}{16} AS_{56}$, so daß $JÜ$ sich ergibt als:

$$JÜ = JÜ_I + \tfrac{5}{16} AS_{56} = JÜ_I + \tfrac{5}{16} a \cdot JÜ$$

Aufgelöst nach $JÜ$ folgt hieraus:

(3.14) $\quad JÜ = \dfrac{16}{16-5a} JÜ_I$

Da die maximale Ausschüttung $a \cdot JÜ$ beträgt, ergibt sich daraus für die Höhe der möglichen Ausschüttung:

(3.15) $\quad AS = a \cdot \dfrac{16}{16-5a} JÜ_I$

Kann die Ausschüttung voll aus EK_{56} gedeckt werden, so gilt generell:

$$AS = \tfrac{16}{11} AS_{56}^{EK}$$

Wieviel EK_{56} im Einzelfall beansprucht wird, ergibt sich aus der Gleichsetzung mit der über (3.15) berechneten Ausschüttung:

$$a \cdot \tfrac{16}{16-5a} JÜ_I = \tfrac{16}{11} AS_{56}^{EK}$$

Hieraus errechnet sich durch Auflösung nach AS_{56}^{EK}:

(3.16) $\quad AS_{56}^{EK} = \dfrac{11a}{16-5a} JÜ_I$

Die Berechnung der möglichen Ausschüttung nach (3.15) gilt also solange, als die gesamte Ausschüttung aus EK_{56} gedeckt werden kann, solange also:

(3.17) $\quad JÜ_I \leqslant \dfrac{16-5a}{11a} EK_{56}$

Die Körperschaftsteueränderung S_{II}^k beträgt in diesem Falle $-\frac{5}{11}$ des verwendeten Eigenkapitals (AS_{56}^{EK}). Demnach gilt mit (3.16):

(3.18) $\quad S_{II}^k = -\dfrac{5a}{16-5a} JÜ_I$

ab) Wenn das voll belastete EK_{56} für die handelsrechtlich mögliche Ausschüttung nicht ausreicht, so wird EK_{56} zunächst vollständig für die Ausschüttung verwendet. Zusätzlich muß – soweit vorhanden –

125

auf EK_{36} zurückgegriffen werden $(AS=AS_{56}+AS_{36})$. Es ergibt sich S_{II}^k als:

$$S_{II}^k = -\tfrac{5}{11} EK_{56}$$

Der Jahresüberschuß $J\ddot{U}$ beträgt somit:

(3.19) $\quad J\ddot{U} = J\ddot{U}_I + \tfrac{5}{11} EK_{56}$

Die mögliche Ausschüttung AS ist demnach:

(3.20) $\quad AS = a\,(J\ddot{U}_I + \tfrac{5}{11} EK_{56})$

Für (3.20) ist ebenfalls der Geltungsbereich abzugrenzen. Da $AS_{56}^{EK} = EK_{56}$ und $AS_0^{EK} = 0$, folgt aus (3.13):

$$AS = \tfrac{16}{11} EK_{56} + AS_{36}^{EK}$$

Aus der Gleichsetzung mit (3.20) und Auflösung nach AS_{36}^{EK} folgt die Höhe der notwendigen Verwendung von EK_{36}:

(3.21) $\quad AS_{36}^{EK} = a \cdot J\ddot{U}_I + \tfrac{5a-16}{11} EK_{56}$

Die Berechnung der möglichen Ausschüttung nach (3.20) gilt also solange als:

(3.22) $\quad J\ddot{U}_I \leqslant \tfrac{16-5a}{11a} EK_{56} + \tfrac{1}{a} EK_{36}$

Die KSt-Änderung S_{II}^k ergibt sich aus der KSt-Minderung aufgrund des vollständig verwendeten EK_{56} und beträgt damit:

(3.23) $\quad S_{II}^k = -\tfrac{5}{11} EK_{56}$

ac) Schließlich ist noch die Konstellation zu betrachten, in der EK_{56} und EK_{36} zusammen für die Deckung der möglichen Ausschüttung nicht ausreichen, also auch EK_0 für die Ausschüttung verwendet werden muß $(AS=AS_{56}+AS_{36}+AS_0)$. Um die KSt-Änderung in diesem Falle berechnen zu können, muß der Teil der möglichen Ausschüttung $AS = a \cdot J\ddot{U}$ bekannt sein, der aus EK_0 noch zu decken ist. Dieser Betrag AS_0 ergibt sich nach der vollständigen Verwendung von EK_{56} und EK_{36} als:

$$AS_0 = a \cdot J\ddot{U} - \tfrac{16}{11} EK_{56} - EK_{36}$$

Die KSt-Änderung beträgt somit:

$$S_{II}^k = -\tfrac{5}{11} EK_{56} + \tfrac{9}{16} (a \cdot J\ddot{U} - \tfrac{16}{11} EK_{56} - EK_{36})$$

Folglich kann der Jahresüberschuß über (3.6) errechnet werden:

$$(3.24) \quad J\ddot{U} = \frac{16}{16+9a} \left(J\ddot{U}_I + \frac{14}{11} EK_{56} + \frac{9}{16} EK_{36} \right)$$

Die mögliche Ausschüttung ergibt sich aus der Multiplikation der Ausschüttungsquote a mit dem (nach (3.24) berechneten) Jahresüberschuß. Da die Beziehung (3.13) gelten muß, die jetzt lautet:

$$AS = \frac{16}{11} EK_{56} + EK_{36} + \frac{16}{25} AS_0^{EK}$$

errechnet sich die Höhe des aus dem EK_0 notwendigen Betrages mit:

$$(3.25) \quad AS_0^{EK} = \frac{25a}{16+9a} J\ddot{U}_I - \frac{25 \, (16-5a)}{11 \, (16+9a)} EK_{56} - \frac{25}{16+9a} EK_{36}$$

Die KSt-Änderung $S_{II}^k = -\frac{5}{11} EK_{56} + \frac{9}{25} AS_0^{EK}$ ergibt sich in diesem Falle aus:

$$(3.26) \quad S_{II}^k = \frac{9a}{16+9a} J\ddot{U}_I - \frac{224}{11 \, (16+9a)} EK_{56} - \frac{9}{16+9a} EK_{36}$$

Bei maximaler Ausschüttung des Jahresüberschusses ($a=1$; Fall 1) vereinfachen sich die Formeln erheblich. Somit ist für den Fall der quotalen Ausschüttung des $J\ddot{U}$ die Abhängigkeit des $J\ddot{U}$ und der Ausschüttung von dem Bestand und der Struktur des verwendbaren Eigenkapitals geklärt. Das gleiche ist nun für weitere Ausschüttungsmodalitäten zu untersuchen.

b) *Zusätzliche Auflösung freier Rücklagen (Fall 2, Fall 4)*

Es ist in Perioden mit niedrigem laufenden Jahresgewinn denkbar, daß aus Gründen der Dividendenkontinuität mehr ausgeschüttet werden soll als der $J\ddot{U}$ ermöglicht. In diesen Fällen müssen auch Rücklagen früherer Perioden aufgelöst ($\bar{R}$) und zusammen mit

– dem gesamten Jahresüberschuß (Fall 2) oder
– einem quotalen Anteil des Jahresüberschusses (Fall 4)

ausgeschüttet werden.

Bei den aufgelösten Rücklagen handelt es sich um thesaurierte Gewinne früherer Perioden, deren Auflösung und Ausschüttung vom KSt-Recht nicht anders behandelt wird als Ausschüttungen aus dem laufenden Jahresgewinn. Zur Berechnung der möglichen Ausschüttung und der anderen Größen können deshalb die Formeln zur Berechnung eines quotalen Anteils des Jahresüberschusses unter 3.2.3.1 und 3.2.3.2 a) herangezogen werden, wenn hier $J\ddot{U}_I$ durch $J\ddot{U}_I + \bar{R}$ substituiert wird.

c) *Ausschüttung bei Rücklageneinstellung vorgegebener Höhe (Fall 5)*

In den Fällen, in denen die Höhe der Rücklagenbildung festliegt, ist die Ausschüttung nur noch Residuum. Die Aufgabe besteht dann darin, die Höhe des noch für Ausschüttungen verbleibenden Teils des Jahresgewinns zu errechnen.

Die Ausschüttung AS ergibt sich als Differenz zwischen dem – noch zu berechnenden – Jahresüberschuß $(J\ddot{U})$ und der vorgegebenen Rücklageneinstellung $(\bar{R})$. Die Ausschüttungsfunktion lautet also:

$$(3.27) \quad AS = J\ddot{U} - \bar{R}$$

Diese Ausschüttungsfunktion ist an die Stelle von (3.5) zu setzen. Die übrigen grundlegenden Beziehungen gelten unverändert. Die Ableitungen können mit (3.27) wieder so vorgenommen werden wie im Falle 3.2.3.2a). Es ist jedoch auch ohne formale Ableitung plausibel, daß der Jahresüberschuß $J\ddot{U}_I$ für die Ausschüttungen ebenfalls um die Rücklageneinstellung gekürzt wird, so daß also an die Stelle von $J\ddot{U}_I$ jeweils $(J\ddot{U}_I - \bar{R})$ treten muß. Für die einzelnen Fälle der Verwendung des verwendbaren Eigenkapitals ergeben sich die nachfolgenden Beziehungen:

ca) Kann die Ausschüttung voll aus EK_{56} gedeckt werden $(AS = AS_{56})$, so ergibt sich die Höhe des Jahresüberschusses als:

$$(3.28) \quad J\ddot{U} = \tfrac{16}{11} J\ddot{U}_I - \tfrac{5}{11} \bar{R}$$

Unter Zuhilfenahme der Ausschüttungsfunktion folgt daraus für AS:

$$(3.29) \quad AS = \tfrac{16}{11} [J\ddot{U}_I - \bar{R}]$$

Für die Ausschüttung wird in Höhe der Differenz von $J\ddot{U}_I$ und $\bar{R}$ EK_{56} verwendet,

$$(3.30) \quad AS_{56}^{EK} = J\ddot{U}_I - \bar{R}$$

so daß notwendigerweise für (3.29) erfüllt sein muß:

$$(3.31) \quad J\ddot{U}_I - \bar{R} \leqslant EK_{56}$$

Die Beziehungen (3.30) und (3.31) weisen gegenüber dem Fall der vollständigen Ausschüttung des $J\ddot{U}$ (Fall 1) lediglich die Modifikation auf, daß anstelle von $J\ddot{U}_I$ die Differenz $J\ddot{U}_I - \bar{R}$ zu setzen ist. Dies gilt auch für cb).

cb) Muß auch EK_{36} verwendet werden, das zusammen mit EK_{56} für die Ausschüttung ausreicht $(AS = AS_{56} + AS_{36})$, so gelten die folgenden Beziehungen:

(3.32) $J\ddot{U} = J\ddot{U}_I + \frac{5}{11} EK_{56}$

(3.33) $AS = J\ddot{U}_I - \bar{R} + \frac{5}{11} EK_{56}$

Da $AS_{56}^{EK} = EK_{56}$ und

(3.34) $AS_{36}^{EK} = J\ddot{U}_I - \bar{R} - EK_{56}$

gelten diese Beziehungen von cb) folglich für

(3.35) $J\ddot{U}_I - \bar{R} \leqslant EK_{56} + EK_{36}$

cc) Muß auch EK_0 zur Deckung der vorgesehenen Ausschüttung herangezogen werden $(AS = AS_{56} + AS_{36} + AS_0)$, so ist aus dem EK_0 noch folgende Ausschüttung AS_0 zu decken:

$$AS_0 = J\ddot{U} - \bar{R} - \frac{16}{11} EK_{56} - EK_{36}$$

so daß sich ergibt:

(3.36) $J\ddot{U} = \frac{16}{25} [J\ddot{U}_I + \frac{14}{11} EK_{56} + \frac{9}{16} EK_{36} + \frac{9}{16} \bar{R}]$

(3.37) $AS = \frac{16}{25} [J\ddot{U}_I - \bar{R}] + \frac{224}{275} EK_{56} + \frac{9}{25} EK_{36}$

Da $AS_{56}^{EK} = EK_{56}$, $AS_{36}^{EK} = EK_{36}$, muß aus dem EK_0 noch folgender Betrag an verwendbarem Eigenkapital herangezogen werden:

$$\frac{16}{25} AS_0^{EK} = J\ddot{U} - \bar{R} - \frac{16}{11} EK_{56} - EK_{36}$$

Es gilt mit (3.36) also:

(3.38) $AS_0^{EK} = J\ddot{U}_I - \bar{R} - EK_{56} - EK_{36}$

d) *Rücklagenveränderung bei vorgegebener Ausschüttungshöhe (Fall 6)*

Ist jetzt – im Gegensatz zum vorherigen Fall 5 – die Höhe der Ausschüttung vorgegeben, so muß die Höhe der Rücklagenveränderung *(R)* bestimmt werden. Dies ist jedoch erst dann möglich, wenn die Höhe des Jahresüberschusses $J\ddot{U}$ feststeht. Bei Auflösung der Ausschüttungsfunktion (3.27) nach R gilt, wenn nun $\overline{AS}$ als Ausschüttung vorgesehen ist:

(3.39) $R = J\ddot{U} - \overline{AS}$

Die Veränderung des Rücklagenbestandes kann sein

– eine Erhöhung (Einstellung in die Rücklage), wenn $R > 0$
– eine Verminderung (Auflösung von Rücklagen), wenn $R < 0$.

Bei einer formellen Ableitung müßte wieder im einzelnen geprüft werden, welche EK-Gruppen für die Deckung der vorgesehenen Ausschüttung herangezogen werden müssen, damit daraus die jeweilige Höhe des Jahresüberschusses $JÜ$ in Abhängigkeit von $JÜ_I$ und $\overline{AS}$ ermittelt werden kann. Ist $JÜ$ bekannt, so wird die gesuchte Größe der notwendigen Rücklagenveränderung über (3.39) bestimmt.

Auf eine explizite Ableitung kann aber hier verzichtet werden, da aus den Beziehungen (3.29), (3.33), (3.37) des Falls 5 unter Vertauschung der gegebenen Größen und Auflösung nach R die gesuchten Größen leicht ermittelt werden können.

Damit sind die reinen Berechnungen der Ausschüttung und Rücklagenveränderung in Abhängigkeit von den Teilbeträgen des verwendbaren Eigenkapitals abgeschlossen. Die weiteren Überlegungen betreffen die Frage, wie angesichts bestimmter Zielvorstellungen die Höhe der Ausschüttung zu bestimmen ist, die im Hinblick auf die jeweilige Zielsetzung optimal ist.

(*Übungsaufgaben Nr. 11 und 12 im Arbeitsbuch*)

3.3 Die Optimierung der Gewinnverwendung mit Hilfe des Schütt Aus-Hol Zurück-Verfahrens

Die optimale Gewinnverwendung kann unter zwei Annahmen erfolgen: Zum einen kann die Frage der internen oder externen Anlage von Gewinnen bereits entschieden sein. Ist die Entscheidung zugunsten der internen Anlage getroffen, so muß noch geklärt werden, ob dies durch unmittelbare Thesaurierung oder durch Ausschüttung mit erneuter Einlage im Rahmen des Schütt Aus-Hol Zurück-Verfahrens (SAHZ) geschehen soll. Für diese Entscheidung sind Bedingungen zu formulieren, unter denen sich das Verfahren lohnt. Mit diesem Problem befaßt sich dieser Abschnitt.

Ist die Frage der internen bzw. externen Anlage von Gewinnen selbst noch offen, so muß die optimale Ausschüttungsstrategie insgesamt Gegenstand einer Optimierungsentscheidung sein, deren Ergebnis von den internen und externen Anlagemöglichkeiten und deren steuerlichen Konsequenzen bestimmt wird. Ein derartiger Kalkül wird in Abschnitt 3.4 gezeigt.

3.3.1 Möglichkeiten des Schütt Aus-Hol Zurück-Verfahrens

Die Gründe für das SAHZ-Verfahren sind bekannt und werden daher nur kurz erörtert (*Felix/Streck* [«Schütt-aus-hol-zurück»-Verfahren], *Hintzen* [Zulässigkeit], *Priester* [Gewinnverwendung]):

Ist die Entscheidung zugunsten einer internen Anlage von selbstwirtschafteten Mitteln in der Kapitalgesellschaft getroffen, so ist zu entscheiden, ob dies durch unmittelbare Thesaurierung oder durch vorübergehende Ausschüttung mit anschließender Wiedereinlage geschehen soll. Bei unmittelbarer Thesaurierung unterliegen Gewinne der KSt von 56%.

Bei Ausschüttung unterliegen sie der persönlichen ESt-Belastung des Gesellschafters; da diese jedoch nur in der Spitzenprogression 56% erreicht, werden Ausschüttungen bis zu dieser Grenze mit weniger Steuern belastet als thesaurierte Gewinne. Würde sich die Belastung bei Ausschüttung und Wiedereinlage auf die ESt beschränken, so wäre das Problem trivial: Ausschüttungen wären bis zur Höhe des Betrages, ab dem der ESt-Grenzsatz 56% beträgt, vorzunehmen; mit Gewinnen, die diesen Betrag übersteigen, könnte man beliebig verfahren, weil sie stets einer Belastung von 56% unterliegen.

Nun fallen allerdings beim SAHZ-Verfahren zusätzlich zur ESt weitere Belastungen an: die Ausschüttungen unterliegen der KiSt des Gesellschafters, und die erneute Einlage verursacht Kosten in Form von Gesellschaftsteuer und sonstige nichtsteuerliche Kosten. Daher kann es bereits für Beträge unterhalb des Beginns der Spitzenprogression vorteilhaft sein, die Sofortthesaurierung dem SAHZ-Verfahren vorzuziehen. Für diesen Fall lassen sich exakte Regeln ableiten, die sich rechnerisch in Form des *kritischen Grenzsteuersatzes* der ESt konkretisieren. Diese Regeln werden maßgeblich bestimmt von den im Einzelfall geltenden Bedingungen, die von der Ausgestaltung des SAHZ-Verfahrens abhängig sind (*v. Lindeiner* [Belastungs- und Liquiditätswirkungen] 206 ff., *Rose* [Berechnungen] 1876, *Schneider* [Körperschaftsteuerreform]).

Die alternativen Ausprägungen des SAHZ unterscheiden sich lediglich durch die Ausgestaltung des «Hol zurück», also der Rückführung der nach ESt und KiSt verbleibenden Ausschüttungen:

Möglich sind zum einen die Zuführung als *Fremdkapital*, etwa in Form eines Gesellschafter-Darlehens, zum andern auch als *Eigenkapi-*

tal, etwa in Form einer stillen Beteiligung. Die gewählte Gestaltung hängt nicht nur von steuerlichen Erwägungen, sondern auch von anderen Motiven ab, insbesondere den Auswirkungen auf die Kreditwürdigkeit. Wir gehen im folgenden von der Einlage als Beteiligungskapital aus. Auch hier sind verschiedene Varianten denkbar:

a) Es erfolgt eine Einlage in Form von *Nennkapital* durch eine Kapitalerhöhung.

b) Die Einlage dient der Erhöhung von *Rücklagen.*

c) Die Einlage erfolgt in Form von *Nachschüssen.*

Die einzelnen Möglichkeiten haben folgende gesellschaftsrechtliche und steuerrechtliche Konsequenzen:

Zu a): Die Ausgabe von Gesellschaftsrechten zur Erhöhung des Nennkapitals kann zu pari oder über pari vorgenommen werden; bei Ausgabe über pari muß die Einlage durch die Gesellschafter auf Nennkapital und Agio aufgeteilt werden. Die Kapitalerhöhung unterliegt gemäß § 2 Abs. 1 Nr. 1 KVStG der Gesellschaftsteuer; Bemessungsgrundlage ist der Wert der Gegenleistung.

Bei pari-Emission unterliegt die gesamte Erhöhung des Nennkapitals (einschließlich daraus zu deckender evtl. Emissionskosten) der Gesellschaftsteuer (Gesellschaft trägt Gesellschaftsteuer). Werden die Kosten der Kapitalerhöhung von den Gesellschaftern zusätzlich auf Grund einer speziellen Vereinbarung übernommen (Gesellschafter tragen Gesellschaftsteuer), so zählt gemäß ausdrücklicher Regelung des § 8 Nr. 1a KVStG von den gesamten Emissionskosten die Gesellschaftsteuer nicht zur Gegenleistung. Damit soll vermieden werden, daß Gesellschaftsteuer von der Gesellschaftsteuer erhoben wird. Da von den ertragsteuerlichen Bemessungsgrundlagen die Emissionskosten nur dann als Betriebsausgaben abzugsfähig sind, wenn sie nicht aus einem Agio gedeckt werden können, folgt, daß bei Ausgabe zu pari die Emissionskosten immer, bei über pari nur der das Agio übersteigende Teil abzugsfähig sind.

Zu b) und c): Die Möglichkeit, eine Einlage als Rücklage auszuweisen, ist weder im AktG noch im GmbHG ausdrücklich vorgesehen, doch ist sie nach der Meinung des Schrifttums gesellschaftsrechtlich zulässig (*Lutter* [Bilanzierung]). Nachschüsse können nur bei einer GmbH eingefordert werden (§§ 26 bis 28 GmbHG). Auch bei diesen beiden Möglichkeiten unterliegt die Kapitalzufuhr der Gesellschaftsteuer (§ 2 Abs. 1 Nr. 2 bzw. 4a KVStG), wobei als Bemessungsgrundlage der Wert der Leistung (§ 8 Nr. 2 KVStG) angesetzt wird. Ein Hinweis darauf, daß bei obigen Tatbeständen bei entsprechender Gestaltung die Gesellschaftsteuer von ihrer eigenen Bemessungsgrundlage ausgeklammert wird, fehlt im Gesetz. Da eine Ausgabe von Gesellschaftsrechten nicht gegeben ist, kann auch die Regelung des § 9 Nr. 1a KStG 1977 nicht angewendet werden: Emissionskosten sind in keinem Falle als Betriebsausgaben ertragsteuerlich abzugsfähig.

Bezüglich der steuerrechtlichen Anerkennung des SAHZ kann nach Abschn. 77 Abs. 4 KStR von der generellen Zulässigkeit ausgegangen werden, wenn die Wiedereinlage als Nennkapital erfolgt. In den übrigen Fällen (Abschn. 77 Abs. 5 KStR) ist die Einschränkung durch § 42 AO zu beachten.

3.3.2 Die Berechnung kritischer Einkommensteuersätze

3.3.2.1 Allgemeine Verfahrensweise

Der gesuchte kritische ESt-Satz dient als Maßgröße für die Höhe der vorzunehmenden Ausschüttung und damit der Aufteilung des Gewinns auf die beiden Maßnahmen der unmittelbaren Thesaurierung und des SAHZ. Die Ausschüttung der Gesellschaft soll maximal so hoch sein, daß das zu versteuernde Einkommen des Gesellschafters einschließlich seiner sonstigen Einkommensteile gerade diesen Satz erreicht.

Verfügen die Gesellschafter über unterschiedliche Anteile oder haben sie unterschiedliche sonstige Einkommen, so weichen auch die optimalen Ausschüttungen voneinander ab. Um diese Probleme auszuschalten, wird davon ausgegangen, daß die Optimierung der Ausschüttungspolitik für einen Alleingesellschafter vorzunehmen ist, dessen Einkommen nur aus Ausschüttungen der betrachteten Kapitalgesellschaft besteht.

Zu klären ist die Frage, ob der kritische ESt-Satz als *Grenz*steuersatz oder als *Durchschnitts*steuersatz zu interpretieren ist. Dies ergibt sich aus der Ableitung des kritischen Satzes: Hierzu wird die Ausschüttung solange um marginale Einheiten erhöht, bis von der letzten ausgeschütteten Einheit nach Abzug von ESt, KiSt und Emissionskosten der gleiche Betrag verbleibt wie bei unmittelbarer Thesaurierung. Der bei dieser Ausschüttungshöhe = Einkommenshöhe geltende Steuersatz ist somit als Grenzsteuersatz zu bestimmen.

Dies folgt auch aus einer grundsätzlichen Überlegung: Die Ableitung des kritischen ESt-Satzes dient dem Zweck, eine optimale Kombination von SAHZ und unmittelbarer Thesaurierung zu realisieren. Diese wird dann erreicht, wenn der durch das SAHZ-Verfahren gegenüber der unmittelbaren Thesaurierung gebotene Vorteil infolge niedriger Belastungen maximal ausgeschöpft wird. Solange dies noch nicht der Fall ist, kann durch weitere Ausschüttungen und Wiedereinlagen der insgesamt für interne Anlagen verfügbare Betrag erhöht werden. Er erreicht sein Maximum bei der Einkommenshöhe, bei der der Vorteil aus beiden Gewinnverwendungsarten gleich hoch ist und weitere Ausschüttungen den insgesamt verfügbaren Betrag verringern würden. Formal kann das Optimum berechnet werden, indem die Zielfunktion nach der Ausschüttung abgeleitet wird. Aus dem formalen Vorgehen der Marginalanalyse ergibt sich, daß ein Grenzsteuersatz zu bestimmen ist. Da mit dem Grenzsteuersatz auch das zu versteuernde Einkommen und damit auch die Belastung mit ESt festlegt, kann daraus im Nachhinein auch der durchschnittliche ESt-Satz berechnet werden. Er ist jedoch für die Bestimmung des Optimums ohne Bedeutung.

3.3.2.2 Einflußfaktoren

Die Belastungen steuerlicher wie nichtsteuerlicher Art, die durch die beiden Möglichkeiten der Sofort-Thesaurierung einerseits, der Ausschüttung und Wiedereinlage andererseits ausgelöst werden, sollen nachfolgend gegenübergestellt werden. Ausgegangen wird jeweils vom Bruttogewinn G, der in der Kapitalgesellschaft angefallen ist. Unterschiede in den Zeitpunkten der einzelnen Be- und Entlastungen bleiben unberücksichtigt:

Belastungen bei Sofortthesaurierung:

Der Bruttogewinn G wird vermindert um

(1) – die Gewerbeertragsteuer: $s^{ge} \cdot G$
(2) – die Körperschaftsteuer auf die um die Gewerbeertragsteuer verminderten thesaurierten Beträge:
$s^{kn} [(1 - s^{ge}) \, G]$

Es verbleibt somit zur Verwendung der Betrag TH.

Belastungen bei Ausschüttung und Wiedereinlage:

Der Bruttogewinn G
wird vermindert um

(1) – die Gewerbeertragsteuer: $s^{ge} \cdot G$
(2) – die Ausschüttungsbelastung auf ausgeschüttete Gewinne[3]:
$0,36 \, [(1 - s^{ge}) \, G]$

---

[3] Die körperschaftsteuerliche Tarifbelastung und die Minderung der KSt durch die Ausschüttung sind dabei bereits zusammengefaßt.

wird erhöht um

(3) + den Anrechnungsanspruch auf die ausgeschüttete Bardividende:

$$\tfrac{9}{16}\left[G - s^{ge} \cdot G - 0{,}36\,(1 - s^{ge})\,G\right] = 0{,}36\,[(1 - s^{ge})\,G]$$

wird vermindert um

(4) − die kombinierte ESt/KiSt-Belastung:

$$s^e(1 - s^{ge})\,G$$

(5) − die Gesellschaftsteuer auf die Kapitaleinlage:

$$s^{ges}\left[(1 - s^{ge})\,G - s^e(1 - s^{ge})\,G\right]$$

(6) − etwaige nichtsteuerliche Emissionskosten *ek* in Zusammenhang mit der Ausgabe von Beteiligungskapital:

$$ek\left[(1 - s^{ge})\,G - s^e(1 - s^{ge})\,G\right]$$

wird erhöht um

(7) + die Steuerentlastung aufgrund der Abzugsfähigkeit der Gesellschaftsteuer (5) und der Emissionskosten (6) bei den ertragsteuerlichen Bemessungsgrundlagen der Gesellschaft.

Es bleibt zur Verwendung *VR*.

Bei der Vernachlässigung von KiSt, Gesellschaftsteuer und sonstigen Emissionskosten würde der kritische Satz der ESt 56 % betragen. Da besondere Berechnungen nur wegen der Existenz dieser Größen anzustellen sind, sind sie besonders eingehend zu untersuchen.

Kirchensteuer

Bei der Berechnung der KiSt ist zu unterscheiden, ob der Regelfall vorliegt, bei dem die KiSt als Prozentsatz der ESt-Schuld berechnet wird, oder der Spezialfall, bei dem die KiSt auf einen Prozentsatz des (hohen) zu versteuernden Einkommens beschränkt, die darüber hinausgehende KiSt «gekappt» wird[4]. Für die Bestimmung des kritischen ESt-Satzes muß nur die Belastung der zuletzt ausgeschütteten Einheit, die wir mit EI' bezeichnen, bekannt sein. Bei der Ableitung werden die Belastungen von EI' mit ESt (S'^{ek}) und KiSt (S'^{ki}) jeweils zusammengefaßt. Bezeichnet s'^{ek} den Grenzsteuersatz an der Stelle $EI' - S'^{ki}$ (wegen der Abzugsfähigkeit der KiSt als Sonderausgabe), so gilt:

$$(3.40) \quad S'^{ek} = s'^{ek}\,(EI' - S'^{ki})$$

Für die KiSt gilt im Regelfall bei dem Kirchensteuerfaktor s^{ki}:

$$(3.41) \quad S'^{ki} = s^{ki} \cdot S'^{ek}$$

[4] S. hierzu und zum Folgenden den Abschn. 1.1.3 des Dritten Teils.

135

Die ESt- und KiSt-Belastung auf die marginale ausgeschüttete Einheit lassen sich nun zusammenfassen. Unter Verwendung von (3.41) folgt:

$$(3.42) \quad S'^{ek} = s'^{ek} \left(EI' - s^{ki} \cdot S'^{ek} \right)$$

$$= \frac{s'^{ek}}{1 + s'^{ek} \cdot s^{ki}} \cdot EI'$$

Somit ergibt sich für die KiSt:

$$(3.43) \quad S'^{ki} = s^{ki} \cdot \frac{s'^{ek}}{1 + s'^{ek} \cdot s^{ki}} \cdot EI'$$

Die Summe S'^e von ESt und KiSt beträgt:

$$(3.44) \quad S'^e = \frac{s'^{ek} (1 + s^{ki})}{1 + s'^{ek} \cdot s^{ki}} \cdot EI'$$

Zur Vereinfachung wird der kombinierte Steuerfaktor in (3.44) mit s'^e bezeichnet:

$$(3.44a) \quad s'^e = \frac{s'^{ek} (1 + s^{ki})}{1 + s'^{ek} \cdot s^{ki}}$$

Beschränkt sich die KiSt im Spezialfall auf b % des zu versteuernden Einkommens, so beträgt sie (unter Berücksichtigung der Abzugsfähigkeit als Sonderausgabe) auf die Grenzeinheit EI':

$$(3.45) \quad S'^{ki} = \frac{b}{1 + b} \cdot EI'$$

Die ESt-Belastung folgt aus:

$$(3.46) \quad S'^{ek} = s'^{ek} \left(EI' - \frac{b}{1 + b} \cdot EI' \right)$$

Die Gesamtbelastung mit ESt und KiSt S'^e ergibt sich als:

$$(3.47) \quad S'^e = S'^{ek} + S'^{ki} = \left[s'^{ek} \left(1 - \frac{b}{1 + b} \right) + \frac{b}{1 + b} \right] EI'$$

Es gilt hier für den kombinierten Faktor:

$$(3.48) \quad s'^e = \frac{1}{1 + b} \cdot s'^{ek} + \frac{b}{1 + b}$$

Emissionskosten

Hinsichtlich der möglichen Belastungswirkung durch Gesellschaftsteuer und sonstige Kosten der Wiedereinlage kann auf die Ausführungen unter (3.3.1) hingewiesen werden. Es sind mehrere Fälle zu unterscheiden, je nachdem ob

a) nur Gesellschaftsteuer oder auch sonstige Emissionskosten in bestimmter Höhe anfallen,

b) die Gesellschaftsteuer (und sonstige Emissionskosten) vom Gesellschafter selbst getragen werden oder von der Gesellschaft,

c) die Gesellschaftsteuer (und sonstige Emissionskosten) als Betriebsausgabe vom Steuerbilanzgewinn abzugsfähig sind oder nicht.

3.3.2.3 Berechnung des kritischen Einkommensteuersatzes in Abhängigkeit von verschiedenen Annahmen über die Emissionskosten

Es wird durchweg unterstellt, daß die Emissionskosten bei der Ermittlung der ertragsteuerlichen Bemessungsgrundlagen der Kapitalgesellschaft nicht abzugsfähig sind. Das Verfahren zur Ableitung kritischer ESt-Sätze bei Geltung dieser Prämisse soll nachfolgend erläutert werden.

a) *Allgemeine Vorgehensweise*

Der kritische ESt-Satz für die obere Grenze der Ausschüttungen beim SAHZ ist dann erreicht, wenn von der zuletzt ausgeschütteten Einheit EI' nach Abzug der beim Gesellschafter anfallenden ESt/KiSt-Belastung sowie der mit der Wiedereinlage verbundenen Emissionskosten der gleiche Betrag VR' verfügbar ist wie bei einer Sofortthesaurierung, bei der der Betrag TH' verbleibt.

Es ist demnach folgende Bedingung einzuhalten:

$$(3.49) \quad TH' = VR'$$

Da die GewESt bei beiden Alternativen anfällt, kann sie unberücksichtigt bleiben.

Wird die Grenz-Einheit EI' sofort thesauriert, so verbleibt davon:

$$(3.50) \quad TH' = EI' - s^{kn} \cdot EI'$$

Der beim SAHZ-Verfahren in der Unternehmung zur Wiederanlage verbleibende Betrag VR' ergibt sich, wenn von der nach Abzug der ESt/KiSt-Belastung möglichen Einlage EL' noch die Emissionskosten EM' abgezogen werden, die auf diese marginale Einheit bei der Gesellschaft anfallen:

$$(3.51) \quad VR' = EL' - EM'$$

Die maximale Einlage EL' beträgt:

$$(3.51a) \quad EL' = EI' - s'^e \cdot EI'$$

Diese Beziehung gilt für alle nachfolgenden Fälle, die sich jedoch durch die Berechnung von EM' unterscheiden.

b) *Standardfall*

Zunächst wird für die Emissionskosten EM' unterstellt, daß sie lediglich aus der Gesellschaftsteuer bestehen, die von der Gesellschaft getragen werden. Es gilt damit:

$$EM' = S'^{ges} = s^{ges} \cdot EL'$$

Bei der nun vorzunehmenden Ableitung des kritischen Satzes wird zunächst der kritische, kombinierte Faktor s'^e ermittelt und anschließend der eigentlich interessierende «reine» ESt-Satz s'^{ek} daraus berechnet.

Für die Bedingung (3.49) kann unter Verwendung von (3.50) sowie (3.51), (3.51a) geschrieben werden:

$$(3.52) \quad EI' - s^{kn} \cdot EI' \qquad \text{(Sofortthesaurierung)}$$
$$= EI' - s'^e \cdot EI' - s^{ges}[EI' - s'^e \cdot EI'] \quad \text{(SAHZ)}$$

Nach Kürzung mit EI' folgt daraus:

$$(3.52a) \quad (1 - s^{kn}) = (1 - s'^e)(1 - s^{ges})$$

Daraus ergibt sich zunächst der *kritische kombinierte Satz s'^e*:

$$(3.53) \quad s'^e = 1 - \frac{1 - s^{kn}}{1 - s^{ges}} = \frac{s^{kn} - s^{ges}}{1 - s^{ges}}$$

Für $s^{kn} = 0{,}56$ und $s^{ges} = 0{,}01$ folgt hieraus:

$$s'^e = 0{,}555\overline{55}$$

Um den kritischen ESt-Satz zu bestimmen, ist die KiSt «herauszurechnen». Dazu ist im Normalfall (3.44a) und bei der Kappung (3.48) nach s'^{ek} aufzulösen.

Es ergibt sich im Normalfall:

$$(3.54) \quad s^{iek} = \frac{s^{ie}}{1 + s^{ki} - s^{ie} \cdot s^{ki}} = \frac{s^{ie}}{1 + s^{ki}(1 - s^{ie})}$$

Für $s^{ie} = 0{,}55555\overline{5}$ ergibt sich bei einem KiSt-Satz von 9% (8%) ein «reiner» Grenz-ESt-Satz von 53,4188% (53,6481%). Dieser Satz ist gem. ESt-Tarif bei einem zu versteuernden Einkommen (zvE) von 81012 DM (83100 DM) erreicht.

Im Kappungsfall folgt aus (3.48):

$$(3.55) \quad s^{iek} = s^{ie}(1 + b) - b$$

Eine Kappung bei $s^{ki} = 0{,}08$ ist in keinem Bundesland vorgesehen. Beträgt $s^{ki} = 0{,}09$, so gelten – je nach Bundesland – unterschiedliche Bedingungen für die Kappung.

Für den kritischen kombinierten Faktor $s^{ie} = 0{,}555555$ ergeben sich bei den unterschiedlichen b nach (3.55) folgende kritische ESt-Sätze, die jeweils bei dem entsprechenden zu versteuernden Einkommen erreicht werden:

(1) $b = 3\%$ $s^{iek} = 54{,}222\overline{2}\%$ zvE = 88909 DM
(2) $b = 3{,}5\%$ $s^{iek} = 53{,}999\overline{9}\%$ zvE = 86549 DM
(3) $b = 4\%$ $s^{iek} = 53{,}777\overline{7}\%$ zvE = 84335 DM

Es ist aber zu berücksichtigen, daß bei $s^{ki} = 0{,}09$ und Kappung auf 4% (Fall 3) die Kappung erst bei 118020 DM einsetzt, bei dem errechneten zu versteuernden Einkommen also tatsächlich noch nicht gegeben ist.

Das SAHZ-Verfahren ist in den einzelnen Bundesländern bei den unterstellten Bedingungen bis zu einer Ausschüttung in folgender Höhe lohnend:

$s^{ki} = 8\%$: zvE = 83100	$s^{ki} = 9\%$
	ohne Kappung: zvE = 81012
	$b = 3\%$: zvE = 88909
	$b = 3{,}5\%$: zvE = 86549
	$b = 4\%$: zvE = 81012

Die Prämissen bezüglich der Höhe der Emissionskosten sollen nun abgewandelt werden. Dadurch verändert sich die Höhe des kritischen ESt-Satzes.

c) *Zusätzliche Emissionskosten*

Neben der Gesellschaftsteuer[5] können auch noch andere, nicht-steuerliche Emissionskosten als Provisionen, Beurkundungsgebühren usw. bei der Einlage anfallen. Dadurch wird der notwendige Betrag für die Einlage erhöht, der kritische ESt-Satz sinkt. Neben der Gesellschaftsteuer, berechnet als:

$$S^{ges} = s^{ges} \cdot EL$$

ergeben sich nichtsteuerliche Emissionskosten, EMK, als:

$$(3.56) \quad EMK = ek \cdot EL$$

wobei ek den prozentualen Satz der nichtsteuerlichen Emissions-kosten, bezogen auf die Einlage, bezeichnet.

Die gesamten, von der Gesellschaft zu tragenden Emissionskosten EM betragen demnach:

$$EM = EMK + S^{ges} \quad \text{bzw.}$$
$$(3.57) \quad EM = ek \cdot EL + s^{ges} \cdot EL = (ek + s^{ges})\, EL = em \cdot EL$$

em bezeichnet den Satz der gesamten Emissionskosten, bezogen auf die Einlage.

Die Bedingung für die Ableitung des kritischen ESt-Satzes $(TH' = VR')$ ergibt sich mit (3.51) als:

$$(3.58) \quad TH' = EL' - EM' \quad \text{bzw.} \quad EL' = TH' + EM'$$

Wird EM' nach (3.57) ersetzt, so gilt:

$$(3.59) \quad TH' = EL' - em \cdot EL' \quad \text{bzw.}$$

$$(3.60) \quad EL' = \frac{1}{1 - em}\, TH'$$

Mit (3.51) und (3.50) ergibt sich daraus:

$$(3.61) \quad (1 - s^{ie})\, EI' = \frac{1}{1 - ek - s^{ges}}\, (1 - s^{kn})\, EI'$$

---

[5] Diese soll von der Gesellschaft getragen werden. Bei Übernahme der sonstigen Emissionskosten durch die Gesellschafter ergibt sich keine Verringerung der Gesellschaftsteuer.

Nach Vereinfachung läßt sich daraus die Bedingung für den kritischen ESt/KiSt-Satz bei Einbezug sonstiger Emissionskosten ableiten:

$$(3.62) \quad s^{ie} = 1 - \frac{1 - s^{kn}}{1 - ek - s^{ges}} = \frac{s^{kn} - ek - s^{ges}}{1 - ek - s^{ges}}$$

Daraus ergibt sich bei sonstigen, nichtsteuerlichen Emissionskosten in Höhe von 5% ($ek = 0,05$) ein kombinierter ESt-Satz s^{ie} von 53,1914%. Dem entspricht ein kritischer ESt-Satz von 51,0412% (51,2715%), der bei einem zu versteuernden Einkommen von 63834 DM (65247 DM) erreicht ist.

3.3.2.4 Der kritische Einkommensteuersatz bei expliziter Bestimmung des Ausschüttungsoptimums

Die bisherigen Ableitungen des kritischen ESt-Satzes gingen nicht von einer expliziten Zielfunktion aus, sondern von der eher intuitiv erfaßten Bedingung $TH' = VR'$. Um zu erkennen, welche Struktur das hier interessierende Entscheidungsproblem im Vergleich mit anderen Fragen der Ausschüttungsplanung besitzt, ist es nützlich, das Optimum aus einer expliziten Zielfunktion abzuleiten. Diese hat davon auszugehen, daß der Gewinn so auf Ausschüttung und Thesaurierung aufzuteilen ist, daß der Gesamtbetrag, der intern nach Abzug aller Steuern wieder verwendet werden kann, maximiert wird: Bezeichnet G_0 den Gewinn vor Steuern in der Periode 0 und D_0 die daraus getätigte Bruttoausschüttung einschließlich Anrechnungsanspruch, so lautet die Zielfunktion:

$$(3.63) \quad G_0 - s^{ge} \cdot G_0 - s^{kn}[G_0 - s^{ge} \cdot G_0 - D_0] - D_0 + [D_0 - S^e(D_0)]$$
$$- em[D_0 - S^e(D_0)] \to max$$

Maximiert werden soll der vom Jahresbruttogewinn G_0 nach Abzug aller Belastungen verbleibende Betrag. Der nach Abzug der GewESt verbleibende Betrag ist aufzuteilen in die *Bruttoausschüttung* D_0 und die *Sofortthesaurierung* $[G_0 - s^{ge} \cdot G_0 - D_0]$. Während die Sofortthesaurierung mit dem KSt-Satz s^{kn} tarifbelastet wird, unterliegt die Bruttoausschüttung der kombinierten ESt und KiSt $S^e(D_0)$. Der davon nach Besteuerung verbleibende Restbetrag wird als Einlage noch gekürzt um die Emissionskosten, bestehend aus Gesellschaftskosten und nichtsteuerlichen Emissionskosten.

Da das Optimum, wie schon gezeigt wurde, von der ESt auf die Bruttoausschüttung abhängt, läßt es sich bestimmen, indem die Zielfunktion nach der zu optimierenden Variablen, der Bruttoausschüttung D_0, abgeleitet und die 1. Ableitung gleich Null gesetzt wird.

Die 1. Ableitung von (3.63) nach D_0 ergibt:

$$(3.64) \quad s^{kn} - \frac{dS^e\,(D_0)}{dD_0} - em + em \cdot \frac{dS^e\,(D_0)}{dD_0}$$

Setzt man (3.64) gleich Null und löst man nach der kombinierten ESt/KiSt-Grenzbelastung auf, ergibt sich:

$$(3.65) \quad \frac{dS^e\,(D_0)}{dD_0} = \frac{s^{kn} - em}{1 - em} = 1 - \frac{1 - s^{kn}}{1 - em}$$

Dieser Ausdruck entspricht den bisher abgeleiteten Bedingungen für den kritischen ESt/KiSt-Satz in (3.53) und (3.62); durch den Faktor *em* (Emissionskosten) werden lediglich die bisherigen Einzelfälle verallgemeinert.

3.4 Die Optimierung der Ausschüttungspolitik bei Berücksichtigung interner und externer Anlagemöglichkeiten

3.4.1 Möglichkeiten der Ausschüttungsoptimierung

Im vorangegangenen Abschnitt wurden kritische Einkommensteuer-Sätze für die optimale Ausschüttung aus dem Gewinn der Unternehmung abgeleitet. Als Alternative wurden dabei lediglich die sofortige Thesaurierung in der Unternehmung und das SAHZ-Verfahren einbezogen. Prämisse für die Gewinnverwendungsentscheidung war demnach, daß eine *interne*, d.h. in der Kapitalgesellschaft erfolgende Anlage verbleibender Mittel stattfindet. Sollen die Interessen des Anteilseigners berücksichtigt werden, so muß jedoch die *externe* Anlage im Privatbereich des Gesellschafters, also die Möglichkeit der Ausschüttung *ohne* Wiedereinlage als Alternative in die Gewinnverwendungsentscheidung einbezogen werden.

Es wird davon ausgegangen, daß den Anteilseignern die innerhalb und außerhalb der Gesellschaft erzielbaren Anlagerenditen für die zur Disposition stehenden Gewinne während des Planungszeitraums bekannt sind. Ohne Berücksichtigung von Steuern wäre das Problem der optimalen Gewinnverwendung einfach zu lösen, da die Entscheidung durch Vergleich von internem und externem Anlagesatz getroffen werden könnte (*Engels/Müller* [Substanzerhaltung] 352ff., *Franz*

[Ausschüttungsentscheidung] 207 ff., *Modigliani/Miller* [Cost], *Moxter* [Bestimmung], *Büschgen* [Problem] 315 ff.). Nun sind aber gerade Steuern für die Frage der Gewinnverwendung von erheblicher Bedeutung; daran hat sich durch das KStG 77 grundsätzlich nichts geändert.

Zur Disposition steht der maximal an die Anteilseigner ausschüttungsfähige Betrag D_{max}, der die Definitivbelastung mit KSt auf die nichtabziehbaren Aufwendungen und alle anderen Steuern mit *Ausnahme* der interimistischen Tarif- bzw. Ausschüttungsbelastung mit KSt bereits berücksichtigt.

Für die Verwendung dieses Betrags bieten sich verschiedene alternative Möglichkeiten:

1. Thesaurierung und Anlage in der Kapitalgesellschaft: Zum gesellschaftsinternen Anlagesatz vor Steuern i_{in} wird der nach Abzug der körperschaftsteuerlichen Tarifbelastung von D_{max} verbleibende Betrag bis zum Ende des Planungszeitraums T angelegt und dann mit den Erträgen ausgeschüttet.

2. Ausschüttung und Anlage im Privat-Bereich des Anteilseigners: Zum externen Anlagesatz vor Steuern i_{ex} wird der nach Abzug der ESt/KiSt verbleibende Betrag bis zum Planungshorizont investiert.

3. Ausschüttung und (Wieder-)Anlage in der Kapitalgesellschaft (Schütt aus-Hol zurück-Verfahren):
   Zum internen Anlagesatz i_{in} wird der nach Abzug der ESt/KiSt und der Emissionskosten verbleibende Betrag in der Kapitalgesellschaft bis zum Ende des Planungszeitraums angelegt und dort zusammen mit den Erträgen ausgeschüttet.

Für die Auswahl der optimalen Alternative ist ein Entscheidungskriterium zu wählen, das die zu den einzelnen Zeitpunkten bis zum Planungshorizont bei interner und externer Anlage anfallenden Zahlungen erfassen kann. Als Entscheidungskriterium, das diese Voraussetzung erfüllen kann, wird der Endwert der jeweiligen Verwendungsalternative gewählt, der in seinen Implikationen leichter zu erfassen ist als der grundsätzlich ebenfalls anwendbare Kapitalwert.

3.4.2 Die Wahl der optimalen Alternative

Die optimale Alternative muß jeweils gegenüber den beiden restlichen Alternativen vorteilhaft sein, d.h. ihr Endwert muß gegenüber diesen am größten sein.

1. Berechnung der Vermögens-Endwerte

Im folgenden werden die Formeln für die Berechnung des Endwerts bei den einzelnen Alternativen abgeleitet, wobei jeweils folgende Reihenfolge eingehalten wird:

(1) Bestimmung des nach Abzug der steuerlichen sowie evtl. nichtsteuerlichen Belastungen von D_{max} verbleibenden Betrags

(2) Berechnung der nach Steuern verbleibenden Rendite $i_{in, s*}$ bzw. $i_{ex, s*}$

(3) Ermittlung des Vermögensendwerts bei Anlage des Ausgangsbetrags bis zum Planungshorizont T

(a) Alternative 1: Thesaurierung und interne Anlage

(1) Nach Abzug der körperschaftsteuerlichen Tarifbelastung verbleibt der anlagefähige Betrag TH_0:

$$(3.66) \quad TH_0 = (1 - s^{kn}) \, D_{max}$$

(2) Wird ein Betrag TH_t mit einer Rendite vor Steuern in Höhe von i_{in} angelegt, so entsteht in der Periode $t+1$ ein Ertrag in Höhe von $i_{in} \cdot TH_t$. Davon kann der Betrag wieder angelegt werden, der nach Abzug der einzelnen Steuern noch verbleibt:

Für die Berechnung der Substanzsteuern der Kapitalgesellschaft wird angenommen, daß die Anlage von TH_t eine Erhöhung des Einheitswerts mit dem Betrag TH_t verursacht. Die VSt der Kapitalgesellschaft erhöht sich dann um:

$$S_{t+1}^{vk} = s^{vk} \cdot TH_t$$

Die GewKSt beträgt zusätzlich:

$$S_{t+1}^{gk} = s^{gk} \cdot TH_t$$

Die Erhöhung des Betriebsvermögens der Kapitalgesellschaft führt auch zu einer steuerlich relevanten Wertsteigerung der Gesellschafter-Anteile an der Kapitalgesellschaft, die sich in einer Zunahme des gemeinen Werts auswirkt. Nimmt man an, daß die Erhöhung dem jeweils angelegten Betrag TH_t entspricht, so beträgt die zusätzliche persönliche VSt des Gesellschafters:

$$S_{t+1}^{vp} = s^{vp} \cdot TH_t$$

Um die Vergleichbarkeit mit den übrigen Alternativen herzustellen, wird angenommen, daß die Kapitalgesellschaft dem Gesellschafter einen so hohen Betrag ausschüttet, daß er von diesem nach Abzug der auf die Ausschüttung entfallenden ESt/KiSt noch diese persönliche VSt leisten kann.

Die notwendige Ausschüttung D_{t+1} beträgt dann:

$$(3.67) \quad D_{t+1} = s^e \cdot D_{t+1} + s^{vp} \cdot TH_t$$

bzw.

$$(3.67a) \quad D_{t+1} = \frac{s^{vp}}{1-s^e} \cdot TH_t$$

Der Ertragsbesteuerung der Kapitalgesellschaft unterliegen die Bruttoerträge $i_{in} \cdot TH_t$ mit GewESt und KSt, wobei die GewESt beträgt:

$$S_{t+1}^{ge} = s^{ge} \left(i_{in} \cdot TH_t - S_{t+1}^{gk} \right)$$

Die körperschaftsteuerliche Tarifbelastung auf den nicht ausgeschütteten Teil der Erträge ergibt sich aus:

$$S_{t+1}^{kn} = s^{kn} \left(i_{in} \cdot TH_t - S_{t+1}^{ge} - S_{t+1}^{gk} - D_{t+1} \right)$$

Insgesamt beträgt die Steuerbelastung bei der Kapitalgesellschaft und ihrem Gesellschafter:

$$(3.68) \quad S_{t+1} = S_{t+1}^{vk} + S_{t+1}^{gk} + S_{t+1}^{kn} + S_{t+1}^{vp} + S_{t+1}^{e}$$

Zur Darstellung dieser Gesamtbelastung sollen steuerliche Multifaktoren t^j definiert werden, die jeweils die durch die Anlage ausgelösten ertrags- bzw. substanzbezogenen Steuerlasten zusammenfassen. Für (3.68) kann man dann auch schreiben:

$$(3.68a) \quad S_{t+1} = t^{ER} \cdot i_{in} \cdot TH_t + t^{Su} \cdot TH_t + t^{e,vp} \cdot TH_t$$

Mit t^{ER} wird die zusätzliche Ertragsteuerbelastung der Kapitalgesellschaft mit GewESt und KSt erfaßt:

$$(3.69) \quad t^{ER} = s^{ge} + s^{kn} - s^{kn} \cdot s^{ge}$$

Mit t^{Su} soll die zusätzliche Substanzsteuerbelastung der Kapitalgesellschaft mit GewKSt und VSt (unter Berücksichtigung der Abzugsfähigkeit der GewSt) symbolisiert werden. Der Faktor setzt sich folgendermaßen zusammen:

$$(3.70) \quad t^{Su} = s^{vk} + s^{gk} - s^{ge} \cdot s^{gk} - s^{kn} \cdot s^{gk} + s^{kn} \cdot s^{ge} \cdot s^{gk}$$

Der dritte Multifaktor ist auf die VSt-Belastung im Privatbereich des Gesellschafters zurückzuführen. Er ist vom individuellen, durchschnittlichen ESt/KiSt-Satz s^e auf die ausgeschütteten Beträge D_{t+1} abhängig und wird deshalb mit $t^{e,\,vp}$ bezeichnet.

$$(3.71) \quad t^{e,\,vp} = \frac{1-s^{kn}}{1-s^e} \cdot s^{vp}$$

Die in der Kapitalgesellschaft nach Steuern erzielbare Rendite $i_{in,\,s^*}$ beträgt demnach, bezogen auf den thesaurierten Betrag TH_t:

$$(3.72) \quad i_{in,\,s^*} = (1-t^{ER})\, i_{in} - (t^{Su} + t^{e,\,vp})$$

(3) Ein am Ende der Periode t thesaurierter Betrag TH_t ist bis zum Ende der Periode $t'\ (t' > t)$ auf folgenden Betrag TH_t, in der Kapitalgesellschaft angewachsen:

$$(3.73) \quad TH_{t'} = (1+i_{in,\,s^*})^{\,t'-t}\, TH_t$$

wobei $i_{in,\,s^*}$ gemäß (3.72) zu bestimmen ist. Der zum Ende der Periode $t=0$ in der Kapitalgesellschaft thesaurierte Betrag erreicht demnach am Planungshorizont T folgende Höhe:

$$(3.74) \quad TH_T = (1+i_{in,\,s^*})^T\, TH_0$$

Durch Einsetzen von (3.66) erhält man:

$$(3.74a) \quad TH_T = (1+i_{in,\,s^*})^T\, (1-s^{kn})\, D_{max}$$

Wird dieser Betrag vollständig an den Anteilseigner ausgeschüttet, so kann in Höhe von TH_T voll-belastetes verwendbares Eigenkapital verwendet werden, so daß die aus TH_T mögliche Bruttoausschüttung $\frac{25}{11} = 2,2727$ dieses Betrages ausmacht. Dieser Betrag unterliegt der zu diesem Zeitpunkt T geltenden ESt-Belastung in Höhe von s_T^e. Nach Abzug der ESt/KiSt verbleibt demnach dem Gesellschafter auf Grund der internen Anlage das Vermögen $VE_T^{(1)}$, wobei gilt:

$$(3.75) \quad VE_T^{(1)} = (1-s_T^e)\, \frac{25}{11}\, (1+i_{in,\,s^*})^T\, (1-s^{kn})\, D_{max}$$

oder für $s^{kn} = 0,56$:

$$(3.75a) \quad VE_T^{(1)} = (1+i_{in,\,s^*})^T\, (1-s_T^e)\, D_{max}$$

146

(1) Nach Abzug der ESt/KiSt steht für die Wiederanlage von der Bruttoausschüttung noch folgender Betrag D_0^e zur Verfügung:

$$(3.76) \quad D_0^e = (1 - s_0^e) \, D_{max}$$

wobei s_0^e den durchschnittlichen ESt/KiSt-Satz auf die Bruttoausschüttung zum Zeitpunkt $t = 0$ bezeichnet.

(2) Die Anlage von D_t^e erbringt mit dem Anlagesatz i_{ex} einen zusätzlichen Ertrag in $t+1$ von $i_{ex} \cdot D_t^e$, der durch die Steuerbelastungen gemindert wird. Für die Berechnung der persönlichen VSt des Gesellschafters wird unterstellt, daß das steuerlich erfaßte Vermögen um den angelegten Betrag D_t^e steigt:

$$S_{t+1}^{vp} = s^{vp} \cdot D_t^e$$

Die Anlageerträge unterliegen der persönlichen ESt/KiSt-Belastung:

$$S_{t+1}^e = s_{t+1}^e \cdot i_{ex} \cdot D_t^e$$

Nach Abzug der Steuerbelastungen verbleibt die Rendite i_{ex,s^*}, die bei einem in allen Perioden als konstant angenommenen Satz $s_t^e = s^e$ für $t = 1, \ldots, T$ beträgt:

$$(3.77) \quad i_{ex,s^*} = (1 - s^e) \, i_{ex} - s^{vp}$$

(3) Ein am Ende der Periode t extern angelegter Betrag D_t^e wächst bis zum Ende der Periode t' auf folgenden Betrag an:

$$(3.78) \quad D_{t'} = (1 + i_{ex,s^*})^{t'-t} \, D_t^e$$

Der in $t = 0$ angelegte Betrag D_0^e wächst somit bis zum Ende des Planungszeitraums auf:

$$(3.79) \quad VE_T^{(2)} = (1 + i_{ex,s^*})^T \, D_0^e$$

Wegen (3.76) gilt deshalb:

$$(3.79a) \quad VE_T^{(2)} = (1 + i_{ex,s^*})^T \, (1 - s_0^e) \, D_{max}$$

(c) Alternative 3: Schütt aus – Hol zurück – Verfahren

(1) Nach Abzug der ESt/KiSt verbleibt von dem ausgeschütteten Betrag D_{max} die mögliche Einlage EL_0 in Höhe von:

$$EL_0 = (1 - s_0^e) \, D_{max}$$

Die Einlage wird verringert um die Emissionskosten EM in Höhe von $em \cdot EL_0$, so daß zur Anlage in der Kapitalgesellschaft der Betrag VR_0 verfügbar ist.

$$(3.80) \quad VR_0 = (1-em)\,(1-s_0^e)\,D_{max}$$

(2) Wie bei der Alternative 1 verzinsen sich die angelegten Beträge in der Kapitalgesellschaft mit $i_{in,s*}$.

(3) Ein am Ende der Periode $t=0$ in der Kapitalgesellschaft angelegter Betrag VR_0 erreicht am Ende des Planungshorizonts T die Höhe von:

$$(3.81) \quad VR_T = (1+i_{in,s*})^T\,VR_0$$

Unter Verwendung von (3.80) erhält man:

$$(3.81a) \quad VR_T = (1+i_{in,s*})^T\,(1-em)\,(1-s_0^e)\,D_{max}$$

Die Ausschüttung dieses Betrages in T löst unterschiedliche steuerliche Folgen aus:

– Die Ausschüttung der Anlageerträge in Höhe von $[(1+i_{in,s*})^T-1] \cdot VR_0$ ermöglicht wegen der Verwendung von vollbelastetem verwendbaren Eigenkapital eine Bruttoausschüttung in Höhe von $\dfrac{1}{1-s^{kn}} = 2{,}2727$ dieses Betrages. Nach Abzug der ESt/KiSt zum durchschnittlichen Satz s_T^e verbleiben dem Anteilseigner davon noch:

$$\frac{1-s_T^e}{1-s^{kn}}\,[(1+i_{in,s*})^T-1]\,VR_0$$

Wird die definitive Besteuerung mit der persönlichen ESt/KiSt in die Anlagerendite nach Steuern einbezogen, so läßt sich ein Satz $i_{in,s'}$ bestimmen, der sich aus folgender Bedingungsgleichung ergibt:

$$(3.82) \quad [(1+i_{in,s'})^T-1] = \frac{1-s_T^e}{1-s^{kn}}\,[(1+i_{in,s*})^T-1]$$

– Die Ausschüttung von VR_0 löst keine steuerlichen Folgen aus, da es sich hierbei um eine Rückzahlung von Einlagen handelt.

Der Vermögensendwert bei der Alternative 3 ergibt sich damit als:

$$(3.83) \quad VE_T^{(3)} = (1+i_{in,s'})^T\,(1-em)\,(1-s_0^e)\,D_{max}$$

2. Vergleich der Alternativen

Mit der Berechnung der jeweiligen Endwerte über (3.75a), (3.79a) und (3.83) ist die Wahl der optimalen Alternative für die Fälle sichergestellt, in denen der gesamte Betrag D_{max} entweder sofort thesauriert oder ausgeschüttet wird.

- Die Alternative 1 wird der Alternative 2 dann vorgezogen, wenn $VE_T^{(1)} > VE_T^{(2)}$, also:

$$(3.84) \quad (1-s_T^e)\,(1+i_{in,s\bullet})^T\,D_{max} > (1-s_0^e)\,(1+i_{ex,s\bullet})^T\,D_{max}$$

Die Entscheidung ist abhängig vom Verhältnis der ESt/KiSt-Sätze zum Zeitpunkt $t=0$ (s_0^e) und $t=T$ (s_T^e), dem Verhältnis der nach Steuern verbleibenden Anlagesätze $i_{in,s\bullet}$ bzw. $i_{ex,s\bullet}$ und der Länge des Planungszeitraums T.

- Gegenüber der Alternative 3 ist die Alternative 1 dann vorzuziehen, wenn $VE_T^{(1)} > VE_T^{(3)}$, also:

$$(3.85) \quad (1-s_T^e)\,(1+i_{in,s\bullet})^T\,D_{max} > (1-s_0^e)(1-em)(1+i_{in,s'})\,D_{max}$$

Vor allem das Verhältnis der ESt/KiSt-Belastungen s_0^e bzw. s_T^e bestimmt, welche Alternative vorteilhafter ist. Die körperschaftsteuerliche Tarifbelastung mit dem Satz s^{kn} auf D_{max} bei der Alternative 1 beeinflußt dagegen die Entscheidung nicht.

- Würden keine zusätzlichen Emissionskosten anfallen, dann wäre die externe Anlage dem Schütt aus-Hol zurück-Verfahren vorzuziehen, wenn $i_{in,s'} > i_{ex,s\bullet}$. Wegen der zusätzlichen Emissionskosten beeinflussen auch deren Höhe und die Wahl des Planungshorizonts T die Entscheidung. Dagegen ist die ESt/KiSt-Belastung auf D_{max} irrelevant, da sie bei beiden Alternativen zum Zeitpunkt $t=0$ mit dem Satz s_0^e anfällt. Die Alternative 2 ist der Alternative 3 demnach überlegen, wenn:

$$(3.86) \quad (1+i_{ex,s\bullet})^T > (1+i_{in,s'})^T\,(1-em)$$

3. Kombination von Alternativen

Die Überlegungen zur optimalen Gewinnverwendung gingen bisher von der Prämisse aus, daß jeweils der gesamte Betrag D_{max} in einer der genannten Alternativen angelegt wird. Wegen des progressiv ansteigenden ESt-Tarifs (solange der Spitzensteuersatz noch nicht erreicht ist) kann es jedoch zweckmäßig sein, nicht den gesamten Betrag auszuschütten, sondern für die Anlage in den Alternativen 2 oder 3 jeweils nur einen Teilbetrag von D_{max} zu verwenden, den Rest jedoch sofort zu thesaurieren (Alternative 1). Da diese thesaurierten Mittel erst zum Planungshorizont T der ESt/KiSt zu unterwerfen sind, ist die Vorteilhaftigkeit dieser Aufteilung von der zu diesem Zeitpunkt eintretenden ESt/KiSt-Belastung abhängig.

Das Gewinnverwendungsproblem erweitert sich dadurch um die zusätzliche Aufgabe, die optimale Ausschüttungshöhe für $t=0$ in Abhängigkeit von der zum Zeitpunkt $t=T$ auftretenden ESt/KiSt-Belastung zu bestimmen.

Das Optimum ist dann gefunden, wenn der Vermögensendwert der letzten in $t=0$ ausgeschütteten Einheit von D_{max} die gleiche Steigerung erfährt wie der Vermögensendwert auf Grund der letzten, zunächst in der Kapitalgesellschaft thesaurierten Einheit, die dann erst zum Planungshorizont mit der persönlichen ESt/KiSt belastet wird.

Zur exakten Bestimmung der in $t=0$ optimalen Ausschüttungshöhe können die – zu Indifferenzbedingungen umzuformenden – Bedingungen (3.84) für eine Kombination der Alternative 1 und 2 bzw. (3.85) für die Kombination aus 1 und 3 herangezogen werden.

Da im Optimum die Gleichheit der Vermögensendwerte für die jeweils letzte (Grenz-)Einheit von D_{max} herzustellen ist, muß deshalb dort $D_{max}=1$ gesetzt werden und der *Grenz*steuersatz $s_0^{\prime e}$ bzw. $s_T^{\prime e}$ verwendet werden. Durch die Auflösung nach $s_0^{\prime e}$ erhält man jeweils die Bedingung für den kritischen (Grenz-)ESt/KiSt-Faktor $s_0^{\prime e}$ bis zu dem eine Ausschüttung in $t=0$ gegenüber der Sofortthesaurierung lohnend ist.

Von den beiden Kombinationen 1/2 bzw. 1/3 ist dann schließlich diejenige optimal, bei der der kritische ESt-Faktor $s_0^{\prime e}$ den höheren Wert erreicht.

(*Übungsaufgabe Nr. 13 im Arbeitsbuch*)

Literatur zu Abschnitt 3

Büschgen: Zum [Problem] optimaler Selbstfinanzierungspolitik in betriebswirtschaftlicher Sicht, in: ZfB 1968, S. 305 ff.

Engels/Müller: [Substanzerhaltung]: eine betriebswirtschaftliche Konsumtheorie, in: ZfbF 1970, S. 349 ff.

Felix/Streck: [«Schütt-aus-hol-zurück»-Verfahren] – Eine flankierende ertragsteuerliche Gestaltung zugunsten der mittelständischen GmbH, in: DStR 1977, S. 42 ff.

Franz: Die [Ausschüttungsentscheidung] der Unternehmung, Berlin 1974

Hintzen: [Zulässigkeit] des «Schütt aus-hol zurück-Verfahrens» bei Reinvestitionen als Eigenkapital im Rahmen der neuen Körperschaftsteuer, in: BB 1977, S. 1247 f.

Knorr: [Maximalausschüttung] im neuen Körperschaftsteuersystem, in: DB 1976, S. 1977 ff.

Kussel: Formeln für die Berechnung der Körperschaftsteuerrückstellung, in: BB 1977, S. 187 ff.

v. Lindeiner: [Belastungs- und Liquiditätswirkungen] der langfristigen Fremdfinanzierung unter besonderer Beachtung steuerlicher Aspekte, Diss. Köln 1974

Lutter: [Bilanzierung], Reservenbildung und Ausschüttung in der GmbH, in: DB 1978, S. 1965 ff.

Modigliani/Miller: The [Cost] of Capital, Corporation Finance, and the Theory of Investment, in: AER 1958, S. 261 ff.

Moxter: Die [Bestimmung] des optimalen Selbstfinanzierungsgrades unter privatwirtschaftlichem Aspekt, in: Der Betrieb in der Unternehmung, Festschrift für W. Rieger, Hrsg.: J. Fettel/M. Linhardt, Stuttgart 1963, S. 300 ff.

Moxter: [Selbstfinanzierung], optimale, in: HdF, Hrsg.: E. Büschgen, Stuttgart 1976, Sp. 1603 ff.

Münstermann: Zur Theorie und Praxis der Gewinnverwendung, in: Geld, Kapital und Kredit, Festschrift für H. Rittershausen, Hrsg.: H. E. Büschgen, Stuttgart 1968, S. 335 ff.

Popp: Die [Berechnung] der Körperschaft- und Gewerbesteuer, der Rücklagenzuweisungen und der erfolgsabhängigen Entgelte nach dem KStG 1977, in: WPg 1977, S. 175 ff.

Priester: Körperschaftsteuerreform und [Gewinnverwendung] – Probleme des Ausschüttungsrückholverfahrens, in: ZGR 1977, S. 445 ff.

Rose: Praxisorientierte [Berechnungen] zur Ausschüttungspolitik nach der Reform der Körperschaftsteuer und im Übergangsstadium, in: DB 1976, S. 1873 ff.

Schneider, D.: Lohnt sich eine «Schütt-aus-hol-zurück-Politik» nach der [Körperschaftsteuerreform]?, in: ZfbF-Kontaktstudium 1977, S. 155 ff.

Solomon: The [Theory] of Financial Management, New York-London 1963

Strauß: Körperschaftsteuerreformgesetz und Gewinnverteilungsrechnung mit [Belastungsfaktoren], in: WPg 1978, S. 497 ff.

Swoboda: [Einflüsse] der Besteuerung auf die Ausschüttungs- und Investitionspolitik von Kapitalgesellschaften, in: ZfbF 1967, S. 1 ff.

Wagner: Substanzerhaltung und Gewinnverwendung bei Publikumsaktiengesellschaften, in: WPg 1976, S. 487 ff.

Wegener: Planung der Gewinnverwendung unter Berücksichtigung der Körperschaftsteuerreform vom 31. 8. 1976, in: ap 1977, S. 150 ff.

Weindl: Formeln zur [Ermittlung] des körperschaftsteuerpflichtigen Einkommens sowie der Körperschaftsteuer, der Ausschüttung und der Thesaurierung nach dem KStG 1977, in: DB 1977, S. 368 ff.

Dritter Teil:
Die Planung der Steuerbelastung

In diesem Buch wurde bislang untersucht, wie sich betriebswirtschaftliche Entscheidungen infolge des steuerlichen Einflusses verändern. Es konnte gezeigt werden, daß Steuern ein unabdingbarer Bestandteil betriebswirtschaftlicher Planung sind, weil ohne ihre Berücksichtigung andere und damit falsche Entscheidungen getroffen würden.

Daneben existiert nun die Möglichkeit einer Steuerplanung oder Steuerpolitik im engeren Sinne. Es besteht nämlich die Möglichkeit, Entscheidungen über die Wahl bestimmter Rechtsfiguren oder Steuerbemessungsgrundlagen zu treffen, die bei Konstanz aller nichtsteuerlichen Zahlungsgrößen ausschließlich die Steuerzahlungen beeinflussen. Für solche Entscheidungen können die nichtsteuerlichen Zahlungsgrößen als konstant und somit entscheidungsunabhängig angesehen werden. Im folgenden werden zu diesem Typ von Entscheidungen die Rechtsformwahl und die Steuerbilanzpolitik gezählt.

Dagegen wird man einwenden können, daß es sich bei der Rechtsformwahl um eine langfristige und bei der Steuerbilanzpolitik um eine Entscheidung mit wesentlich kurzfristigerer Wirkung handelt. Diese Tatsache ändert jedoch nichts daran, daß beide Entscheidungen eine – hier als entscheidend angesehene – Gemeinsamkeit darin haben, daß sie stets im Hinblick auf *gegebene* Entscheidungen bezüglich Produktion und Absatz, Investition und Finanzierung untersucht werden. Zwar handelt es sich hier nicht um eine inhaltliche, sondern lediglich um eine Frage zweckmäßiger Gliederung, doch scheint uns dieser Aspekt für die logische Anordnung der betriebswirtschaftlichen Entscheidungskalküle mit Einbeziehung von steuerlichen Wirkungen so bedeutsam, daß wir bei der gedanklichen Gliederung diesem Aspekt vor unternehmensgenetischen Überlegungen den Vorzug geben.

Bei rein steuerlichen Gestaltungsüberlegungen ist es notwendig und auch möglich, die Steuern in einer noch differenzierteren Weise einzubeziehen, als dies bisher geschehen ist. Dies gilt insbesondere für das Problem der Rechtsformwahl. Dem eigentlichen Entscheidungsproblem werden daher zunächst Überlegungen zur Quantifizierung der exakten Steuerbelastung vorangestellt.

1. Die Quantifizierung der Steuerbelastung

Veranlagungssimulation

Nach herkömmlichen Verfahren wird die Steuerbelastung für jede einzelne Entscheidungsalternative getrennt nach den einzelnen Steuerarten berechnet. Die Addition dieser steuerartenbezogenen Belastungen ergibt die Gesamtbelastung für eine Alternative, die dann mit den Belastungen anderer Alternativen verglichen wird.

Bei der Ableitung der spezifischen Steuerarten-Bemessungsgrundlagen kann ein in der Systematik unseres Steuerrechts angelegter Vorteil genutzt werden: Für die Gruppe der ertragsabhängigen als auch für die der substanzabhängigen Steuerarten wird jeweils eine «Basisgröße» als Ausgangspunkt für die Ableitung der Einzel-Steuerbemessungsgrundlagen definiert. Für die ertragsabhängigen Steuerarten ist dies der Steuerbilanzgewinn des Betriebs, der nach den Regeln des Bilanzsteuerrechts ermittelt wird, für die substanzabhängigen Steuerarten der Einheitswert des Betriebsvermögens, ermittelt nach den Vorschriften des Bewertungsgesetzes. In den Einzelsteuergesetzen finden sich spezielle Regelungen, die die Basisgrößen modifizieren.

Trotz dieser Erleichterungen bei der Ableitung der Steuerarten-Bemessungsgrundlagen kann sich das Verfahren der *Veranlagungssimulation* dann als umständlich und zeitraubend erweisen, wenn die Entscheidungsalternativen mehrere Steuerarten betreffen und zusätzlich die Abzugsfähigkeit einzelner Steuerbelastungen bei den Bemessungsgrundlagen anderer Steuerarten berücksichtigt werden muß. Daher ist es zweckmäßig, nach vereinfachenden Methoden zur Bestimmung der Steuerbelastung zu suchen.

1.1 Die Teilsteuerrechnung als Methode zur Ermittlung der Steuerbelastung

1.1.1 Grundzüge der Teilsteuerrechnung

Zur Vermeidung der umständlichen fallbezogenen Veranlagungssimulation wurde von (*Rose* [Steuerbelastung]) mit der Teilsteuerrechnung eine neue Methode der Steuerbelastungsrechnung entwickelt, die gegenüber der Veranlagungssimulation wesentliche Vorzüge aufweist. Die Methode der Teilsteuerrechnung besteht darin, die gesamte Steuerbelastung abgegrenzter Teile der steuerarten-spezifischen Bemessungsgrundlagen diesen zuzurechnen. Dadurch wird es möglich, die Gesamtsteuerbelastung auf ihre verursachenden Komponenten zurückzuführen. Entscheidend ist jedoch der Vorteil, daß die durch Variationen einzelner Entscheidungsparameter ausgelösten Veränderungen der Steuerbelastung sofort bestimmt werden können, ohne die *gesamte* Veranlagungssimulation erneut durchführen zu müssen. Dies liegt daran, daß die Teilsteuerrechnung die gesamte Steuerbelastung einer Alternative nicht als Summe der einzelnen *Steuerarten* ermittelt, sondern als Summe der «*Teilsteuern*», den Produkten aus den sog. Teilsteuer-Bemessungsgrundlagenteilen und den ihnen zugeordneten Teilsteuersätzen, die die gesamte Steuerbelastung zusammenfassen.

Zur Konstruktion des Teilsteuersystems für eine bestimmte Konstellation sind demnach folgende Operationen notwendig:

a) die zweckmäßige Aufteilung der steuerart-spezifischen Bemessungsgrundlagen in *Bemessungsgrundlagenteile,*
b) die Bestimmung der *Teilsteuersätze.*

1.1.1.1 Konstitutive Grundlagen der Teilsteuerrechnung

Bevor das mehrstufige Verfahren zur Festlegung der Bemessungsgrundlagenteile und Bestimmung der Teilsteuersätze im einzelnen erläutert wird, sollen zwei für die Entwicklung der Teilsteuerrechnung maßgebliche Eigenarten unseres Steuersystems erläutert werden. Dies sind die

(a) «Bemessungsgrundlagen-Interdependenz» und die
(b) «Steuerarten-Interdependenz».

Zu (a): Die «*Bemessungsgrundlagen-Interdependenz*» besteht darin, daß die Bemessungsgrundlagen der einzelnen Steuerarten nicht isoliert nebeneinander stehen, sondern aufeinander aufbauen. Sowohl die Bemessungsgrundlagen der ertrags- als auch der substanzbezogenen Steuerarten gehen jeweils auf eine Kerngröße zurück, umfassen daneben aber auch Teile, die diesen Kern durch Zufügungen oder Kürzungen modifizieren. Dies soll für die ertragsbezogenen Steuerarten einer Kapitalgesellschaft gezeigt werden.

Als Kern- oder Basisgröße wird der Handelsbilanzgewinn der Kapitalgesellschaft gewählt. Die Einzelsteuergesetze (EStG, KStG, GewStG) enthalten Regelungen, die bestimmte Aufwendungen und

Erträge bei der Ermittlung der einzelnen Bemessungsgrundlagen gegenüber dem Handelsbilanzgewinn abweichend behandeln. Das nachfolgende Schaubild verdeutlicht die Zusammenhänge (*Rose* [Steuerbelastung] 57):

Dauer-
schuldzinsen
(§8 Nr.1 GewStG)   gewerbeertrag-
                                         steuerliche
                                         Modifikationen

Spenden über
DM 600
(§9 Nr. 3b KStG)   körperschaft-
                                         steuerliche
                                         Modifikationen

Werbe-
geschenke
(§4 Abs. 5 EStG)   einkommen-
                                         steuerliche
                                         Modifikationen

Handels-
bilanz-   Reinertrag
gewinn

Steuerbilanz-   körperschaft-   Gewerbeertrag
gewinn   steuerpflichti-
                   ges Einkommen

Abbildung 2: Bemessungsgrundlagen – Interdependenzen

Die senkrechten Blöcke stellen die gesetzlichen Bemessungsgrundlagen bzw. die Ausgangsgrößen zu deren Ermittlung dar. Nach Feststellung des Gewinns der Handelsbilanz besteht der nächste Schritt in der Bestimmung des Steuerbilanzgewinns, der zwar über das Maßgeblichkeitsprinzip des § 5 EStG am Handelsbilanzgewinn anknüpft, aber um die sich aus dem EStG ergebenden «einkommensteuerlichen Modifikationen» (Bsp.: Werbegeschenke) ergänzt wird. Danach erfolgt die Bestimmung des körperschaftsteuerpflichtigen Einkommens, das gem. § 8 KStG auf dem Steuerbilanzgewinn aufbaut, aber um die körperschaftsteuerlichen Modifikationen (Bsp.: Spenden) ergänzt wird. Schließlich übernimmt das GewStG in § 7 das körperschaftsteuerpflichtige Einkommen und modifiziert es um seine spezifischen Modifikationen zum Gewerbeertrag.

Zu (b): Bei der Ermittlung der Bemessungsgrundlagen wirken sich gesetzliche Bestimmungen aus, nach denen der Aufwand für eine bestimmte Steuerart bei der Bemessungsgrundlage einer anderen Steuerart, teilweise auch bei der eigenen, abzugsfähig ist. Die nachstehende Abbildung stellt die gegenwärtig bestehenden Abzugsmöglichkeiten graphisch dar:

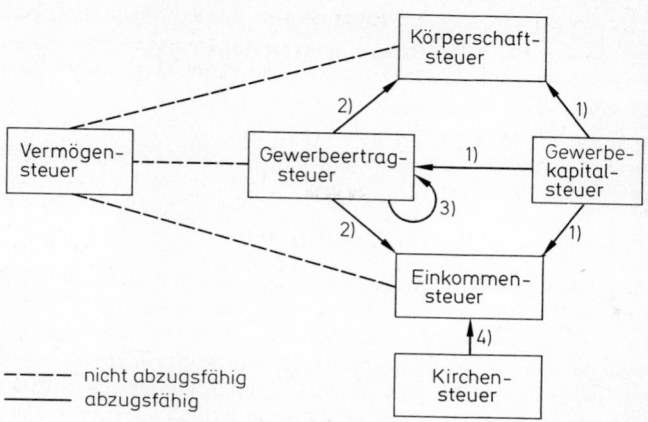

Abbildung 3: Steuerarten – Interdependenzen

Die einzelnen Interdependenzen sind durch Ziffern gekennzeichnet:

(1) Die GewKSt ist Betriebsausgabe i. S. d. § 4 Abs. 4 EStG und mindert infolgedessen über die Reduktion des Steuerbilanzgewinns die Bemessungsgrundlage für die ESt, KSt und GewESt.

(2) Die GewESt mindert als Betriebsausgabe ebenfalls den Steuerbilanzgewinn und damit – je nach Rechtsform – die Bemessungsgrundlagen der ESt oder KSt.

(3) Die GewESt ist «bei sich selbst» abzugsfähig, d. h. sie mindert als abzugsfähige Betriebsausgabe die eigene Bemessungsgrundlage.

(4) Die gezahlte KiSt ist nach § 10 Abs. 1 Nr. 4 EStG unbeschränkt abzugsfähige Sonderausgabe.

1.1.1.2 Das Verfahren zur Ableitung eines Teilsteuersystems

Da verschiedene Teilsteuersysteme denkbar sind, verlangt ein bestimmtes System eine Anzahl von Vorentscheidungen: Zunächst ist festzulegen, welche steuerrelevanten Merkmale bei der Ableitung eines Teilsteuersystems einbezogen werden. Da das deutsche Steuerrecht sehr stark rechtsformabhängig ist, ist es notwendig, für verschiedene Rechtsformen spezifische Teilsteuersysteme zu entwickeln. Durch die zugrundegelegte Rechtsform werden zunächst grundsätzlich die Steuerarten bestimmt, die für die Steuerbelastung relevant sind.

Außerdem ist bei Kapitalgesellschaften die Frage zu beantworten, ob ein nur firmenbezogener oder anteilseignerbezogener Standpunkt eingenommen wird. Im ersten Fall kann der «Durchgriff» auf die Inhabersphäre unterbleiben.

Nachdem diese Vorentscheidungen getroffen sind, kann das Teilsteuersystem stufenweise abgeleitet werden. Das Ergebnis schlägt sich in einer Tabelle von Bemessungsgrundlagenteilen und zugehörigen Teilsteuersätzen nieder.

a) *Definition von Bemessungsgrundlagenteilen*

Die juristisch definierten Bemessungsgrundlagen sind unter Heranziehung zweckmäßiger Aufteilungs-Kriterien in einzelne Teile zu zerlegen. Dabei kann auf die dargestellte Bemessungsgrundlagen-Interdependenz zurückgegriffen werden, da bestimmte Elemente in allen Bemessungsgrundlagen, andere jedoch nur in einigen enthalten sind bzw. besondere Steuerfolgen auslösen und deshalb eigens gekennzeichnet werden müssen. Darüber hinaus kann eine weitere Aufspaltung durch den jeweiligen Untersuchungszweck (etwa Rechtsformenvergleich) veranlaßt sein.

Anschließend sind die Teilsteuersätze abzuleiten. Dazu werden zunächst die «Multifaktoren» ermittelt, die dann durch Einsetzen der gegebenen Steuersätze zu Teilsteuersätzen konkretisiert werden.

b) *Aufstellung von Steuerart-Grundgleichungen*

Für jede Steuerart muß eine «Steuerart-Grundgleichung» aufgestellt werden. Darin wird die Einzelsteuer in Abhängigkeit von den unter a) definierten Bemessungsgrundlagenteilen ausgedrückt. Die Aufstellung vollzieht sich über zwei Stufen:

- Zunächst wird die Steuerlast, wie in der Steuerarten-Rechnung, definiert als das Produkt des jeweiligen Steuersatzes (einfacher Steuerfaktor) und der juristisch definierten Bemessungsgrundlage. Diese setzt sich zusammen aus den Teilsteuer-Bemessungsgrundlagenteilen und wird vermindert um die abzugsfähigen Steuerarten.
- Die abzugsfähigen Steuerarten müssen dann durch ihre eigenen Grundgleichungen ersetzt werden.

Damit ist für die Einzelsteuer das Ziel erreicht, die Steuerbelastung ausschließlich in Abhängigkeit von den Bemessungsgrundlagenteilen und Steuersätzen auszudrücken.

c) Bildung der Gesamtbelastungsgleichung

Alle Steuerarten, die für eine bestimmte Fragestellung in die Untersuchung einbezogen werden, müssen nun in einer Gesamtbelastungsgleichung zusammengefaßt werden. Die einzelnen Steuerart-Grundgleichungen werden hierzu addiert, dann wird die zusammengefaßte Steuerlast eines Bemessungsgrundlagenteils berechnet. Diese Steuerlast wird «Teilsteuer» genannt und ergibt sich als Produkt des Bemessungsgrundlagenteils und des zugehörigen Steuerfaktors. Der Steuerfaktor faßt alle *Belastungs*wirkungen, denen der Bemessungsgrundlagenteil unterliegt und alle *Entlastungs*wirkungen, die durch ihn ausgelöst werden, zusammen. Er ist i. d. R. die Summe aus einfachen und zusammengesetzten Steuersätzen und wird deshalb *Multifaktor* genannt. Multifaktoren «stellen also das Konzentrat der Wirkungen aus allen betrachteten Steuerarten in bezug auf die einzelnen Bemessungsgrundlagenteile dar» (*Rose* [Steuerbelastung] 59).

Mit Hilfe der Gesamtbelastungs-Gleichung wird also die Steuerbelastung einer Alternative als Summe der Produkte von Multifaktoren und Bemessungsgrundlagenteilen errechnet. Werden die konkreten Steuersätze in die Multifaktoren eingesetzt, so kann die Belastung eines Bemessungsgrundlagenteils in einem Prozentsatz ausgedrückt werden. Dieser Wert wird «*Teilsteuersatz*» genannt.

1.1.2 Die Strukturierung der Teilsteuer-Bemessungs-grundlagenteile

1.1.2.1 Überblick

Die hier verwendete Strukturierung der Bemessungsgrundlagenteile beruht auf der Einteilung von *Rose*; die Bemessungsgrundlagen-Interdependenzen werden als Ausgangspunkt für die Aufspaltung herangezogen. Entsprechend der Einteilung in Ertrag- und Substanzsteuern werden *ertrags- und substanzbezogene* Bemessungsgrundlagenteile unterschieden. Diese Gruppen können jeweils unterteilt werden in die *Basisgrößen*, die im jeweiligen Steuerarten-Bereich in allen Steuerarten enthalten sind, und die *Modifikationen*, die steuerartspezifisch sind und nicht alle Steuerarten betreffen. Innerhalb der Modifikationen können weiter die Modifikationen i. e. S. und die Freibeträge unterschieden werden.

Folgende Bemessungsgrundlagenteile werden verwendet:

Ertragsbasisgrößen	*Vermögensbasisgrößen*
Reinertrag *(R)*	Unternehmenseigenes Betriebsvermögen *(B^u)*
Leistungsvergütungen *(L)*	
Ausschüttungen *(A)*	Inhabereigenes Betriebsvermögen *(B^i)*

Ertragsmodifikationen		*Vermögensmodifikationen*	
Bilanzsteuerliche Modifikationen	*(M^e)*	Bewertungsrechtliche Modifikationen	*(M^b)*
Körperschaftsteuerliche Modifikationen	*(M^k)*	Vermögensteuerliche Modifikationen	*(M^v)*
Gewerbeertragsteuerliche Modifikationen	*(M^{ge})*	Gewerbekapitalsteuerliche Modifikationen	*(M^{gk})*
		Anteilswertmodifikationen	*(M^a)*
Einkommensteuerliche Freibeträge	*(F^e)*	Vermögensteuerliche Freibeträge	*(F^v)*
Gewerbeertragsteuerliche Freibeträge	*(F^{ge})*	Gewerbekapitalsteuerliche Freibeträge	*(F^{gk})*

Die Bemessungsgrundlagenteile werden nachfolgend im einzelnen erläutert.

1.1.2.2 Ertragsbezogene Bemessungsgrundlagenteile

Reinertrag *(R)*

Ertragsteuerliche Basisgröße ist der Reinertrag R, der definiert ist als der aus der handelsrechtlichen GuV-Rechnung sich ergebende Jahreserfolg, vermehrt um alle Leistungsvergütungen an die Unternehmensinhaber und alle in den Untersuchungskomplex einbezogenen Steuerarten, die den Handelsbilanzgewinn mindern. Die ertragsteuerliche Ausgangsgröße ist damit unabhängig von der Höhe der Leistungsvergütungen, die nur bei Kapitalgesellschaften als Betriebsausgaben den steuerlichen Gewinn mindern dürfen, während sie bei Personengesellschaften wegen § 15 Abs. 1 Nr. 2 EStG als besondere Gewinnverteilungsabrede (Gewinnvoraus) behandelt werden.

Leistungsvergütungen *(L)*

Die Leistungsvergütungen umfassen die Vergütungen an die Gesellschafter für die Geschäftsführung und andere Arbeitsleistungen, für die Vermietung oder Verpachtung von Wirtschaftsgütern, für die Gewährung von Gesellschafter-Darlehen usw. Die gesonderte Erfassung der Leistungsvergütungen ist (nur) dann notwendig, wenn für diesen Teil andere Besteuerungsgrundsätze gelten als für den Reinertrag, in dem die Leistungsvergütungen definitionsgemäß enthalten sind. Dies trifft für die Kapitalgesellschaften zu, bei denen Leistungsvergütungen in angemessener Höhe als Betriebsausgaben abzugsfähig sind. Die Teilsteuer auf den Reinertrag enthält auch die Belastung, die auf den Leistungsvergütungen ruht. Dem Bemessungsgrundlagenteil L ist deshalb nur der *Unterschied* zwischen der Belastung als Reinertragskomponente einerseits und der Entlastung durch die Abzugsfähigkeit als Betriebsausgabe andererseits zuzurechnen. Ist die Inhabersphäre einbezogen, so ist eine Belastung wegen der Erfassung als steuerpflichtiger Einkommensteil zusätzlich zu berücksichtigen. Dieser Belastungsunterschied kommt im zugeordneten Multifaktor zum Ausdruck.

Ausschüttungen (A)

Werden durch die Vornahme von Ausschüttungen Besteuerungsfolgen ausgelöst, die von der Belastung als Teil des Reinertrags abweichen, so ist für die Höhe der Ausschüttungen ein besonderer Teilsteuer-Bemessungsgrundlagenteil vorzusehen. Dieser Bemessungsgrundlagenteil A kommt deshalb nur bei Kapitalgesellschaften vor und erfaßt wiederum nur die Differenzwirkungen zur Belastung als Reinertrag.

Einkommensteuerliche Modifikationen (M^e)

Ausgangsgröße für die ertragsteuerlichen Bemessungsgrundlagen ist der Steuerbilanzgewinn, für dessen Ermittlung teilweise spezielle Vorschriften des EStG (§§ 4–7 EStG) gelten, die die Wertansätze der Handelsbilanz modifizieren. Diese Abweichungen werden in M^e zusammengefaßt. Sie ergeben sich im wesentlichen aus zwei Gruppen:

a) handelsrechtliche Aufwendungen, die auch steuerlich als Betriebsausgaben abzugsfähig sind, bei deren zeitlicher Berücksichtigung in Handels- und Steuerbilanz aber Unterschiede bestehen (Beispiel: Unterschiede zwischen handels- und steuerrechtlich zulässigen Abschreibungsverfahren)

b) handelsrechtlich zu berücksichtigende Aufwendungen, deren steuerlicher Abzug als Betriebsausgabe ganz oder teilweise ausgeschlossen ist (§ 4 Abs. 5 EStG)

Körperschaftsteuerliche Modifikationen (M^k)

Für die Berechnung des körperschaftsteuerpflichtigen Einkommens gelten über die angesprochenen bilanzsteuerlichen Modifikationen hinaus noch zusätzliche Modifikationen, die auf Vorschriften des

KStG zurückgehen und deshalb mit M^k bezeichnet werden. Beispiele finden sich in den §§ 9, 10 KStG. Nicht dazu gehören die Steuern (insb. VSt), für die § 10 Nr. 2 KStG ein Abzugsverbot statuiert, da diese definitionsgemäß den Reinertrag R nicht gemindert haben.

Gewerbeertragsteuerliche Modifikationen (M^{ge})

Die gewerbeertragsteuerlichen Modifikationen ergeben sich aus den Hinzurechnungsbestimmungen des § 8 GewStG und den Kürzungsvorschriften des § 9 GewStG. Für verschiedene Rechenzwecke ist eine Differenzierung von M^{ge} nützlich. Es bezeichnen dann:

M^{geu} = gewerbeertragsteuerliche Modifikationen, die gesamtunternehmensbezogen sind

M^{gei} = gewerbeertragsteuerliche Modifikationen, die inhaberbezogen sind, d.h. mit besonderen schuldrechtlichen Beziehungen zwischen Gesellschaft und Gesellschafter zusammenhängen

Einkommensteuerliche Freibeträge (F^e)

Als einkommensteuerliche «Freibeträge» F^e werden sämtliche Minderungen des einkommensteuerpflichtigen Einkommens bezeichnet. *Rose* ([Steuerbelastung] 106 f.) unterscheidet zwischen

(1) «gesetzlichen» Freibeträgen und dem
(2) «tariflichen» Freibetrag.

Zu (1): Die «gesetzlichen» Freibeträge umfassen die Sonderausgaben i. S. d. § 10 EStG (mit Ausnahme der KiSt, die bei der Berechnung des Steuerfaktors einbezogen wird), den Altersentlastungsbetrag (§ 24a EStG), die Freibeträge i. S. d. §§ 19 Abs. 2, Abs. 3 und Abs. 4, 32 Abs. 2 und Abs. 3 EStG usw. und die außergewöhnlichen Belastungen i. S. d. §§ 33 und 33a EStG. Auch der allgemeine Tariffreibetrag des § 32 Abs. 8 EStG soll dazugerechnet werden, da er das Einkommen i. S. d. § 2 Abs. 4 EStG mindert.

Zu (2): Der «tarifliche» Freibetrag (auch Formel-Freibetrag genannt) ergibt sich aus dem ESt-Tarif des § 32a EStG. Die Berechnung der tariflichen Freibeträge für die verschiedenen Zonen des ESt-Tarifs wird in Abschn. 1.1.3 dargestellt.

Gewerbeertragsteuerlicher Freibetrag (F^{ge})

Der gewerbeertragsteuerliche Freibetrag des § 11 Abs. 1 GewStG in Höhe von 36 000 DM (ab dem EZ 1980) steht nur den natürlichen Personen sowie Personengesellschaften zu.

1.1.2.3 Vermögensbezogene Bemessungsgrundlagenteile

Unternehmenseigenes Betriebsvermögen (B^u)

Auch bei der Ableitung substanzsteuerlicher Teil-Bemessungsgrundlagen greift die Teilsteuerrechnung auf «Basisgrößen» der Handelsbilanz zurück. Mit B^u wird das «unternehmenseigene Betriebsvermögen» bezeichnet, das definiert ist als *Eigenkapital* der Unternehmung, wie es sich aus der «Handelsbilanz auf den Stichtag, zu dem die für den betreffenden Veranlagungszeitraum erforderliche Einheitsbewertung vorgenommen wird», ergibt (*Rose* [Steuerbelastung] 96 f.). Es läßt sich bestimmen als Differenz des Aktivvermögens und der Verbindlichkeiten und Lasten (z. B. Rückstellungen) gegenüber Dritten, aber auch gegenüber Gesellschaftern auf Grund schuldrechtlicher Verträge.

Inhabereigenes Betriebsvermögen (B^i)

Hierzu sind einmal die im persönlichen Eigentum der Inhaber verbleibenden Vermögensteile zu rechnen, die dem Betrieb auf schuldrechtlicher Basis zur Nutzung überlassen werden. Beispiele dafür bilden die an die Unternehmung vermieteten oder verpachteten Wirtschaftsgüter, insbesondere Grundstücke, und Gesellschafterdarlehen. Bei Personengesellschaften werden diese Wirtschaftsgüter zum Sonderbetriebsvermögen gerechnet, bei Kapitalgesellschaften werden sie steuerlich wie Privatvermögen behandelt. Außerdem zählen zum inhabereigenen Betriebsvermögen Pensionsrückstellungen an geschäftsführende Gesellschafter. Gemeinsames Merkmal der genannten Kategorien ist, wenn sie bei Personengesellschaften vorkommen, daß sie bei der Aufteilung des Einheitswerts vorab den Gesellschaftern zugerechnet werden.

Bewertungsrechtliche Modifikationen (M^b)

Dieser Bemessungsgrundlagenteil bildet die Brücke zu der Zentralgröße für die Ableitung substanzsteuerlicher Bemessungsgrundlagen, dem *Einheitswert des Betriebsvermögens*. Sämtliche Unterschiede zwischen den nach handelsbilanziellen Grundsätzen ermittelten Eigenkapitalgrößen B^u und B^i und dem Einheitswert des Betriebsvermögens, dem die Grundsätze des Bewertungsgesetzes zugrundeliegen, werden in M^b zusammengefaßt. Die Abweichungen resultieren aus *bestandsmäßigen* und *bewertungsmäßigen* Differenzen.

Beispiele für letztere ergeben sich aus den möglichen Unterschieden zwischen den Teilwerten und Buchwerten von Wirtschaftsgütern des beweglichen Anlagevermögens sowie aus Differenzen zwischen dem Bilanzansatz und dem Einheitswert von Betriebsgrundstücken. Entsprechend der Unterteilung des Betriebsvermögens in B^u und B^i werden die Modifikationen M^b unterteilt in:

M^{bu} = bewertungsrechtliche Modifikationen, die mit dem unternehmenseigenen Betriebsvermögen zusammenhängen

M^{bi} = bewertungsrechtliche Modifikationen, die mit dem inhabereigenen Betriebsvermögen zusammenhängen

Vermögensteuerliche Modifikationen (M^v)

Stimmt die Bemessungsgrundlage für die VSt (in Ausnahmefällen) nicht mit dem Einheitswert überein, z. B. wegen der unterschiedlichen Grenzen des § 22 Abs. 1 BewG und des § 16 VStG oder weil die Mindestgrenze des § 8 Abs. 1 VStG von DM 10000 nicht erreicht wird, so sind die Unterschiede in M^v, gegebenenfalls unterteilt in M^{vu} und M^{vi}, zu erfassen.

Gewerbekapitalsteuerliche Modifikationen (M^{gk})

Die gewerbekapitalsteuerlichen Modifikationen M^{gk} erfassen die Hinzurechnungen und Kürzungen des § 12 Abs. 2 und 3 GewStG, die den Einheitswert zum Gewerbekapital modifizieren. Nützlich ist eine Differenzierung in M^{gku} und M^{gki}, wobei dann gilt:

M^{gku} = gewerbekapitalsteuerliche Modifikationen, die mit dem unternehmenseigenen Betriebsvermögen zusammenhängen

M^{gki} = gewerbekapitalsteuerliche Modifikationen, die mit dem inhabereigenen Betriebsvermögen zusammenhängen

Ab dem EZ 1981 werden Dauerschulden gem. § 12 Abs. 2 Nr. 1 nur noch hinzugerechnet, soweit der abgezogene Betrag DM 50000 übersteigt. Dieser Freibetrag bezieht sich also lediglich auf die Dauerschulden *(DS)*, weshalb er mit $M^{gk}DS$ bezeichnet wird. Er ist unabhängig davon, ob die Dauerschulden gegenüber fremden Dritten oder gegenüber Gesellschaftern bestehen.

Anteilswertmodifikationen (M^a)

Modifikationen dieser Art können nur bei Kapitalgesellschaften entstehen. Im Unterschied zu Personengesellschaften wird hier bei der persönlichen VSt-Veranlagung der Gesellschafter nicht der Einheitswert des Betriebsvermögens (oder ein quotaler Anteil davon), sondern der gemeine Wert der Anteile zugrundegelegt, der entweder aus dem

Kurswert oder aus zeitnahen Verkäufen abgeleitet sein kann oder nach den Grundsätzen des «Stuttgarter Verfahrens» ermittelt wird. Die Anteilswertmodifikation M^a erfaßt die Differenz zwischen dem gemeinen Wert der gesamten Anteile und dem Einheitswert des Vermögens der Gesellschaft. Dies soll auch dann gelten, wenn der gemeine Wert auf die anderen ertrags- und vermögensbezogenen Bemessungsgrundlagenteile zurückgeführt werden könnte.

Vermögensteuerliche Freibeträge (F^v)

Bei der Vermögensteuerveranlagung natürlicher Personen ergeben sich Freibeträge aus §§ 110 Abs. 2 und 3 BewG sowie § 6 VStG, die in F^v zusammengefaßt werden.

Gewerbekapitalsteuerliche Freibeträge (F^{gk})

Sowohl Personen- als auch Kapitalgesellschaften steht der ab dem Erhebungszeitraum 1981 von DM 60000 auf DM 120000 erhöhte Freibetrag gem. § 13 Abs. 1 GewStG zu, der mit F^{gk} symbolisiert wird.

1.1.3 Die Steuerfaktoren der Teilsteuerrechnung

Für einige Steuerfaktoren werden in der Teilsteuerrechnung Vereinfachungen vorgenommen, die sich auf zwei Komplexe beziehen:

a) Zusammenfassung der ESt und KiSt
b) Berücksichtigung der Abzugsfähigkeit der GewESt bei der «eigenen» Bemessungsgrundlage

1.1.3.1 Zusammenfassung der Einkommen- und Kirchensteuer

Die ESt-Faktoren sollen mit den KiSt-Faktoren kombiniert werden, wobei die Abzugsfähigkeit der KiSt als Sonderausgabe berücksichtigt wird. Da der Tarif der ESt progressiv ausgestaltet ist, ist zunächst zu erläutern, wie die ESt-Faktoren bestimmt werden können. Hierzu muß zunächst auf den ESt-Tarif eingegangen werden, der sich in fünf Bereiche gliedern läßt (§ 32a EStG):

(aa) Beträgt das zu versteuernde Einkommen *(E)* vor Abrundung weniger als DM 3720, so ist die ESt = 0.

(bb) Für $3720 \leqq E < 16020$, die I. oder *untere Proportionalzone*, beträgt die ESt: $S^{ek} = 0,22\,x - 812$, wobei x das abgerundete zu versteuernde Einkommen bezeichnet.

(cc) Für $16\,020 \leqq E < 48\,000$, die I. oder *untere Progressionszone*, gilt für die ESt:
$S^{ek} = \{[(10{,}86\ y - 154{,}42)y + 925]y + 2200\}y + 2708$, wobei y definiert ist als «ein Zehntausendstel des 16 000 DM übersteigenden Teils des abgerundeten zu versteuernden Einkommens».

(dd) Für $48\,000 \leqq E < 130\,020$, die II. oder *obere Progressionszone*, gilt:
$S^{ek} = \{[(0{,}1\ z - 6{,}07)z + 109{,}95]z + 4800\}z + 15\,298$, wobei z definiert ist als «ein Zehntausendstel des 48 000 DM übersteigenden Teils des abgerundeten zu versteuernden Einkommens».

(ee) Für $E \geqq 130\,020$, die II. oder *obere Proportionalzone*, ergibt sich die ESt als:
$S^{ek} = 0{,}56\ x - 13\,644$

In der «Standardform» der Teilsteuerrechnung werden Teilsteuersätze nur für die I. oder untere Proportionalzone («niedriger» ESt-Satz) und die II. oder obere Proportionalzone («hoher» ESt-Satz) errechnet.

In den beiden Proportionalzonen berechnet sich die ESt jeweils als Produkt des konstanten ESt-Faktors s^{ek} und des (abgerundeten) zu versteuernden Einkommens E, wobei tarifliche Abzüge von der Steuerschuld *(SF)* vorgenommen werden. Die Abzüge von der ESt-Schuld können in Abzüge von der Bemessungsgrundlage (oder sog. Formelfreibeträge $= FF$) transformiert werden; sie bilden die bereits angesprochenen tariflichen ESt-Freibeträge, die zu den Teilsteuer-Bemessungsgrundlagenteilen gehören.

Statt die ESt zu berechnen als

(4.1) $S^{ek} = s^{ek} \cdot E - SF$

kann sie dann berechnet werden als

(4.1a) $S^{ek} = s^{ek}\,(E - FF)$

wobei sich für die Höhe des tariflichen Freibetrags FF ergibt:

(4.2) $FF = \dfrac{SF}{s^{ek}}$

Für den I. Proportionalbereich mit $s_I^{ek} = 0{,}22$ und $SF_I = 812$, ergibt sich für den tariflichen Freibetrag: $FF_I = 3690{,}91$. Im II. Proportionalbereich ($s_{II}^{ek} = 0{,}56$; $SF_{II} = 13\,644$) gilt: $FF_{II} = 24\,364{,}29$.

Kirchensteuer

Für die Berechnung der KiSt können ein Regelfall und ein Spezialfall (Kappung der KiSt) unterschieden werden:

Im Regelfall knüpft die Berechnung der KiSt, S^{ki}, an die ESt an, wobei jedoch nach § 51a EStG zusätzlich Kinderfreibeträge abzuziehen sind; dies bleibt jedoch hier unberücksichtigt.

Je nach Bundesland beträgt der KiSt-Faktor s^{ki} 8% bzw. 9% der ESt-Schuld S^{ek}. Die KiSt S^{ki} errechnet sich demnach als:

$$(4.3) \quad S^{ki} = s^{ki} \cdot S^{ek}$$

Der Spezialfall für die Berechnung der KiSt ist für hohe zu versteuernde Einkommen gegeben, wenn die sog. KiSt-«Kappung» durchgeführt ist. Damit ist gemeint, daß die KiSt auf einen bestimmten Prozentsatz des zu versteuernden Einkommens (je nach Bundesland 3; 3,5 oder 4%) beschränkt wird, die darüber hinausgehende KiSt wird «gekappt». Die KiSt berechnet sich dann, wenn b den Kappungs-Prozentsatz bezeichnet, als:

$$(4.4) \quad S^{ki} = b \cdot E$$

Zusammenfassung der ESt und KiSt in den Proportionalbereichen

Zur Vereinfachung der Steuerbelastungsrechnung können die ESt- und KiSt-Belastungen in einem gemeinsamen Faktor («kombinierter ESt/KiSt-Faktor») zusammengefaßt werden. Dabei wird berücksichtigt, daß bei der Berechnung der ESt die gezahlte KiSt in unbeschränkter Höhe als Sonderausgabe abzugsfähig ist (§ 10 Abs. 1 Nr. 4 EStG). Da die gezahlte KiSt sich meist nach Größen der vorhergehenden Periode bemißt, die ansonsten nicht in die Rechnung einzubeziehen sind, ist es üblich, nicht die tatsächlich gezahlte, sondern die auf Grund des steuerpflichtigen Einkommens der Entscheidungsperiode zu erwartende KiSt zu berücksichtigen. Dadurch ergeben sich nun allerdings wieder Probleme der gegenseitigen Abhängigkeit von ESt und KiSt. Bezeichnet man das steuerpflichtige Einkommen *vor* Abzug der KiSt mit *EI*, so gilt:

$$E = EI - S^{ki}$$

und die ESt berechnet sich als:

$$(4.1b) \quad S^{ek} = s^{ek} \, (EI - S^{ki} - FF)$$

Wird für S^{ki} die Beziehung (4.3) eingesetzt, so ergibt sich:

$$(4.1c) \quad S^{ek} = s^{ek} \left[(EI - FF) \, \frac{1}{1 + s^{ki} \cdot s^{ek}} \right]$$

Zwischen dem zu versteuernden Einkommen E (d.h. *nach* Abzug von S^{ki}) und dem zu versteuernden Einkommen *vor* Abzug der KiSt *(EI)* besteht demnach folgende wichtige Beziehung, die sich aus dem Vergleich von (4.1a) und (4.1c) ablesen läßt:

$$(4.5) \quad E - FF = \frac{1}{1 + s^{ki} \cdot s^{ek}} (EI - FF)$$

Die KiSt ergibt sich durch Einsetzen von (4.1c) in (4.3) als:

$$(4.3a) \quad S^{ki} = \frac{s^{ki} \cdot s^{ek}}{1 + s^{ki} \cdot s^{ek}} (EI - FF)$$

Die ESt und KiSt können damit zur kombinierten ESt/KiSt-Belastung S^e zusammengefaßt werden, die sich ergibt als:

$$(4.6) \quad S^e = \frac{s^{ek} (1 + s^{ki})}{1 + s^{ki} \cdot s^{ek}} (EI - FF)$$

Der kombinierte ESt/KiSt-Faktor s^e, wobei

$$(4.7) \quad s^e = \frac{s^{ek} (1 + s^{ki})}{1 + s^{ki} \cdot s^{ek}}$$

hat bei $s^{ki} = 9\%$ demnach im unteren Proportionalbereich ($s^{ek}_I = 0,22$) die Höhe von $s^e_I = 23,514\%$, im oberen Proportionalbereich ($s^{ek}_{II} = 0,56$) die Höhe von $s^e_{II} = 58,111\%$.

Im Kappungsfall ergibt sich die KiSt als:

$$(4.4a) \quad S^{ki} = b (EI - S^{ki})$$

woraus sich ableitet:

$$(4.4b) \quad S^{ki} = \frac{b}{1 + b} \cdot EI$$

Zusammen mit der ESt-Belastung in Höhe von

$$(4.8) \quad S^{ek} = s^{ek} \left(\frac{1}{1 + b} \cdot EI - FF \right)$$

ergibt sich daraus die kombinierte ESt/KiSt-Belastung als:

$$(4.9) \quad S^e = \frac{s^{ek} + b}{1 + b} \cdot EI - s^{ek} \cdot FF$$

1.1.3.2 Der Gewerbeertragsteuerfaktor

Für die Berechnung der GewESt wird der Faktor s^{ge} definiert, der sich auf die Bemessungsgrundlage der GewESt *nach* Abzug dieser Steuer als Betriebsausgabe bezieht. Wird der vorläufige Gewerbeertrag vor Abzug von S^{ge} mit $vGewE$ symbolisiert, so errechnet sich die GewESt mit der Meßzahl von 5% und dem Hebesatz H als:

$$(4.10) \quad S^{ge} = \frac{5}{100} \cdot \frac{H}{100} \, (vGewE - S^{ge})$$

Daraus folgt:

$$(4.10a) \quad S^{ge} = \frac{H}{2000 + H} \cdot vGewE$$

Für den Hebesatz $H = 300$ (teilsteuerliche Standardannahme) ergibt sich $s^{ge} = \dfrac{H}{2000 + H} = 0{,}13043.$

1.2 Die Steuerbelastung von Personenunternehmen

Unter den Personenunternehmen werden Einzelunternehmen und Personengesellschaften (OHG, KG) zusammengefaßt, da für deren steuerrechtliche Behandlung die gleichen Grundsätze gelten. Die Personengesellschaften werden als *Mitunternehmerschaften* i. S. d. § 15 Abs. 1 Ziff. 2 EStG angesehen. Dies hat zur Folge, daß schuldrechtliche Beziehungen zwischen der Gesellschaft und ihren Gesellschaftern nicht anerkannt werden. Die nutzungsweise Überlassung von Wirtschaftsgütern führt zu *Sonderbetriebsvermögen*, die damit im Zusammenhang stehenden Vergütungen bzw. Ausgaben werden als Sonderbetriebseinnahmen bzw. Sonderbetriebsausgaben behandelt, die bereits bei der *einheitlichen und gesonderten Gewinnfeststellung*, die für solche Gesellschaften gemäß §§ 179, 180 AO durchzuführen ist, zu erfassen und vorab zuzurechnen sind.

Die gewerblichen Einzelunternehmen und Personengesellschaften unterliegen mit ihren gesamten Einkünften (d. h. einschließlich der Sondervergütungen) der GewESt. Das Gesamthandsvermögen und das Sonderbetriebsvermögen bilden das Betriebsvermögen, das der

GewKSt unterliegt. Neben dieser Objektbesteuerung unterliegen die Einkünfte und das Vermögen der persönlichen ESt bzw. VSt des Einzelunternehmers bzw. der Gesellschafter.

1.2.1 Die Steuerbelastung eines gewerblichen Einzelunternehmens

Es soll zunächst die Steuerbelastung eines gewerblichen Einzelunternehmens dargestellt werden. Diese Darstellung kann auch als Ausgangspunkt für die Ermittlung der Steuerlast von Personengesellschaften verwendet werden, wobei aber zusätzlich eine Aufteilung von Gewinn und Vermögen auf die beteiligten Gesellschafter entsprechend den gewählten Verteilungsschlüsseln vorgenommen werden muß. Die sich hieraus ergebenden Konsequenzen sollen gesondert erläutert werden.

Bei der Ableitung der Belastung durch die einzelnen Steuerarten werden die einzelnen Bemessungsgrundlagen durch die Bemessungsgrundlagenteile der Teilsteuerrechnung ausgedrückt. Wegen der Abzugsfähigkeit bei den ertragsbezogenen Steuerarten ist mit der Bestimmung der GewKSt zu beginnen. Die Ausgangsgröße für das Gewerbekapital bildet der Einheitswert. Dieser setzt sich zusammen aus dem unternehmenseigenen Betriebsvermögen B^u und dem inhabereigenen Betriebsvermögen B^i sowie den dazugehörigen Modifikationen M^{bu} bzw. M^{bi}. Es kommen hinzu die gewerbekapitalsteuerlichen Modifikationen M^{gk}, die sich weiter aufspalten lassen in M^{gku}, M^{gki} und $M^{gk}DS$. Die *GewKSt* des Einzelunternehmers ergibt sich demnach als:

$$(4.11) \quad S_p^{gk} = s^{gk} \left(B^u + M^{bu} + B^i + M^{bi} + M^{gku} + M^{gki} - M^{gk}DS - F^{gk} \right)$$

Die persönliche VSt des Einzelunternehmers wird ebenfalls vom Einheitswert des Betriebsvermögens berechnet, der noch um eventuelle vermögensteuerliche Modifikationen M^{vu} bzw. M^{vi} modifiziert wird. Die *VSt* beträgt demnach:

$$(4.12) \quad S_p^{vp} = s^{vp} \left(B^u + M^{bu} + B^i + M^{bi} + M^{vu} + M^{vi} - F^v \right)$$

Ausgangspunkt für die Ermittlung der GewESt ist der Steuerbilanzgewinn $(R + M^e)$, der um die spezifisch gewerbeertragsteuerlichen Modifikationen M^{ge}, unterteilt in M^{geu} und M^{gei}, ergänzt wird. Die *GewESt* ergibt sich demnach als:

$$(4.13) \quad S_p^{ge} = s^{ge} \left(R + M^e + M^{geu} + M^{gei} - F^{ge} - S_p^{gk} \right)$$

Dem Einzelunternehmer wird bei der ESt-Veranlagung der Steuerbilanzgewinn zugerechnet. Außerdem kann er persönliche Freibeträge F^e geltend machen. Wird das steuerpflichtige Einkommen um den Formel-Freibetrag gekürzt, so kann der kombinierte ESt-Faktor s^e angesetzt werden, der je nach Tarifbereich die «hohe» oder «niedrige» Belastung ausdrückt. Die kombinierte $ESt/KiSt$ beträgt also:

$$(4.14) \quad S_p^e = s^e \, (R + M^e - F^e - S_p^{ge} - S_p^{gk})$$

Die Gesamtsteuerbelastung des Einzelunternehmers ergibt sich als:

$$(4.15) \quad S_p = S_p^e + S_p^{ge} + S_p^{gk} + S_p^{vp}$$

Die Gleichungen (4.11), (4.12), (4.13) und (4.14) können zu den Einzelsteuer-Grundgleichungen umgeformt werden, indem die abzugsfähigen Steuerbelastungen S_p^{gk} und S_p^{ge} als Aggregate der Bemessungsgrundlagenteile ausgedrückt werden. Die Substitution dieser abzugsfähigen Steuerbelastungen durch ihre Steuerart-Grundgleichungen ist in *Tab. 1* durchgeführt worden.

Im oberen Teil der Tabelle sind in den einzelnen Zeilen die Steuergleichungen aufgeführt, die sich zusammensetzen aus den Bemessungsgrundlagenteilen und den abzugsfähigen Steuerbelastungen. Diese Steuerbelastungen werden dann ersetzt durch ihre eigenen Gleichungen. Dies führt dazu, daß neben den *einfachen* Steuerfaktoren auch *zusammengesetzte* Faktoren auftreten, die auf die einzelnen Bemessungsgrundlagenteile anzuwenden sind.

Im Ergebnis – unterer Teil der Tabelle – sind die einzelnen Steuerarten nur noch abhängig von den Bemessungsgrundlagenteilen und den einfachen oder zusammengesetzten Steuerfaktoren: die Steuerart-Grundgleichungen sind damit ermittelt. Als letzter Schritt sind die zu den einzelnen Bemessungsgrundlagenteilen gehörigen Steuerfaktoren zu addieren: Die vertikale Addition ergibt die zu den Bemessungsgrundlagenteilen gehörigen Multifaktoren. Diese werden mit dem Symbol t und ergänzenden Zusätzen gekennzeichnet, wobei die laufende Nummer die Zuordnung zu den Bemessungsgrundlagenteilen ausdrückt. Der Index «p» zeigt an, daß es sich um die Multifaktoren für eine Personenunternehmung handelt.

Die Gesamtbelastung für eine Personenunternehmung ergibt sich demnach aus folgender Gleichung:

$$(4.16) \quad S_p = t^{p1} (R + M^e) + t^{p2} (M^{geu} + M^{gei}) + t^{p3} (B^u + M^{bu} + B^i + M^{bi})$$
$$+ t^{p4} (M^{gku} + M^{gki} - M^{gk}DS) + t^{p5} (M^{vu} + M^{vi}) + t^{p6} \cdot F^v$$
$$+ t^{p7} \cdot F^e + t^{p8} \cdot F^{ge} + t^{p9} \cdot F^{gk}$$

171

Tabelle 1: Ableitung der Multifaktoren für ein gewerbliches Einzelunternehmen

	R, M^e	M^{geu}, M^{gei}	B^u, M^{bu}, B^i, M^{bi}	$M^{gku}, M^{gki}, -M^{gk}DS$	M^{vu}, M^{vi}	F^v	F^e	F^{ge}	F^{gk}	$S_p^e\ S_p^{ge}\ S_p^{gk}$	S_p^{vp}
S_p^e	s^e									$-s^e - s^e$	
S_p^{ge}	s^{ge}	s^{ge}								$-s^{ge}$	
S_p^{gk}			s^{gk}	s^{gk}							
S_p^{vp}			s^{vp}		s^{vp}	$-s^{vp}$					
S_p^e	s^e $-s^e s^{ge}$	$-s^e s^{ge}$	$s^e s^{ge} s^{gk}$ $-s^e s^{gk}$	$s^e s^{ge} s^{gk}$ $-s^e s^{gk}$			$-s^e$	$+s^e s^{ge}$	$-s^e s^{ge} s^{gk}$ $+s^e s^{gk}$		
S_p^{ge}	s^{ge}	s^{ge}	$-s^{ge} s^{gk}$	$-s^{ge} s^{gk}$				$-s^{ge}$	$+s^{ge} s^{gk}$		
S_p^{gk}			s^{gk}	s^{gk}					$-s^{gk}$		
S_p^{vp}			s^{vp}		s^{vp}	$-s^{vp}$					
	t^{p1}	t^{p2}	t^{p3}	t^{p4}	t^{p5}	t^{p6}	t^{p7}	t^{p8}	t^{p9}		

172

In der *Tab. 2* sind die Bemessungsgrundlagenteile und die zugehörigen Multifaktoren nochmals zusammengestellt. Die Zusammensetzung der Multifaktoren zeigt: Enthält ein Multifaktor nicht nur einen, sondern mehrere *einfache* Steuerfaktoren, so bedeutet dies, daß der gleiche Bemessungsgrundlagenteil nicht nur von einer Steuerart, sondern von mehreren Steuerarten erfaßt wird. Darin drückt sich also die sog. *Bemessungsgrundlagen-Interdependenz* aus. Die *zusammengesetzten* Steuerfaktoren illustrieren die *Steuerarten-Interdependenz*, die beson-

Tabelle 2: Teilsteuersystem für ein gewerbliches Einzelunternehmen

Bemessungsgrund-lagenteil	Multifaktor		Teilsteuersatz	
	Symbol	Zusammensetzung	niedrig	hoch
Reinertrag *(R)*, ein-kommen-(bilanz-)steuerliche Modifikationen *(M^e)*	t^{p1}	$s^e + s^{ge} - s^e s^{ge}$	33,490	63,575
gewerbeertrag-steuerliche Modifikationen *(M^{geu}, M^{gei})*	t^{p2}	$s^{ge} - s^e s^{ge}$	9,976	5,464
Betriebsvermögen *(B^u* und *B^i)*, bewertungs-rechtliche Modifikationen *(M^{bu}, M^{bi})*	t^{p3}	$s^{vp} + s^{gk} + s^e s^{ge} s^{gk} - s^e s^{gk} - s^{ge} s^{gk}$	0,899	0,7185
gewerbekapitalsteuer-liche Modifikationen *(M^{gku}, M^{gki}, - M^{gk}DS)*	t^{p4}	$s^{gk} + s^e s^{ge} s^{gk} - s^e s^{gk} - s^{ge} s^{gk}$	0,399	0,2185
vermögensteuerliche Modifikationen *(M^{vu}, M^{vi})*	t^{p5}	s^{vp}	0,500	0,500
vermögensteuerliche Freibeträge *(F^v)*	t^{p6}	$-s^{vp}$	- 0,500	-0,500
einkommensteuerliche Freibeträge *(F^e)*	t^{p7}	$-s^e$	-23,514	-58,111
gewerbeertragsteuer-licher Freibetrag *(F^{ge})*	t^{p8}	$s^e s^{ge} - s^{ge}$	- 9,976	-5,464
gewerbekapitalsteuer-licher Freibetrag *(F^{gk})*	$t^{p9} = -t^{p4}$	$-s^{gk} - s^e s^{ge} s^{gk} + s^e s^{gk} + s^{ge} s^{gk}$	- 0,399	-0,2185

173

ders deutlich durch die GewKSt gezeigt wird. Setzt man für die einzelnen Steuerfaktoren die konkreten Steuersätze ein, so erhält man die Teilsteuersätze, wobei danach differenziert wird, ob der «hohe» oder der «niedrige» s^e-Faktor verwendet wird. Bei der GewSt wird durchweg der Hebesatz von 300%, bei der KiSt der KiSt-Satz von 9% verwendet.

(*Übungsaufgabe Nr. 14 im Arbeitsbuch*)

1.2.2 Steuerbelastungsrechnung im Progressionsbereich

Liegt das zu versteuernde Einkommen E im Bereich[1] von 16020 DM bis 130020 DM, so ergeben sich hieraus besondere Probleme für die Steuerbelastungsrechnung, die hier zu erläutern sind. Für die weiteren Überlegungen ist es nützlich, die Berechnung der ESt lediglich in Abhängigkeit von E und den multiplikativen Konstanten des Tarifs durchzuführen. Es kann in den beiden Progressionszonen die ESt direkt in Abhängigkeit vom zu versteuernden Einkommen E errechnet werden, indem die Definitionen von y und z gemäß § 32a EStG ersetzt werden durch (ohne Beachtung der Abrundung):

$$y = (E - 16000) \cdot 10^{-4} = E \cdot 10^{-4} - 1,6$$
$$z = (E - 48000) \cdot 10^{-4} = E \cdot 10^{-4} - 4,8$$

Die ESt errechnet sich dann für $16020 \leqq E < 48000$ als:

(4.17) $\quad S^{ek} = [10,86 \cdot 10^{-16}] E^4 - [223,924 \cdot 10^{-12}] E^3$
$$+ [1833,0256 \cdot 10^{-8}] E^2 - [2123,8758 \cdot 10^{-4}] E + 2259,6764$$

Für $48000 \leqq E < 130020$ gilt:

(4.17a) $\quad S^{ek} = [0,1 \cdot 10^{-16}] E^4 - [7,99 \cdot 10^{-12}] E^3 + [211,182 \cdot 10^{-8}] E^2$
$$+ [3280,6848 \cdot 10^{-4}] E - 4484,3744$$

Der Grenz-ESt-Satz s^{iek} an der Stelle E ergibt sich im Progressionsbereich aus der 1. Ableitung der ESt-Funktionen (4.17) bzw. (4.17a). Es gilt damit:

für $16020 \leqq E < 48000$

(4.18) $\quad s^{iek} = 43,44 \cdot 10^{-16} \cdot E^3 - 671,772 \cdot 10^{-12} \cdot E^2$
$$+ 3666,0512 \cdot 10^{-8} \cdot E - 2123,8758 \cdot 10^{-4}$$

---

[1] Zum Aufbau des ESt-Tarifs gemäß § 32 a EStG s. Abschn. 1.1.3.1

für $48\,000 \leqq E < 130\,020$

(4.18a) $\quad s'^{ek} = 0,4 \cdot 10^{-16} \cdot E^3 - 23,97 \cdot 10^{-12} \cdot E^2$

$\qquad\qquad + 422,364 \cdot 10^{-8} \cdot E + 3280,6848 \cdot 10^{-4}$

Da nicht E, sondern nur das zu versteuernde Einkommen *vor* Abzug der KiSt, EI, bekannt ist, muß nun zur Berechnung von S^e wegen der gegenseitigen Interdependenz von S^{ek} und S^{ki} folgendermaßen vorgegangen werden:

(1) Man wählt einen Punkt $\bar{E}$ des zu versteuernden Einkommens, der möglichst nahe am gesuchten E liegt.

(2) Der Grenz-ESt-Satz an dieser Stelle, $s_{\bar{E}}'^{ek}$, wird über die Funktion (4.18) bzw. (4.18a) abgeleitet, womit die Steigung der Tangente im Punkt $\bar{E}$ an die ESt-Funktion festgelegt ist.

(3) Die ESt für $\bar{E}$, $S_{\bar{E}}^{ek}$, wird gemäß (4.17) bzw. (4.17a) oder über die ESt-Tabelle ermittelt. Der Formelfreibetrag $FF_{\bar{E}}$ kann dann analog (4.1a) errechnet werden als:

$$FF_{\bar{E}} = \bar{E} - \frac{S_{\bar{E}}^{ek}}{s_{\bar{E}}'^{ek}}$$

(4) Da zwischen E und EI die (4.5) analoge Beziehung gilt:

(4.5a) $\quad (E - FF_{\bar{E}}) = (EI - FF_{\bar{E}}) \dfrac{1}{1 + s_{\bar{E}}'^{ek} \cdot s^{ki}}$

läßt sich die kombinierte ESt/KiSt-Belastung S^e im Progressionsbereich berechnen als:

(4.6a) $\quad S^e = \dfrac{s_{\bar{E}}'^{ek}\,(1 + s^{ki})}{1 + s_{\bar{E}}'^{ek} \cdot s^{ki}}\,(EI - FF_{\bar{E}})$

Die Teilsteuerrechnung im Progressionsbereich

In der Teilsteuerrechnung kann der kombinierte ESt/KiSt-Faktor s^e im Progressionsbereich definiert werden als:

(4.7a) $\quad s^e = \dfrac{s_{\bar{E}}'^{ek}\,(1 + s^{ki})}{1 + s_{\bar{E}}'^{ek} \cdot s^{ki}}$

Wird dieser Faktor bei der Bestimmung der Teilsteuersätze verwendet, so müssen alle s^e-enthaltenden Multifaktoren auf der Basis des jeweiligen $s_{\bar{E}}'^{ek}$ neu errechnet werden. Der zu F^e gehörige Formel-

keine Teilsteuerrechnung im Progressionsbereich!!

freibetrag $FF_{\bar{E}}$ variiert mit dem jeweiligen $s_{\bar{E}}^{\prime ek}$ im Bereich von 3690,91 bis 24364,29.

Wenn auch im Progressionsbereich die Teilsteuerrechnung prinzipiell verwendet werden kann, so kann doch nicht übersehen werden, daß sie in diesem Bereich ihre Vorzüge weitgehend einbüßt:

– Um einen hinreichend genauen Grenz-ESt-Satz $s^{\prime ek}$ bestimmen zu können, muß in einer Steuerartenrechnung vorab die GewSt-Belastung festgestellt werden.
– Veränderungen von Bemessungsgrundlagenteilen haben wegen der Steuerarten-Interdependenzen i.d.R. Auswirkungen auf die Höhe des zu versteuernden Einkommens. Eine Berechnung der dadurch ausgelösten Steuerfolgen auf der Grundlage der «alten», d.h. *vor* der Variation geltenden $s^{\prime ek}$-Werte ist deshalb nicht möglich, wenn exakte Ergebnisse ermittelt werden sollen. Es würde nämlich dabei unterstellt, daß die ESt-Funktion linear und nicht wie tatsächlich progressiv gekrümmt verlaufen würde.

1.2.3 Steuerbelastungsrechnung bei Personengesellschaften

Bei Personengesellschaften ergeben sich gegenüber dem Fall der Einzelunternehmung folgende Abweichungen:

– Der Gesellschaftsgewinn wird auf die einzelnen Gesellschafter aufgeteilt und unterliegt dort, je nach Rechtsform des Gesellschafters der individuellen ESt oder KSt, wobei sich die subjektiven Gesellschaftereigenschaften vor allem bei der Berechnung der ESt auswirken.
– Das Gesellschaftsvermögen wird ebenfalls auf die einzelnen Gesellschafter verteilt und unterliegt dort der persönlichen VSt, wobei wiederum die subjektiven Merkmale zu berücksichtigen sind.

Hinsichtlich der GewSt ergeben sich keine Abweichungen, da diese als Objektsteuer einheitlich für die gesamte Unternehmung ermittelt wird.

Für die Berechnung der Gesamtsteuerbelastung muß eine personenbezogene Aufspaltung der Bemessungsgrundlagen jedoch nur dann stattfinden, wenn die einzelnen Gesellschafter mit ihren Gewinnanteilen unterschiedlich hohen s^e-Sätzen bzw. der KSt (wie bei der GmbH & Co KG) unterliegen.

Unterliegen sämtliche Gesellschafter dem gleichen – hohen oder niedrigen – ESt/KiSt-Faktor s^e, so kann das für den Einzelunternehmer geltende Teilsteuersystem ohne Erweiterungen verwendet werden. Um festzustellen, welche ESt-Faktoren bei den einzelnen Gesellschaftern anzuwenden sind, ist zunächst der an die Gesellschafter *verteilungsfähige*, d.h. bereits um die GewSt geminderte Gewinn zu berechnen. Bei der Gewinnaufteilung auf die einzelnen Gesellschafter kommt der gesellschaftsvertraglich vereinbarte Schlüssel zur Anwendung, wobei oftmals zunächst Vorabgewinne *(R$_L$)* zugeteilt werden, bevor der Schlüssel auf den Restgewinn angewendet wird. Bezeichnet g_i den Anteil des Gesellschafters i am Restgewinn, so erhält dieser demnach folgenden Gewinnanteil:

$$g_i \left(R + M^e - R_L - S_p^{ge} - S_p^{gk}\right)$$

Wird dem Gesellschafter auch ein Vorabgewinn R_{Li} zugerechnet, so ergibt sich seine S^e-Belastung aus der folgenden Gleichung:

$$(4.19) \quad S_i^e = s_i^e \left[g_i \left(R + M^e - R_L - S_p^{ge} - S_p^{gk}\right) + R_{Li} - F_i^e\right]$$

Bei unterschiedlichen ESt-Sätzen sind gesellschafterindividuelle Teilsteuersysteme zu bilden, für deren Ableitung die allgemeinen Grundsätze gelten. Da aber dem einzelnen Gesellschafter nur ein Teil g_i des (Rest-)Gewinns zugerechnet wird, kommt ihm auch nur ein Anteil g_i der abzugsfähigen Steuerbelastungen S_p^{ge} bzw. S_p^{gk} zugute (wie aus (4.19) erkennbar ist) oder: Steuermindernd wirkt sich jeweils nur der g_i-te Teil der ertragsbezogenen (R, M^e, M^{ge} usw.) bzw. substanzbezogenen (B^u, M^{bu}, M^{gk} usw.) Bemessungsgrundlagenteile aus. Als Bemessungsgrundlagenteile für den einzelnen Gesellschafter sind deshalb die jeweiligen Anteile g_i zu verwenden. Die dazugehörigen Multifaktoren entsprechen in der Zusammensetzung denen bei der Einzelunternehmung. Für die Berechnung der gesellschafterindividuellen Teilsteuersätze ist jedoch das jeweilige s_i^e zu verwenden.

(Übungsaufgabe Nr. 15 im Arbeitsbuch)

1.3 Die Steuerbelastung einer Kapitalgesellschaft und ihrer Gesellschafter

Für Kapitalgesellschaften kann die Steuerbelastungsrechnung ohne Einbeziehung der Gesellschafterbelastung oder «unter Durchgriff» auf die Gesellschaftersphäre durchgeführt werden. Unabhängig vom

Umfang der Belastungssphäre ist die GewSt der Kapitalgesellschaft zu ermitteln, die sich aus der GewESt S_k^{ge} und der GewKSt S_k^{gk} zusammensetzt. Interessiert nur die Steuerbelastung der Kapitalgesellschaft, so kommen als weitere Steuerarten hinzu:

- die KSt S_k^k und
- die VSt der Kapitalgesellschaft S_k^{vk}

Wird die Steuerbelastung der Gesellschafterebene einbezogen, so sind die bisher aufgezählten Steuerbelastungen zu ergänzen um:

- die kombinierte ESt/KiSt der Gesellschafter S^e
- die persönliche VSt-Belastung der Gesellschafter S_{ges}^{vp}

Der Rechenaufwand und Schwierigkeitsgrad bei der Bestimmung der Steuerbelastung wird vor allem durch die jeweiligen Modalitäten bei der Berechnung der KSt bestimmt. Besonders für die Feststellung der Steuerlast mittels Teilsteuerrechnung sind hierbei zwei Einflußfaktoren bedeutsam:

a) die Struktur des steuerpflichtigen Einkommens
b) das Ausschüttungsverhalten der Kapitalgesellschaft

Zu a): Unter der Struktur des körperschaftsteuerpflichtigen Einkommens wird die Zusammensetzung aus unterschiedlich mit KSt zu belastenden Einkommensteilen verstanden. Sind ermäßigt zu belastende Einkommensteile oder steuerfreie Vermögensmehrungen vorhanden, so sind umfangreiche Arbeiten für die Gliederung und Fortschreibung des verwendbaren Eigenkapitals und die Herstellung der Ausschüttungsbelastung zu leisten. In der Mehrzahl der Fälle wird das gesamte Einkommen voll mit KSt zu belasten sein und fehlen steuerfreie Vermögensmehrungen. In diesen Fällen kann die Steuerbelastungsrechnung erheblich vereinfacht werden. Um den Komplexionsgrad so niedrig wie möglich zu halten, wird deshalb in dem folgenden Kap. 1.3.1 vorausgesetzt, daß das Einkommen der ungemilderten Tarifbelastung unterliegt und für Ausschüttungen vollbelastetes verwendbares Eigenkapital verwendet werden kann. In Kap. 1.3.2 wird erläutert, wie die Steuerbelastungsrechnung bezüglich der KSt zu modifizieren ist, wenn obige Prämissen nicht mehr vorausgesetzt werden können.

Zu b): Hinsichtlich des Ausschüttungsverhaltens der Kapitalgesellschaft sind die Fälle, in denen Teile des körperschaftsteuerpflichtigen Einkommens thesauriert werden («Normalfall»), von den Fällen der «Vollausschüttung» zu unterscheiden. Im Spezialfall der Vollausschüttung sind Vereinfachungen der Steuerbelastungsrechnung möglich. Die folgende Darstellung behandelt den «Normalfall».

1.3.1 Die Steuerbelastung im «Normalfall»

Wie bereits ausgeführt wurde, können je nach Fragestellung hinsichtlich des notwendigen Umfangs der Belastungssphäre zwei Fälle unterschieden werden:

- Es wird nur die Steuerbelastung erfaßt, die von der Kapitalgesellschaft auf Grund ihrer selbständigen subjektiven Steuerpflicht zu tragen ist.
- Die Steuerbelastung der Gesellschafter auf Grund ihrer Beteiligung an der Kapitalgesellschaft wird zusätzlich einbezogen.

1.3.1.1 Steuerbelastung einer Kapitalgesellschaft

Es ist wiederum von der GewKSt auszugehen. Ihr unterliegt der Einheitswert des Betriebsvermögens der Kapitalgesellschaft, der um die gewerbekapitalsteuerlichen Modifikationen zu ergänzen ist. Die *GewKSt* läßt sich demnach folgendermaßen bestimmen:

$$(4.20) \quad S_k^{gk} = s^{gk} \left(B^u + M^{bu} + M^{gku} + M^{gki} - M^{gk} DS - F^{gk} \right)$$

Die *VSt* der Kapitalgesellschaft ergibt sich aus folgender Gleichung:

$$(4.21) \quad S_k^{vk} = s^{vk} \left(B^u + M^{bu} + M^{vu} \right)$$

Die Ermittlung der Ertragsteuern beginnt mit der Feststellung der GewESt-Belastung. Da die Abzugsfähigkeit der GewESt als Betriebsausgabe bereits im GewESt-Faktor s^{ge} berücksichtigt ist, kann als Bemessungsgrundlage der um S_k^{ge} nicht geminderte Gewerbeertrag zugrundegelegt werden. Die *GewESt* ergibt sich als:

$$(4.22) \quad S_k^{ge} = s^{ge} \left(R + M^e + M^k - L + M^{geu} + M^{gei} - S_k^{gk} \right)$$

Schließlich ist noch die KSt der Kapitalgesellschaft zu berechnen. Nach der Systematik des Gesetzes vollzieht sich die Berechnung der KSt in zwei Schritten:

a) Herstellung der Tarifbelastung auf das körperschaftsteuerpflichtige Einkommen
b) Werden Ausschüttungen vorgenommen, so ist für diese die einheitliche Ausschüttungsbelastung herzustellen. Dadurch ändert - mindert oder erhöht - sich die KSt gegenüber der Tarifbelastung, je nachdem welche Teile des verwendbaren Eigenkapitals für die Ausschüttung als verwendet gelten.

Für die Ableitung der KSt-Gleichung sei zunächst angenommen, daß die Ausschüttungen aus dem Zugang zum vollbelasteten verwendbaren Eigenkapital (EK_{56}) der laufenden Periode geleistet werden. Durch die Berechnung der KSt gemäß der Gesetzessystematik wird im Ergebnis

(1) die Bruttoausschüttung mit der Ausschüttungsbelastung (S^{ka}) besteuert, während
(2) der restliche Teil des Einkommens der Tarifbelastung (S^{kn}) unterliegt.

Zu (1): Die Bruttoausschüttung setzt sich zusammen aus der Barausschüttung A und der Ausschüttungsbelastung S^{ka} und unterliegt dem Satz von $s^{ke} = 36\%$, so daß für S^{ka} gilt:

$$(4.23) \quad S^{ka} = s^{ke} \, (A + S^{ka})$$

Daraus folgt:

$$(4.23a) \quad S^{ka} = \frac{s^{ke}}{1 - s^{ke}} \cdot A$$

Der auf die Barausschüttung bezogene Belastungsfaktor s^{ka} ergibt sich demnach als:

$$s^{ka} = \frac{s^{ke}}{1 - s^{ke}} = \tfrac{9}{16} = 0,5625$$

Bei Verwendung dieses Faktors beträgt die Bruttoausschüttung $(1 + s^{ka}) \, A$, die Ausschüttungsbelastung errechnet sich als:

$$(4.23b) \quad S^{ka} = s^{ka} \cdot A$$

Zu (2): Das körperschaftsteuerpflichtige Einkommen ergibt sich aus den einzelnen Teilsteuer-Bemessungsgrundlagenteilen als:

$$R + M^e + M^k - L - S_k^{ge} - S_k^{gk}$$

Der nach Abzug der Bruttoausschüttung $(1 + s^{ka}) \, A$ verbleibende Teil des körperschaftsteuerpflichtigen Einkommens unterliegt der Tarifbelastung mit dem Satz $s^{kn} = 0,56$. Die auf diesem Teil lastende KSt (S^{kn}) berechnet sich demnach als:

$$(4.24) \quad S^{kn} = s^{kn} \, [R + M^e + M^k - L - S_k^{ge} - S_k^{gk} - (1 + s^{ka}) \, A]$$

Die gesamte KSt $S^k = S^{kn} + S^{ka}$ beträgt:

(4.25) $\quad S^k = s^{kn}[R + M^e + M^k - L - S_k^{ge} - S_k^{gk} - (1 + s^{ka})A] + s^{ka} \cdot A$

Wird die Gleichung (4.25) umgeformt, indem der Bemessungs-grundlagenteil A isoliert wird, so läßt sich die Berechnung der KSt darstellen als:

(4.25a) $\quad S^k = s^{kn}(R + M^e + M^k - L - S_k^{ge} - S_k^{gk}) + (s^{ka} - s^{kn} - s^{ka}s^{kn})A$

Mit der Gleichung (4.25a) wird die Berechnung der KSt gemäß der Systematik des KStG vollzogen: Zunächst wird für das gesamte Einkommen die Tarifbelastung hergestellt. Die so berechnete KSt wird als KSt I bezeichnet und ergibt sich als:

(4.26) $\quad S_I^k = s^{kn}(R + M^e + M^k - L - S_k^{ge} - S_k^{gk})$

Werden Ausschüttungen getätigt, so ist die KSt-Minderung bzw. KSt-Erhöhung zu berechnen, die von der Verwendung der vEK-Kategorien abhängig ist. Gilt vollbelastetes verwendbares Eigenkapital für die Ausschüttung als verwendet, so mindert sich die KSt, bezogen auf die Barausschüttung, um den Faktor

$$(s^{ka} - s^{kn} - s^{ka}s^{kn}) = -\tfrac{5}{16} = -0{,}3125$$

Die Veränderung der KSt auf Grund der Ausschüttung wird als KSt II bezeichnet und ergibt sich als:

(4.27) $\quad S_{II}^k = (s^{ka} - s^{kn} - s^{ka}s^{kn})A$

Mit Gleichung (4.27) kann nun die zunächst eingeführte Prämisse, daß die Ausschüttungen auf den Zugang des verwendbaren Eigen-kapitals der laufenden Periode beschränkt sein sollen, aufgehoben werden: Die Minderung der KSt ist unabhängig davon, ob für die Ausschüttung verwendbares Eigenkapital aus dem Zugang der lau-fenden Periode oder aus dem zu Beginn der Periode vorhandenen Be-stand, das in früheren Perioden gebildet wurde, verwendet wird.

Für die Anwendung von (4.23b) oder (4.27) muß jedoch sicher-gestellt sein, daß genügend vollbelastetes verwendbares Eigenkapital für die Ausschüttung zur Verfügung steht. Die Steuerbelastungsrech-nung muß um eine Fortschreibung des verwendbaren Eigenkapitals ergänzt werden, wenn Bedenken bestehen, daß diese Voraussetzung nicht erfüllt sein könnte.

Damit sind die Grundlagen für die Berechnung der Steuerbelastung einer Kapitalgesellschaft (ohne Einbezug der Gesellschafter) auf Grund einer Veranlagungssimulation geschaffen, indem die Steuerbelastungen auf Grund der Gleichungen (4.20), (4.21), (4.22), (4.25) addiert werden. Diese Gleichungen dienen zugleich als Ausgangspunkt für die Ermittlung der Steuerbelastung mit Hilfe der Teilsteuerrechnung. Die Multifaktoren und Teilsteuersätze lassen sich mit den bekannten Verfahrenschritten ableiten. Die Zusammensetzung der Multifaktoren[1], ihre Zuordnung zu den Bemessungsgrundlagenteilen und die Höhe der Teilsteuersätze ergibt sich aus der nachfolgenden Tabelle:

Tabelle 3: Teilsteuersystem für eine Kapitalgesellschaft

Bemessungsgrund-lagenteil	Multifaktor		Teilsteuer-satz
	Symbol	Zusammensetzung	
R, M^e, M^k	$t^{(k)1}$	$s^{kn}+s^{ge}-s^{kn}s^{ge}$	61,739
L	$t^{(k)2}$	$s^{kn}s^{ge}-s^{kn}-s^{ge}$	$-61,739$
A	$t^{(k)3}$	$s^{ka}-s^{kn}-s^{ka}s^{kn}$	$-31,25$
M^{geu}, M^{gei}	$t^{(k)4}$	$s^{ge}-s^{kn}s^{ge}$	5,739
B^u, M^{bu}	$t^{(k)5}$	$s^{vk}+s^{gk}+s^{kn}s^{ge}s^{gk}$ $-s^{kn}s^{gk}-s^{ge}s^{gk}$	0,930
M^{gku}, M^{gki}, $-M^{gk}DS$	$t^{(k)6}$	$s^{gk}+s^{kn}s^{ge}s^{gk}-s^{kn}s^{gk}$ $-s^{ge}s^{gk}$	0,230
M^{vu}	$t^{(k)7}$	s^{vk}	0,700
F^{gk}	$t^{(k)8}$	$-s^{gk}-s^{kn}s^{ge}s^{gk}$ $+s^{kn}s^{gk}+s^{ge}s^{gk}$	$-\ 0,230$

Die Gesamtsteuerbelastung der Kapitalgesellschaft kann ermittelt werden aus:

$$(4.28)\quad S_{(k)} = t^{(k)1}\,(R+M^e+M^k)+t^{(k)2}\cdot L+t^{(k)3}\cdot A+t^{(k)4}\,(M^{geu}$$
$$+M^{gei})+t^{(k)5}\,(B^u+M^{bu})+t^{(k)6}\,(M^{gku}+M^{gki}-M^{gk}DS)$$
$$+t^{(k)7}\cdot M^{vu}+t^{(k)8}\cdot F^{gk}$$

---

[1] Der Index «*(k)*» zeigt an, daß es sich um die Multifaktoren der Kapitalgesellschaft ohne Einbezug der Gesellschafter-Belastungen handelt.

1.3.1.2 Steuerbelastung der Kapitalgesellschaft einschließlich ihrer Gesellschafter

Bei Einbeziehung der Steuerbelastung der Anteilseigner sind zusätzliche Steuerart-Grundgleichungen für die persönliche ESt/KiSt sowie die VSt auf die Gesellschaftsanteile zu formulieren.

– Der persönlichen VSt-Pflicht des Gesellschafters unterliegen:
  – die Anteile an der Kapitalgesellschaft
  – die zum Privatvermögen gehörenden Wirtschaftsgüter, die der Kapitalgesellschaft auf schuldrechtlicher Basis zur Nutzung überlassen wurden

Der gemeine Wert der Anteile ergibt sich als Summe des Einheitswerts $B^u + M^{bu}$ und der Anteilswertmodifikation M^a. Die überlassenen Wirtschaftsgüter setzen sich aus $B^i + M^{bi}$ zusammen. Die persönliche VSt läßt sich demnach aus folgender Gleichung bestimmen:

$$(4.29) \quad S^{vp}_{ges} = s^{vp} \left(B^u + M^{bu} + M^a + B^i + M^{bi} + M^v - F^v\right)$$

– Der ESt/KiSt unterliegen die Leistungsvergütungen L und die Bruttoausschüttung $(1 + s^{ka}) A$. Der Anrechnungsanspruch $s^{ka} \cdot A$ mindert die ESt, so daß sich die $ESt/KiSt$ errechnen läßt als:

$$(4.30) \quad S^e = s^e \left(L + A + s^{ka} \cdot A - F^e\right) - s^{ka} \cdot A$$
$$= \left(s^e + s^e s^{ka} - s^{ka}\right) A + s^e \cdot L - s^e \cdot F^e$$

Zusammen mit der Steuerbelastung der Kapitalgesellschaft läßt sich nun das Teilsteuersystem für eine Kapitalgesellschaft einschließlich der Belastung ihrer Gesellschafter formulieren, das in der *Tab. 4* zusammengefaßt ist.

Um Mißverständnisse zu vermeiden, sei hier wiederholt, daß die den Leistungsvergütungen L bzw. den Ausschüttungen A zugeordneten Multifaktoren t^{k2} bzw. t^{k3} nur die *Veränderungen* in der Steuerbelastung gegenüber der auf dem Reinertrag R lastenden Steuerbelastung zum Ausdruck bringen.

– Der L zugeordnete Multifaktor t^{k2} zeigt, daß die GewESt entfällt (damit auch die Entlastungswirkung bei der KSt) und an die Stelle der KSt die ESt tritt. In Abhängigkeit vom ESt/KiSt-Faktor s^e bewegt sich die Entlastungswirkung zwischen 38,225% und 3,628%.
– Der auf die *Bar*-Ausschüttung A bezogene Multifaktor t^{k3} bringt

Tabelle 4: Teilsteuersystem für eine Kapitalgesellschaft einschließlich der Gesellschafter

Bemessungsgrundlagenteil	Multifaktor		Teilsteuersatz	
	Symbol	Zusammensetzung	niedrig	hoch
R, M^e, M^k	t^{k1}	$s^{kn} + s^{ge} - s^{kn}s^{ge}$	61,739	61,739
L	t^{k2}	$s^{kn}s^{ge} - s^{kn} - s^{ge} + s^e$	$-38,225$	$-3,628$
A	t^{k3}	$-s^{kn} - s^{ka}s^{kn} + s^e$ $+ s^{ka}s^e$	$-50,760$	$3,298$
M^{geu}, M^{gei}	t^{k4}	$s^{ge} - s^{kn}s^{ge}$	$5,739$	$5,739$
B^u, M^{bu}	t^{k5}	$s^{vk} + s^{gk} + s^{kn}s^{ge}s^{gk}$ $- s^{kn}s^{gk} - s^{ge}s^{gk} + s^{vp}$	$1,430$	$1,430$
M^{gku}, M^{gki}, $-M^{gk}DS$	t^{k6}	$s^{gk} + s^{kn}s^{ge}s^{gk} - s^{kn}s^{gk}$ $- s^{ge}s^{gk}$	$0,230$	$0,230$
M^{vu}	t^{k7}	s^{vk}	$0,700$	$0,700$
B^i, M^{bi}, M^{vi}, M^a	t^{k8}	s^{vp}	$0,500$	$0,500$
F^v	t^{k9}	$-s^{vp}$	$-0,500$	$-0,500$
F^e	t^{k10}	$-s^e$	$-23,514$	$-58,111$
F^{gk}	t^{k11}	$-s^{gk} - s^{kn}s^{ge}s^{gk}$ $+ s^{kn}s^{gk} + s^{ge}s^{gk}$	$-0,230$	$-0,230$

die Differenz zwischen der KSt und ESt/KiSt zum Ausdruck, wie seine Zusammensetzung zeigt:

$$t^{k3} = (1 + s^{ka})(s^e - s^{kn})$$

Bei hohem kombinierten ESt/KiSt-Satz beträgt die Differenz bezogen auf das Einkommen $58,111\% - 56\% = 2,111\%$. Bezogen auf die *Bar*-Ausschüttung ist diese Differenz mit $1 + s^{ka} = 1,5625$ zu multiplizieren und ergibt sich demnach mit $3,298\%$.

Sind an der Kapitalgesellschaft mehrere Gesellschafter beteiligt, denen Ausschüttungen zufließen, so sind auf ihre Anteile jeweils die individuellen s^e-Faktoren für die Berechnung von t^{k3} zu verwenden.

Die Gesamtsteuerbelastung der Kapitalgesellschaft einschließlich der Gesellschafter beträgt:

$$(4.31) \quad S_k = t^{k1}(R + M^e + M^k) + t^{k2} \cdot L + t^{k3} \cdot A + t^{k4}(M^{geu} + M^{gei})$$
$$+ t^{k5}(B^u + M^{bu}) + t^{k6}(M^{gku} + M^{gki} - M^{gk}DS) + t^{k7} \cdot M^{vu}$$
$$+ t^{k8}(B^i + M^{bi} + M^{vi} + M^a) + t^{k9} \cdot F^v + t^{k10} \cdot F^e + t^{k11} \cdot F^{gk}$$

1.3.2 Steuerermäßigungen und Steuerfreiheit bestimmter Einkommensteile

1.3.2.1 Steuerrechtliche Tatbestände

Die Fälle und gesetzlichen Grundlagen, in denen eine Ermäßigung der Tarifbelastung bzw. steuerfreie Einkommensteile gegeben sind, wurden bereits in Abschn. 3.2.3.1 dargestellt[2]. Dort wurde außerdem deren Erfassung im verwendbaren Eigenkapital erläutert[3].

1.3.2.2 Einfluß auf die Steuerbelastungsrechnung

Bei der Berechnung der KSt-Belastung werden zwei Abweichungen gegenüber dem Normalfall ausgelöst (vgl. auch *Herzig* [Auswirkungen]):

a) Die Tarifbelastung kann nicht mehr einheitlich als Produkt des KSt-Tarifs $s^{kn} = 56\%$ und des körperschaftsteuerpflichtigen Einkommens ermittelt werden.

b) Die Ausschüttungen A führen nicht mehr generell zu einer Änderung der Tarifbelastung um $t^{(k)3} = s^{ka} - s^{kn} - s^{kn} \cdot s^{ka} = -\frac{5}{16}$ der Ausschüttung.

Zu a): Sämtliche Ermäßigungen gegenüber dem Normaltarif können aber durch Ansatz eines körperschaftsteuerlichen Freibetrags F^k erfaßt werden, so daß sich die Tarifbelastung wiederum als Produkt aus dem Normaltarif s^{kn} und dem, um den Freibetrag F^k geminderten, körperschaftsteuerpflichtigen Einkommen ergibt[4].

Zu b): Um die auf Grund der Ausschüttung eintretende Änderung der KSt S^k_{II} berechnen zu können, muß jetzt bestimmt werden, welche Teile des verwendbaren Eigenkapitals (vEK) für die Ausschüttung als verwendet gelten. Dies macht die Durchführung der vEK-Bestandsrechnung unumgänglich.

Bezeichnet s^{kj} allgemein die Tarifbelastung der einzelnen vEK-Teile, die für die Ausschüttung verwendet werden können, so beträgt der Minderungs- bzw. Erhöhungsfaktor[5] $t^{(k)3j} = s^{ka} - s^{kj} - s^{kj} \cdot s^{ka}$ bezogen auf die daraus getätigte Ausschüttung A_J. Um die einzelnen

---

[2] S. hierzu auch Abschn. 85 der KSt-Richtlinien (KStR)

[3] S. hierzu die Abschn. 86 ff. KStR

[4] Dieses Verfahren wurde bereits bei der Berechnung der ESt-Belastung angewendet (s. hierzu Abschn. 1.1.3 bzw. 1.2.2)

[5] Die Minderungs- bzw. Erhöhungsfaktoren sind in Abschn. 77 KStR zusammengefaßt.

Teilbeträge A_J bestimmen zu können, ist jeweils das Ausschüttungs-potential der verwendbaren vEK-Teile zu berechnen. Insgesamt be-trägt die Veränderung der KSt:

$$S_{II}^{k} = \sum_{j} \left(s^{ka} - s^{kj} - s^{kj} \cdot s^{ka} \right) A_J$$

Wird die Gesellschafterbelastung einbezogen, so sind die einzelnen Multifaktoren $t^{(k)3j}$ um die einheitliche ESt-Belastung des Gesell-schafters in Höhe von $s^{e} + s^{ka} \cdot s^{e} - s^{ka}$ zu erweitern, so daß sich hieraus folgende Multifaktoren t^{k3j} ergeben:

$$t^{k3j} = \left(1 + s^{ka} \right) \left(s^{e} - s^{kj} \right)$$

Die Multifaktoren t^{k3j} lassen in $\left(s^{e} - s^{kj} \right)$ erkennen, welche Mehrbe-lastung dadurch eintritt, daß auch für Ausschüttungen, die auf er-mäßigt zu belastenden oder steuerfreien Einkommensteilen beruhen, die Ausschüttungsbelastung herzustellen ist und die Ausschüttungen der ESt unterliegen.

(Übungsaufgabe Nr. 16 im Arbeitsbuch)

Literatur zu Abschnitt 1

Bilstein: Anwendungsprobleme der Teilsteuerrechnung bei Personengesell-schaften, in: DB 1975, S. 2189 ff.

Eggesiecker/Schweigert: Anleitung für Steuerbelastungsvergleiche: GmbH, Personengesellschaft oder GmbH & Co KG?, Köln 1978

Eisenach: Entscheidungsorientierte Steuerplanung, Wiesbaden 1974

Gelbert: Die Berücksichtigung der Einkommensteuer – Progression in der Teilsteuerrechnung, in: DB 1970, S. 1281 ff.

Haase: Ertragsteuerbelastung und Ertragsteuerpolitik der Kapitalgesellschaft, Wiesbaden 1976

Herzig: [Auswirkungen] der Körperschaftsteuerreform auf das System der Teilsteuerrechnung, in: StuW 1977, S. 143 ff.

Höfer: Aspekte zur Dynamisierung der Teilsteuerrechnung, in: StuW 1971, S. 155 ff.

Kaefer: Grundlagen und Modelle zu Steuerbelastungsanalysen und -ver-gleichen mit Hilfe der automatischen Datenverarbeitung, Köln 1974

Montag: Die Ermittlung des Brutto-Ertragsbedarfs auf der Grundlage der Teilsteuerrechnung, in: StuW 1977, S. 230 ff.

Rose: Die [Steuerbelastung] der Unternehmung. Grundzüge der Teilsteuer-rechnung, Wiesbaden 1973

Rose: Zur Anwendung der Teilsteuerrechnung bei praktischen Aufgaben-
stellungen aus dem Bereich der steuerlichen Kautelarjurisprudenz, in:
Festschrift für W. Flume zum 70. Geburtstag, hrsg. von H.H. Jakobs, B.
Knobbe-Keuk, E. Picker, J. Wilhelm, Köln 1978, S. 257 ff.

Tischer: Die modifizierte Teilsteuerrechnung als anforderungsgerechtes Verfahren der Steuerlastprognose, in: StuW 1975, S. 39 ff.

2. Der steuerliche Einfluß auf die Wahl der Rechtsform

2.1 Die Wahl der Rechtsform als steuerliches Entscheidungsproblem

Anlaß für Überlegungen zur Wahl der günstigsten Rechtsform
kann die Gründung eines Unternehmens oder die Änderung betrieblicher Rahmenbedingungen steuerlicher (z.B. KSt-Reform) bzw.
nichtsteuerlicher (z.B. Mitbestimmungsgesetz) Art sein. Dabei werden sowohl steuerliche als auch außersteuerliche Faktoren die Entscheidung beeinflussen. Außersteuerliche Erwägungen können eine
manchmal ausschlaggebende Rolle spielen. Zu denken ist hierbei an
unterschiedliche Möglichkeiten und Auswirkungen bei der Begrenzung der Haftung der Gesellschafter, wobei die faktischen Unterschiede nicht überschätzt werden sollten (vgl. hierzu *Costede* [Fami-
lien-GmbH] 5 ff.), bei der Aufbringung und Veränderung des Eigenkapitals, hinsichtlich Publizitäts- und Prüfungspflichten sowie der
Regelung der Geschäftsführung. Außerdem werden in personenbezogenen Gesellschaften die gesellschaftsrechtlichen Möglichkeiten zur
Nachfolgeregelung und Vererbung von Gesellschaftsanteilen eine
wichtige Rolle spielen.

Die Wirkung solcher Faktoren läßt sich i. d. R. nur tendenziell ab-
schätzen. Dagegen kann man sich bei der Beurteilung der steuerlichen
Einflußfaktoren meist auf einen quantitativen Steuerbelastungsvergleich stützen. Im folgenden werden jeweils zunächst die steuerlichen
Folgen der einzelnen Rechtsform-Alternativen verbal beschrieben,
dann wird eine Quantifizierung der Steuerbelastung vorgenommen.

Zunächst erfolgt der Vergleich zwischen den *Grundtypen* der Personen- und Kapitalgesellschaft. Anschließend werden die verschiedenen *Rechtsform-Kombinationen* eingehend dargestellt und ihre Vor- und Nachteile analysiert. Dabei werden jeweils nur die laufenden Steuerbelastungen berücksichtigt. Die vielfältigen einmaligen Belastungen und Gestaltungsmöglichkeiten, die etwa anläßlich des Wechsels einer Rechtsform auftreten, können hier nicht behandelt werden.

2.2 Die Wahl zwischen Personengesellschaft und Kapitalgesellschaft

2.2.1 Unterschiede in der steuerlichen Behandlung von Personen- und Kapitalgesellschaft

In diesem Abschnitt werden die Unterschiede anhand der traditionellen Methode des «Steuerrechtsnormenvergleichs» (*Rose* [Steuerbelastung] 39) dargestellt.

2.2.1.1 Unterschiede bei der ertragsteuerlichen Subjektbesteuerung (ESt, KSt, KiSt)

Diese Unterschiede sind im wesentlichen zurückzuführen auf die Anwendung der Mitunternehmer-Grundsätze auf die Personengesellschaft und die selbständige, subjektive KSt-Pflicht der Kapitalgesellschaft.

a) *Unterschiede im Umfang des Betriebsvermögens und daraus resultierende Konsequenzen*

Zum Betriebsvermögen einer Kapitalgesellschaft gehören nur die in ihrem juristischen oder wirtschaftlichen Eigentum stehenden Wirtschaftsgüter. Bei der Personengesellschaft rechnen zu ihrem Betriebsvermögen einmal die im Gesamthandseigentum stehenden Wirtschaftsgüter. Daneben existiert die Kategorie des *Sonderbetriebsvermögens* der Gesellschafter, in der vor allem die Wirtschaftsgüter zu erfassen sind, die die Gesellschafter der Personengesellschaft zur Nutzung überlassen haben. Vergütungen für die Überlassung solcher Wirtschaftsgüter sind als gewerbliche Einkünfte i. S. d. § 15 Abs. 1 Nr. 2 EStG zu erfassen. Sie werden den betreffenden Gesellschaftern vorab zugerechnet. Diese Behandlung hat insbesondere Auswirkungen bei der GewSt (s. hierzu 2.2.1.2).

Bei der Kapitalgesellschaft werden dagegen schuldrechtliche Verträge über die Überlassung von Wirtschaftsgütern und Gewährung von Darlehen auch steuerlich wirksam. Die dafür gewährten Vergütungen sind als Betriebsausgaben abzugsfähig, soweit sie angemessen sind (sonst liegt eine verdeckte Gewinnausschüttung vor). Bei den Gesellschaftern führen sie zu Einkünften der entsprechenden Einkunftsarten, deren Besonderheiten (Ermittlung der Einkünfte, Freibeträge) damit wirksam werden.

b) *Unterschiede in der Behandlung von Tätigkeitsvergütungen*

Vergütungen, die die Kapitalgesellschaft an ihre Gesellschafter für die Geschäftsführung zahlt, sind Betriebsausgaben und mindern das körperschaftsteuerpflichtige Einkommen.

Der geschäftsführende Gesellschafter bezieht damit Einkünfte aus nichtselbständiger Arbeit. Außerdem kann die Kapitalgesellschaft Pensionsrückstellungen bilden, bei deren Bildung jedoch Besonderheiten zu beachten sind. Beim begünstigten Gesellschafter ergibt sich eine ESt-Pflicht aus der Pensionszusage erst dann, wenn daraus Einkünfte zufließen.

Bei den Personengesellschaften zählen dagegen Vergütungen für die Geschäftsführung zu den gewerblichen Einkünften des Gesellschafters, die den Gewinn der Personengesellschaft nicht mindern dürfen. Auch eine Pensionszusage gilt als Gewinnverteilungsabrede.

c) *Unterschiede bei der einkommensteuerlichen Erfassung der Gewinnanteile*

Bei Personengesellschaften werden die Gewinne eines Wirtschaftsjahres den einzelnen Gesellschaftern im Wege der einheitlichen und gesonderten *Gewinnfeststellung* (§§ 179, 180 AO) zugerechnet und unterliegen damit in voller Höhe deren individueller ESt-Belastung, da Steuersubjekt nicht die Personengesellschaft ist, sondern die einzelnen Gesellschafter einkommensteuerpflichtig sind. Dagegen unterliegt das Einkommen der Kapitalgesellschaft als Ganzes zunächst bei ihr der KSt. Durch die Vornahme von Ausschüttungen wird die Belastung dieses Teils rückgängig gemacht. Nur die an die Anteilseigner ausgeschütteten Gewinnanteile sind demnach im Jahr des Zuflusses deren persönlicher ESt zu unterwerfen. Hieraus ergibt sich, daß die von der Kapitalgesellschaft *thesaurierten* Einkommensteile der Tarifbelastung in Höhe von 56% des körperschaftsteuerpflichtigen Einkommens unterliegen. Der Belastungsunterschied dieser Einkommensteile gegenüber der Personengesellschaft hängt von der persönlichen Belastung mit ESt und KiSt ab, die in der Spitzenbelastung 58,111% beträgt.

Durch die Anwendung des SAHZ-Verfahrens kann jedoch bei der Kapitalgesellschaft ebenfalls die persönliche ESt-Belastung erreicht werden, wie sie bei Personengesellschaften gegeben ist. Die faktischen Möglichkeiten hierzu werden aber von den Interessenkonstellationen zwischen den einzelnen Gesellschaftern abhängen.

d) *Unterschiedliche Möglichkeiten der Ausschüttungsplanung*

Aus dem angesprochenen Unterschied der einkommensteuerlichen Erfassung von Gewinnanteilen resultiert die nur bei der Kapitalgesellschaft gegebene Möglichkeit der zeitlichen Ausschüttungsplanung: Bei schwankender Gewinnentwicklung werden in Jahren mit vergleichsweise hohen Gewinnen zunächst Einkommensteile thesauriert und in Perioden ausgeschüttet, in denen die ESt-Belastung gering ist. Dadurch werden die Progressionsspitzen vermieden. Das Verfahren der zeitlichen Ausschüttungsplanung wird in Abschn. 3.4.3.2 eingehend erläutert.

e) *Unterschiede in der Behandlung steuerfreier und steuerermäßigter Einkommensteile*

Bei der Kapitalgesellschaft kann die Steuerfreiheit und -ermäßigung bestimmter Einkommensteile nicht wie bei der Personengesellschaft an die Anteilseigner weitergeleitet werden. Die Steuervergünstigung kommt nur der Kapitalgesellschaft selbst zugute, solange sie diese Einkommensteile thesauriert. Werden nämlich aus den betreffenden Einkommensteilen Ausschüttungen an die Anteilseigner vorgenommen, so ist hierauf die Ausschüttungsbelastung herzustellen, die zu einer Erhöhung der KSt führt. Bei den Gesellschaftern unterliegt die Bruttoausschüttung voll der ESt, so daß durch die Ausschüttung die Steuerfreiheit bzw. -ermäßigung verloren geht.

f) *Unterschiedliche Möglichkeiten der Verlustverrechnung*

Verluste der Personengesellschaft können, da sie den Gesellschaftern zugerechnet werden, im Verlustjahr mit ihren anderen positiven Einkünften verrechnet werden, so daß in vielen Fällen ein sofortiger Verlustausgleich möglich ist. Für nicht ausgeglichene Verluste ist der Verlustabzug i. S. d. § 10d EStG möglich. Da die Kapitalgesellschaft selbständiges Steuersubjekt ist und nur Einkünfte aus Gewerbebetrieb hat, besteht die Möglichkeit des Verlustausgleichs bei ihr nicht. Sie ist auf den Verlustabzug (Verlustrücktrag bzw. -vortrag innerhalb der nächsten fünf Wirtschaftsjahre) beschränkt, wodurch sich Zinsverluste, aber auch ein eventueller Verfall von «Verlustpotential» im Vergleich zur Personengesellschaft ergeben können.

g) Unterschiede in der steuerlichen Behandlung von Anteilsveräußerungen

Bei der Veräußerung von Anteilen an Personengesellschaften normiert § 16 EStG grundsätzlich die volle Steuerpflicht des Veräußerungsgewinns ohne Rücksicht auf die Beteiligungshöhe. Allerdings enthält § 16 Abs. 4 EStG eine Freibetragsregelung. Der nach Abzug des Freibetrags noch verbleibende steuerpflichtige Gewinn unterliegt gem. § 34 Abs. 1 und 2 Nr. 1 EStG dem halben Steuersatz.

Gewinne aus der Veräußerung von Anteilen an Kapitalgesellschaften unterliegen – wenn sie im Privatvermögen gehalten werden – abgesehen von den Spekulationsgewinnen i. S. d. § 23 EStG nur dann der Besteuerung, wenn der Veräußerer innerhalb der letzten 5 Jahre mit mehr als 25% beteiligt war und Anteile über mehr als 1% des Gesellschaftskapitals veräußert wurden. Dies ergibt sich aus § 17 EStG, der auch eine besondere Freibetragsregelung vorsieht. Der ermäßigte Steuersatz gem. § 34 EStG ist ebenfalls anwendbar.

Gehört die Beteiligung an der Kapitalgesellschaft zum Betriebsvermögen, so ergeben sich die steuerlichen Folgen aus § 16 EStG. Eine Gleichbehandlung mit Anteilen an einer Personengesellschaft ist nur dann gegeben, wenn die Beteiligung das *gesamte* Nennkapital der Gesellschaft umfaßt (§ 16 Abs. 1 Nr. 1 EStG). Ist die Beteiligung geringer, so unterliegen Veräußerungsgewinne als laufende Gewinne ungemindert der Steuerpflicht.

2.2.1.2 Unterschiede in der Gewerbesteuerbelastung

a) Gewerbeertragsteuer

Durch die Klassifizierung als gewerbliche Einkünfte i. S. d. § 15 Abs. 1 Nr. 2 EStG sind die besonderen Leistungs- und Tätigkeitsvergütungen an Gesellschafter von Personengesellschaften, die hier lediglich als Gewinnvorauszahlungen angesehen werden, im steuerpflichtigen Gewerbeertrag enthalten. Bei Kapitalgesellschaften sind dagegen solche Vergütungen als Betriebsausgaben abzugsfähig und mindern damit das körperschaftsteuerpflichtige Einkommen und den hieran anknüpfenden Gewerbeertrag.

Ob hieraus jedoch definitive gewerbeertragsteuerliche Unterschiede resultieren, hängt auch von den Hinzurechnungsvorschriften des § 8 GewStG ab:

1. Gemäß § 8 Nr. 7 GewStG muß eine Hinzurechnung in Höhe der Hälfte der Miet- und Pachtzinsen stattfinden, die für die Überlassung der *nicht in Grundbesitz* bestehenden, von Gesellschaftern oder Dritten gemieteten/gepachteten Wirtschaftsgüter gezahlt werden. Dies gilt dann nicht, wenn sie beim Empfänger zum Gewerbeertrag zählen, es sei denn, daß ein Betrieb oder Teilbetrieb vermietet/verpachtet wird und der Jahresbetrag der Miet-/Pachtzinsen DM 250 000 übersteigt.
2. Zinsen für Verbindlichkeiten, die als Dauerschulden anzusehen sind, müssen gemäß § 8 Nr. 1 GewStG hinzugerechnet werden.

Daraus folgt, daß lediglich die Vergütung für die Geschäftsführung (einschl. Pensionsrückstellung) und die Pachtzinsen für die Überlassung von Grundbesitz in voller Höhe bei der Kapitalgesellschaft gewerbeertragsteuerfrei bleiben.

Bei den Miet-/Pachtzinsen für die Überlassung von Wirtschaftsgütern des beweglichen Anlagevermögens reduziert sich die Gewerbeertragsteuerentlastung auf die Hälfte, bei den Dauerschuldzinsen entfällt sie vollständig. Bei der Beurteilung der Unterschiede ist außerdem zu berücksichtigen, daß der gewerbeertragsteuerliche Freibetrag in Höhe von DM 36 000 nur der Personengesellschaft zusteht.

b) *Gewerbekapitalsteuer*

Die von den Gesellschaftern auf schuldrechtlicher Basis überlassenen Wirtschaftsgüter sind bei Kapitalgesellschaften Privatvermögen (und nicht Sonderbetriebsvermögen). Allerdings muß der Wert (Teilwert) der nicht in Grundbesitz bestehenden Wirtschaftsgüter, die dem Betrieb dienen, aber im Eigentum eines Dritten stehen, gemäß § 12 Abs. 2 Nr. 2 GewStG hinzugerechnet werden, wenn sie nicht im Einheitswert des gewerblichen Betriebs enthalten sind oder beim Gesellschafter bereits zum Gewerbekapital gehören.

Dauerschulden müssen gem. § 12 Abs. 2 Nr. 1 GewStG dem Einheitswert hinzugerechnet werden, soweit sie bei der Feststellung des Einheitswerts abgezogen worden sind. Insoweit ist eine Gleichbehandlung hinsichtlich Gesellschafterdarlehen bei Personen- und Kapitalgesellschaften gegeben. Da jedoch eine Hinzurechnung ab dem Erhebungszeitraum 1981 nur erfolgt, soweit der abgezogene Betrag DM 50 000 übersteigt, ergibt sich bei Kapitalgesellschaften ein – geringer – Vorteil, wenn dieser Freibetrag nicht bereits durch anderweitige Verbindlichkeiten gegenüber Dritten ausgeschöpft ist. Der allgemeine Freibetrag gemäß § 13 Abs. 1 GewStG, der ab dem Erhebungszeitraum 1981 in Höhe von DM 120000 gewährt wird, steht sowohl Personen- als auch Kapitalgesellschaften zu.

2.2.1.3 Unterschiede in der Vermögensteuerbelastung

Die Unterschiede in der Vermögensteuerbelastung zwischen Personen- und Kapitalgesellschaften können auf zwei Ursachen zurückgeführt werden:

a) Zum einen ergeben sich steuerliche Mehrbelastungen aus der *selbständigen Vermögensteuerpflicht* der Kapitalgesellschaft und der ertragsteuerlichen Behandlung der VSt.

b) Der Wert der Anteile an Personen- und Kapitalgesellschaften wird nach *unterschiedlichen Verfahren* ermittelt, woraus sich Unterschiede bei der persönlichen VSt der Anteilseigner ergeben könnten.

Zu a): Selbständige Vermögensteuerpflicht der Kapitalgesellschaft

Die vermögensteuerliche Mehrbelastung der Kapitalgesellschaft gegenüber der Personengesellschaft läßt sich in zwei Komponenten gliedern:

(1) Die *VSt der Kapitalgesellschaft* selbst ist erste Ursache der vermögensteuerlichen Mehrbelastung.

(2) Aus der *Nichtabziehbarkeit* der VSt bei der Ermittlung des körperschaftsteuerpflichtigen Einkommens kann (muß aber nicht) eine weitere Mehrbelastung resultieren.

Zu (1): Die VSt der Kapitalgesellschaft beträgt 0,7% der VSt-Bemessungsgrundlage, dem Einheitswert des Betriebsvermögens der Kapitalgesellschaft, der zu bestimmten Stichtagen festzustellen ist. Diese VSt-Belastung trifft nur Kapitalgesellschaften, so daß diese Mehrbelastung in jedem Falle anfällt.

Zu (2): Die VSt darf als *nicht abzugsfähige Betriebsausgabe* i. S. d. § 10 Nr. 2 KStG das körperschaftsteuerpflichtige Einkommen nicht mindern. Dadurch entsteht eine Definitivbelastung mit KSt von i. d. R. 127,27% der VSt, wenn die VSt als sonstige nichtabziehbare Ausgabe i. S. d. § 31 Abs. 1 Nr. 4 KStG vom vollbelasteten verwendbaren Eigenkapital *(EK$_{56}$)* abgezogen wird. Steht *EK$_{56}$* nicht zur Verfügung, so sind die ermäßigt belasteten Teile des verwendbaren Eigenkapitals um die VSt zu kürzen, wodurch die definitive KSt-Belastung vermindert wird. Durch den Abzug der VSt von *EK$_{56}$* geht der körperschaftsteuerliche Minderungs- und Anrechnungsanspruch verloren. Die mögliche Bruttoausschüttung der Kapitalgesellschaft verringert sich um insgesamt 227,27% der VSt.

Damit ist die sich aus der Nichtabziehbarkeit der VSt ergebende *effektive* Belastung jedoch noch nicht endgültig erfaßt: Durch die verringerte Bruttoausschüttung mindert sich auch die ESt des Gesellschafters. Die endgültige Belastung hängt also von der Höhe der vermiedenen ESt ab (*Wagner* [«Schatteneffekt»]).

Bei der Personengesellschaft selbst tritt keine Belastung durch VSt und definitive KSt auf. Das Einkommen der Gesellschafter ist dementsprechend gegenüber der Kapitalgesellschaft erhöht und unterliegt der vollen ESt-Belastung. Soll die *Differenzbelastung* zwischen der Kapitalgesellschaft und der Personengesellschaft ermittelt werden, so sind die nach Abzug aller Steuern *verbleibenden Nettoeinkommen* einander gegenüberzustellen. Dies soll nachfolgend an Hand eines Beispiels durchgeführt werden. Dabei wird angenommen, daß der bereits um die GewSt geminderte Gewinn 1000 DM beträgt; die VSt der Kapitalgesellschaft (S^{vk}) betrage 70 DM (0,7% auf einen Einheitswert von 10000). Die Definitivbelastung mit KSt aufgrund der VSt beträgt demnach 89,09 (127,27% von 70). Das nach Abzug der ESt bei einer Ausschüttung verbleibende Nettoeinkommen bei der Kapitalgesellschaft und der Personengesellschaft ergibt sich aus der nachfolgenden Tabelle. Der kombinierte ESt/KiSt-Faktor wird dabei von 0% bis zur Höchstbelastung von 58,111% variiert.

Die Tabelle zeigt: Solange der kombinierte ESt-Faktor s^e kleiner als 56% ist, tritt bei der Kapitalgesellschaft eine Zusatzbelastung auf, die bei $s^e = 0$ ihren höchsten Wert mit 127,27% der VSt annimmt. Bei $s^e = 0,56$ ist die Zusatzbelastung gleich Null. Übersteigt s^e diesen Wert, so ergibt sich eine Minderbelastung gegenüber der Personengesellschaft.

Zu b): Unterschiedliche Bewertung der Anteile an Personen- und Kapitalgesellschaften

Bei Personengesellschaften wird der Einheitswert des Betriebsvermögens festgestellt und den Gesellschaftern anteilig zugerechnet. Anteile an Kapitalgesellschaften sind dagegen mit den gemeinen Werten zur VSt heranzuziehen. Soweit solche nicht aus Kurswerten oder Verkäufen abgeleitet werden können, kommen die Grundsätze des Stuttgarter Verfahrens zur Anwendung (vgl. § 11 BewG, Abschn. 74–80 VStR). Der Einheitswert des Betriebsvermögens bildet hierbei zwar den Ausgangspunkt, doch werden bei verschiedenen Wirtschaftsgütern Zu- und Abschläge vorgenommen und die Ertragsaussichten der Unternehmung einbezogen. Insgesamt ergibt sich dadurch i. d. R. eine Erhöhung der gemeinen Werte gegenüber dem Einheitswert. Um die Einflußfaktoren und deren Auswirkungen deutlich zu machen,

Tabelle 5: «Schatteneffekt» der VSt bei unterschiedlichen s^e-Sätzen

Komb. Satz s^e (1)	Kapitalgesellschaften				Personen-Gesellschaften		Differenz der Steuerbelastung		
	S^{vk} (2)	S^{tn} (3)	S^e (4)	Netto-einkommen nach Steuern (5)	S^e (6)	Netto-einkommen nach Steuern (7)	insge-samt (8)	nach Abzug von S^{vk} (8)–(2) (9)	in % von S^{vk} (10)
$s^e = 0$	70	89,09	0	840,91	0	1000	159,09	+89,09	+127,27
$s^e = 0,3$	70	89,09	252,27	588,64	300	700	111,36	+41,36	+59,09
$s^e = 0,4$	70	89,09	336,36	504,55	400	600	95,45	+25,45	+36,36
$s^e = 0,5$	70	89,09	420,45	420,45	500	500	79,55	+9,55	+13,64
$s^e = 0,56$	70	89,09	470,91	370,00	560	440	70,00	0	0
$s^e = 0,58111$	70	89,09	488,66	352,25	581,11	418,89	66,64	– 3,36	– 4,8

wird nachfolgend das Verfahren zur Ermittlung des Vermögenswertes und des Ertragshundertsatzes tabellarisch dargestellt:

Tabelle 6: Ermittlung des Vermögenswertes und des Ertragshundertsatzes beim Stuttgarter Verfahren

Vermögenswert	Ertragshundertsatz
(1) Betriebsvermögen (Einheitswert) (2) + Zurechnungen ⎫ zum EW gem. ⎬ Abschn. 77 (3) − Abrechnungen ⎭ Abs. 1 VStR	(1) Körperschaftsteuerpflichtiges Einkommen (2) + Zurechnungen (3) − Abrechnungen
(4) = Einheitswert nach Zu- und Abrechnungen (5) + Werterhöhung bei Grundstücken (6) ± Sonstige Zu- und Abrechnungen gem. Abschn. 77 Abs. 2 VStR	(4) = Korrigiertes körperschaftsteuerpflichtiges Einkommen (5) − KSt: 56% von (4) (6) − VSt (7) − Sonst. nichtabzugsfähige Aufwendungen
(7) = Korrigiertes Gesellschaftsvermögen (8) − 15%-Abschlag von (7)	(8) = Korrigiertes verwendbares Eigenkapital (9) + KSt: 127% auf (8) (10) + Steuerfreie Einnahmen
(9) = gekürztes Vermögen	
	(11) = Betriebsergebnis (12) − 30%-Abschlag von (11)
	(13) = ausschüttungsfähiger Ertrag
Vermögenswert = $$\frac{\text{gekürztes Vermögen (9)} \times 100}{\text{Nennkapital}}$$	Ertragshundertsatz = $$\frac{\text{durchschn. Ertrag (13)} \times 100}{\text{Nennkapital}}$$

Anmerkungen zur Ermittlung des Vermögenswertes gemäß Abschn. 77 VStR

Betriebsgrundstücke sind mit den Verkehrswerten anzusetzen. Sofern nicht andere Anhaltspunkte für den Verkehrswert vorliegen, sind diese mit 250% des am jeweiligen Stichtag maßgeblichen Einheitswerts (ohne Zuschlag nach §121a BewG) anzusetzen. Die sich dadurch ergebenden Korrekturen (Pos. 5) sollen jedoch nur dann zu einer Werterhöhung führen, wenn sie zusammen mit den sonstigen Zu- und Abrechnungen gem. Abschn. 77 Abs. 2 VStR (Pos. 6) mehr als 10% des Einheitswerts nach Zu- und Abrechnungen (Pos. 4) betragen.

Anmerkungen zur Ermittlung des Ertragshundertsatzes gemäß Abschn. 78 VStR

Es ist von den körperschaftsteuerpflichtigen Einkommen der dem Stichtag vorangehenden letzten drei Jahre auszugehen, woraus ein durchschnittlicher ausschüttungsfähiger Ertrag abzuleiten ist. Der auf Basis der *Betriebsergebnisse* ermittelte Ertragshundertsatz wird für die Ermittlung des gemeinen Werts aber nur dann maßgeblich, wenn der durchschnittliche *Dividendensatz* einschließlich der Steuergutschrift einen niedrigeren Wert aufweist. Schüttet die Kapitalgesellschaft jeweils ihre Gewinne in vollem Umfange aus, so wird der maßgebende Ertragshundertsatz i. d. R. auf der Basis des Dividendensatzes ermittelt werden, da der Dividendensatz nicht um den 30%-igen Abschlag gekürzt wird.

Gemeiner Wert

Auf der Grundlage des Vermögenshundertsatzes und des maßgebenden Ertragshundertsatzes wird der gemeine Wert im Normalfall nach folgender Formel berechnet:

$$\text{gemeiner Wert} = \frac{65}{100} \times [\text{Vermögenswert} + 5 \times \text{Ertragshundertsatz}]$$

Besonderheiten bei der Ermittlung des gemeinen Werts sind dann zu beachten, wenn nachhaltig unverhältnismäßig geringe Erträge einem großen Vermögen gegenüberstehen.

Das ist nach Abschn. 79 Abs. 3 VStR der Fall, wenn der Ertragshundertsatz weniger als 5% des Vermögenswertes beträgt. Für je 0,5% Renditeminderung unter 5% ist dann ein Abschlag von 3% vom gemeinen Wert vor Abschlag vorzunehmen.

2.2.2 Die Durchführung des Steuerbelastungsvergleichs zwischen Personen- und Kapitalgesellschaften

2.2.2.1 Einflußfaktoren

Die vorstehenden Ausführungen haben gezeigt, daß die Personen- und Kapitalgesellschaften in der steuerlichen Behandlung jeweils spezifische Vor- und Nachteile aufweisen. Pauschale Aussagen derart, daß «die» Personengesellschaft oder «die» Kapitalgesellschaft die beste der alternativ zur Verfügung stehenden Rechtsformen sei, sind nicht allgemein haltbar und können auch nicht mit kasuistischen Beispielsrechnungen «bewiesen» werden. Die optimale Rechtsform ist von den im Einzelfall gegebenen Besteuerungs-Daten abhängig und kann nur auf Grund eines individuellen Steuerbelastungsvergleichs ermittelt werden.

Für die Durchführung von Vergleichsrechnungen ist zunächst die Frage zu beantworten, welche *Besteuerungstatbestände* einzubeziehen sind. Wie bereits ausgeführt wurde, sollen hier nur die laufenden Steuerbelastungen berücksichtigt werden. Dabei kann die laufende Grundsteuerbelastung als solche vernachlässigt werden, nicht jedoch – wegen ihrer Abzugsfähigkeit als Betriebsausgabe – deren Auswirkungen auf die übrigen laufenden Steuerarten.

Wichtig, im Einzelfall aber schwierig zu beantworten, ist die zweite Frage, welche *Ausgangsdaten* dem Vergleich zugrundegelegt werden. Zunächst kann zwischen solchen Daten, die für die Zwecke des Steuerbelastungsvergleichs als unbeeinflußbar betrachtet werden müssen, und solchen, die einer Gestaltung zugänglich sind, unterschieden werden. Zu ersteren können etwa die Höhe des für den Betriebsablauf benötigten Kapitals und die Höhe der prognostizierten periodischen Erträge und Aufwendungen gerechnet werden. Zur zweiten Gruppe gehören beispielsweise die Höhe der Leistungsvergütungen oder die Aufteilung des gesamten Eigenkapitals auf Grund- bzw. Stammkapital und Gesellschafterdarlehen.

Durch solche Gestaltungsparameter kann die Steuerbelastung in so hohem Maße verändert werden, daß sie zu einem Wechsel in der Rangfolge der Rechtsformen führt. Soweit die Parameter einer Optimierung zugänglich sind, werden die als optimal ermittelten Daten dem Vergleich zugrundegelegt. Dies gilt etwa für die Frage, ob die Kapitalgesellschaft eine Vollausschüttung (kombiniert mit dem SAHZ-Verfahren) durchführen oder thesaurieren sollte. Einleuchtend ist auch, daß Leistungsvergütungen bei Kapitalgesellschaften bis zur Grenze des steuerlich noch Angemessenen ausgedehnt werden anstatt dafür Gewinnausschüttungen vorzunehmen. In manchen Fällen verbieten sich jedoch aus außersteuerlichen Gründen Gestaltungen, die aus steuerlicher Sicht optimal erscheinen, etwa die Zuführung von Kapital als Gesellschafterdarlehen anstatt in Form von Stammkapital oder Rücklagen.

Die dritte Frage, welche *Methode des Steuerbelastungsvergleichs* herangezogen werden sollte, kann nicht nach dem Kriterium der Genauigkeit der Berechnung beantwortet werden, da sowohl die Veranlagungssimulation als auch die Teilsteuerrechnung hinreichend genaue Ergebnisse liefern. Unter dem Gesichtspunkt der Praktikabilität ist jedoch die Teilsteuerrechnung vorzuziehen, da es mit ihr bei geringem Arbeitsaufwand möglich ist, wiederholte Berechnungen durchzuführen, um die Auswirkungen verschiedener Gestaltungsmöglichkeiten zu quantifizieren. Mit dem Gerüst von Teilsteuer-Bemessungsgrundlagenteilen sind außerdem Anhaltspunkte gegeben, welche Größen in den Steuerbelastungsvergleich einzubeziehen sind. Die Teilsteuer-Rechnung erfüllt deshalb auch die Funktion einer nützlichen «checklist».

2.2.2.2 Der Einsatz der Teilsteuerrechnung für den Steuerbelastungsvergleich

In den Abschnitten 1.2 und 1.3 wurden die Steuerbelastungen für die Personengesellschaft und die Kapitalgesellschaft (einschließlich ihrer nichtgewerblichen Gesellschafter) quantifiziert und die Multifaktoren und Teilsteuersätze für die einzelnen Bemessungsgrundlagenteile abgeleitet. Für den Rechtsformenvergleich zwischen der Personengesellschaft und der Kapitalgesellschaft können diese Teilsteuersysteme verwendet werden, indem jeweils die auf den einzelnen Bemessungsgrundlagenteilen lastenden Teilsteuern addiert und die Gesamtsteuerbelastungen einander gegenübergestellt werden.

In der entscheidungslogischen Betrachtung ist für die Frage, welche der alternativen Rechtsformen vorzuziehen ist, die Höhe der jeweiligen Gesamtsteuerbelastung jedoch nur insoweit relevant, als daraus der *Unterschied* in der Steuerbelastung ermittelt werden kann. Der Unterschied kann jedoch auch mit Hilfe einer modifizierten Form der Teilsteuerrechnung errechnet werden, ohne den «Umweg» über die Berechnung der Gesamtsteuerbelastung zu machen. Zu diesem Zweck werden die Multifaktoren, die zu Bemessungsgrundlagenteilen gleichen Inhalts bei der Personen- und Kapitalgesellschaft gehören, voneinander subtrahiert (*Rose* [Steuerbelastung] 180 ff.). Die sich ergebenden Unterschiede werden als *Differenzfaktoren* bezeichnet und erhalten das Symbol «*u*». Mit Hilfe der Differenzfaktoren wird das Verfahren des Steuerbelastungsvergleichs erheblich verkürzt, da die Bemessungsgrundlagenteile nur mit den jeweiligen *Differenz-Teilsteuersätzen* multipliziert werden und sich aus der Addition der Teilsteuer-Unterschiede die Rangfolge ablesen läßt. Die Herleitung und Zusammensetzung der einzelnen Differenzfaktoren ist für den «Normalfall» der Steuerbelastung einer Kapitalgesellschaft einschließlich ihrer Gesellschafter in der *Tab.* 7 dargestellt.

Die Analyse der Differenzfaktoren und Differenz-Teilsteuersätze ermöglicht es, die in Abschn. 2.2.1 nur verbal ausgeführten Unterschiede zwischen Personen- und Kapitalgesellschaft zahlenmäßig zu spezifizieren. Ein Blick auf die Differenz-Teilsteuersätze zeigt, daß die meisten der Differenzen in Vorzeichen und Ausmaß von der zu-

Zeile	Bemessungs-grundlagen-teil	Differenzfaktor		Differenz-Teilsteuersatz [%]	
		Symbol u. Definition	Zusammensetzung	niedrig	hoch
(1)	R, M^e	$u^1 = t^{k1} - t^{p1}$	$(s^{kn} - s^e)(1 - s^{ge})$	28,249	$-1,836$
(2)	L	$u^2 = t^{k2}$	$s^{kn}s^{ge} - s^{kn} - s^{ge} + s^e$	$-38,225$	$-3,628$
(3)	A	$u^3 = t^{k3}$	$(1 + s^{ka})(s^e - s^{kn})$	$-50,760$	$3,298$
(4)	M^k	$u^4 = t^{k1}$	$s^{kn} + s^{ge} - s^{kn}s^{ge}$	61,739	61,739
(5)	M^{ge}	$u^5 = t^{k4} - t^{p2}$	$(s^e - s^{kn})s^{ge}$	$-4,237$	$2,753$
(6)	B^u, M^{bu}	$u^6 = t^{k5} - t^{p3}$	$s^{vk} + (s^{kn} - s^e)(s^{ge}s^{gk} - s^{gk})$	0,5305	0,711
(7)	B^i, M^{bi}	$u^7 = t^{k8} - t^{p3}$	$(1 - s^e)(s^{ge}s^{gk} - s^{gk})$	$-0,399$	$-0,2185$
(8)	M^{gk}	$u^8 = t^{k6} - t^{p4}$	$(s^{kn} - s^e)(s^{ge}s^{gk} - s^{gk})$	$-0,169$	$0,011$
(9)	M^{vu}	$u^9 = t^{k7} - t^{p5}$	$s^{vk} - s^{vp}$	0,2	0,2
(10)	M^{vi}	$u^{10} = t^{k8} - t^{p5}$	–	–	–
(11)	M^a	$u^{11} = t^{k8}$	s^{vp}	0,5	0,5
(12)	F^v	$u^{12} = t^{k9} - t^{p6}$	–	–	–
(13)	F^e	$u^{13} = t^{k10} - t^{p7}$	–	–	–
(14)	F^{ge}	$u^{14} = -t^{p8}$	$(1 - s^e)s^{ge}$	9,976	5,464
(15)	F^{gk}	$u^{15} = t^{k11} - t^{p9}$	$(s^e - s^{kn})(s^{ge}s^{gk} - s^{gk})$	0,169	$-0,011$

grundegelegten ESt-Belastung abhängig sind. Es sollen hier die «Pluspunkte» der Kapitalgesellschaft beim Spitzensteuersatz $s^e = 58,111\%$ (Spalte «hoch») zusammengestellt werden. Vorteile ergeben sich bei den Bemessungsgrundlagenteilen R, M^e (siehe (1)), L (2), B^i, M^{bi} (7) und F^{gk} (15), deren Differenz-Teilsteuersätze negativ sind, weil jeweils die Multifaktoren der Personengesellschaft von denen der Kapitalgesellschaft subtrahiert werden (siehe Definitionsspalte).

Vorteile der Kapitalgesellschaft

Zu (1): Beim Reinertrag und den einkommensteuerlichen Modifikationen variiert die Differenz zwischen einer Mehrbelastung der Kapitalgesellschaft von 28,25% bei niedrigem ESt-Satz und einer Minderbelastung in Höhe von $-1,84\%$ bei hohem ESt-Satz. Die Unterschiede beruhen auf der Differenz $(s^{kn} - s^e)$. Belastungsdifferenzen wirken sich jedoch nur für *thesaurierte* Gewinnanteile der Kapitalgesellschaften aus. Soweit Teile des Reinertrags auch für Leistungsvergütungen und Ausschüttungen verwendet werden, sind zusätzlich noch die Differenzfaktoren in Zeile (2) bzw. (3) heranzuziehen.

Zu (2): Da bei Personengesellschaften Sondervergütungen wie R behandelt werden, fehlt hier ein entsprechender Multifaktor für L. Bei Kapitalgesellschaften bringt der Multifaktor t^{k2} den Unterschied zur Besteuerung als Bestandteil des Reinertrags zum Ausdruck. Um die gesamte Differenz zu ermitteln, sind deshalb die Differenzfaktoren u^1 und u^2 zu addieren. Die gesamte Differenz beträgt bei hohem s^e $-5,464\%$, bei niedrigem $-9,976\%$.

Der Unterschied beruht auf der gewerbeertragsteuerlichen Abzugsfähigkeit $s^e \cdot s^{ge} - s^{ge}$. Sind Leistungsvergütungen als gewerbeertragsteuerliche Modifikation M^{ge} wieder hinzuzurechnen, entfällt die Entlastung.

Zu (3): Ausschüttungen von Kapitalgesellschaften werden wie der Reinertrag von Personengesellschaften behandelt. Es darf sich also insgesamt keine Differenz ergeben. Bezieht man die GewESt-Belastung mit ein und berücksichtigt, daß A die *Bar*ausschüttung kennzeichnet, so erklärt sich der Unterschied in den ausgewiesenen Differenzfaktoren $u^1 = -1,836\%$ und $u^3 = 3,298\%$, die sich auf *unterschiedliche Basisgrößen* beziehen: Der Faktor u^1 bezieht sich auf den Reinertrag R, der um die GewESt nicht gemindert ist. Nach Abzug von S^{ge} verbleibt als *Brutto*ausschüttung $(1 - s^{ge}) R$. Nach Abzug der Ausschüttungsbelastung von 36% verbleiben als *Bar*ausschüttung A 64% der Bruttoausschüttung. Mit diesen Korrekturfaktoren gilt: $1,836\% = (1 - 0,13043) \, 0,64 \cdot 3,298\%$. Auf die gleichen Basisgrößen bezogen ist also $u^1 + u^3 = 0$.

Zu (7): Das inhabereigene Betriebsvermögen B^i und M^{bi} unterliegen nur bei der Personengesellschaft der GewKSt, die aber das zu versteuernde Einkommen um $(s^{ge} \cdot s^{gk} - s^{gk})$ mindert, so daß die endgültige Minderbelastung der Kapitalgesellschaft $(1 - s^e) \, (s^{ge} \cdot s^{gk} - s^{gk})$ beträgt.

Zu (15): Die Differenz stammt aus der unterschiedlichen Wirkung der Abzugsfähigkeit der GewKSt bei der ESt und KSt.

Nachteile der Kapitalgesellschaft

Sie ergeben sich hauptsächlich bei den Bemessungsgrundlagenteilen M^{ge} (5), B^u, M^{bu} (6), M^{gk} (8), M^a (11), F^{ge} (14).

Zu (5): Die Differenz resultiert aus der unterschiedlichen Wirkung der Abzugsfähigkeit der auf die Modifikation entfallenden GewESt bei der KSt bzw. ESt.

Zu (6): Die Unterschiede in der Belastung des Einheitswerts resultieren aus zwei Ursachen:

a) Bei Personengesellschaften fällt keine zusätzliche VSt in Höhe von $s^{vk} = 0,7\%$ an.

b) Die Abzugsfähigkeit der GewKSt $(s^{ge} \cdot s^{gk} - s^{gk})$ wirkt sich bei ESt und KSt unterschiedlich aus.

Zu (8): Im Faktor u^8 für gewerbekapitalsteuerliche Modifikationen kommt die unterschiedliche Wirkung der Abzugsfähigkeit bei der KSt bzw. ESt zum Ausdruck.

Zu (11): Anteilswertmodifikationen M^a können nur bei Anteilen an Kapitalgesellschaften entstehen und unterliegen dem VSt-Satz für natürliche Personen $s^{vp} = 0,5\%$.

Zu (14): Der Freibetrag F^{ge} steht nur Personengesellschaften zu; bei Einbezug der Auswirkung auf das zu versteuernde Einkommen ergibt sich eine Entlastungswirkung bei Personengesellschaften von 5,464% bzw. 9,976%.

Bei der Analyse der Differenzfaktoren ist zu beachten, daß ein Teil der Belastungsunterschiede auf die nur vorübergehende Belastung mit KSt zurückgeht und bei Ausschüttungen verschwindet. Definitiv sind die Mehrbelastungen der Kapitalgesellschaft aufgrund der VSt und die Minderbelastungen mit GewESt auf Leistungsvergütungen, soweit sie nicht wieder als gewerbeertragsteuerliche Modifikationen hinzuzurechnen sind. Beschränkt man sich auf die Belastungsunterschiede bei B^u und L, so läßt sich eine kritische Relation (*Krause* [Rechtsform] 508 f.) zwischen der Höhe des Betriebsvermögens B^u und den Leistungsvergütungen L errechnen, bei der sich die Belastungsunterschiede aufheben, also gilt:

$$0 = u^6 \cdot B^u + (u^1 + u^2) \, L$$

Bei hoher s^e-Belastung ergibt sich daraus konkret:

$$0,711\% \cdot B^u = 5,464\% \cdot L$$
$$L = 0,13\% \cdot B^u$$

Beträgt das an die geschäftsführenden Gesellschafter bezahlte Gehalt mehr als 13% des Betriebsvermögens B^u, so ist die Kapitalgesellschaft der Personengesellschaft vorzuziehen.

(*Übungsaufgabe Nr. 17 im Arbeitsbuch*)

2.3 Kombinationen zwischen Personen- und Kapitalgesellschaften

2.3.1 Formen, Motive und Gestaltungsüberlegungen für Rechtsformalternativen

Wie sich bei der Behandlung der «reinen» Rechtsformen der Personen- und Kapitalgesellschaft gezeigt hat, weisen beide Rechtsformen in der steuerlichen Behandlung spezifische Vorteile auf. Es ist deshalb naheliegend, gesellschaftsrechtliche Kombinationen aus Personen- und Kapitalgesellschaften, also «gesetzlich nicht vorgesehene Gesellschaftsformen zum Zwecke der Steuerminimierung» (*Wöhe* [Steuerlehre] 127), zu konstruieren.

Als solche Rechtsform-Kombinationen kommen in Betracht:

a) Die *GmbH & Still*, bei der sich die (oder einzelne) Gesellschafter der GmbH mit einer Vermögenseinlage auch als stille Gesellschafter an der «eigenen» GmbH beteiligen.

b) Die *GmbH & Co KG*, bei der die GmbH in der Kommanditgesellschaft die Funktion des vollhaftenden Komplementärs übernimmt.

An der GmbH sind entweder dieselben Personen und im gleichen Verhältnis als Gesellschafter beteiligt wie in der Kommanditgesellschaft oder es besteht jedenfalls eine weitgehende Gesellschafteridentität.

c) Die sog. *Betriebsaufspaltung*, bei der in der typischen Form eine (Besitz-)Personengesellschaft die in ihrem Eigentum stehenden Wirtschaftsgüter an eine (Betriebs-)Kapitalgesellschaft vermietet oder verpachtet. Hinsichtlich der die Beteiligungen an der Personen- und Kapitalgesellschaft haltenden Personen kann wiederum eine strenge oder weitgehende Identität bestehen.

Bei der Beurteilung der Vorteilhaftigkeit der einzelnen Mischformen sind folgende Überlegungen einzubeziehen:

1. Allen genannten Formen ist zwar gemeinsam, daß eine Kapitalgesellschaft Bestandteil der gesellschaftsrechtlichen Konstruktion ist, doch ergeben sich dadurch die steuerlichen Vorteile der Kapitalgesellschaft in unterschiedlicher Art und Höhe. Durch die Begründung schuldrechtlicher Leistungsbeziehungen zwischen der Kapitalgesellschaft und den Gesellschaftern lassen sich, wenn die betreffenden Gesellschafter zugleich an der Personengesellschaft beteiligt sind, die gewerbesteuerlichen Vorteile im Fall der Betriebsaufspaltung im we-

sentlichen nur auf Grund der Geschäftsführervergütungen und bei der GmbH & Co KG überhaupt nicht erzielen.

2. Soll thesauriert werden, so ist es von der Durchführbarkeit des SAHZ-Verfahrens abhängig, ob die Gründung einer Personengesellschaft sinnvoll ist, wenn die Gesellschafter mit ESt-Sätzen belastet werden, die unterhalb der kritischen Grenzsteuersätze für das SAHZ-Verfahren liegen (s. Kap. 3.3.2). Da nur eine geringe Gefahr besteht, daß die Durchführung des SAHZ-Verfahrens als Gestaltungsmißbrauch angesehen wird, dürfte von den Unterschieden in der Behandlung thesaurierter Gewinne keine Notwendigkeit zur Bildung einer Personengesellschaft ausgehen. Unterliegen die Gesellschafter dem Spitzensteuersatz mit ESt/KiSt, so ist ohnehin eine Thesaurierung in der Kapitalgesellschaft günstiger.

3. Der Einbezug einer Personengesellschaft eröffnet die Möglichkeit, die VSt-Mehrbelastung der Kapitalgesellschaft weitgehend zu vermeiden. Aus diesem Blickwinkel ist es sinnvoll, eine Personengesellschaft in die Rechtsform-Konstruktion zu integrieren und die Kapitalgesellschaft nur mit dem gesetzlich geforderten Mindestkapital auszustatten.

4. Bezieht man aber die Tatsache ein, daß nur die Kapitalgesellschaft als Instrument zur Ausschüttungsplanung eingesetzt werden kann, so wird diese Gestaltungsmaxime relativiert. Um der Kapitalgesellschaft in ertragsstarken Perioden einen hohen Gewinnanteil zuweisen zu können, ist es notwendig, sie auch mit einem entsprechenden Kapitalanteil auszustatten, da i. d. R. Gewinnanteil und Kapitalanteil in angemessener Relation stehen müssen.

5. Aus den gegenläufigen Einflußfaktoren (3. und 4.) entsteht das Gestaltungsproblem, wie das benötigte Gesamtkapital auf die Personen- und Kapitalgesellschaft aufzuteilen ist. Als Planungsgrundlagen müssen dafür insbesondere bekannt sein:

a) die zukünftige Ertragsentwicklung (die nur geschätzt werden kann)
b) die Grundsätze zur steuerlichen Angemessenheit der Gewinnaufteilung auf die Personen- und Kapitalgesellschaft bei den einzelnen Rechtsformkombinationen

Da in der steuerlichen Behandlung der einzelnen Mischformen erhebliche Unterschiede bestehen, die zu unterschiedlichen Steuerbelastungen führen, werden im folgenden die einzelnen Formen detailliert dargestellt und die Quantifizierung der Steuerbelastung durchgeführt.

2.3.2 GmbH & stille Gesellschaft

2.3.2.1 Steuerliche Behandlung

a) *Allgemeine Merkmale*

Bei der GmbH & stille Gesellschaft gründet der GmbH-Gesellschafter mit der «eigenen» GmbH eine stille Gesellschaft und leistet darauf eine Kapitaleinlage, die in das Vermögen der GmbH übergeht. Die Motive für die Gründung einer GmbH & Still liegen meist auf steuerlichem Gebiet.

Häufiges Motiv dürfte die Möglichkeit sein, die VSt-Belastung der GmbH verringern zu können. Darüber hinaus eignet sich die stille Gesellschaft dazu, die Verpflichtung zur Wiedereinlage ausgeschütteter Gewinne beim Schütt aus-Hol zurück-Verfahren zu regeln (*Tillmann* [Rechtsformwahl] 280). Eine solche Wiederzuführungs-Verpflichtung kann hinsichtlich der Höhe und des Zeitpunkts der einzulegenden Mittel sehr flexibel ausgestaltet werden.

Ein zusätzliches Motiv ist bei beschränkt steuerpflichtigen ausländischen Gesellschaftern an Kapitalgesellschaften gegeben. Da gemäß § 50 Abs. 5 EStG die Anrechnung der KSt i. S. d. § 36 Abs. 2 Nr. 3 EStG nicht möglich ist, muß der Gesellschafter darauf bedacht sein, daß seine Gewinnanteile nicht der Körperschaftsteuerpflicht unterliegen. Dies ist bei einer typisch stillen Gesellschaft sichergestellt, da die Gewinnanteile des Stillen als Betriebsausgaben das körperschaftssteuerpflichtige Einkommen der Kapitalgesellschaft mindern.

Die Konstruktion der GmbH & Still ist sowohl handelsrechtlich als auch steuerrechtlich zulässig. Handelsrechtlich ist nach § 335 HGB eine stille Gesellschaft gegeben, wenn sich eine Person am Handelsgewerbe eines anderen mit einer Vermögenseinlage beteiligt. Die GmbH ist selbständige Rechtspersönlichkeit (§ 13 GmbHG), so daß auf Grund dieser rechtlichen Selbständigkeit ein Gesellschafter der GmbH mit ihr, wie mit jeder anderen natürlichen oder juristischen Person, Rechtsbeziehungen begründen kann.

Steuerrechtlich hat der BFH erstmals mit Urteil[6] v. 20. 8. 1954 klargestellt, daß eine stille Beteiligung des Gesellschafters einer GmbH an dieser grundsätzlich auch einkommensteuerrechtlich als solche zu beachten ist. Dies hat der BFH in weiteren Urteilen bestätigt[7]. Voraussetzung für die Anerkennung ist jedoch, daß ein solches stilles Gesellschaftsverhältnis zur GmbH im voraus klar und eindeutig vereinbart

---

[6] Vgl. BFH v. 20. 8. 1954, I 130/53 U, BStBl III 1954, S. 336
[7] Vgl. zuletzt BFH v. 9. 12. 1976, IV R 47/72, BStBl II 1977, S. 155 mit weiteren Nachweisen

ist[8], weil ein Gesellschafter der GmbH auch Leistungen ohne besonderes Entgelt, also in Form verdeckter Einlagen, erbringen kann.

Wird an der steuerrechtlichen Zulässigkeit auch nicht gezweifelt, so bestehen doch erhebliche Abgrenzungsprobleme gegenüber ähnlichen Rechtsinstituten: Die typische stille Gesellschaft ist einmal abzugrenzen von der atypischen stillen Gesellschaft und der Betriebsaufspaltung (*Costede* [Mitunternehmerschaft]), zum anderen vom partiarischen Darlehen[9]. Besonders auf die Abgrenzung zur atypischen stillen Gesellschaft ist zu achten, da bei Annahme einer solchen eine Mitunternehmerschaft (mit ihren steuerlichen Konsequenzen) besteht.

Mitunternehmer ist nach der Rechtsprechung des BFH, wer Unternehmerinitiative entfalten kann und Unternehmerrisiko trägt[10]. Gewöhnlich sind zwar Mitunternehmer außer am Gewinn, am Verlust und am Vermögen des Unternehmens sowie an den stillen Reserven des Anlagevermögens einschließlich des Geschäftswerts beteiligt. Entscheidend ist jedoch die rechtliche und wirtschaftliche Möglichkeit einer Person, auf die Geschicke des Unternehmens Einfluß zu nehmen. Ist diese Voraussetzung der Unternehmerinitiative bei gleichzeitigem Kapitalrisiko gegeben, so wird eine Mitunternehmerschaft angenommen, selbst wenn keine Beteiligung an den stillen Reserven und am Verlust besteht[11].

Für die atypische stille Beteiligung (Mitunternehmerschaft) gelten die Grundsätze der steuerlichen Behandlung, wie sie für die GmbH & Co KG entwickelt wurden[12]. Im folgenden werden die steuerlichen Konsequenzen für die typisch stille Gesellschaft erläutert.

b) *Einkommensteuer und Körperschaftsteuer*

Zu unterscheiden ist zwischen der Behandlung des *Gewinnanteils des Stillen* bei der Gesellschaft (GmbH) selbst und der beim stillen Gesellschafter. Bei der GmbH ist der Gewinnanspruch des Stillen als Betriebsausgabe abzugsfähig; dadurch mindert sich das Einkommen der GmbH i. S. d. § 8 KStG. Der KSt unterliegt damit nur noch der um den Gewinnanteil des Stillen geminderte Gewinn der GmbH. Als

---

[8] Vgl. BFH v. 9. 12. 1976, a. a. O.
[9] S. zur Abgrenzung von typisch stiller Beteiligung und partiarischen Darlehen etwa BFH v. 10. 2. 1978, III R 115/76, BStBl II, S. 256
[10] Vgl. BFH v. 9. 10. 1969, IV 294/64, BStBl II 1970, S. 320
BFH v. 28. 11. 1974, I R 232/72, BStBl II 1975, S. 498
BFH v. 9. 12. 1976, IV R 47/72, BStBl II 1977, S. 155
[11] Vgl. hierzu BFH v. 5. 7. 1978, I R 22/75, BStBl II 1978, S. 644
[12] S. hierzu Abschnitt 2.3.3

Berechnungsbasis für den Gewinnanteil des Stillen kommen verschiedene gesellschaftsrechtliche Möglichkeiten in Betracht, deren steuerliche Konsequenzen voneinander abweichen. Eine Beurteilung der Zweckmäßigkeit erfolgt unter e).

Da der Stille zugleich Gesellschafter der GmbH ist, besteht die Gefahr, daß der Gewinnanteil unangemessen hoch bzw. niedrig ist. Eine verdeckte Gewinnausschüttung der GmbH liegt vor, wenn der Anteil des Stillen in Relation zu seinem Gewinnanteil als Gesellschafter der GmbH unangemessen hoch ist. Ist der Anteil des Stillen zu niedrig, so müßten die Folgen einer verdeckten Einlage eintreten.

Zur Angemessenheit der Gewinnverteilung bei der GmbH & Still führt der BFH zuletzt in seinem Beschluß[13] v. 2. 7. 1975 aus, daß es «ernsthaft zweifelhaft (sei), ob die für die Beteiligung eines stillen Gesellschafters an einer Personengesellschaft geltende Begrenzung seines Gewinnanteils auf einen Vomhundertsatz seiner Einlage» (vgl. BFH v. 14. 2. 1973, I R 131/70, BStBl II 1973, S. 395) «auch dann anzuwenden ist, wenn unter dem Gesichtspunkt der verdeckten Gewinnausschüttung die Angemessenheit des Gewinnanteils eines stillen Gesellschafters einer GmbH, der zugleich an deren Stammkapital beteiligt ist, zu prüfen ist». Die Rechtsprechung hat bekanntlich bei Familiengesellschaften als Höchstgrenzen für die Fälle der Schenkung der stillen Beteiligung 15% der Einlage[14], in den anderen Fällen 25% der Einlage, wenn die Verlustbeteiligung ausgeschlossen ist[15], angesehen. Als angemessen kann der Gewinnanteil des stillen Gesellschafters bezeichnet werden, den die Kapitalgesellschaft bei Anwendung der Sorgfalt eines ordentlichen und gewissenhaften Geschäftsleiters auch einem stillen Gesellschafter, der nicht zugleich Aktionär oder GmbH-Gesellschafter ist, einräumen würde (*Döllerer* [Rechtsprechung] 504).

Beteiligt sich der Stille an einem bereits bestehenden und mit fester Marktposition arbeitenden Unternehmen, so ist zu beachten, daß bei der GmbH stille Reserven vorliegen können, die bei der angemessenen Gewinnverteilung zu berücksichtigen sind. Der BFH hat in einem solchen Fall die Ansicht der Vorinstanz bestätigt, die als angemessene Vergütung einen Vorabgewinn in Höhe von 20% des Gewinns betrachtete. Es kann, um jeden Zweifel auszuschließen, auch eine Gewinnverteilung auf der Basis der Verkehrswerte von GmbH und Einlage des Stillen vorgenommen werden.

Hat die Kapitalgesellschaft einen Verlust erlitten, so verringert sich

---

[13] BFH v. 2. 7. 1975, I B 5/75, BFHE 116, 348 = DB 1975, S. 2066
[14] Vgl. BFH v. 29. 3. 1973, IV R 56/70, BStBl II 1973, S. 650
[15] Vgl. BFH v. 14. 2. 1973, I R 131/70, BStBl II 1973, S. 395

der vor- bzw. rücktragsfähige Verlust der Kapitalgesellschaft, wenn die Verlustbeteiligung des Stillen nicht ausgeschlossen wurde, was grundsätzlich möglich ist. Um die Verlustverlagerung von der Kapitalgesellschaft auf den stillen Gesellschafter, dem die Möglichkeit des Verlustausgleichs mit anderen Einkünften offensteht, zu ermöglichen, erscheint es vorteilhaft, die Beteiligung am Verlust der Kapitalgesellschaft gesellschaftsvertraglich zu verankern. Leistungsvergütungen der GmbH an den stillen Gesellschafter auf Grund schuldrechtlicher Verträge sind bei der GmbH als Betriebsausgaben abzugsfähig und führen beim Stillen zu Einkünften der entsprechenden Einkunftsart. Hinsichtlich der einkommensteuerlichen Erfassung der Gewinnanteile ist danach zu unterscheiden, ob die stille Beteiligung zu einem Betriebsvermögen gehört oder nicht.

Der stille Gesellschafter bezieht mit seinem Gewinnanteil Einkünfte aus Kapitalvermögen i. S. d. § 20 Abs. 2 Nr. 4 EStG, wenn die Beteiligung *nicht zu seinem Betriebsvermögen* gehört. In diesem Fall sind die Gewinnanteile gemäß § 11 EStG mit dem Zufluß beim Gesellschafter zu erfassen. Wird der Gewinnanspruch des stillen Gesellschafters nicht ausgezahlt, sondern der Gesellschaft in Form eines Darlehens belassen oder zur Erhöhung der stillen Beteiligung verwendet, so ist mit der Umbuchung auf das Darlehenskonto bzw. auf das Beteiligungskonto des Gesellschafters der Zufluß bewirkt (*Schulze zur Wiesche* [Stille Beteiligung] 40).

Der Gewinnanspruch des *beherrschenden* Gesellschafters gilt unabhängig von der tatsächlichen Auszahlung mit der Bilanzaufstellung als zugeflossen. Die Verlustübernahme, zu der sich der stille Gesellschafter gesellschaftsvertraglich verpflichtet hat, gehört zu den Werbungskosten bei den Einkünften aus Kapitalvermögen. Die Verluste können in derselben Veranlagungsperiode mit anderen Einkünften ausgeglichen, soweit dies nicht möglich ist, gem. § 10d EStG im Wege des Verlustrücktrags bzw. -vortrags berücksichtigt werden. Nach Ansicht der Finanzverwaltung können dem stillen Gesellschafter jedoch nur Verluste bis zur Höhe seiner Einlage zugewiesen werden (*Tillmann* [Errichtung] 292).

Ein Verlust der Einlage selbst, der z. B. auf Grund eines Konkurs- oder Vergleichsverfahrens ohne gesellschaftsrechtliche Verpflichtung eintritt, bildet einen Vermögensverlust und kann nicht berücksichtigt werden, wenn die Beteiligung zum Privatvermögen gehört.

Gehört die stille Beteiligung *zu einem Betriebsvermögen*, so gelten folgende Grundsätze: Der Gewinnanspruch gehört zu den Betriebseinnahmen und ist bereits in der Bilanz des Jahres, für das der Gewinnanteil gewährt wird, zu aktivieren, auch wenn die genaue Höhe des

Gewinnanspruchs sich erst auf Grund der Bilanz der Kapitalgesellschaft ergibt (Schätzung des Gewinnanteils bei Bilanzerstellung). Analoge Grundsätze gelten für die Berücksichtigung einer Verlustbeteiligung. Der Verlust der stillen Beteiligung selbst kann in der Bilanz geltend gemacht werden.

Gemäß § 43 Abs. 1 Nr. 3 EStG wird von dem Gewinnanteil des Stillen der Abzug der Kapitalertragsteuer vorgenommen. Bei beschränkter Steuerpflicht des stillen Gesellschafters gilt die Steuerpflicht mit Einbehaltung der Kapitalertragsteuer als abgegolten (§ 50 Abs. 5 EStG).

c) *Gewerbesteuer*

Die Gewinnanteile des typisch stillen Gesellschafters sind gemäß § 8 Nr. 3 GewStG dem Gewinn aus Gewerbebetrieb hinzuzurechnen, wenn sie beim Empfänger nicht zur Steuer nach dem Gewerbeertrag heranzuziehen sind. Für die Berechnung des Gewerbekapitals gilt analog § 12 Abs. 2 Nr. 1 GewStG. Der ab VZ 1981 eingeführte Freibetrag in Höhe von 50 000 kann jedoch nicht beansprucht werden, da er nur für Verbindlichkeiten gilt, die den Schuldzinsen im Sinne des § 8 Nr. 1 GewStG entsprechen. Hier liegt ein Nachteil gegenüber der Gewährung eines Gesellschafter-Darlehens an die Kapitalgesellschaft vor.

d) *Vermögensteuer*

Der Wert der typisch stillen Beteiligung ist bei der Einheitsbewertung des Betriebsvermögens der GmbH als Schuldposten abzugsfähig. Nach Ansicht des BFH[16] handelt es sich dabei um eine besonders geartete Schuld, die bei der Einheitsbewertung des Betriebsvermögens mit dem Teilwert anzusetzen ist. Der Teilwert einer solchen Schuld entspricht grundsätzlich dem *Nennwert* der Vermögenseinlage.

Die typisch stille Beteiligung ist beim Gesellschafter wie eine Kapitalforderung zu bewerten. Gehört sie zum Betriebsvermögen, so ist ausnahmslos der Nennwert anzusetzen. Rechnet die Beteiligung zum Privatvermögen, so kann bei hohen Gewinnaussichten ein *über* dem Nennwert liegender Wertansatz in Frage kommen. Voraussetzung dafür ist jedoch, daß die Kündbarkeit für längere Zeit ausgeschlossen ist. Als «längere Zeit» gilt dabei eine Zeit von fünf Jahren.

Um die Schwierigkeiten der Zinsdifferenzmethode bei der Bewertung hoch verzinslicher Forderungen zu vermeiden, bestimmt Abschn. 56 Abs. 7 VStR, daß die Bewertung unter sinngemäßer Anwendung

---

[16] Vgl. BFH v. 2. 2. 1973, III R 134/70, BStBl II 1973, S. 472

der Anweisungen des Abschn. 79 Abs. 2 VStR («Stuttgarter Verfahren») zu erfolgen hat. Allerdings kann der 30%-ige Abschlag bei der Ermittlung der Ertragsaussichten (Abschn. 78 Abs. 5 VStR) nicht vorgenommen werden. Da der Gewinnanteil des Stillen in voller Höhe zufließt, besteht dafür auch keine Berechtigung. Dieser nachteilige Unterschied gegenüber der Bewertung des GmbH-Anteils kann jedoch durch eine geeignete Gestaltung weitgehend vermieden werden, wie nachfolgend gezeigt werden soll.

e) *Der Berechnungsmodus für den Gewinnanteil des Stillen als spezifische steuerliche Gestaltungsmöglichkeit bei der GmbH & Still*

Der absolute Gewinnanteil des Stillen wird von der Höhe der Beteiligungsquote und auch maßgeblich davon bestimmt, welche *Berechnungsbasis* für die Gewinnaufteilung zugrundegelegt wird. Wie zu zeigen ist, braucht der letztendlich dem Stillen zuzurechnende Gewinnanteil nicht mit seiner Beteiligungsquote am Gesamtkapital übereinzustimmen.

Für die Ausgestaltung der einzelnen Parameter sind folgende Überlegungen heranzuziehen:

– Um die vermögensteuerliche Mehrfachbelastung des Betriebsvermögens zu vermeiden, sollte das Betriebskapital weitgehend in Form der stillen Beteiligung aufgebracht werden. Diese Strategie wird jedoch durch die sich daraus ergebenden Folgen für die Kreditwürdigkeit und die allgemein aus einer Unterkapitalisierung drohenden Gefahren (Überschuldung) begrenzt sein.

– Die Bezugsgrundlage für den Gewinnanspruch des stillen Gesellschafters ist gesetzlich nicht definiert und kann von den Beteiligten frei vereinbart werden, wobei die *Handelsbilanz* oder die *Steuerbilanz* zugrundegelegt werden kann. Handelsbilanzgewinn ist der Gewinn, der nach Abzug der KSt und VSt der GmbH noch verbleibt. Ist als Berechnungsgrundlage die Steuerbilanz vereinbart, so ist sie damit jedoch noch nicht eindeutig definiert, so daß eine Auslegung im Einzelfall hinzutreten muß[17]: Aus der Verwendung der Steuerbilanz kann zweifelsfrei nur die Gültigkeit der in § 5 Abs. 4 EStG fixierten steuerrechtlichen Vorschriften über die Bilanz, insbesondere die Bewertung, gefolgert werden. Dadurch wird eine Schmälerung des Gewinnanteils des Stillen durch die Bildung stiller Reserven, wie sie in der Handelsbilanz weitgehend für zulässig erachtet wird, ausgeschlossen.

---

[17] Vgl. BFH v. 14. 8. 1974, I R 35/74, BStBl II 1974, S. 774

Es folgt daraus jedoch nicht, ob die Bemessungsgrundlage die nach §§ 9 und 10 KStG nichtabziehbaren Ausgaben enthalten soll oder nicht. Insbesondere ist damit offen, ob die KSt und VSt, die im körperschaftsteuerlichen Einkommen enthalten sind, in der Bemessungsgrundlage für den Gewinnanteil des Stillen enthalten sein sollen.

Für die Beurteilung der Zweckmäßigkeit der möglichen gesellschaftsrechtlichen Vereinbarungen sind zwei Kriterien heranzuziehen:

(1) Auswirkung auf die Vermögensteuerbelastung
(2) Auswirkung auf die Ertragsteuerbelastung

Zu (1): Die Auswirkung auf die Vermögensteuerbelastung ergibt sich daraus, daß zwar sowohl für die Bewertung des GmbH-Anteils als auch der stillen Beteiligung i. d. R. die Grundsätze des Stuttgarter Verfahrens heranzuziehen sind, diese für die Bewertung der stillen Beteiligung aber nur «sinngemäß» gelten sollen, woraus folgt, daß der 30%-Abschlag vom Reinertrag bei der Ermittlung des Ertragshundertsatzes nicht zulässig ist. Unter diesem Blickwinkel ist eine Gestaltung vorteilhaft, bei der dem Stillen tendenziell ein *niedriger* Gewinnanteil zugewiesen wird. Daraus folgt wiederum, daß die Bemessungsgrundlage möglichst niedrig sein sollte.

Zu (2): Da die GmbH im Gegensatz zur stillen Gesellschaft eine spezifische Ausschüttungspolitik verfolgen kann, ist es bei schwankenden Periodengewinnen der GmbH & Still in Jahren mit hohen Gewinnen wünschenswert, wenn der sofort der ESt unterliegende Gewinnanteil des Stillen relativ niedrig, der Gewinnanteil der GmbH zur Erhaltung einer größtmöglichen Flexibilität in der Ausschüttungspolitik möglichst hoch ist.

Eine Regelung, bei der die Berechnungsgrundlage für den Gewinnanteil des Stillen *um die* – von der GmbH zu entrichtende – *KSt gekürzt* ist, eignet sich besonders, eine unter ertrag- *und* substanzsteuerlichem Aspekt vorteilhafte Gewinnaufteilung vorzunehmen: Wird in Jahren mit hohem Gewinn der Gewinnanteil der GmbH thesauriert, so ist die KSt-Belastung wegen der Tarifbelastung tendenziell hoch, die (um die KSt geminderte) Berechnungsgrundlage für den Gewinnanteil des Stillen niedrig, so daß nur ein niedriger Gewinnanspruch des Stillen sofort der ESt unterliegt. Diese Regelung ist auch für Zwecke der VSt anzustreben, da wegen des fehlenden Abschlags der Gewinnanteil des Stillen möglichst niedrig sein sollte.

Das folgende Beispiel soll diese Überlegung verdeutlichen. Als Berechnungsgrundlagen für den Gewinnanteil des Stillen werden miteinander verglichen:

211

- der nach steuerbilanziellen Grundsätzen ermittelte Gewinn der GmbH & Still *vor* Abzug des Gewinnanteils des Stillen und der KSt und VSt (Berechnungsgrundlage 1)
- der nach steuerbilanziellen Grundsätzen ermittelte Gewinn vor Abzug des Gewinnanteils des Stillen, aber *nach* Abzug der KSt und VSt[18] (Berechnungsgrundlage 2). Es werden jeweils die Varianten der Vollausschüttung und der Voll-Thesaurierung der GmbH einbezogen.

Ausgangsdaten

Der steuerbilanzielle Gewinn der GmbH & Still vor Abzug des Gewinnanteils des Stillen ist $E^k = 1\,000\,000$. Der Anteil des Stillen beträgt – entsprechend der Höhe seines Kapitalanteils – 60% der jeweiligen Berechnungsgrundlage.

Nachfolgende Tabelle zeigt den Gewinnanteil des Stillen in absoluter (Zeile 3) und relativer (Zeile 5a) Höhe[19].

Tabelle 8: Gewinnanteile des stillen Gesellschafters bei unterschiedlichen Berechnungsgrundlagen

	Berechnungsgrundlage 1		Berechnungsgrundlage 2	
	Thesaurierung	Ausschüttung	Thesaurierung	Ausschüttung
(1) KSt der GmbH	224 000	144 000	337 349,40	183 673,47
(2) Berechnungsgrundlage für Gewinnanteil des Stillen: $E^k - (1)$	1 000 000	1 000 000	662 650,60	816 326,63
(3) Gewinnanteil des Stillen: $0,6 \cdot (2)$	600 000	600 000	397 590,36	489 795,92
(4) kstl. Einkommen der GmbH: $E^k - (3)$	400 000	400 000	602 409,64	510 204,08
(5) Gewinnanteil in % von E^k				
a) des Stillen	60%	60%	39,76%	48,98%
b) der GmbH	40%	40%	60,24%	51,02%

---

[18] Die VSt wird mit 0 angenommen, da dadurch die Aussagefähigkeit nicht verringert wird.
[19] Die Vorgehensweise zur Bestimmung der Berechnungsgrundlage 2 wird in dem folgenden Abschnitt 2.3.2.2 erläutert.

Aus der Tabelle ergibt sich, daß der Gewinnanteil des Stillen insgesamt am geringsten ist bei der Berechnungsgrundlage 2, wenn die GmbH vollständig thesauriert. Aber selbst wenn die GmbH vollständig ausschüttet, ist der Gewinnanteil bei der Berechnungsgrundlage 2 immer noch geringer als bei der Berechnungsgrundlage 1, die deshalb in allen Fällen ungünstiger ist. Dies gilt für alle Gewinnanteilsquoten.

2.3.2.2 Quantifizierung der Steuerbelastung

Die Rechtsform-Kombination der GmbH & Still unterscheidet sich von der «reinen» GmbH

1. durch eine Kapitaleinlage des Stillen, die als Verbindlichkeit bei der Einheitsbewertung abzugsfähig ist,
2. durch die Gewinnaufteilung auf die GmbH und den stillen Gesellschafter.

Für die Berechnung der Steuerlast dieser Rechtsform-Kombination müssen deshalb die Höhe der Kapitaleinlage und der Gewinnanteil des Stillen bekannt sein bzw. bestimmt werden.

Zu 1.: Die *Kapitaleinlage* des Stillen wird als B^s symbolisiert. Dieser Anteil unterliegt lediglich beim Stillen der VSt. Der eigenständigen Vermögensteuerpflicht der GmbH ist nur noch das um die Kapitaleinlage des Stillen gekürzte Betriebsvermögen der GmbH, das als $B^u + M^{bu}$ bezeichnet wird, zu unterwerfen.

Zu 2.: Als Maßstab für die Gewinnaufteilung kann das Verhältnis des Kapitals der GmbH B^u zur Kapitaleinlage des Stillen B^s herangezogen werden. Der quotale Anteil des Stillen am Gesamtkapital

$$\frac{B^s}{B^s + B^u}$$

soll auch Maßstab für den Gewinnanteil sein und wird mit g bezeichnet. Für die Bestimmung des *absoluten Gewinnanteils* des Stillen muß noch die Berechnungsgrundlage definiert werden. Aus Gründen, die unter e) ausgeführt wurden, ist dafür der Steuerbilanzgewinn der GmbH & Still vor Abzug des Gewinnanteils des Stillen, aber nach Abzug der KSt und VSt der GmbH besonders geeignet. Der auf dieser Basis errechnete Gewinnanteil des Stillen, im folgenden mit L^s bezeichnet, ergibt sich dann aus den bekannten Bemessungsgrundlagenteilen als:

(5.1) $L^s = g\,(R + M^e + M^k - L - S^{ge} - S^{gk} - S^k - S^{vk})$

Dieser Gewinnanteil des Stillen kann als Betriebsausgabe vom Gewinn der GmbH abgezogen werden und unterliegt neben den Einkünften aus den Leistungsvergütungen und den Gewinnanteilen der GmbH unmittelbar der ESt des stillen Gesellschafters.

Die KSt der GmbH beträgt:

$$(5.2) \quad S^k = s^{kn} [R + M^e + M^k - L - L^S - S^{ge} - S^{gk} - (1 + s^{ka})A] + s^{ka} \cdot A$$

Die kombinierte ESt/KiSt des Stillen, der gleichzeitig GmbH-Gesellschafter ist, ergibt sich als:

$$(5.3) \quad S^e = s^e (A + s^{ka} \cdot A + L + L^S - F^e) - s^{ka} \cdot A$$

Aus den Gleichungen (5.1) und (5.2) wird die wechselseitige Interdependenz zwischen dem Gewinnanteil des stillen Gesellschafters (L^S) und der Höhe der KSt (S^k) ersichtlich: Die KSt ist vom Gewinnanteil L^S abhängig (wegen der Abzugsfähigkeit als Betriebsausgabe). Andererseits ist – auf Grund der gewählten Berechnungsgrundlage – der Gewinnanteil von der Höhe der KSt abhängig. Durch Einsetzen von (5.1) in (5.2) kann die KSt in Abhängigkeit von g und den bekannten Bemessungsgrundlagenteilen ausgedrückt werden. Es folgt nach Umformung:

$$(5.2a) \quad S^k = \frac{1}{1 - g \cdot s^{kn}} [(1 - g) s^{kn} (R + M^e + M^k - L - S^{gk} - S^{ge}) + g \cdot s^{kn} \cdot S^{vk} - s^{kn} (1 + s^{ka}) A + s^{ka} \cdot A]$$

– Wird eine Voll-Thesaurierung vorgenommen $(A = 0)$, so vereinfacht sich die Gleichung durch den Wegfall der A-bezogenen Faktoren. Legt man die Daten für das Beispiel bei e) zugrunde $(g = 0,6;\ S^{vk} = 0;\ \text{Brutto-Einkommen } E^k = 1\,000\,000)$, so ergibt sich für den Fall der Thesaurierung:

$$S^k = \frac{1}{1 - 0,6 \cdot 0,56} [(1 - 0,6) \cdot 0,56 \cdot 1\,000\,000] = 337\,349,40$$

– Wird eine Voll-Ausschüttung getätigt, wobei die Maximalausschüttung bestimmt wird durch die handelsrechtlich mögliche Ausschüttung $(A_{max} = E^k - M^e - M^k - S^{vk} - S^k - L^S)$, so ergibt sich die KSt als:

$$S^k = \frac{s^{kn}}{1 - s^{kn}} (M^e + M^k + S^{vk}) + s^{ka} \cdot A_{max}$$

214

Nach Auflösen der Interdependenzen zwischen L^s, A_{max} und S^k erhält man:

(5.2b) $\quad S^k = \dfrac{1}{1 + s^{ka}\,(1-g)}\left[s^{ka}\,(1-g)\,E^k + \left(\dfrac{s^{kn}}{1-s^{kn}} - s^{ka}\right)(M^e + M^k)\right.$

$\qquad\qquad\qquad \left. + \left(\dfrac{s^{kn}}{1-s^{kn}} - s^{ka} + s^{ka}\cdot g\right)S^{vk}\right]$

Für das Beispiel ergibt sich bei $M^e = M^k = S^{vk} = 0$:

$$S^k = \frac{1}{1 + 0{,}5625 \cdot 0{,}4} \cdot 0{,}5625 \cdot 0{,}4 \cdot 1\,000\,000 = 183\,673{,}47$$

Nachdem die KSt bekannt ist, kann der Gewinnanteil des Stillen über (5.1) berechnet werden. Wird dieser Anteil in die Gleichung (5.3) eingesetzt, so kann auch die ESt/KiSt ermittelt werden. Wird dieses Verfahren unter Verwendung der *abstrakten* Bemessungsgrundlagenteile durchgeführt, so läßt sich die Steuerbelastung der GmbH & Still mit Hilfe der Teilsteuerrechnung berechnen, wobei nur die Bemessungsgrundlagenteile und zusätzlich die Gewinnquote des Stillen g bekannt sein müssen. Es ist jedoch zu bedenken, daß die Ableitung des Teilsteuersystems auf die geschilderte Art zu einer umfangreichen Rechenarbeit führt und die Definition neuer Multifaktoren erforderlich macht. Es dürfte praktischer sein, L^s auf Grund von Definition (5.1) zu berechnen, wobei vorab die von der Kapitalgesellschaft zu tragenden Steuern S^{gk}, S^{ge}, S^{vk} zu ermitteln sind. Für die Berechnung der KSt ist im Normalfall Gleichung (5.2a) zu verwenden.

Nachdem L^s als absolute Größe bekannt ist, können auch die restlichen Steuerbelastungen, die VSt und die ESt der Gesellschafter, ermittelt werden. Für die Berechnung des vermögensteuerlichen Werts der stillen Beteiligung ist dabei L^s als Ausgangsgröße für die Ermittlung der Ertragswertkomponente zu verwenden.

Soll die Struktur der auf den einzelnen Bemessungsgrundlagenteilen lastenden Steuerarten ersichtlich gemacht werden, so ist es sinnvoll, ergänzend das Teilsteuersystem der GmbH, erweitert um die zusätzlichen Bemessungsgrundlagenteile B^s und L^s, heranzuziehen. Für B^s bzw. L^s brauchen jedoch keine neuen Multifaktoren definiert zu werden, da hierfür der für das «inhabereigene Betriebsvermögen» abgeleitete (t^{k8}) bzw. der für Leistungsvergütungen geltende Multifaktor (t^{k2}) verwendet werden können.

(Übungsaufgabe Nr. 18 im Arbeitsbuch)

2.3.3 GmbH & Co KG

2.3.3.1 Steuerliche Behandlung

a) *Allgemeines*

Die GmbH & Co KG ist dadurch gekennzeichnet, daß in einer KG eine GmbH die Funktion des persönlich haftenden Komplementärs übernimmt. Die Vorteilhaftigkeit dieser Konstruktion ergibt sich aus haftungsrechtlichen und steuerlichen Gesichtspunkten: Da die GmbH als juristische Person lediglich mit ihrem Gesellschaftsvermögen haftet, ist damit die «persönliche» Haftung des Komplementärs der KG begrenzt. Gegenüber der reinen GmbH, bei der die Haftungsbegrenzung ebenfalls gegeben ist, sprechen steuerliche Erwägungen für die GmbH & Co KG, die steuerlich als Personengesellschaft behandelt wird. Daraus können sich Vorteile gegenüber der Kapitalgesellschaft ergeben (siehe Abschn. 2.2.1), beispielsweise durch die Möglichkeit, die VSt-Belastung zu senken, da bei einer GmbH & Co KG die GmbH nur einen (meist geringen) Anteil des Betriebsvermögens hält.

Es sind verschiedene Varianten der GmbH & Co KG möglich. Die GmbH & Co KG im engeren und im weiteren Sinne unterscheiden sich danach, ob die Kommanditisten zugleich Gesellschafter der GmbH sind (GmbH & Co KG im engeren Sinne) oder nicht (GmbH & Co KG im weiteren Sinne).

Eine extreme, handels- und steuerrechtlich jedoch anerkannte[20] Form einer GmbH & Co KG im engeren Sinne ist mit der «Einmann-GmbH & Co KG» gegeben, bei der der Alleingesellschafter der Komplementär-GmbH zugleich einziger Kommanditist ist. Handelsrechtlich bedenklich ist jedoch eine Konstruktion, bei der die KG sämtliche Anteile der Komplementär-GmbH übernimmt und damit Alleingesellschafterin der GmbH wird. Eine früher, aus Gründen der Gesellschaftsteuerersparnis erwägenswerte Konstruktion, die «dreistufige GmbH & Co KG», bei der Komplementär der KG nicht eine GmbH, sondern wiederum eine GmbH & Co KG ist, hat nach der Neufassung des § 5 KVStG ihre Bedeutung verloren. Den folgenden Ausführungen wird die GmbH & Co KG im engeren Sinne zugrundegelegt.

Die GmbH & Co KG ist eine Mitunternehmerschaft i. S. d. § 15 Abs. 1 Nr. 2 EStG. Zweifel an der Mitunternehmerschaft der Komplementär-GmbH können dann bestehen, wenn sie – wie es häufig

---

[20] Die GmbH & Co KG wurde erstmals mit Urteil des BFH v. 22. 8. 1951, IV 246/50 S, BStBl III 1951, S. 181 steuerrechtlich anerkannt.

geschieht – nicht am Gewinn, Verlust und Vermögen der KG beteiligt wird; solche Zweifel sind aber von der neueren Rechtsprechung beseitigt[21].

b) *Betriebsvermögen, Einkommensteuer und Körperschaftsteuer*

Die ertragsteuerliche Behandlung der GmbH & Co KG folgt aus ihrer Einordnung als Mitunternehmerschaft. Daraus ergeben sich Konsequenzen für den Umfang des Betriebsvermögens, für Einlagen und Entnahmen der Gesellschafter, für die Veräußerung von Wirtschaftsgütern von den Gesellschaftern an die KG und umgekehrt und für die Qualifizierung der von der KG geleisteten Vergütungen an die Gesellschafter[22].

aa) *Umfang des Betriebsvermögens*

Die neuere Rechtsprechung des BFH nimmt hinsichtlich der zum Betriebsvermögen einer Personengesellschaft rechnenden Wirtschaftsgüter eine Differenzierung vor: Sie unterscheidet zwischen dem – notwendigen oder gewillkürten – *Betriebsvermögen der Gesellschaft* als solcher und dem *Sonderbetriebsvermögen* der Mitunternehmer[23].

Dabei umfaßt das *Betriebsvermögen der Gesellschaft* alle Wirtschaftsgüter, die den Mitunternehmern rechtlich oder wirtschaftlich aufgrund der Zurechnungsvorschriften des § 39 Abs. 2 Nr. 1 Satz 1 AO gesamthänderisch zuzurechnen sind (Gesamthandsvermögen). Grundlage für diesen Teil des gesamten Betriebsvermögens ist zwar der Ausweis in der Handelsbilanz der Mitunternehmerschaft, doch ist nicht alles, was handelsrechtlich zum Vermögen der Gesellschaft gehört, auch unmittelbar steuerliches Betriebsvermögen[24]. Nach den Kriterien der Rechtsprechung zählen zum notwendigen Betriebsvermögen der Personengesellschaft die Wirtschaftsgüter des Gesamthandsvermögens, die unmittelbar dem Betrieb der Personengesellschaft dienen oder zu dienen bestimmt sind.

---

[21] In einem Fall, in dem es um die Angemessenheit der Gewinnverteilung einer solchen Konstruktion ging, hat der BFH die Mitunternehmerschaft nicht in Frage gestellt. Vgl. hierzu BFH v. 3. 2. 1977, IV R 122/73, BStBl II 1977, S. 346

[22] Im sogenannten Mitunternehmererlaß des BdF v. 20. 12. 1977, BStBl I 1978, S. 8 ff. sind die Grundsätze für die Behandlung von Mitunternehmerschaften zusammengefaßt.

[23] Vgl. etwa das Urteil des BFH v. 5. 7. 1972, I R 230/70, BStBl II 1972, S. 928

[24] Vgl. BFH v. 22. 5. 1975, IV R 193/71, BStBl II 1975, S. 804

Sonderbetriebsvermögen der Gesellschafter der Personengesellschaft können dagegen die Wirtschaftsgüter sein, die im Alleineigentum eines Gesellschafters stehen (oder einer Bruchteilsgemeinschaft oder einer neben der Personengesellschaft bestehenden Gesamthandsgemeinschaft gehören) und nicht in die Personengesellschaft eingebracht wurden.

Wie beim Betriebsvermögen der Gesellschaft kann auch beim Sonderbetriebsvermögen zwischen einem notwendigen und einem gewillkürten Teil unterschieden werden. Zum *notwendigen Sonderbetriebsvermögen* gehören 2 Arten von Wirtschaftsgütern:

(1) Wirtschaftsgüter, die unmittelbar für betriebliche Zwecke der Personengesellschaft genutzt werden *(Sonderbetriebsvermögen I)*
(2) Wirtschaftsgüter, die zwar nicht unmittelbar für betriebliche Zwecke der Personengesellschaft genutzt werden, aber in einem unmittelbaren wirtschaftlichen Zusammenhang mit der Beteiligung eines Mitunternehmers an der Personengesellschaft stehen *(Sonderbetriebsvermögen II)*

Zu (1): Typische Beispiele der 1. Kategorie sind die von den Gesellschaftern an die Gesellschaft vermieteten/verpachteten Wirtschaftsgüter, insbesondere Grundbesitz und die von Gesellschaftern gewährten Darlehen.

Die schuldrechtlichen Verträge über die Überlassung von Kapital und aktiven Wirtschaftsgütern zwischen der KG und den Kommanditisten werden steuerrechtlich nicht anerkannt, das Überlassen der Vermögensgegenstände als Einlage klassifiziert. Die entsprechenden Wirtschaftsgüter werden i. d. R. in Ergänzungsbilanzen ausgewiesen. Die gleiche Regelung gilt für Wirtschaftsgüter, die von Gesellschaftern der GmbH, die zugleich Kommanditisten sind, an die GmbH vermietet/verpachtet werden und von dieser der KG zur Nutzung überlassen werden.

Zu (2): Zur 2. Kategorie gehören die Anteile der Kommanditisten an der Komplementär-GmbH[25], soweit sie nicht bereits bürgerlich-rechtlich als Einlage in das Gesamthandsvermögen der KG eingebracht wurden. Diese in der Literatur umstrittene Zurechnung wurde bislang vom BFH in ständiger Rechtsprechung aufrechterhalten. Die Klassifizierung als Sonderbetriebsvermögen[26] gilt selbst dann, wenn die GmbH einen bedeutenden eigenständigen Geschäftskreis (z. B. als

---

[25] Erstmals im Urteil des BFH v. 15. 11. 1967, IV R 139/67, BStBl II 1968, S. 152
[26] Vgl. Urteil des BFH v. 5. 7. 1972, a. a. O.

Holdinggesellschaft) unterhält[27]. Der BFH begründet die Zurechnung damit, daß die Anteile den Kommanditisten im Hinblick auf ihre Gesellschafterstellung in der KG «dienen», da sie den Anteilsinhabern gestatten, über den Betrieb der GmbH – als Geschäftsführerin der KG – auf den Betrieb der KG besonderen Einfluß auszuüben.

Folgen der Behandlung von Wirtschaftsgütern als Sonderbetriebsvermögen
Die für die Überlassung von Wirtschaftsgütern des Sonderbetriebsvermögens I an die Gesellschafter gezahlten Vergütungen gehören zu deren Einkünften aus Gewerbebetrieb i. S. d. § 15 Abs. 1 Nr. 2 EStG, die den Gesellschaftern vorab zuzurechnen sind. Gewinne (oder Verluste), die bei der Veräußerung von Sonderbetriebsvermögen I entstehen, sind ebenfalls Teil des gewerblichen Gewinns (oder Verlusts) des betreffenden Gesellschafters. Eine Gewinn- oder Verlustrealisierung tritt bei Sonderbetriebsvermögen auch ohne Veräußerung ein, wenn das Wirtschaftsgut aus dem Sonderbetriebsvermögen ausscheidet, weil es nicht mehr für Zwecke der KG genutzt wird (*Mittelbach* [GmbH & Co KG] 233). Sämtliche Einnahmen und Ausgaben, die im Zusammenhang mit dem Erwerb, der Nutzung oder Veräußerung von Wirtschaftsgütern des Sonderbetriebsvermögens anfallen, sind Sonder-Betriebseinnahmen oder Sonder-Betriebsausgaben, die bei der einheitlichen Gewinnfeststellung (§§ 179, 180 AO) zu erfassen sind.

Aufgrund der Zurechnung der GmbH-Anteile zum Sonderbetriebsvermögen II sind Gewinnausschüttungen der GmbH an die Kommanditisten bei den Empfängern Einkünfte aus Gewerbebetrieb und nicht Einkünfte aus Kapitalvermögen gem. § 20 Abs. 1 Nr. 1 EStG. Sie erhöhen bei der einheitlichen Gewinnfeststellung den Gesamtgewinn der KG und sind den Gewinnanteilen der einzelnen Mitunternehmer (Kommanditisten) hinzuzurechnen.

bb) *Ertragsteuerliche Behandlung der Geschäftsführer-Vergütungen*
Geschäftsführung und Vertretung der GmbH & Co KG werden i. d. R. durch Gesellschaftsvertrag der Komplementär-GmbH zugewiesen. Diese überträgt diese Funktionen ihren Gesellschaftsorganen, den Geschäftsführern der GmbH, die durch Dienstvertrag mit der GmbH verbunden sind. Der Komplementär-GmbH wird i. d. R. im Gesellschaftsvertrag der KG als Ersatz ihrer für die Geschäftsführung entstehenden Aufwendungen eine Vorabvergütung zugesagt. Für die steuerliche Behandlung der Geschäftsführer-Vergütungen ist entscheidend, ob der Geschäftsführer

---

[27] Vgl. BFH v. 15. 10. 1975, I R 16/73, BStBl II 1976, S. 188

(1) gesellschaftsfremde Person bzw. nur Gesellschafter der GmbH ist oder

(2) zugleich Kommanditist der GmbH & Co KG ist.

Zu (1): Der von der KG gewährte Ersatz der Aufwendungen für die Geschäftsführung stellt bei der GmbH Vorabgewinn dar und gehört bei ihr zu den Einkünften aus Gewerbebetrieb i. S. d. § 15 Abs. 1 Nr. 2 EStG. Der Aufwendungsersatz umfaßt dabei neben dem Bruttogehalt des Geschäftsführers auch Sozialversicherungsbeiträge und Rückstellungen für Pensionszusagen. Bei der Gewinnermittlung der GmbH sind die Aufwendungen für die Geschäftsführung als Betriebsausgaben abzugsfähig. Da diese Betriebsausgaben mit ihrer Beteiligung an der KG im Zusammenhang stehen, sind diese bei der einheitlichen Gewinnfeststellung der KG als *Sonderbetriebsausgaben* der GmbH zu berücksichtigen. Bei der Ermittlung des Gewinns der KG können jedoch nur die Teile des gesamten Geschäftsführungsaufwands abgezogen werden, die auf die Tätigkeit für die KG entfallen.

Durch die Erfassung der Geschäftsführer-Vergütungen als Sonderbetriebsausgabe der GmbH ist insgesamt der einheitlich festzustellende Gewinn der KG um den Geschäftsführungsaufwand gemindert. Dies wirkt sich folglich bei der Ermittlung des Gewerbeertrags aus.

Beim Geschäftsführer selbst führt das Gehalt für die Geschäftsführung zu Einkünften aus nichtselbständiger Tätigkeit. Ist der Geschäftsführer zugleich Gesellschafter der GmbH, so ist die Höhe der Vergütungen daraufhin zu untersuchen, ob sie angemessen sind, da darüber hinausgehende Beträge verdeckte Gewinnausschüttungen darstellen.

Zu (2): In diesem Fall rechnet die ständige Rechtsprechung des BFH das Gehalt (und die übrigen Komponenten der Geschäftsführer-Vergütung) unmittelbar dem geschäftsführenden Kommanditisten als Vorausgewinn (§ 15 Abs. 1 Ziff. 2 EStG) aus seiner Beteiligung an der KG zu[28] und zwar unabhängig davon, ob sie von der KG oder der GmbH gezahlt werden. Die GmbH wird steuerlich nicht berührt: Sie hat keine Einkünfte aus Gewerbebetrieb, kann andererseits auch keine Sonderbetriebsausgaben geltend machen. Der einheitlich bei der KG festzustellende Gewinn erhöht sich durch die geschilderte Regelung um die Geschäftsführungs-Vergütungen, die somit auch im Gewerbeertrag enthalten sind.

Aus dieser Rechtsprechung zur Qualifizierung der Geschäftsfüh-

---

[28] Vgl. BFH v. 2. 8. 1960, I 221/29 S, BStBl III 1960, S. 408
BFH v. 21. 3. 1968, IV R 166/67, BStBl II 1968, S. 579
BFH v. 21. 4. 1971, I R 76/70, BStBl II 1971, S. 816

rungs-Vergütungen folgt weiterhin, daß für Pensionszusagen an Kommanditisten steuerlich keine Rückstellungen gebildet werden können. Diese müßten nach den genannten Grundsätzen bei der KG gebildet werden.

Hinsichtlich der Behandlung von Pensionszusagen an Gesellschafter-Geschäftsführer von Personengesellschaften hat der BFH in seinem Grundsatzurteil v. 16. 12. 1967[29] aber die Zulässigkeit von Pensionsrückstellungen verneint. Er behandelt die Pensionszusage als Gewinnverteilungsabrede und charakterisiert die in der Handelsbilanz gebildete Pensionsrückstellung als zu versteuernde, zweckgebundene offene Rücklage[30].

cc) *Grundsätze für die Gewinnverteilung einer GmbH & Co KG*

Steuerliche Relevanz der Gewinnverteilung

Vor Inkrafttreten der KSt-Reform hat die Rechtsprechung des BFH detaillierte Regeln zur Angemessenheit der Gewinnverteilung einer GmbH & Co KG entwickelt, die vor allem deshalb notwendig waren, weil das Bestreben der Steuerpflichtigen regelmäßig darauf gerichtet war, den Gewinnanteil der GmbH auf ein Minimum zu beschränken, um die KSt zu reduzieren. Häufig wurde die GmbH ohne Kapitaleinlage an der KG beteiligt.

Durch die Einführung des Anrechnungssystems ist insofern eine Änderung eingetreten, als es nun auch günstig sein kann, den Gewinnanteil der GmbH möglichst hoch zu bemessen:

1. Zwei Gründe sprechen dafür, den Gewinnanteil der GmbH möglichst hoch anzusetzen: Zum einen hat die Darstellung des SAHZ-Verfahrens gezeigt, daß es sinnvoll sein kann, nicht den gesamten Gewinn sofort der ESt zu unterwerfen, sondern (in der GmbH) zu thesaurieren, da die Spitzensteuerbelastung aus ESt und KiSt (58,111%) höher sein kann als die Tarifbelastung mit KSt (56%). Zum anderen kann es sich in Perioden mit hohen Gewinnen als vorteilhaft erweisen, diese (teilweise) vorübergehend in der GmbH zu thesaurieren und erst in Niedrig-Gewinn-Perioden auszuschütten, weil dadurch Progressionsspitzen vermieden werden können (vgl. hierzu Abschn. 3.4.3.2). Der GmbH kann man zwar dadurch einen hohen Gewinnanteil zukommen lassen, indem man sie mit einer *hohen* Kapitaleinlage an der KG beteiligt und das Verhältnis der Kapitalanteile als Maßstab für die

---

[29] Vgl. BFH v. 16. 2. 1967, IV R 62/66, BStBl III 1967, S. 222, bestätigt durch Urteil des BFH v. 22. 1. 1970, IV R 47/68, BStBl II 1970, S. 415
[30] Vgl. BFH v. 21. 12. 1972, IV R 53/72, BStBl II 1973, S. 298

Gewinnverteilung heranzieht. Dadurch würde aber die *VSt-Belastung* der GmbH stark ansteigen. Deshalb ist anzustreben, der GmbH bei gegebenem – geringem – Kapitalanteil, einen möglichst hohen Gewinnanteil zuzuweisen. Übersteigt dieser Anteil jedoch angemessene Grenzen, so liegt eine verdeckte Einlage vor.

2. Wegen der Einbeziehung des Gewinns der GmbH in die Ertragswertkomponente bei der Berechnung des gemeinen Werts der GmbH-Anteile über das Stuttgarter Verfahren ist es andererseits wünschenswert, *den Gewinn der GmbH niedrig zu halten.* Ist er jedoch unangemessen gering, so liegt eine verdeckte Gewinnausschüttung vor.

Steuerliche Folgen unangemessener Gewinnanteile

Wird eine *verdeckte Einlage* angenommen, so wird eine Korrektur der Gewinnverteilung ausgelöst. Die verdeckte Einlage ist auf dem Beteiligungskonto zu aktivieren, außerdem fällt Gesellschaftsteuer an.

Eine *verdeckte Gewinnausschüttung* ist im Verfahren der einheitlichen Gewinnfeststellung der KG zu erfassen, wobei der Gewinnanteil der GmbH erhöht wird; die Gewinnanteile der Kommanditisten werden entsprechend vermindert. Die verdeckte Gewinnausschüttung löst den Anrechnungsmechanismus aus, wobei der Bestand des verwendbaren Eigenkapitals zum Ende des letzten Wirtschaftsjahres zugrundegelegt wird, das der verdeckten Gewinnausschüttung vorangeht. Wenn kein voll-belastetes verwendbares Eigenkapital vorhanden ist, können sich vorübergehende Belastungen von 112,25% der vGA ergeben.

Grundsätze zur Angemessenheit der Gewinnverteilung

Die Grundsätze des BFH wurden vor allem im Urteil vom 15. 11. 1967[31] entwickelt. Danach ist die vertraglich vorgesehene Gewinnverteilung einer GmbH & Co KG in der Regel anzuerkennen, wenn einer auf die Führung der Geschäfte der KG beschränkten GmbH auf die Dauer Ersatz ihrer Auslagen und eine den Kapitaleinsatz und das eventuelle vorhandene Haftungsrisiko gebührend berücksichtigende Beteiligung am Gewinn in einer Höhe eingeräumt ist, mit der sich eine aus gesellschafterfremden Personen bestehende GmbH zufrieden gegeben hätte. Daraus geht hervor, daß die Faktoren *Geschäftsführung, Kapitaleinsatz und Übernahme des Haftungsrisikos* im Rahmen der Gewinnverteilung gebührend zu berücksichtigen sind.

---

[31] Vgl. BFH v. 15. 11. 1967, IV R 139/67, BStBl II 1968, S. 152

Die generelle Verteilungsnorm muß für die einzelnen Situationen präzisiert werden. Zu unterscheiden sind die Fälle, in denen die GmbH auch am Kapital der KG beteiligt ist und die Fälle, in denen sich ihre Funktion auf die Übernahme der Geschäftsführung der GmbH & Co KG beschränkt, ohne kapitalmäßig beteiligt zu sein.

(1) Die GmbH ist *kapitalmäßig nicht beteiligt*:

In diesem Fall entfällt die Notwendigkeit, der GmbH ein Entgelt für ihren Kapitaleinsatz bei der KG zu gewähren, da die GmbH die Möglichkeit hat, ihr eingezahltes Stammkapital anderweitig ertragbringend anzulegen und auf diese Weise eine angemessene Rendite für die Stammeinlagen zu erzielen.

Der Beitrag, den die GmbH zur Förderung des Gesellschaftszweckes für die KG leistet, beschränkt sich in dieser Variante im wesentlichen auf die *Übernahme der Haftung* für die Gesellschaftsschulden der KG und die *Übernahme der Geschäftsführung*. Da die GmbH dem Risiko unterliegt, ihr eigenes Vermögen zu verlieren, ohne aus dem Gesellschaftsvermögen der KG Ersatz zu erhalten, wird ein ordentlicher und gewissenhafter Geschäftsleiter einer aus gesellschaftsfremden Personen bestehenden GmbH ein Entgelt dafür fordern. Nach Ansicht des BFH[32] bietet für die Höhe dieses Entgelts in etwa eine dem Risiko des Einzelfalls entsprechende, im Wirtschaftsleben für einen derartigen Fall übliche *Avalprovision* einen Anhaltspunkt. Bezüglich der Geschäftsführungs-Vergütung ist es notwendig, aber auch ausreichend, daß der GmbH ihre *tatsächlichen Auslagen* für die Geschäftsführung von der KG ersetzt werden.

(2) Die GmbH ist *am Kapital* der KG *beteiligt*:

In diesem Fall kann die GmbH, wenn sie neben ihrem Gesellschaftsanteil an der KG kein weiteres Vermögen mehr besitzt, keine besondere Vergütung für die Übernahme des Haftungsrisikos beanspruchen. Höchstrichterlich unbestimmt ist die Frage, in welcher Höhe eine Beteiligung am Gewinn eingeräumt werden müßte, damit «der Kapitaleinsatz gebührend berücksichtigt» ist, mit der sich auch gesellschaftsfremde Personen zufrieden gegeben hätten. Der BFH führt lediglich aus, daß «nicht allgemeingültig gesagt werden kann, wie hoch die Einbringung von Kapital zu bewerten ist: Ein Betrieb, der dringend Kapital braucht, kann dafür einen höheren Preis zu zahlen bereit sein, als ein Betrieb, der weniger dringend Kapital als vielmehr einen tüchtigen mitarbeitenden Gesellschafter braucht»[33]. Eine besondere Form

---

[32] Vgl. BFH v. 3. 2. 1977, IV R 122/73, BStBl II 1977, S. 346
[33] Vgl. das Grundsatzurteil des BFH v. 15. 11. 1967, a. a. O.

der Vergütung für den Faktor Kapital, etwa eine Vorwegverzinsung für alle der KG zur Verfügung gestellten finanziellen Mittel, ist nicht notwendig, um als angemessen akzeptiert zu werden.

Allgemein ist festzuhalten, daß nach Ansicht des BFH die Isolierung einzelner Faktoren und die Bewertung ihres Erfolgsbeitrags nur dazu dienen soll, die Angemessenheit im *ganzen* beurteilen zu können. Für die Gesamtbeurteilung bleibt maßgeblich, wie der Beitrag zur Erreichung des Gesellschaftszwecks bei einer Gestaltung unter Fremden abgegolten würde.

c) *Gewerbesteuer*

Hier sind zwei Probleme zu klären:

(1) die Begründung der *Gewerbesteuerpflicht* der GmbH & Co KG
(2) die *Ermittlung der Bemessungsgrundlagen*, in denen sich die dargestellte Rechtsprechung zur Behandlung der Geschäftsführer-Gehälter und zur Bildung von Sonderbetriebsvermögen auswirkt

Zu (1): Gewerbesteuerpflicht der KG

Die Gewerbesteuerpflicht für die GmbH & Co KG kann sich nach allgemeinen Grundsätzen aus § 2 Abs. 2 Ziff. 1 GewStG nur dann ergeben, wenn die GmbH & Co KG einen *Gewerbebetrieb* unterhält. Eine KG, die lediglich vermögensverwaltend tätig wird, wäre nicht gewerbesteuerpflichtig. Die Rechtsprechung des BFH betrachtet jedoch die GmbH & Co KG ohne Rücksicht auf den Gegenstand des Unternehmens als gewerbesteuerpflichtig[34]. Dies gilt auch dann, wenn neben der GmbH noch eine oder mehrere natürliche Person(en) als Komplementär an der KG beteiligt sind. Der BFH begründet dies damit, daß die GmbH, die als Kapitalgesellschaft kraft ihrer Rechtsform gewerbesteuerpflichtig ist (§ 2 Abs. 2 Ziff. 2 GewStG), der GmbH & Co KG das *Gepräge* gebe (sog. «Gepräge-Rechtsprechung»). Diese Rechtsprechung ist vor allem für sog. Abschreibungsgesellschaften von Bedeutung, die in der Regel nur Vermögensverwaltung in der Rechtsform der GmbH & Co KG betreiben.

Die Anerkennung einer gewerbesteuerrechtlichen *Organschaft* zwischen der GmbH und der KG lehnt der BFH jedoch ab[35], wobei er

---

[34] S. hierzu das Grundsatzurteil des BFH v. 17. 3. 1966, IV 233–234/65, BStBl III, S. 171, bestätigt in den Urteilen v. 22. 11. 1972, I R 252/70, BStBl II 1973, S. 405 und v. 3. 8. 1972, IV R 235/67, BStBl II 1972, S. 799
[35] Vgl. BFH v. 17. 1. 1973, I R 253/71, BStBl II 1973, S. 269

sich auf das formalrechtliche Argument beruft, daß Organgesellschaft nur eine Kapitalgesellschaft sein könne.

Zu (2): Ermittlung der Bemessungsgrundlagen

Auf Grund der selbständigen Gewerbesteuerpflicht der KG und der GmbH sind die Bemessungsgrundlagen für den Gewerbeertrag und das Gewerbekapital jeweils getrennt zu ermitteln.

Ausgangspunkt für die Ermittlung des *Gewerbeertrags der KG* ist der einheitlich festgestellte Gewinn, in dem auf Grund der geschilderten Rechtsprechung enthalten sind:

- die Vergütungen für die Geschäftsführung, wenn sie von einem Kommanditisten wahrgenommen und diesem deshalb als Vorausgewinn i. S. d. § 15 Abs. 1 Nr. 2 EStG zugerechnet werden[36], sowie Zuführungen zu Pensionsrückstellungen,
- die Vergütungen für die Überlassung von Wirtschaftsgütern und die Gewährung von Darlehen (Sonderbetriebsvermögen I), die an die Kommanditisten gezahlt werden,
- die Gewinnausschüttungen auf Grund der zum Sonderbetriebsvermögen II rechnenden Anteile der Kommanditisten an der Komplementär-GmbH.

Der Gewinn gemäß § 7 GewStG ist jedoch um die Hinzurechnungen und Kürzungen gem. §§ 8 und 9 GewStG zu modifizieren. Aufgrund des § 9 Ziff. 2a GewStG folgt daraus, daß der Gewinn der KG um die *Gewinnausschüttungen der GmbH* zu kürzen ist, die der KG im Wege der einheitlichen und gesonderten Gewinnfeststellung zunächst zugerechnet werden. Voraussetzung dafür ist, daß die KG zu Beginn des Erhebungszeitraums mindestens mit 25% am Stammkapital beteiligt ist. Da die Anteile der Kommanditisten zusammenzurechnen sind, wird die Mindestquote in aller Regel erreicht.

Im *Gewerbeertrag der Komplementär-GmbH* sind lediglich die Gewinnanteile aus ihrer Beteiligung an der KG für die Übernahme des Haftungsrisikos und/oder die Zurverfügungstellung von Kapital zu erfassen. Soweit die GmbH noch einen eigenen Geschäftsbetrieb hat, sind die daraus resultierenden Einkünfte einzubeziehen. Gemäß § 9 Ziff. 2 GewStG ist jedoch der Gewinn der GmbH zu kürzen um die *Gewinnanteile aus der KG*. Hat die GmbH keine weiteren Einkünfte mehr, so entsteht deshalb aus ihrer selbständigen Gewerbesteuerpflicht im Ergebnis keine zusätzliche GewESt-Belastung. Verluste aus der

---

[36] Vgl. BFH v. 26. 1. 1968, VI R 129/66, BStBl II 1968, S. 369

Beteiligung an der KG wirken sich wegen § 8 Ziff. 8 GewStG bei der GmbH ebenfalls nicht aus.

Der *GewKSt der KG* unterliegt der Einheitswert der KG, der um die Hinzurechnungen und Kürzungen gemäß § 12 Abs. 2 bzw. Abs. 3 GewStG modifiziert wird. Danach ist der Einheitswert der KG um den Wert der zu ihrem Gewerbekapital gehörenden Beteiligung an der GmbH zu kürzen (§ 12 Abs. 3 Nr. 2a GewStG). Die *GmbH* unterliegt zwar selbständig der GewKSt, doch ist gemäß § 12 Abs. 3 Nr. 2 GewStG der Wert der zum Gewerbekapital gehörenden Beteiligung an der KG vom Einheitswert der GmbH abzuziehen.

d) *Vermögensteuer*

Hier ist auf zwei Probleme näher einzugehen:

(1) die Feststellung der Einheitswerte von KG und GmbH
(2) die Bewertung der GmbH-Anteile

Zu (1): Die Feststellung des *Einheitswerts der KG* kann wegen der von der Rechtsprechung geforderten Einbeziehung der GmbH-Anteile in den Einheitswert der KG[37] Schwierigkeiten bereiten. Die GmbH-Anteile sind mit ihrem gemeinen Wert anzusetzen, der also bereits bekannt sein muß, wenn der Einheitswert der KG ermittelt werden soll. Andererseits kann der gemeine Wert erst dann ermittelt werden, wenn der Einheitswert des Betriebsvermögens der GmbH bekannt ist, der seinerseits, bei kapitalmäßiger Beteiligung der GmbH an der KG, vom gesuchten Einheitswert der KG abhängig ist.

Die Ermittlung des Einheitswerts der KG kann deshalb nur schrittweise durchgeführt werden[38]:

1. Zunächst wird das (vorläufige) Betriebsvermögen der KG ermittelt, wie es sich *ohne Einbezug der GmbH-Anteile* ergibt. Das Betriebsvermögen ist aufzuteilen auf die Gesellschafter der KG, also die Komplementär-GmbH und die Kommanditisten.
2. Auf Grund des anteilig zugerechneten (vorläufigen) Einheitswerts der KG kann der *Einheitswert der GmbH* endgültig ermittelt werden, da der Wert der GmbH-Anteile vorab nur den Gesellschaftern der GmbH zugerechnet wird. Der Einheitswert der GmbH unterliegt der selbständigen VSt-Pflicht.

---

[37] Vgl. für die Einheitsbewertung zuletzt BFH v. 6. 3. 1976, III R 93/74, BStBl II, S. 412
[38] Vgl. Erlaß des Hess. Fin. Min. v. 3. 12. 1970, AZ.: S 3600A-23-II B 43, veröffentlicht in: DStZ, Ausg. B, 1971, S. 2

3. Es kann der *gemeine Wert der Anteile* an der GmbH festgestellt werden.
4. Es wird nun der endgültige *Einheitswert der KG* ermittelt, indem der Wert der GmbH-Anteile einbezogen wird. Der Einheitswert der KG ist förmlich festzustellen und endgültig aufzuteilen.

Zu (2): Liegen Verkaufsfälle nicht vor, so muß der gemeine Wert der Anteile an der Komplementär-GmbH mit Hilfe des Stuttgarter Verfahrens ermittelt werden[39]. Das Verfahren basiert auf dem Vermögenswert und berücksichtigt die Ertragsaussichten nur als Korrekturposten. In bestimmten Fällen (Abschn. 81 VStR) können bei der Ermittlung des gemeinen Wertes von nicht notierten Anteilen die *Ertragsaussichten* außer Acht gelassen werden. Ein derartiger Ausnahmefall ist jedoch bei der Bewertung der Anteile einer Komplementär-GmbH nicht gegeben, so daß «die Ertragsaussichten der GmbH aus ihrer Beteiligung an der KG nicht außer Betracht bleiben»[40] dürfen.

2.3.3.2 Quantifizierung der Steuerbelastung

Bei der Ableitung der Steuerbemessungsgrundlagen wird die Reihenfolge eingehalten, die durch die Interdependenzen unseres Steuersystems vorgegeben ist, so daß die Quantifizierung

(1) mittels Veranlagungssimulation
(2) mit Hilfe der Teilsteuerrechnung

ermöglicht wird.

Substanzsteuerbelastung

Die Bemessungsgrundlage für die GewKSt der GmbH & Co KG ergibt sich aus dem Einheitswert der KG und den gewerbesteuerlichen Hinzurechnungen und Kürzungen. Wegen der Kürzungsvorschrift des § 12 Abs. 3 Nr. 2a GewStG kann die GewKSt der KG bereits endgültig berechnet werden, ohne die GmbH-Anteile in die Bemessungsgrundlage einzubeziehen.

Den insoweit vorläufigen Einheitswert der KG erhält man als Differenz des nach bewertungsrechtlichen Maßstäben ermittelten Rohvermögens und der Schuldposten. Das Rohvermögen der KG setzt sich aus dem Gesamthandsvermögen der KG und den ihr von Gesellschaftern zur Nutzung überlassenen aktiven Wirtschaftsgütern, etwa

---

[39] Vgl. BFH v. 22. 11. 1968, III 115/65, BStBl II 1969, S. 225
[40] Vgl. BFH v. 22. 11. 1968, a. a. O.

Grundstücken, zusammen. Schuldposten sind die Verbindlichkeiten und sonstigen Lasten (etwa Rückstellungen) gegenüber fremden Dritten, nicht jedoch gegenüber Gesellschaftern der KG, da diese steuerrechtlich nicht anerkannt werden.

Der *vorläufige Einheitswert der KG* ergibt sich aus den folgenden vier Komponenten:

B^u : unternehmenseigenes Betriebsvermögen
M^{bu}: bewertungsrechtliche Modifikationen dazu
B^i : inhabereigenes Betriebsvermögen
M^{bi} : bewertungsrechtliche Modifikationen dazu

Bei der Definition dieser Bemessungsgrundlagenteile ist zu berücksichtigen, daß das Merkmal des Gesamthandseigentums kein zweckmäßiges Abgrenzungskriterium für das unternehmenseigene bzw. inhabereigene Betriebsvermögen ist (siehe unten). Zum inhabereigenen Betriebsvermögen sollen daher die Wirtschaftsgüter gerechnet werden, die den Gesellschaftern bei der Aufteilung des Einheitswerts *vorab* zugerechnet werden müssen. Dies sind im wesentlichen drei Gruppen von «Vermögensgegenständen»:

(1) an die Gesellschaft vermietete/verpachtete Wirtschaftsgüter, die dem Betrieb der KG dienen, insbesondere Grundbesitz im Eigentum einzelner Gesellschafter, aber auch bewegliches Anlagevermögen

(2) Darlehen der Gesellschafter an die KG

(3) Pensionsrückstellungen für geschäftsführende Kommanditisten

Zu (1): Im Eigentum einzelner Gesellschafter stehende Wirtschaftsgüter, die an die Gesellschaft vermietet/verpachtet sind, sind entsprechend den bewertungsrechtlichen Maßstäben für *aktive* Wirtschaftsgüter zu bewerten. Bei Grundstücken erfolgt diese Wertfeststellung in einem gesonderten Einheitswert. Die von Gesellschaftern gemieteten/gepachteten Wirtschaftsgüter zählen nicht zum Gesamthandsvermögen der KG; in der Vermögensaufstellung der KG spiegeln sich diese Wirtschaftsgüter in einem erhöhten Kapitalanteil des betreffenden Gesellschafters wider.

Zu (2) und (3): Der den Gesellschafter-Darlehen und Pensionsrückstellungen für geschäftsführende Gesellschafter entsprechende Teil des Betriebsvermögens ist dagegen Bestandteil des Gesamthandsvermögens der KG. Die Gesellschafter haben lediglich schuldrechtliche Ansprüche gegen die Gesellschaft. Die Höhe der Vorab-Zurechnung ergibt sich deshalb aus der Bewertung der *passiven* Wirtschaftsgüter (Darlehen bzw. Pensionsrückstellungen).

B^i bezeichnet demnach den nach handelsrechtlichen Maßstäben ermittelten Wert dieses vorab zugerechneten Vermögens; M^{bi} bringt die Differenz zu den bewertungsrechtlichen Wertansätzen zum Ausdruck, die positiv oder negativ sein kann. Einen negativen Wert wird M^{bi} besonders dann annehmen, wenn Grundstücke an die Gesellschaft verpachtet sind, deren Einheitswert niedriger ist als die Anschaffungskosten nach handelsrechtlichen Maßstäben.

Der nicht vorab zuzurechnende Teil des vorläufigen Einheitswerts ergibt sich aus der Summe des unternehmenseigenen Betriebsvermögens B^u und den dazugehörigen bewertungsrechtlichen Modifikationen M^{bu}. B^u entspricht der Summe der in der Handelsbilanz ausgewiesenen Kapitalkonten der Gesellschafter. Damit ist die Ausgangsgröße für die Bestimmung des Gewerbekapitals der KG, der vorläufige Einheitswert, als $B^u + M^{bu} + B^i + M^{bi}$ festgelegt.

Die gewerbekapitalsteuerlichen Modifikationen nach § 12 Abs. 2 und 3 GewStG sind zum vorläufigen Einheitswert hinzuzufügen, wobei zwischen den M^{gku}, die die Hinzurechnungen und Kürzungen zu den in $B^u + M^{bu}$ enthaltenen Wirtschaftsgüter erfassen, und den zu $B^i + M^{bi}$ gehörenden Modifikationen M^{gki} unterschieden wird.

Zu M^{gku} zählen vor allem die Hinzurechnung von Dauerschulden, die gegenüber fremden Dritten bestehen und die Kürzung der im Gesamthandseigentum stehenden Grundstücke gemäß § 12 Abs. 3 Nr. 1 GewStG.

In den M^{gki} sind die im Sondereigentum stehenden, an die KG verpachteten Grundstücke als Kürzungen zu erfassen. Dagegen braucht eine gesonderte Hinzurechnung von Dauerschulden auf Grund von Darlehen, die Gesellschafter gewährt haben, nicht zu erfolgen, da diese bereits im vorläufigen Einheitswert enthalten sind. Die Summe der Dauerschulden wird gekürzt um den Freibetrag $M^{gk}DS$ in Höhe von 50 000 DM.

Damit kann die Bemessungsgrundlage für die GewKSt der KG ermittelt werden, die sich ergibt als:

$$B^u + M^{bu} + M^{gku} + B^i + M^{bi} + M^{gki} - M^{gk}DS - F^{gk}$$

so daß die *GewKSt-Grundgleichung* lautet:

$$(5.4) \quad S^{gk} = s^{gk}\,(B^u + M^{bu} + M^{gku} + B^i + M^{bi} + M^{gki} - M^{gk}DS - F^{gk})$$

Zur Bestimmung der übrigen Substanzsteuer-Bemessungsgrundlagen ist der – vorläufige – Einheitswert der KG auf die Gesellschafter aufzuteilen. Zunächst wird das Sonderbetriebsvermögen (einschließlich Pensionsrückstellungen) $B^i + M^{bi}$ vorab zugerechnet.

Bei der Aufteilung des restlichen Einheitswerts $B^u + M^{bu}$ ist – soweit von den Gesellschaftern nicht übereinstimmend die Anwendung eines anderen, wirtschaftlich vertretbaren Aufteilungsmaßstabes beantragt wird – zunächst jedem Mitunternehmer das auf dem Kapitalkonto der Handelsbilanz (einschließlich aller Sonderkonten) nach dem Stand vom Bewertungsstichtag ausgewiesene Vermögen zuzurechnen[41]. Zur Vereinfachung der Darstellung wird im folgenden von einer Einmann-GmbH & Co KG ausgegangen. Die Höhe der Kapitalkonten entspricht dem unternehmenseigenen Betriebsvermögen B^u. Bezeichnet B_c^u das Kapitalkonto des Kommanditisten und B_g^u das Kapitalkonto der Komplementär-GmbH, dann sind zunächst Anteile in Höhe von B_c^u bzw. B_g^u zuzurechnen.

Ergibt sich zwischen der Summe der Kapitalkonten und dem (vorläufigen) Einheitswert ein Unterschiedsbetrag, so ist dieser nach dem Gewinn- und Verlustverteilungsschlüssel den Kapitalkonten zuzurechnen oder davon abzuziehen. Wird der Gewinn/Verlust im Verhältnis der Kapitalkonten aufgeteilt, so sind zunächst diese Quoten zu bestimmen. Der quotale Anteil der Komplementär-GmbH wird mit g symbolisiert und beträgt $\frac{B_g^u}{B^u}$, der Anteil des Kommanditisten $(1-g)$ dementsprechend $\frac{B_c^u}{B^u}$.

Von dem Unterschiedsbetrag, der den bewertungsrechtlichen Modifikationen M^{bu} entspricht, wird deshalb der Komplementär-GmbH ein Anteil $M_g^{bu} = g \cdot M^{bu}$, dem Kommanditisten ein Anteil $M_c^{bu} = (1-g) M^{bu}$ zugewiesen. Da nun der Anteil der Komplementär-GmbH am Einheitswert der KG bekannt ist, $B_g^u + M_g^{bu}$, können die Substanzsteuer-Bemessungsgrundlagen der GmbH ermittelt werden. Auf die Aufstellung einer GewKSt-Grundgleichung kann verzichtet werden, wenn – wie angenommen wird – die GmbH ihr gesamtes Kapital der KG als Einlage zur Verfügung gestellt hat. Die GmbH unterliegt jedoch einer selbständigen VSt-Pflicht. Bemessungsgrundlage ist der Einheitswert der GmbH, $B_g^u + M_g^{bu}$, der gegebenenfalls um vermögensteuerliche Modifikationen M_g^{vu} ergänzt wird. Die *VSt-Grundgleichung der GmbH* lautet damit:

$$(5.5) \quad S_g^{vk} = s^{vk} (B_g^u + M_g^{bu} + M_g^{vu})$$

Der Einheitswert der GmbH bildet den Ausgangspunkt für die Ermittlung der Vermögenswertkomponente bei der Feststellung ihres gemeinen Werts nach dem Stuttgarter Verfahren. Die Ertragswert-

---

[41] Vgl. Abschn. 18 Abs. 1 VStR

komponente kann jedoch erst dann ermittelt werden, wenn das körperschaftsteuerpflichtige Einkommen bekannt ist, setzt also die Kenntnis des Anteils am Gewinn der KG voraus. Der gemeine Wert ergibt sich insgesamt als Summe des Einheitswerts und der Anteilswertmodifikationen M^a. In die vermögensteuerliche Bemessungsgrundlage des Gesellschafters gehen damit folgende drei Komponenten ein:

(1) der anteilige Einheitswert der KG $B_c^u + M_c^{bu}$
(2) das Sonderbetriebsvermögen $B^i + M^{bi}$
(3) die Anteile an der Komplementär-GmbH $B_g^u + M_g^{bu} + M^a$

Die *VSt-Belastung* S^{vp} kann damit ermittelt werden als:

$$(5.6) \quad S^{vp} = s^{vp} \left(B_c^u + M_c^{bu} + B^i + M^{bi} + B_g^u + M_g^{bu} + M^a + M^v - F^v \right)$$

Da gilt: $B^u + M^{bu} = B_c^u + M_c^{bu} + B_g^u + M_g^{bu}$, kann auch geschrieben werden:

$$(5.6a) \quad S^{vp} = s^{vp} \left(B^u + M^{bu} + B^i + M^{bi} + M^a + M^v - F^v \right)$$

Ertragsteuer-Belastung

Die Ableitung der ertragsbezogenen Bemessungsgrundlagen knüpft an am Reinertrag der KG, der definiert ist als handelsrechtlicher Gewinn der KG vor Abzug von Leistungsvergütungen und der in den Steuerbelastungsvergleich explizit einbezogenen Steuerarten. Zur Ermittlung des Gewerbeertrags der KG ist der Reinertrag um die einkommen- und gewerbeertragsteuerlichen Modifikationen zu ergänzen. Wegen § 9 Nr. 2a GewStG kann die GewESt der KG endgültig ermittelt werden, ohne die Gewinnausschüttungen der GmbH einzubeziehen.

Die gewerbeertragsteuerlichen Modifikationen M^{ge} können unterteilt werden in die mit dem unternehmenseigenen Betriebsvermögen zusammenhängenden M^{geu} (Hinzurechnung von Dauerschuldzinsen, Kürzung um 1,2% des nach § 121a BewG erhöhten Einheitswerts) und die mit dem Sonderbetriebsvermögen zusammenhängenden M^{gei}. Die *GewESt-Grundgleichung der KG* lautet demnach:

$$(5.7) \quad S^{ge} = s^{ge} \left(R + M^e + M^{geu} + M^{gei} - S^{gk} - F^{ge} \right)$$

Der Freibetrag F^{ge} beträgt ab EZ 1980 DM 36000.
Zur Feststellung der weiteren ertragsbezogenen Bemessungsgrundlagen ist der Gewinn auf die Gesellschafter der KG aufzuteilen. Zur Verteilung steht insgesamt folgender Betrag zur Verfügung:

$$R + M^e - S^{ge} - S^{gk}$$

Davon sind zunächst die Vergütungen für Sonderleistungen als Vorabgewinne abzuziehen, nämlich:

- Miet- und Pachtzinsen
- Darlehenszinsen
- Zuführungen zu Pensionsrückstellungen
- Geschäftsführergehälter

Diese Komponenten werden mit R_L zusammenfassend symbolisiert. Es verbleibt demnach ein Restgewinn in Höhe von

$$R + M^e - R_L - S^{ge} - S^{gk}$$

der auf den Kommanditisten und die Komplementär-GmbH aufzuteilen ist. Es wird angenommen, daß das Verhältnis der Kapitalkonten dabei als Aufteilungsmaßstab herangezogen wird.

Die GmbH erhält damit einen Anteil in Höhe von g, der Kommanditist eine Quote in Höhe von $(1-g)$ des Restgewinns. Hat die GmbH aus eigenem Geschäftsbetrieb sonst keine weiteren Einkünfte mehr, kann auf die Formulierung einer GewESt-Grundgleichung für die GmbH verzichtet werden, weil die Bemessungsgrundlage wegen § 9 Ziff. 2 GewStG auf Null zusammenschrumpft.

Der Gewinnanteil der GmbH, $g\,(R + M^e - R_L - S^{gk} - S^{ge})$, unterliegt damit in vollem Umfang der KSt. Die Belastung mit KSt richtet sich nach der Höhe der an die Gesellschafter der GmbH vorgenommenen Ausschüttung A. Es können deshalb ein Normalfall und ein Spezialfall[42] unterschieden werden. Im folgenden wird der Normalfall zugrundegelegt. Die *KSt-Belastung der GmbH* S_g^k errechnet sich dann als:

$$(5.8) \quad S_g^k = s^{kn}[g\,(R + M^e - R_L - S^{gk} - S^{ge}) + M^k - (1 + s^{ka})A] + s^{ka} \cdot A$$

Die Ausschüttungen A sowie der Anrechnungsanspruch $s^{ka} \cdot A$ unterliegen zusammen mit den übrigen Einkünften des Kommanditisten dessen persönlicher ESt. Sie setzen sich zusammen aus:

- dem Anteil des Kommanditisten am Restgewinn[43]:
  $(1-g)\,(R + M^e - R_L - S^{gk} - S^{ge})$
- den vorab zugerechneten Gewinnanteilen einschließlich der Sonderbetriebsausgaben: R_L
- den Bruttoausschüttungen: $(1 + s^{ka})\,A$

---

[42] Vgl. Abschn. 1.3
[43] Sind mehrere Kommanditisten beteiligt, so ist dieser Anteil entsprechend aufzuteilen.

Die *kombinierte ESt/KiSt* S^e ergibt sich unter Berücksichtigung der Freibeträge F^e als:

$$(5.9) \quad S^e = s^e \left[(1-g) \left(R + M^e - R_L - S^{gk} - S^{ge} \right) + R_L + (1 + s^{ka}) A - F^e \right] - s^{ka} \cdot A$$

Die «Freibeträge» F^e setzen sich aus den allgemeinen Freibeträgen, den als Sonderausgaben abzugsfähigen Beträgen und dem sog. Formel-Freibetrag zusammen.

Damit sind die Voraussetzungen für die Berechnung der Steuerbelastung mit Hilfe einer Steuerartenrechnung geschaffen. Die im Einzelfall gegebenen Daten sind in die einzelnen Steuergleichungen einzusetzen und die daraus folgenden Steuerbelastungen zu addieren. Bei dieser Veranlagungssimulation ist die vorgezeichnete Reihenfolge streng einzuhalten. Variationen von Bemessungsgrundlagenteilen machen jeweils ein erneutes Durchrechnen sämtlicher Steuerbelastungen erforderlich.

Teilsteuerrechnung

Die formulierten Steuerart-Gleichungen sind auch der Ausgangspunkt für die Ermittlung der Steuerbelastung mit Hilfe von Teilsteuer-Bemessungsgrundlagenteilen und Teilsteuersätzen. Die in den Gleichungen enthaltenen Steuerart-Interdependenzen sind aufzulösen und die einfachen Steuerfaktoren zu den Multifaktoren zusammenzufassen. Wird dabei die Aufteilung der Bemessungsgrundlagen verwendet, wie sie in obigen Steuerart-Grundgleichungen benutzt wurde, so muß eine Anzahl neuer, aus den bisherigen Teilsteuersystemen für eine reine Personen- und eine reine Kapitalgesellschaft nicht bekannter, Multifaktoren definiert werden. Neben der unerwünschten Aufblähung des Teilsteuer-Gerüstes wird dadurch die Erkenntnis verhindert, inwieweit durch die Beteiligung der GmbH die Steuerbelastung gegenüber der reinen Personengesellschaft verändert wird. Deshalb sollen für die GmbH & Co KG die Multifaktoren der «einfachen» Rechtsform-Grundtypen so weit wie möglich verwendet werden. Die Schwierigkeiten dabei resultieren daraus, daß die gesamte GewSt-Belastung nur bei der KG erhoben wird. Es muß aber dennoch eine Aufteilung von Ertrag und Kapital auf die Gesellschafter (Kommanditisten und GmbH) erfolgen, da die für Personen- und Kapitalgesellschaften unterschiedlichen Subjektsteuerbelastungen (ESt, KSt, VSt der Kapitalgesellschaft, VSt der Kommanditisten) hieran anknüpfen. Die reinen Teilsteuersysteme fassen die Objekt- und Subjektsteuerbelastungen in ihren ertrags- und substanzbezogenen Multifaktoren jeweils zusammen. Um diese Multifaktoren bei der GmbH & Co KG verwenden zu können, wird hier folgendes Verfahren zugrundegelegt (s. Abschn. 1.2.3):

Die GewESt S^{ge} und GewKSt S^{gk} der KG werden im Verhältnis der Anteile am Restgewinn, also im Verhältnis g und $(1-g)$, aufgeteilt:

$$(5.7a) \quad S^{ge} = g \cdot S^{ge} + (1-g) \, S^{ge} = [g + (1-g)] \, s^{ge} \, (R + M^e + M^{geu}$$
$$+ \, M^{gei} - S^{gk} - F^{ge})$$

$$(5.4a) \quad S^{gk} = g \cdot S^{gk} + (1-g) \, S^{gk} = [g + (1-g)] \, s^{gk} \, (B^u + M^{bu} + M^{gku}$$
$$+ \, B^i + M^{bi} + M^{gki} - M^{gk}DS - F^{gk})$$

Außerdem muß die VSt der Gesellschafter S^{vp} im Verhältnis der Anteile aufgespalten werden:

$$(5.6b) \quad S^{vp} = g \cdot S^{vp} + (1-g) \, S^{vp} = [g + (1-g)] \, s^{vp} \, (B^u + M^{bu} + B^i$$
$$+ \, M^{bi} + M^a + M^{vu} - F^v)$$

Neue Bemessungsgrundlagenteile sind damit die Produkte aus den Anteilen g bzw. $(1-g)$ und den bekannten Bemessungsgrundlagenteilen. Ein Vorteil dieser Aufteilung besteht darin, daß schnell ermittelt werden kann, wie sich Variationen der Kapitalanteile von Kommanditisten und Komplementär-GmbH auf die Gesamtsteuerbelastung der GmbH & Co KG auswirken. Die nachfolgende Tabelle zeigt die Bemessungsgrundlagenteile, die dazugehörigen Multifaktoren sowie die Teilsteuersätze für den Normalfall der Ermittlung der Steuerbelastung bei einer Kapitalgesellschaft.

Wie aus der Tabelle ersichtlich ist, mußten lediglich zwei neue Multifaktoren definiert werden:

– Der für den Bemessungsgrundlagenteil $g \cdot R_L$, also den Anteil der Komplementär-GmbH an den Vorabvergütungen der KG neu definierte Multifaktor t^{gc1} mußte eingeführt werden, weil «Leistungsvergütungen» bei einer GmbH & Co zu den Einkünften aus Gewerbebetrieb zählen und damit der GewESt unterliegen. Der Multifaktor unterscheidet sich von dem für Leistungsvergütungen L geltenden Multifaktor um die wegfallende Entlastung von der GewESt.

– Ein neuer Multifaktor t^{gc2} mußte definiert werden für den Anteil g der Komplementär-GmbH am Einheitswert der KG, $g \, [B^u + M^{bu} + B^i + M^{bi}]$. Dieser Teil unterliegt wie der Anteil des (der)

234

Bemessungsgrundlagenteil	Multifaktor		Teilsteuersatz	
	Symbol	Zusammensetzung	niedrig	hoch
$(1-g)[R, M^e]$	t^{p1}	$s^e + s^{ge} - s^e s^{ge}$	33,490	63,575
$(1-g)[M^{geu}, M^{gei}]$	t^{p2}	$s^{ge} - s^e s^{ge}$	9,976	5,464
$(1-g)[B^u, M^{bu}, B^i, M^{bi}]$	t^{p3}	$s^{vp} + s^{gk} + s^e s^{ge} s^{gk} - s^e s^{gk} - s^{ge} s^{gk}$	0,899	0,7185
$(1-g)[M^{gku}, M^{gki}, -M^{gk}DS]$	t^{p4}	$s^{gk} + s^e s^{ge} s^{gk} - s^e s^{gk} - s^{ge} s^{gk}$	0,399	0,2185
M^a, M^v	t^{p5}	s^{vp}	0,5	0,5
F^v	t^{p6}	$-s^{vp}$	− 0,5	− 0,5
F^e	t^{p7}	$-s^e$	−23,514	−58,111
$(1-g)F^{ge}$	t^{p8}	$s^e s^{ge} - s^{ge}$	− 9,976	− 5,464
$(1-g)F^{gk}$	t^{p9}	$-s^{gk} - s^e s^{ge} s^{gk} + s^e s^{gk} + s^{ge} s^{gk}$	− 0,399	− 0,2185
$g[R, M^e, M^{fk}]$	t^{k1}	$s^{kn} + s^{ge} - s^{kn} s^{ge}$	61,739	61,739
gR^L	t^{gc1}	$-s^{kn} + s^e$	−32,486	2,111
A	t^{k3}	$-s^{kn} - s^{ka} s^{kn} + s^e + s^{ka} s^e$	−50,760	3,298
$g[M^{geu}, M^{gei}]$	t^{k4}	$s^{ge} - s^{kn} s^{ge}$	5,739	5,739
$g[B^u, M^{bu}, B^i, M^{bi}]$	t^{gc2}	$s^{gk} + s^{kn} s^{ge} s^{gk} - s^{kn} s^{gk} - s^{ge} s^{gk} + s^{vp}$	0,730	0,730
$g[M^{gku}, M^{gki}, -M^{gk}DS]$	t^{k6}	$s^{gk} + s^{kn} s^{ge} s^{gk} - s^{kn} s^{gk} - s^{ge} s^{gk}$	0,230	0,230
$B_g^u, M_g^{bu}, M_g^{vu}$	t^{k7}	s^{gk}	0,7	0,7
gF^{ge}	$-t^{k4}$	$-s^{ge} + s^{kn} s^{ge}$	− 5,739	− 5,739
gF^{gk}	$-t^{k6}$	$-s^{gk} - s^{kn} s^{ge} s^{gk} + s^{kn} s^{gk} + s^{ge} s^{gk}$	− 0,230	− 0,230

Kommanditisten, $(1-g)$ $[B^u + M^{bu} + B^i + M^{bi}]$, der GewKSt und der persönlichen VSt, unterscheidet sich von letzterem aber dadurch, daß sich die Abzugsfähigkeit der GewKSt nicht bei der ESt, sondern bei der KSt auswirkt.

2.3.3.3 Beispiel

Die Handelsbilanz einer Unternehmung zum 31. 12. 01 soll – wird sie als GmbH & Co geführt – folgendes Bild aufweisen:

Schlußbilanz zum 31. 12. 01

Bebaute Grundstücke:		Kapitalkonten Kommanditist	2 450 000
– Grund + Boden	800 000		
– Gebäude	1 700 000	Kapitalkonto Komplementär-GmbH	50 000
Maschinen und maschinelle Anlagen	1 500 000	langfristige Verbindlichkeiten gegenüber Dritten	2 000 000
Roh-, Hilfs- u. Betriebsstoffe, Halb- u. Fertigfabrikate	1 000 000	Darlehen v. Gesellschaftern	400 000
Forderungen	1 500 000	Pensionsrückstellung Gesellsch.-Geschäftsführer	80 000
Sonstiges UV, Kasse, Bank	800 000	kurzfristige Verbindlichkeiten gegenüber Dritten	2 320 000
	7 300 000		7 300 000

Es wird aus Vereinfachungsgründen die Bilanz einer Einmann-GmbH & Co KG zugrundegelegt, in der die Wertansätze zugleich den Vorschriften nach §§ 4 ff. EStG entsprechen sollen. Das Stammkapital der Komplementär-GmbH beträgt DM 50 000 und ist voll in die GmbH & Co KG eingebracht. Der Kommanditist hat der KG ein Darlehen in Höhe von DM 400 000 gewährt. Es wurden bisher Pensionsrückstellungen für den Geschäftsführer, der zugleich Kommanditist ist, in Höhe von DM 80 000 gebildet. Außerdem hat der Gesellschafter ein in seinem Privateigentum befindliches Grundstück der GmbH & Co KG zur Nutzung überlassen, das in der Bilanz nicht ausgewiesen ist.

Die Handelsbilanz dient als Ausgangsbasis für die von der KG vor-

Als für die Zukunft repräsentativ soll folgende Gewinn- und Verlustrechnung gelten:

GuV-Rechnung

Abschreibungen		770 000	Umsatzerlöse	15 000 000
Materialkosten		7 000 000		
Personalkosten Dritte		6 000 000		
Zinsen auf langfr. Darlehen v. Dritten		200 000		
Grundsteuer für Betriebsgrundstück		14 560		
Sonst. Aufwendungen		507 440		
Pachtzinsen f. Gesellsch.-Grundstück		18 000		
Zinsen f. Gesellschafterdarlehen		32 000		
Vergütungen f. Geschäftsführung:				
– Gehalt	90 000			
– Soz. Kosten	40 000			
– Zuf. zu Pens.-Rückstellung	8 000	138 000		
Gewinn vor Gewerbesteuer		320 000		
		15 000 000		15 000 000

zunehmende *Vermögensaufstellung*. Dazu sind ergänzend folgende Angaben zu berücksichtigen:

(1) Der Einheitswert des in der Bilanz ausgewiesenen Betriebs-Grundstücks wurde mit DM 1 600 000 festgestellt, der nach § 121 a BewG anzusetzende Wert (140%) beträgt damit DM 2 240 000.
(2) Der Einheitswert des betrieblich genutzten, im Alleineigentum des Gesellschafters stehenden Grundstücks wurde mit DM 150 000 festgestellt, der Wert nach § 121 a BewG beträgt damit DM 210 000.
(3) Die Teilwerte der Maschinen und maschinellen Anlagen betragen DM 1 825 000.
(4) Die sonstigen – aktiven und passiven – Wirtschaftsgüter weisen gegenüber der handelsbilanziellen Bewertung keine Abweichungen auf.

Es ergibt sich demnach folgende Vermögensaufstellung:

(vorläufige) Vermögensaufstellung der KG

Rohbetriebsvermögen	Betriebsgrundstück nach § 121 a BewG	2240000	Kommanditist Kapitalkonten	2450000	$\left.\right\}B^u$
	Maschinen und masch. Anlagen	1825000	Komplementär Kapitalkonto	50000	
				65000 } M^{bu}	
	Umlaufvermögen	3300000	langfr. Verb. gegenüber Dritten	2000000	Schuld- posten
			kurzfr. Verb. gegenüber Dritten	2320000	
			Pens. Rückst.	80000	
			Darl. Gesellsch.	400000	$\left.\right\}B^i+M^{bi}$
	Gesellschafter- Grundstück	210000	Gesellschafter- Kapital	210000	
		7575000		7575000	

Substanzsteuerbelastung

Der (vorläufige) Einheitswert der KG errechnet sich als Differenz des Rohbetriebsvermögens in Höhe von 7575000 und der Schuldposten in Höhe von 4320000 und beträgt damit 3255000. Er ist folgendermaßen zu verteilen.

Vorab sind dem Gesellschafter zuzurechnen:

– Wert des Grundstücks nach § 121 a BewG	210000
– Pensionsrückstellung	80000
– Darlehen	400000
	690000

Da $M^{bi}=0$, beträgt damit $B^i+M^{bi}=690000$. Als B^u+M^{bu} verbleiben noch 2565000. Die handelsrechtlich ausgewiesenen Kapitalkonten betragen 2500000, was dem unternehmenseigenen Betriebsvermögen B^u entspricht. Die Differenz $M^{bu}=65000$ ist auf die Abweichungen zwischen handelsbilanzieller und bewertungsrechtlicher Bewertung zurückzuführen:

	(1) Handelsbilanz	(2) Vermögens- aufstellung	(3) Differenz (2)−(1)
Grundbesitz	2500000	2240000	−260000
Maschinen und masch. Anlagen	1500000	1825000	+325000
			+ 65000

Für die Berechnung der GewKSt der KG sind nun die Modifikationen zu ermitteln, die sich folgendermaßen zusammensetzen:

a) im Zusammenhang mit dem unternehmenseigenen Betriebsvermögen, M^{gku}:

– Hinzurechnung der Dauerschulden gegenüber Dritten	$+2\,000\,000$
– Kürzung um den erhöhten Einheitswert der Betriebsgrundstücke	$-2\,240\,000$
$M^{gku} =$	$-\;\;\;240\,000$

b) im Zusammenhang mit dem inhabereigenen Betriebsvermögen, M^{gki}:

– Hinzurechnung von Dauerschulden	$-$
– Kürzung um den erhöhten Einheitswert des betrieblich genutzten Grundstücks des Gesellschafters	$-\;\;210\,000$
$M^{gki} =$	$-\;\;210\,000$

Da die Höhe der Dauerschulden (DM 2 000 000) DM 50 000 übersteigt, ist der Freibetrag $M^{gk}DS = 50\,000$ vom Gewerbekapital zu kürzen. Der ab EZ 1981 geltende Freibetrag F^{gk} in Höhe von DM 120 000 ist ebenfalls abzuziehen. Die *GewKSt der GmbH & Co KG* ergibt sich deshalb mit den bekannten Modell-Hebesätzen gemäß (5.4) als:

$$S^{gk} = 0{,}006\,[2\,500\,000 + 65\,000 - 240\,000 + 690\,000 + 0 - 210\,000$$
$$-\,50\,000 - 120\,000]$$
$$= 0{,}006\,[2\,635\,000] = \underline{\underline{15\,810}}$$

Für die weiteren substanzsteuerlichen Bemessungsgrundlagen ist der (vorläufige) Einheitswert aufzuteilen. Vorab zugerechnet werden $B^i + M^{bi} = 690\,000$. Danach erfolgt die Zurechnung von Betriebsvermögen in Höhe der Kapitalkonten, wobei $B^u_c = 2\,450\,000$, $B^u_g = 50\,000$. Der Rest $M^{bu} = 65\,000$ ist nach dem Gewinnverteilungsschlüssel, also hier nach dem Verhältnis der Kapitalkonten aufzuteilen. $B^u = B^u_c + B^u_g$ beträgt DM 2 500 000. Auf die GmbH entfällt die Quote

$$g = \frac{B^u_g}{B^u} \text{ in Höhe von } \frac{50\,000}{2\,500\,000} = 2\%.$$

Der Anteil des Kommanditisten $(1-g) = \dfrac{B^u_c}{B^u}$ beträgt somit 98%.

Damit erhält die GmbH zusätzlich noch $M^{bu}_g = 0{,}02 \cdot 65\,000 = 1300$, der Kommanditist $M^{bu}_c = 0{,}98 \cdot 65\,000 = 63\,700$ an Betriebsvermögen zugerechnet. Die VSt der GmbH auf ihre Bemessungsgrundlage $(M^{vu}_g = 0)$ in Höhe von $B^u_g + M^{bu}_g$ beträgt damit gemäß (5.5):

$$S^{vk} = 0{,}007\,[50\,000 + 1300] = \underline{\underline{359{,}10}}$$

Der gemeine Wert der Anteile kann erst ermittelt werden, wenn das körperschaftsteuerliche Einkommen der GmbH berechnet ist.

Ertragsteuer-Belastungen und persönliche VSt

Zur ausgewiesenen GuV-Rechnung sind folgende Anmerkungen zu machen:

Der Zinssatz für die langfristigen Verbindlichkeiten gegenüber Dritten beträgt 10%. Der Grundsteuer für das Betriebsgrundstück wurde ein Hebesatz von 260% (nach *Rose* [Substanzsteuern] 131) der durchschnittliche Satz) zugrundegelegt. Die Pachtzinsen für das Grundstück sind auf der Basis eines Satzes von 12% auf den Einheitswert berechnet, der Zinssatz für das vom Gesellschafter überlassene Darlehen wurde mit 8% angenommen.

In der handelsrechtlichen GuV-Rechnung finden die mit dem Sonderbetriebsvermögen zusammenhängenden Aufwendungen keinen Niederschlag; sie sind jedoch bei der einheitlichen Gewinnfeststellung zu berücksichtigen. Als Sonderbetriebsausgabe fällt hier die Grundsteuer auf das Gesellschafter-Grundstück an. Sie ergibt sich als Hebesatz × Meßzahl × Einheitswert und beträgt somit

$$260\% \times 3{,}5^0/_{00} \times 150\,000 = 1365.$$

Vorweg sind dem Kommanditisten die Darlehens- und Pachtzinsen sowie die Geschäftsführungs-Vergütungen zuzurechnen, da der Geschäftsführer zugleich Kommanditist ist. Zusammen mit den Sonderbetriebsausgaben ergibt sich R_L in Höhe von $188\,000 - 1365 = 186\,635$. Der Reinertrag R der GmbH & Co KG beträgt damit

$$320\,000 + 186\,635 = 506\,635.$$

Zur Berechnung der GewESt der KG ist R um die entsprechenden Modifikationen zu ergänzen, die sich ergeben

a) als M^{geu}:

Hinzurechnung der Dauerschuldzinsen	$+200\,000$
Kürzung um 1,2% der erhöhten (140%) Grundbesitz-Einheitswerte	$-26\,880$
$M^{geu} =$	$+173\,120$

b) als M^{gei}·

Hinzurechnung von Dauerschuldzinsen	$-$
Kürzung für Gesellschafter-Grundstück	-2520
$M^{gei} =$	-2520

Die *GewESt der KG* ergibt sich aus (5.7):

$$S^{ge} = 0{,}13043\,[506\,635 + 173\,120 - 2520 - 15\,810 - 36\,000]$$
$$= 0{,}13043 \cdot 625\,425 = \underline{\underline{81\,574{,}18}}$$

Der verteilungsfähige Restgewinn $R + M^e - R_L - S^{gk} - S^{ge}$ beträgt damit

$$506\,635 - 186\,635 - 15\,810 - 81\,574,18 = \underline{\underline{222\,615,82}}$$

Da als Gewinnverteilungsschlüssel das Verhältnis der Kapitalkonten angenommen wurde, erhält:

- die GmbH $[g = 2\%]$:   4452,32
- der Kommanditist $[(1-g) = 98\%]$:   218\,163,50

Das körperschaftsteuerpflichtige Einkommen der GmbH beträgt damit (bei $M^k = 0$): 4452,32 DM. Es wird angenommen, daß die Barausschüttung A 2327,16 DM beträgt. Die KSt der GmbH ergibt sich gemäß (5.8) als:

$$S^k = 0,56\,(4452,32 - 1,5625 \cdot 2327,16) + 0,5625 \cdot 2327,16$$
$$= 0,56 \cdot 816,13 + 1309,03 = \underline{\underline{1766,06}}$$

Bei der Berechnung der ESt wurden folgende «Freibeträge» F^e angenommen:

- Höchstbetrag an Sonderausgaben für Alleinstehende   3150,—
- Allgemeiner Tariffreibetrag   510,—
- Formel-Freibetrag (siehe S. 166)   24\,364,29

$$F^e = 28\,024,29$$

Der *kombinierten ESt/KiSt* unterliegen die Einkünfte aus Gewerbebetrieb der drei Kategorien:

- Restgewinnanteil des Kommanditisten   218\,163,50
- Vorabgewinnanteile   186\,635,—
- Anrechnungsanspruch und Barausschüttung   3636,19

$$408\,434,69$$

S^e ergibt sich unter Berücksichtigung des Anrechnungsanspruchs nach (5.9) als:

$$S^e = 0,58111\,[408\,434,69 - 28\,024,29] - 1309,03 = \underline{\underline{219\,751,26}}$$

Als letzte Steuerbelastung muß noch die persönliche VSt-Belastung des Kommanditisten und Gesellschafters der GmbH ermittelt werden. Den *gemeinen Wert der GmbH-Anteile* erhält man auf Grund folgender Rechnung (s. Abschn. 2.2.1.3):

Vermögenswert		Ertragshundertsatz	
Einheitswert des BV	51 300	körperschaftst. Einkommen	4452,32
./. 15% Abschlag	7695	./. Tarifbelastung	2493,30
=	43 605	./. VSt	359,10
$\times \dfrac{100}{50\,000} = 87{,}81\%$		=	1599,92
		+127%	2031,90
		$= vEK_{56}$	3631,82
		./. 30% Abschlag	1089,55
		=	2542,27
		$\times \dfrac{100}{50\,000} = 5{,}08\%$	

Gemeiner Wert:

$$0{,}65\,(87{,}81 + 5 \cdot 5{,}08) = 73{,}59\%$$

Der gemeine Wert der GmbH-Anteile beträgt damit DM 36 795. Die Anteilswertmodifikationen M^a ergeben sich in Höhe von

$$36\,795 - 51\,300 = -14\,505$$

Die *persönliche VSt* ergibt sich aus (5.6), wenn $M^{vu}=0$ und $F^v=0$ (da bereits anderweitig ausgeschöpft), als:

$$
\begin{aligned}
S^{vp} &= 0{,}005\,[2\,513\,700 + 690\,000 + 36\,795] \\
&= 0{,}005\,[2\,565\,000 + 690\,000 - 14\,505] \\
&= \underline{\underline{16\,202{,}48}}
\end{aligned}
$$

Die gesamte Steuerbelastung[44] der GmbH & Co KG ergibt sich auf Grund der einzelnen Steuerarten in Höhe von 335 463,08 DM.

Teilsteuerrechnung

Eine Berechnung der Gesamtsteuerbelastung mit Hilfe der Teilsteuerrechnung zeigt auch die Struktur der Steuerbelastung in Abhängigkeit von den einzelnen Bemessungsgrundlagenteilen, die (fast ausnahmslos) mit dem Faktor g bei der GmbH ($g=2\%$) bzw. $(1-g)$ bei der KG ($1-g=98\%$) zu multiplizieren sind. In der nachfolgenden Tabelle sind die Bemessungsgrundlagenteile, die dazugehörigen Teilsteuersätze und die daraus resultierenden Teilsteuerbelastungen für den Normalfall angegeben.

---

[44] Ein Vergleich mit der Steuerbelastung bei der Betriebsaufspaltung erfolgt auf S. 275.

Bemessungsgrundlagenteil	Teilsteuersatz	Teilsteuer
$(1-g)R$	496 502,30	63,575	315 651,34
$(1-g)(M^{geu}+M^{gei})$	167 188,—	5,464	9 135,15
$(1-g)(B^u+M^{bu}+B^i+M^{bi})$	3 189 900,—	0,7185	22 919,43
$(1-g)(M^{gku}+M^{gki}-M^{gk}DS)$	− 490 000,—	0,2185	− 1 070,65
M^a	− 14 505,—	0,5	− 72,53
$(1-g)F^{ge}$	35 280,—	− 5,464	− 1 927,70
$(1-g)F^{gk}$	117 600,—	− 0,2185	− 256,96
F^e	28 074,29	− 58,111	− 16 285,20
gR	10 132,70	61,739	6 255,87
gR_L	3 732,70	2,111	78,80
A	2 327,16	3,298	76,75
$g(M^{geu}+M^{gei})$	3 412,—	5,739	195,81
$g(B^u+M^{bu}+B^i+M^{bi})$	65 100,—	0,73	475,23
$g(M^{gku}+M^{gki}-M^{gk}DS)$	− 10 000,—	0,23	23,—
$B^u_g+M^{bu}_g$	51 300,—	0,7	359,10
gF^{ge}	720,—	− 5,739	− 41,32
gF^{gk}	2 400,—	− 0,230	− 5,52

Gesamtsteuerbelastung: 335 464,60

Mit Hilfe der Teilsteuerrechnung errechnet sich eine Gesamtsteuerbelastung in Höhe von 335 464,60. Die Differenz von 1,52 ist auf Rundungsabweichungen zurückzuführen. Als Ausschüttung A wurde der Betrag angesetzt, der nach Abzug der KSt, der VSt und der darauf lastenden KSt-Definitiv-Belastung vom Jahresgewinn der GmbH noch verbleibt (Maximalausschüttung):

(1) handelsrechtlicher Jahresgewinn der GmbH   4 452,32
    = körperschaftsteuerpflichtiges Einkommen, da $M^e=0$; $M^k=0$

(2) ./. körperschaftsteuerliche Tarifbelastung   2 493,30

(3)   1 959,02

(4) ./. VSt   359,10

(5) = verwendbares Eigenkapital   1 599,92

(6) + KSt-Minderung $\frac{5}{11}$ von (5)   727,24

(7) Barausschüttung   2 327,16

(Übungsaufgabe Nr. 19 im Arbeitsbuch)

2.3.4 Betriebsaufspaltung

2.3.4.1 Steuerliche Behandlung

a) *Allgemeine Merkmale*

Unter einer Betriebsaufspaltung (oft auch «Doppelgesellschaft» genannt) wird – allgemein – eine unternehmensrechtliche Konstruktion verstanden, bei der das Betriebsgeschehen über zwei rechtlich selbständige Unternehmen abgewickelt wird, die durch vertragliche Beziehungen miteinander verflochten sind. In der typischen Form einer Betriebsaufspaltung, die hier zugrundegelegt wird, fungiert eine *Besitzpersonengesellschaft* (BP) als Eigentümerin wesentlicher Teile des betrieblichen Vermögens, die an die *Betriebskapitalgesellschaft* (BK) vermietet bzw. verpachtet werden. Die BK übernimmt i. d. R. die Funktionen der Beschaffung und Produktion sowie des Absatzes. Daneben ist eine Variante denkbar, in der lediglich die Funktion des Absatzes auf eine «*Vertriebskapitalgesellschaft*» übertragen wird, die die Produkte der «*Produktionspersonengesellschaft*» zu bestimmten Verrechnungspreisen abnimmt und vertreibt.

Je nachdem, ob bei der Begründung der Betriebsaufspaltung tatsächlich eine Aufspaltung eines Unternehmens stattfindet, werden (a) die «echte» und (b) die «unechte» Form unterschieden.

(a) In der Regel entsteht eine Betriebsaufspaltung in der Weise, daß aus einem ursprünglich einheitlichen Unternehmen ein Teil des Vermögens auf eine neu gegründete Gesellschaft übertragen wird («echte» Betriebsaufspaltung). Typisch ist der Fall, in dem das ursprünglich einheitliche Unternehmen die Rechtsform einer Personengesellschaft hat.[45]

Häufig werden das Umlaufvermögen und die Forderungen sowie die kurz- und mittelfristigen Verbindlichkeiten im Wege der Sacheinlage auf eine neu zu gründende Kapitalgesellschaft übertragen. Die Kapitalgesellschaft gewährt dafür Gesellschaftsrechte, die (einzelne) Gesellschafter der BP übernehmen, die damit auch zu Gesellschaftern der BK werden.

(b) Eine «unechte» Betriebsaufspaltung liegt vor, wenn von vornherein mehrere selbständige Unternehmen gegründet werden. Für die

---

[45] Dieser Fall wird auch als «eigentliche» Betriebsaufspaltung bezeichnet, obwohl die Terminologie in der Literatur nicht einheitlich ist.
Von einer «uneigentlichen» oder «umgekehrten» Betriebsaufspaltung spricht man, wenn das ursprüngliche Unternehmen eine Kapitalgesellschaft ist.

laufende Besteuerung ist diese Differenzierung unerheblich, da beide Varianten gleich behandelt werden. Bei der echten Betriebsaufspaltung können jedoch zusätzliche steuerrechtliche Probleme aus dem Aufspaltungsvorgang entstehen, da hierbei eine Übertragung von Wirtschaftsgütern des Betriebsvermögens in ein anderes Betriebsvermögen stattfindet.

Die Grundsätze für die laufende steuerliche Behandlung sowie die des Aufspaltungsvorgangs wurden von der Rechtsprechung geprägt. Sind bestimmte Voraussetzungen hinsichtlich der Verflechtung von BP und BK erfüllt, so gelten spezielle steuerliche Konsequenzen:

(1) Stille Reserven, die bei der Übertragung von Wirtschaftsgütern aufgedeckt werden, können steuerneutral auf die Kapitalgesellschaft übertragen werden. Dies vollzieht sich im Wege der *Buchwertfortführung* (siehe auch *Luckey* [Gewinnrealisierung] 385 ff.).

(2) Die Tätigkeit der Besitzgesellschaft wird nicht als bloße Vermögensverwaltung (§ 14 Satz 3 AO) behandelt, sondern als *gewerbliche Tätigkeit* mit allen sich daraus ergebenden Folgen angesehen.

Die Voraussetzungen, die zur Annahme einer Betriebsaufspaltung führen, sind deshalb zunächst zu erläutern. Danach werden die laufenden steuerlichen Konsequenzen im einzelnen untersucht.

b) *Voraussetzungen einer Betriebsaufspaltung*

Von besonderer Bedeutung ist der BFH-Beschluß des Großen Senats vom 8. 11. 1971[46].

Der BFH gibt hier die bis zu diesem Zeitpunkt vertretene Theorie von der «wirtschaftlichen Einheit» der Betriebsaufspaltung auf und erkennt die Existenz zweier selbständiger Unternehmen auch steuerlich an. Für die Annahme einer Betriebsaufspaltung sind zwei Gruppen von Voraussetzungen zu unterscheiden, und zwar

(1) die *persönlichen* Voraussetzungen, die die Beherrschungsmöglichkeiten der an der BK und BP beteiligten Personen zum Gegenstand haben: Für die Annahme einer Betriebsaufspaltung ist hierzu erforderlich, daß die Personen, die das Besitzunternehmen tatsächlich beherrschen, in der Lage sein müssen, auch in der BK ihren Willen durchzusetzen. Es muß der sog. «einheitliche geschäftliche Betätigungswille» gegeben sein.

---

[46] Vgl. Beschluß des Großen Senats v. 8. 11. 1971, GrS 2/71, BStBl II 1972, S. 63

(2) die *sachlichen* Voraussetzungen, die sich auf die Bedeutung der von der BP an die BK überlassenen Wirtschaftsgüter beziehen: Hierbei ist es notwendig, daß das Besitzunternehmen der BK *wesentliche Betriebsgrundlagen* miet- oder pachtweise überläßt.

Zu (1): Sind an beiden Gesellschaften die gleichen Personen im gleichen Verhältnis beteiligt (Beteiligungsidentität), ist der einheitliche geschäftliche Betätigungswille ohne Zweifel gegeben; dies gilt jedoch auch dann, wenn weniger strenge Voraussetzungen erfüllt sind. Die Entwicklung der Rechtsprechung wurde von der Frage beherrscht: Welche Beteiligungsquote muß die das Besitzunternehmen beherrschende Personengruppe auch in der Betriebskapitalgesellschaft halten? Zunächst war umstritten, ob 75% (dies forderte der I. Senat)[47] erforderlich sind oder bereits mehr als 50% ausreichen (so der IV. Senat)[48]. Inzwischen hat sich der I. Senat mit der 50%-Grenze einverstanden erklärt[49] (vgl. auch *Streck* [Bedingungen] 66).

Eine *unterschiedliche* Beteiligung der Gesellschafter an beiden Gesellschaften ist nur dann schädlich, wenn die Beteiligungshöhe in extremer Weise entgegengesetzt ist[50]. Die Mehrheit der Beteiligungsrechte begründet i. d. R. die Vermutung, daß gleiche Interessen bestehen und damit die Einflußnahme auf die BK ermöglicht ist. Diese Vermutung ist widerlegbar; Interessengegensätze aufgrund der Gestaltung der Verträge und der tatsächlichen Interessenlage müssen jedoch durch konkrete Tatsachen (etwa Rechtsstreitigkeiten) nachgewiesen werden[51]. Wegen der Vermutung gleichgerichteter Interessen werden auch die Anteile der Eltern und Kinder zusammengerechnet[52].

In dem in jüngster Zeit ergangenen Urteil v. 29. 7. 1976[53] geht der BFH von der zwingenden Voraussetzung des Anteilsbesitzes in einer bestimmten Höhe ab und nimmt einen einheitlichen geschäftlichen Betätigungswillen ausnahmsweise auch dann an, wenn die Durchsetzung auf Grund einer durch die Besonderheiten des Einzelfalls bedingten *tatsächlichen Machtstellung* in der Betriebsgesellschaft gesichert ist.

Zu (2): Die sachliche Voraussetzung ist dann erfüllt, wenn Wirt-

---

[47] Vgl. BFH v. 18. 10. 1972, I R 184/70, BStBl II 1973, S. 27
[48] Vgl. BFH v. 2. 8. 1972, IV R 87/65, BStBl II 1972, S. 796
[49] Vgl. BFH v. 11. 12. 1974, I R 260/72, BStBl II 1975, S. 266
[50] Vgl. BFH v. 23. 11. 1972, IV R 63/71, BStBl II 1973, S. 247
[51] Vgl. BFH v. 15. 5. 1975, IV R 89/73, BStBl II 1975, S. 781
[52] Vgl. BFH v. 18. 10. 1972, I R 184/70, BStBl II 1973, S. 27
[53] Vgl. BFH v. 29. 7. 1976, IV R 145/72, BStBl II 1976, S. 750. Dieses Urteil betraf eine mitunternehmerische Betriebsaufspaltung.

schaftsgüter, die zu den wesentlichen Betriebsgrundlagen der BP gehören, bei dieser verbleiben und an die BK miet- oder pachtweise überlassen werden. Die Frage, was als «wesentliche Betriebsgrundlage» anzusehen ist, läßt sich nicht allgemein beantworten[54].

Nach der Rechtsprechung des BFH bilden Wirtschaftsgüter dann eine wesentliche Betriebsgrundlage, wenn sie für die Betriebsführung nach dem Gesamtbild der Verhältnisse wirtschaftliches Gewicht besitzen[55]; das ist insbesondere dann der Fall, wenn die Wirtschaftsgüter ihrer Art nach auf die besonderen Bedürfnisse des Betriebes zugeschnitten und für den Betrieb notwendig sind. Es kommt dabei nicht darauf an, daß die verpachteten Wirtschaftsgüter «die» wesentliche Grundlage der BK darstellen, es genügt, daß es sich um «eine» wesentliche Betriebsgrundlage handelt[56].

c) *Betriebsvermögen, Einkommensteuer und Körperschaftsteuer*

(aa) *Bilanzierung und Bewertung des Betriebsvermögens bei der BP und der BK*

In diesem Zusammenhang sind folgende Problemkomplexe zu erörtern:

(1) Bilanzierung und Bewertung des an die BK vermieteten/verpachteten *Anlagevermögens* und damit zusammenhängender Verpflichtungen

(2) Bilanzierung und Bewertung des überlassenen *Umlaufvermögens*

(3) Bildung von *Sonderbetriebsvermögen*

Zu (1): Das Anlagevermögen (AV) verbleibt i.d.R. im Eigentum der BP und wird an die BK zur Nutzung vermietet oder verpachtet. Zum AV gehören dabei neben dem Grund und Boden, Gebäude, Maschinen auch die immateriellen Wirtschaftsgüter, insbes. der Geschäftswert. Die Modalitäten der Überlassung werden im Miet-/Pachtvertrag geregelt, in dem vor allem auch bestimmt sein muß, ob die BK die von ihr gemieteten/gepachteten Wirtschaftsgüter instand zu halten und bei vollständigem Verbrauch zu ersetzen hat (Substanzerhaltungspflicht der BK). Die Höhe des Miet-/Pachtzinses ist von der

---

[54] Die Rechtsprechung hat in einer Reihe von Urteilen zum Begriff der «wesentlichen Betriebsgrundlagen» Stellung genommen und dabei sowohl allgemeine Grundsätze geprägt, als auch für einzelne Wirtschaftsgüter festgestellt, daß sie wesentliche Betriebsgrundlagen bilden.

[55] Vgl. BFH v. 24. 6. 1969, I R 201/64, BStBl II 1970, S. 17

[56] Vgl. BFH v. 20. 9. 1973, IV R 41/69, BStBl II 1973, S. 869
   BFH v. 21. 5. 1974, VIII R 57/70, BStBl II 1974, S. 613

jeweiligen Ausgestaltung abhängig. Unabhängig davon, wer die Substanzerhaltungspflicht übernimmt, gehören jedoch nach der Rechtsprechung alle an die BK vermieteten/verpachteten Wirtschaftsgüter des Anlagevermögens zum *Betriebsvermögen der Besitzpersonengesellschaft*[57]. Die BK wird nicht wirtschaftlicher Eigentümer der von ihr gepachteten Wirtschaftsgüter. Das gilt auch für die Wirtschaftsgüter, die von der BK als Ersatz für verbrauchte Wirtschaftsgüter aufgrund ihrer Substanzerhaltungsverpflichtung beschafft wurden. Sämtliche Wirtschaftsgüter des vermieteten/verpachteten Anlagevermögens hat die BP zu aktivieren. Ihr steht deshalb auch die Abschreibungsverrechnung zu.

Hat die BK die Verpflichtung übernommen, die gepachteten Wirtschaftsgüter instand zu halten und bei Verbrauch zu ersetzen, so muß die BK dafür eine *Rückstellung für die Ersatzbeschaffung* bilden (Passivierungspflicht!). Die Höhe der Rückstellung wird dabei in jedem Wirtschaftsjahr bestimmt

– durch die bisher eingetretene *Abnutzung*,
– durch die Höhe der *Wiederbeschaffungskosten* der gepachteten Wirtschaftsgüter. Wegen der seit dem Ende des vorangegangenen Wirtschaftsjahrs eingetretenen Wertminderung und/oder gestiegener Wiederbeschaffungskosten muß die BK deshalb in jeder Periode die Rückstellung aufstocken. Dabei muß die Rückstellungsbildung gleichmäßig erfolgen, eine degressive Rückstellungsbildung, die etwa der bei der BP vorgenommene Abschreibungsverrechnung entspricht, wird nicht anerkannt. Wird eine Ersatzbeschaffung von Wirtschaftsgütern vorgenommen, so ist die Rückstellung aufzulösen. Die BP (Verpächter) hat aufgrund der von der BK übernommenen Substanzerhaltungspflicht einen *Ersatzbeschaffungsanspruch*. Diese Forderung muß die BP mit dem am jeweiligen Bilanzstichtag vorhandenen Teilwert aktivieren. Der Teilwert richtet sich auch hier nach den Wiederbeschaffungskosten. Nach der Rechtsprechung muß die BP den Wert aktivieren, den die BK als Rückstellung angesetzt hat. Dies wird als Gebot der «korrespondierenden Bilanzierung» bezeichnet.

Zu (2): Für die Überlassung des Umlaufvermögens bestehen folgende Möglichkeiten:

– Das Umlaufvermögen wird in die BK als Sacheinlage eingelegt.
– Das Umlaufvermögen wird an die BK veräußert und der Kauf-

---

[57] Vgl. dazu BFH v. 2. 11. 1965, I 51/61 S, BStBl III 1966, S. 61
BFH v. 23. 6. 1966, IV 75/64, BStBl III 1966, S. 589

preis in Form eines *Geld*-Darlehens zur Verfügung gestellt. Die BK hat damit eine Darlehens-Verbindlichkeit gegenüber der BP.

– Die BP überläßt der BK die Waren des Umlaufvermögens mit der Verpflichtung, daß die BK bei Auflösung des Pachtverhältnisses Waren gleichen Umfangs und gleicher Beschaffenheit zurückzugeben hat. Man spricht dann von der Einräumung eines *Sachwert-Darlehens*.

Bei allen drei Varianten sind die Gegenstände des überlassenen Umlaufvermögens *bei der BK* zu aktivieren. Eine Besonderheit gilt für das Sachwert-Darlehen. Die BK muß die Sachleistungsverpflichtung mit dem Wert passivieren, mit dem sie die zur Erfüllung der Sachleistungsverpflichtung vorhandenen Vorräte auf der Aktivseite angesetzt hat, da zwischen beiden Posten nach der Rechtsprechung ein enger Zusammenhang besteht[58]. Dies gilt jedoch dann nicht, wenn die tatsächlich vorhandenen Vorräte unter den Mengen liegen, zu deren Rückgabe die BK bei Auflösung des Pachtverhältnisses verpflichtet ist. In diesem Fall soll die Sachleistungsschuld zum jeweiligen Wiederbeschaffungspreis passiviert werden. Der Sachleistungsanspruch der BP ist mit dem gleichen Betrag zu aktivieren wie die Sachleistungsverpflichtung der BK (korrespondierende Bilanzierung).

Das von der Rechtsprechung geforderte Gebot der korrespondierenden Bilanzierung für Erneuerungsverpflichtungen bzw. Sachwert-Darlehen ist wegen des Ausweises unrealisierter Gewinne bei gestiegenen Wiederbeschaffungskosten unter dem Gesichtspunkt des Gläubigerschutzes bedenklich (Verstoß gegen das Realisationsprinzip). Der BFH[59] räumt damit den sich aus dem Institut der Betriebsaufspaltung ergebenden Rechtsfolgen Vorrang gegenüber den allgemeinen bilanzsteuerrechtlichen Grundsätzen ein. Aus der «formalen» rechtlichen Trennung darf nach Ansicht des BFH gegenüber einem rechtlich einheitlichen Unternehmen kein Vorteil durch die «Substanzerhaltungsrückstellung» aufgrund höherer Wiederbeschaffungskosten entstehen.

Die korrespondierende Bilanzierung bei BP und BK verhindert zwar bei gestiegenen Wiederbeschaffungskosten insgesamt bei BP und BK eine Verminderung des Gewinnausweises. Es kommt jedoch zu einer Gewinnverschiebung zwischen BP und BK, die vom Steuerpflichtigen genutzt werden kann. Diese Tatsache sollte bei der Ausgestaltung des Miet-/Pachtverhältnisses beachtet werden.

---

[58] Vgl. BFH v. 13. 1. 1959, I 44/57 U, BStBl III 1959, S. 197
   BFH v. 26. 6. 1975, IV R 59/73, BStBl II 1975, S. 700
[59] Vgl. BFH v. 26. 6. 1975, a. a. O.

Zu (3): Es bleibt zu prüfen,

- in welchen Fällen *Sonderbetriebsvermögen* der Gesellschafter an der BP angenommen wird, wenn in deren Eigentum stehende Wirtschaftsgüter der BK zur Nutzung überlassen werden,
- wie die *Gesellschaftsanteile* an der BK zu behandeln sind.

Wirtschaftsgüter im Eigentum der Gesellschafter können der BP überlassen und dann an die BK weiter vermietet/verpachtet werden. Bei der «reinen» Kapitalgesellschaft zählen solche auf schuldrechtlicher Basis der Gesellschaft überlassenen Wirtschaftsgüter zum Privatvermögen des Gesellschafters. Bei der Betriebsaufspaltung hat der BFH jedoch – in bestimmten Fällen – auch bei der unmittelbaren Überlassung (Sonder-)Betriebsvermögen angenommen. Zum Sonderbetriebsvermögen hat der BFH etwa verpachtete Grundstücke dann gerechnet[60], wenn die Grundstücke zwar «rechtlich für sich, wirtschaftlich aber nur zusammen» mit dem übrigen, der BP gehörigen (Gesamthandsvermögen) verpachtet werden können, so daß das Grundstück weiterhin als Beitrag des betreffenden Gesellschafters zur Förderung des nun neuen gemeinsamen Gesellschaftszwecks anzusehen ist. Entscheidend ist demnach eine enge Beziehung der überlassenen Wirtschaftsgüter zum Vermögen der BP.

Hinsichtlich der Gewährung von *Darlehen* ist die Beurteilung differenziert: Gewährt ein Gesellschafter Darlehen an die BK, so gehört die Darlehensforderung nur dann zum (Sonder-)Betriebsvermögen, wenn das Darlehen dazu dient[61], «die Vermögens- und Ertragslage der Betriebsgesellschaft zu verbessern und damit den Wert der Beteiligung des Besitzunternehmens an der Betriebsgesellschaft zu erhalten oder sie zu erhöhen». Dient die Darlehensgewährung jedoch lediglich der Kapitalanlage, so gehört die Darlehensforderung nicht zum (Sonder-)Betriebsvermögen.

In ständiger Rechtsprechung hat der BFH entschieden, daß die Anteile an der BK zum notwendigen (Sonder-)Betriebsvermögen der BP gehören[62].

(bb) *Ertragsteuerliche Behandlung der Geschäftsführer-Vergütungen*

Ein besonderer Vorteil der Betriebsaufspaltung gegenüber der GmbH & Co KG liegt darin, daß bei der BK die Bezüge der Gesellschafter-Geschäftsführer sowie Beiträge für die Sozialversicherung als

---

[60] Vgl. BFH v. 15. 5. 1975, IV R 89/73, BStBl II 1975, S. 781
[61] Vgl. BFH v. 7. 3. 1978, VIII R 38/74, BStBl II 1978, S. 378
[62] Vgl. BFH v. 8. 11. 1960, I 131/59, BStBl III, S. 513
BFH v. 16. 1. 1962, I 57/61, BStBl III, S. 104

Betriebsausgaben abzugsfähig[63] sind und Pensionsrückstellungen gebildet werden können. Für die Beurteilung der Angemessenheit der Geschäftsführer-Bezüge sind die allgemein für die Kapitalgesellschaft geltenden Voraussetzungen maßgeblich. Insbesondere müssen klare, im voraus getroffene Vereinbarungen (Nachzahlungsverbot!) vorliegen, da sonst eine verdeckte Gewinnausschüttung vorliegt. Dies gilt auch für Pensionszusagen. Als Pensionierungsalter ist für beherrschende Gesellschafter das 75. Lebensjahr zugrundezulegen.

(cc) *Angemessenheit des Pachtzinses*

Steuerliche Relevanz der Pachtzinsvereinbarung und Folgen unangemessener Gestaltungen:

Da bei (teilweiser) Beteiligungsidentität der Interessengegensatz, wie er zwischen Fremden vorausgesetzt werden kann, nicht besteht, kann die Miet-/Pachtzinsvereinbarung zu einem Instrument steuerlicher Gestaltung gemacht werden. Die Höhe des Pachtzinses bestimmt, welcher Teil des von der BK erzielten Bruttogewinns bei ihr verbleibt und damit zunächst der KSt unterliegt bzw. an die BP fließt und dort unmittelbar von der ESt erfaßt wird. Konsequenzen ergeben sich daraus für die ESt und die VSt. Verbleibt der BK ein hoher Anteil am Bruttogewinn, so bewahrt sie sich eine hohe Flexibilität bei der Ausschüttungssteuerung und kann dadurch Progressionsnachteile vermeiden. Andererseits führt dies zu einer Erhöhung des Betriebsvermögens der BK (und damit erhöhter VSt der BK) und zu einer Erhöhung der Ertragsaussichten bei der Bewertung der Anteile an der BK (mit entsprechend höherer VSt-Belastung beim Gesellschafter). Bei *gegebenem* Umfang der vermieteten/verpachteten Wirtschaftsgüter kann deshalb, je nachdem welche Vorteile überwiegen, ein besonders hoher bzw. niedriger Miet-/Pachtzins angestrebt werden. Unangemessene Gestaltungen führen jedoch zu steuerlichen Korrekturen:

(1) Sind die vereinbarten Miet-/Pachtzinsen zu hoch, so liegt eine verdeckte Gewinnausschüttung vor, die zu einer Erhöhung des Einkommens der BK führt. Außerdem ist die Ausschüttungsbelastung herzustellen.

(2) Sind die Miet-/Pachtzinsen unangemessen niedrig, so *kann* eine verdeckte Einlage mit den oben geschilderten Konsequenzen gegeben sein.

---

[63] Vgl. BFH v. 9. 7. 1970, IV R 16/69, BStBl II, S. 722

Zu (1): Für die Annahme einer verdeckten Gewinnausschüttung gelten die allgemeinen Voraussetzungen: Wäre der Pachtzins bei Anwendung der Sorgfalt eines ordentlichen und gewissenhaften Geschäftsleiters mit einem Nichtgesellschafter nicht vereinbart worden, so liegt in Höhe des unangemessenen Teils eine verdeckte Gewinnausschüttung vor[64]. In dem Urteil v. 4. 5. 1977[65] hat der BFH die Voraussetzungen für die Angemessenheit des Pachtzinses präzisiert. Danach ist die Angemessenheit des Pachtzinses primär aus der Sicht der BK zu beurteilen.

Die Bestimmung des angemessenen Pachtzinses vollzieht sich über folgende drei Schritte:

(a) Zunächst sind die Gewinnerwartungen der Betriebskapitalgesellschaft zu bestimmen. Die erwarteten Gewinne müssen

– eine angemessene Verzinsung des eingezahlten Stammkapitals (unter Umständen auch des sonstigen Eigenkapitals) sowie
– eine Vergütung für das auf dem ausstehenden Stammkapital lastende Risiko gestatten.

Für die Bestimmung der Gewinnerwartungen sind die Verhältnisse im Vertragszeitpunkt zugrundezulegen. Mangels anderer Daten können die Gewinne der Verpächterin in den letzten Jahren vor der Verpachtung als Ausgangsbasis zugrundelegt werden, die dann um die Auswirkungen der vertraglichen Beziehungen zwischen BP und BK zu modifizieren sind. Ergibt die so durchgeführte Berechnung, daß der BK ein Gewinn verbleibt, der eine angemessene Kapitalverzinsung und Risikovergütung ermöglicht, so «fehlt es an einem ersten Anschein für das Vorliegen einer verdeckten Gewinnausschüttung»[66].

(b) Ein höherer als nach (a) ermittelter Pachtzins ist dann angemessen, wenn sonst für die BP (Verpächter) keine Pachteinnahmen in zumutbarer Höhe verbleiben, der Pächter aber darauf angewiesen ist, den Betrieb zu pachten. Der Verpächter kann in jedem Falle eine angemessene Kapitalverzinsung erwarten. Wenn die BK keine Substanzerhaltungspflicht übernommen hat, so hat die BP auch Anspruch auf den Wertverzehr (durch die Abschreibungen), der im Pachtzins vergütet werden muß.

---

[64] Vgl. etwa BFH v. 29. 10. 1974, I R 84/73, BStBl II 1975, S. 366
[65] Vgl. BFH v. 4. 5. 1977, I R 11/75, BStBl II 1977, S. 679
[66] BFH v. 4. 5. 1977, a. a. O.

(c) Bleiben für die BP Pachteinnahmen in angemessener Höhe, so wird die BK bestrebt sein, den verbleibenden Gewinn über das Maß einer angemessenen Verzinsung des eingezahlten Stammkapitals und einer Vergütung für das Risiko des nichteingezahlten Stammkapitals hinaus zu steigern. Der angemessene Pachtzins darf dann also nicht so hoch sein, daß der BK nur die unter (a) ermittelten Gewinnerwartungen verbleiben.

Zu (2): Hinsichtlich der Voraussetzungen für eine verdeckte Einlage nimmt der BFH eine restriktive Haltung ein. Er nimmt an, daß die unentgeltliche oder verbilligte Überlassung von Wirtschaftsgütern zur betrieblichen Nutzung grundsätzlich nicht zu einer verdeckten Einlage führt[67], da der Wert der Nutzungsüberlassung nicht aktivierungsfähig sei (siehe auch *Döllerer* [Gewinnausschüttungen] 109 ff.). Beim Besitzunternehmen dürften wegen des zu geringen Miet- oder Pachtzinses keine zusätzlichen Einnahmen fingiert werden, da niemand gezwungen sei aus seinem Vermögen Erträge zu erzielen[68]. Lediglich in zwei Ausnahmefällen werden bei zu niedrigen Miet-/Pachtzinsen verdeckte Einlagen angenommen:

(a) Die Nutzungsüberlassung führt nachhaltig zu Verlusten beim Besitzunternehmen[69].
(b) Die BP erläßt der BK bereits entstandene Forderungen aus der Nutzungsüberlassung[70].

(dd) *Einkommensteuerliche Behandlung der freien Erfinder*

Mit Urteil vom 24. 3. 1977[71] hat der BFH entschieden, daß bei Verwertung einer Erfindung in einer durch Betriebsaufspaltung entstandenen und vom Erfinder beherrschten BK keine Verwertung im «eigenen Betrieb» vorliegt, die die Vergünstigung des § 4 Nr. 3 ErfVO ausschließen würde. Die Vergünstigung besteht darin, daß die anteilige ESt, die sich für die Einkünfte aus freier Erfindertätigkeit ergibt, auf Antrag für die Versuchszeit und für die acht folgenden Veranlagungszeiträume, bei patentierten Erfindungen aber höchstens für die Laufzeit des Patents, nur zur Hälfte erhoben wird.

---

[67] Vgl. BFH v. 3. 2. 1971, I R 51/66, BStBl II 1971, S. 408
[68] Vgl. BFH v. 8. 11. 1960, I 131/59 S, BStBl III 1960, S. 513
[69] Vgl. BFH v. 8. 11. 1960, a. a. O.
[70] Vgl. BFH v. 9. 3. 1977, I R 203/74, BStBl II 1977, S. 515
[71] Vgl. BFH v. 24. 3. 1977, IV R 39/73, BStBl II 1977, S. 821

(ee) *Organschaft*

Die Anerkennung einer Organschaft hätte zur Folge, daß sich neben dem Verlustausgleich zwischen BK und der BP die Hinzurechnung von Dauerschulden bzw. -zinsen vermeiden ließe.

Ein Organschaftsverhältnis i. S. d. §§ 14 ff. KStG setzt voraus, daß die (Betriebs-)Kapitalgesellschaft nach dem Gesamtbild der tatsächlichen Verhältnisse in ein gewerbliches Unternehmen (Besitzgesellschaft) finanziell, organisatorisch und wirtschaftlich eingegliedert ist. Nach der bisherigen Rechtsprechung des BFH wird in typischen Fällen einer Betriebsaufspaltung die Möglichkeit der körperschaft- und gewerbesteuerlichen Organschaft verneint, da es an der wirtschaftlichen Eingliederung fehle[72].

Ausnahmsweise hat der BFH eine Organschaft bei der Betriebsaufspaltung dann anerkannt, wenn das Besitzunternehmen über die gewerbliche Vermietung und Verpachtung hinaus einen eigenen Gewerbebetrieb unterhält, etwa als geschäftsleitende Holding[73].

d) *Gewerbesteuer*

(aa) *Gewerbesteuerpflicht der Besitz-Gesellschaft*

Nach einer Aufspaltung des bisher einheitlichen Unternehmens, bei der die wesentlichen Betriebsgrundlagen der BK (die auf Grund ihrer Rechtsform gemäß § 2 Abs. 2 Ziff. 2 GewStG selbst gewerbesteuerpflichtig ist) überlassen werden, ist zu prüfen, ob die Besitzgesellschaft weiterhin selbständig der GewSt-Pflicht unterliegt, die bei reiner Vermögensverwaltung nicht gegeben wäre. Der BFH hat jedoch mit Beschluß des Großen Senats v. 8. 11. 1971[74] Gewerbesteuerpflicht der Besitzgesellschaft dann angenommen, wenn der «einheitliche geschäftliche Betätigungswille» gegeben und «wesentliche Betriebsgrundlagen» der BK überlassen sind[75]. Bereits vor diesem Urteil hat die Rechtsprechung[76] – mit anderer Begründung – die Gewerbesteuer-

---

[72] Vgl. hierzu BFH v. 26. 4. 1966, I 102/63, BStBl III 1966, S. 426; in neuerer Zeit BFH v. 18. 4. 1973, I R 120/70, BStBl II 1973, S. 740

[73] Vgl. BFH v. 18. 4. 1973, a. a. O.; nach dem Urteil des BFH v. 21. 1. 1976, I R 21/74, BStBl II 1976, S. 389, zur weitgefaßten Definition der wirtschaftlichen Eingliederung glaubt *Brandmüller*, daß jede gewerbliche Tätigkeit des Besitzunternehmens zur «Organschaft» führe (*Brandmüller* [Betriebsaufspaltung] 468).

[74] Vgl. BFH v. 8. 11. 1971, GrS 2/71, BStBl II 1972, S. 63

[75] Vgl. hierzu im einzelnen S. 245 ff.

[76] Vgl. etwa BFH v. 8. 11. 1960, I 131/59 S, BStBl III 1960, S. 513

pflicht bejaht, die vom BVerfG mit Urteil v. 14. 1. 1969[77] als verfassungsrechtlich unbedenklich bezeichnet wurde.

(bb) *Ermittlung der Bemessungsgrundlagen*

Zum Gewerbeertrag des Besitzunternehmens gehören neben den Miet- und Pachtzinsen sämtliche anderen Einnahmen, etwa Darlehenszinsen, Avalprovisionen und (verdeckte) Gewinnausschüttungen[78], wenn die zugrundeliegenden Wirtschaftsgüter zum notwendigen (Sonder-)Betriebsvermögen gehören. Dagegen gehören nicht zum Gewerbeertrag solche Leistungen, die «nicht spezifisch auf der Betriebsaufspaltung beruhen»[79], insbesondere die Geschäftsführer-Gehälter und Darlehenszinsen, soweit sie mit den überlassenen Wirtschaftsgütern nicht in engem Zusammenhang stehen[80]. Analoge Grundsätze gelten für die Bemessungsgrundlage des Gewerbekapitals.

Hinzurechnungen und Kürzungen

Der gemäß § 7 GewStG ermittelte Gewerbeertrag wird um die Hinzurechnungen und Kürzungen der §§ 8, 9 GewStG modifiziert. *Bei der BP* kommen als Kürzungen in Frage:

(1) Grundbesitz-Abzüge gemäß § 9 Nr. 1 GewStG
(2) Gewinnausschüttungen aus Anteilen an der BK gemäß § 9 Nr. 2a GewStG

Zu (1): Grundbesitz, der an die BK nur verpachtet ist, ist im Betriebsvermögen der BP zu erfassen. Es steht ihr deshalb die Kürzung von 1,2% des um 40% erhöhten Grundstückseinheitswertes gemäß § 9 Nr. 1 Satz 1 GewStG zu. Soweit sich die Tätigkeit der BP auf die Verpachtung von Grundbesitz beschränkt (also darüber hinaus kein bewegliches Anlagevermögen mehr vorhanden ist), könnte nach allgemeinen Grundsätzen die erweiterte Kürzung nach § 9 Nr. 1 Satz 2 GewStG für Grundstücksunternehmen in Frage kommen. Der BFH lehnt jedoch diese Kürzungsmöglichkeit bei einer Betriebsaufspaltung ab[81].

---

[77] BVerfG v. 14. 1. 1969, I BvR 136/62, BStBl II 1969, S. 389
[78] Vgl. BFH v. 11. 8. 1966, IV 219/64, BStBl III 1966, S. 601
   BFH v. 24. 1. 1968, I 76/64, BStBl II 1968, S. 354
   BFH v. 21. 5. 1974, VIII R 57/70, BStBl II 1974, S. 613
[79] BFH v. 21. 5. 1974, a. a. O.
[80] Zu den Abgrenzungskriterien vgl. S. 250
[81] Vgl. BFH v. 29. 3. 1973, I R 174/72, BStBl II 1973, S. 686
   BFH v. 28. 6. 1973, IV R 97/72, BStBl II 1973, S. 688
   S. auch Abschn. 62 Abs. 5 GewStR

Zu (2): Gewinnausschüttungen der BK sind als Betriebseinnahmen bei der BP zu erfassen. Beträgt die Beteiligungsquote mindestens 25% seit Beginn des Erhebungszeitraums, so wird der Gewinn der BP gemäß § 9 Nr. 2a GewStG um die Gewinnausschüttungen gekürzt. Für die Berechnung der Beteiligungsquote werden alle zum Sonderbetriebsvermögen gehörigen Anteile zusammengerechnet[82], so daß regelmäßig die Kürzungsmöglichkeit gegeben ist.

Für die GewKSt gelten analog die Kürzungsmöglichkeiten gemäß § 12 Abs. 3 Nr. 1 bzw. 2a GewStG.

Bei der BK können vor allem Hinzurechnungen in Frage kommen, und zwar

(1) die Hinzurechnung von Dauerschuldzinsen gemäß § 8 Nr. 1 GewStG

(2) die Hinzurechnung der Hälfte der Miet- und Pachtzinsen gemäß § 8 Nr. 7 GewStG

Zu (1): Hinzurechnungen von *Dauerschuldzinsen* können sich ergeben aus Verbindlichkeiten der BK gegenüber der BP, gegenüber Gesellschaftern der BK und gegenüber fremden Dritten. Als Dauerschuldzinsen gelten die Zinsen aus längerfristigen Geld-Darlehen der BP an die BK, aber auch aus der Gewährung eines Sachwert-Darlehens[83]. Dagegen wird die Pachterneuerungsrückstellung nicht als Dauerschuld charakterisiert[84].

Eine gewerbesteuerliche *Doppelbelastung* tritt bei der Betriebsaufspaltung dann auf, wenn die Zinsen bei der BP erneut der GewESt unterliegen, weil die Darlehen zum (Sonder-)Betriebsvermögen der BP zählen.

Die Gewährung von Darlehen dient dem Zweck, die VSt-Belastung der BK auf ein Mindestmaß zu beschränken. Die doppelte GewSt-Belastung durch die Hinzurechnung von Dauerschuldzinsen läßt sich deshalb unter Inkaufnahme einer höheren VSt-Belastung vermeiden, wenn die BK mit erhöhtem Eigenkapital ausgestattet wird. Als weitere Möglichkeiten zur Vermeidung der GewSt-Belastung werden in der Literatur (*Felix* u. a. [Betriebsaufspaltung] 203 f.) genannt:

– Zinslosigkeit des Darlehens, die aber zu einer verdeckten Einlage führen kann

– Vereinbarung eines *Kontokorrents* zwischen BP und BK

– Gewährung einer *typisch stillen Einlage* an der BK

---

[82] Vgl. Abschn. 62 b GewStR
[83] Vgl. BFH v. 30. 11. 1965, I 70/60 S, BStBl III 1966, S. 51
[84] Vgl. BFH v. 11. 11. 1964, I 38/62 U, BStBl III 1966, S. 53

Zu (2): Da die BP als Vermieter/Verpächter selbständig gewerbe-steuerpflichtig ist, kommt eine Hinzurechnung der *Hälfte der Miet- und Pachtzinsen* für die Nutzung der nicht in Grundbesitz bestehenden beweglichen und immateriellen Wirtschaftsgüter des Anlagevermögens nur ausnahmsweise in Frage, wenn

(a) ein Betrieb oder Teilbetrieb vermietet oder verpachtet ist und
(b) der Jahresbetrag der Miet- und Pachtzinsen DM 250 000 übersteigt (§ 8 Ziff. 7 GewStG)[85].

Dies führt i. d. R. nur zu einer GewSt-Umverteilung zwischen BP und BK. Eine gewerbesteuerliche Mehr- oder Minderbelastung entsteht nur dann, wenn BK und BP in Gemeinden mit unterschiedlichen gewerbesteuerlichen Hebesätzen liegen.

e) *Vermögensteuer*

Hinsichtlich der substanzsteuerlichen Behandlung der Betriebsaufspaltung stellen sich folgende Fragen:

(1) Hat das Besitzunternehmen einen gewerblichen Betrieb i. S. d. § 97 BewG, so daß ein Einheitswert festzustellen ist?
(2) Welchen Umfang hat das Betriebsvermögen von BK und BP und welche Wirtschaftsgüter sind den Gesellschaftern unmittelbar als Grundvermögen oder sonstiges Vermögen zuzurechnen?
(3) Ergeben sich aus der Betriebsaufspaltung Besonderheiten für die Bewertung der Anteile an der BK?

Grundsätzlich sind für die Beantwortung dieser Fragen primär bewertungsrechtliche Grundsätze heranzuziehen. I. d. R. wird jedoch für die vermögensteuerlichen Konsequenzen die Behandlung im Ertragsteuerrecht zugrundegelegt. Im einzelnen gilt:

Zu (1): Liegen die Voraussetzungen für die GewSt-Pflicht[86] vor, so wird man auch Betriebsvermögen i. S. d. §§ 95–97 BewG annehmen müssen (*Fichtelmann* [Betriebsaufspaltung] 2422). Es ist dann ein Einheitswert für die BP festzustellen.

Zu (2): Im Betriebsvermögen der BP sind wie im Ertragsteuerrecht die verpachteten Wirtschaftsgüter und die Anteile an der BK zu erfassen. Bei der BK kann die Warenrückgabeverpflichtung aus der Überlassung des Umlaufvermögens als (Sachwert-)Darlehensschuld

---

[85] Beim Gewerbekapital beträgt die Grenze (gemäß § 12 Abs. 2 Nr. 2 GewStG) für den Teilwert der entsprechenden Wirtschaftsgüter 2,5 Mio DM.
[86] Vgl. hierzu S. 254f.

abgezogen werden[87]. Eine Umdeutung von Darlehen in verdecktes Stammkapital ist nach dem gegenwärtigen Stand derRechtsprechung kaum zu gewärtigen[88]. Werden Wirtschaftsgüter oder Darlehen, die der BK von ihren Gesellschaftern direkt überlassen werden, nach ertragsteuerlichen Gesichtspunkten nicht als notwendiges Sonderbetriebsvermögen behandelt, so gilt dies auch für die bewertungsrechtliche Behandlung.

Zu (3): Ein Abschlag für fehlendes Anlagevermögen bei der Bewertung der Anteile an der BK gem. Abschn. 79 Abs. 3 VStR wird von der Finanzverwaltung nicht anerkannt, obwohl das Anlagevermögen der BK nur pachtweise überlassen ist[89].

2.3.4.2 Quantifizierung der Steuerbelastung

Die Quantifizierung der Gesamtsteuerbelastung für den Fall der Betriebsaufspaltung soll wiederum so vorgenommen werden, daß sowohl eine Veranlagungssimulation möglich ist als auch das Teilsteuersystem für die Betriebsaufspaltung konstruiert werden kann.

Substanzsteuerbelastung

Zunächst wird die GewKSt für die BK und die BP ermittelt. Für die Bestimmung des Einheitswertes als Ausgangsgröße des Gewerbekapitals ist das dem Gesamtbetrieb dienende Vermögen den einzelnen Trägern der Eigentumsrechte gemäß den geschilderten Grundsätzen der Rechtsprechung zuzurechnen.

Es lassen sich *vier Kategorien des Betriebsvermögens* unterscheiden:

(1) Betriebsvermögen im *Eigentum der BK*
(2) Betriebsvermögen im *Gesamthandseigentum der BP*
(3) Im rechtlichen Eigentum der Gesellschafter der BP stehendes *Sonderbetriebsvermögen*
(4) Der BK zur Verfügung gestelltes *Privatvermögen der Gesellschafter der BK*

Zu (1): In dieser Kategorie wird das Vermögen im rechtlichen Eigentum der BK erfaßt, das aus den Einlagen der Gesellschafter entstanden ist. Es entspricht im wesentlichen dem Stammkapital (evtl. erweitert um Rücklagen) und wird – bewertet nach handelsrechtlichen Grundsätzen – mit B^u_{bk} bezeichnet. Unter Einbeziehung der bewertungsrechtlichen Maßstäbe wird es um die Modifikationen M^{bu}_{bk} er-

---

[87] Vgl. BFH v. 10. 3. 1972, III R 52/69, BStBl II 1972, S. 518
[88] Vgl. BFH v. 10. 3. 1972, a. a. O., mit weiteren Nachweisen
[89] Vgl. StEK, BewG 1965, § 9 Nr. 9

weitert, so daß der Einheitswert des Betriebsvermögens der BK als $B_{bk}^u + M_{bk}^{bu}$ ermittelt werden kann.

Wegen der mehrfachen vermögensteuerlichen Erfassung dieses Teils des Betriebsvermögens wird versucht werden, diesen Teil gering zu halten und Vermögen hauptsächlich in der rechtlichen Form der nachfolgenden Kategorien zur Verfügung zu stellen.

Zu (2): Die an die BK verpachteten Wirtschaftsgüter des Anlagevermögens und die auf Darlehensbasis zur Verfügung gestellten Wirtschaftsgüter (meist des Umlaufvermögens), die im Gesamthandseigentum der BP stehen, sind in dieser 2. Kategorie zu erfassen. Sie werden mit B_{bp}^u und die dazugehörigen bewertungsrechtlichen Modifikationen mit M_{bp}^{bu} bezeichnet.

Zu (3): Im Eigentum der Gesellschafter stehende Wirtschaftsgüter, die der BK nur zur Nutzung überlassen sind, können entsprechend den geschilderten Abgrenzungskriterien Sonderbetriebsvermögen der Gesellschafter oder Privatvermögen sein. Nachfolgend wird mit B_{bp}^i das inhabereigene (Sonder-)Betriebsvermögen, jedoch mit Ausnahme der Anteile an der BK, symbolisiert, das bewertungsrechtlich zu ergänzen ist um M_{bp}^{bi}.

Zu (4): Soweit diese Vermögensteile nicht als Sonderbetriebsvermögen einzuordnen sind (etwa Darlehen der Gesellschafter, die primär der Kapitalanlage dienen), werden sie in dieser 4. Kategorie erfaßt und mit B_{bk}^i und die dazugehörigen bewertungsrechtlichen Modifikationen mit M_{bk}^{bi} symbolisiert.

Zur Berechnung der *GewKSt* sind die *Modifikationen* gemäß § 12 Abs. 2 und Abs. 3 GewStG einzubeziehen.

M_{bk}^{gku} bezeichnet die gewerbekapitalsteuerlichen Modifikationen der BK, die mit dem Betriebsvermögen B_{bk}^u zusammenhängen (Beispiele: Hinzurechnung von Dauerschulden gegenüber gesellschaftsfremden Darlehensgebern),

M_{bp}^{gku} die Modifikationen der BP, die mit dem Betriebsvermögen B_{bp}^u zusammenhängen (Beispiel: Abzug der Grundstücke im Gesamthandseigentum).

M^{gki} erfaßt die gewerbekapitalsteuerlichen Modifikationen, die mit den Wirtschaftsgütern zusammenhängen, die im Eigentum der Gesellschafter verblieben sind:

M_{bk}^{gki} = Modifikationen bei der BK auf Grund des Privatvermögens der Gesellschafter, das an die BK direkt zur Nutzung überlassen ist (Beispiel: Gesellschafter-Darlehen)

M_{bp}^{gki} = Modifikationen bei der BP auf Grund des Sonderbetriebsvermögens (Beispiel: Grundbesitz im Eigentum der Gesellschafter)

Der ab EZ 1981 geltende Freibetrag für Dauerschulden in Höhe von DM 50000 wird als $M_{bk}^{gk}DS$ bzw. $M_{bp}^{gk}DS$ bezeichnet.

Unter Einbeziehung des allgemeinen Freibetrages, der sowohl der BK (F_{bk}^{gk}) als auch der BP (F_{bp}^{gk}) zusteht, können jetzt die GewKSt-Grundgleichungen formuliert werden. Die *GewKSt der BK* ergibt sich als:

$$(5.10) \quad S_{bk}^{gk} = s^{gk} \left(B_{bk}^{u} + M_{bk}^{bu} + M_{bk}^{gku} + M_{bk}^{gki} - M_{bk}^{gk}DS - F_{bk}^{gk} \right)$$

Die *GewKSt der BP* wird wiedergegeben durch:

$$(5.11) \quad S_{bp}^{gk} = s^{gk} (B_{bp}^{u} + M_{bp}^{bu} + M_{bp}^{gku} + B_{bp}^{i} + M_{bp}^{bi} + M_{bp}^{gki} - M_{bp}^{gk}DS \\ - F_{bp}^{gk})$$

Der *VSt der BK* unterliegt ihr Einheitswert $B_{bk}^{u} + M_{bk}^{bu}$, der evtl. modifiziert wird um M_{bk}^{vu}, so daß sich die VSt errechnet als:

$$(5.12) \quad S_{bk}^{vk} = s^{vk} \left(B_{bk}^{u} + M_{bk}^{bu} + M_{bk}^{vu} \right)$$

Der Einheitswert der BK geht ein in die Vermögenswertkomponente bei der Bewertung der GmbH-Anteile nach dem Stuttgarter Verfahren. Die Abweichungen gegenüber dem Einheitswert werden in M_{bk}^{a} zusammengefaßt und sind auch auf die Einbeziehung der Ertragsaussichten zurückzuführen. Diese können erst nach der Ableitung des körperschaftsteuerpflichtigen Einkommens der BK ermittelt werden. Der gemeine Wert der Anteile an der BK ergibt sich unter Einbezug von M_{bk}^{a} als:

$$B_{bk}^{u} + M_{bk}^{bu} + M_{bk}^{a} + M_{bk}^{vu}$$

Es kann nun die gesamte *VSt-Belastung des Gesellschafters* an der BK und der BP, S^{vp}, berechnet werden, die auf folgenden Komponenten beruht:

– dem Gesamthandseigentum der BP	$B_{bp}^{u} + M_{bp}^{bu} + M_{bp}^{vu}$
– dem Sonderbetriebsvermögen der Gesellschafter (ohne Anteile an BK)	$B_{bp}^{i} + M_{bp}^{bi} + M_{bp}^{vi}$
– den Anteilen an der BK	$B_{bk}^{u} + M_{bk}^{bu} + M_{bk}^{a} + M_{bk}^{vu}$
– dem von den Gesellschaftern direkt überlassenen Privatvermögen	$B_{bk}^{i} + M_{bk}^{bi} + M_{bk}^{vi}$

S^{vp} ergibt sich damit als:

$$(5.13) \quad S^{vp} = s^{vp} [(B_{bp}^{u} + M_{bp}^{bu} + M_{bp}^{vu}) + (B_{bp}^{i} + M_{bp}^{bi} + M_{bp}^{vi}) \\ + (B_{bk}^{u} + M_{bk}^{bu} + M_{bk}^{a} + M_{bk}^{vu}) + (B_{bk}^{i} + M_{bk}^{bi} + M_{bk}^{vi}) - F^{v}]$$

Für die Bestimmung der Ertragsteuerbelastungen durch die GewESt der BP und BK, die KSt der BK und die ESt sind die Beziehungen zwischen der BK und der BP sowie ihren Gesellschaftern in einer zweckmäßigen Definition der Bemessungsgrundlagenteile zu erfassen. Auszugehen ist von den Erträgen und Aufwendungen der BK. Der gesamte handelsrechtliche Reinertrag vor Abzug jeglicher Vergütungen an die BP und die Gesellschafter und vor Steuern fällt bei ihr an und wird mit dem Symbol R_{bk} gekennzeichnet. Er ergibt sich als Differenz der Erträge (Umsatzerlöse) R_{bk}^{+} und der an gesellschaftsfremde Dritte zu leistenden Aufwendungen (Material- und Personalaufwand usw.) R_{bk}^{-}. Es ist zu beachten, daß R_{bk} nicht gemindert ist um die Abschreibungen auf die von der BP gemieteten/gepachteten Wirtschaftsgüter, weil die AfA der BP zusteht. Der Reinertrag R_{bk} wird modifiziert um die M_{bk}^{e} und M_{bk}^{k}.

Besonders zu kennzeichnen sind die Vergütungen der BK an die BP und die Gesellschafter. Diese Leistungsvergütungen der BK werden danach unterschieden, ob sie

– zunächst bei der BP in der einheitlichen Gewinnfeststellung zu erfassen sind und deshalb mit L_{bp} gekennzeichnet werden (1. Gruppe) oder
– unmittelbar den Gesellschaftern der BK zufließen und deshalb mit L_{ges} symbolisiert werden (2. Gruppe).

Beiden Gruppen ist zwar gemeinsam, daß sie bei der BK abzugsfähige Betriebsausgaben bilden und damit das körperschaftsteuerpflichtige Einkommen und den Gewerbeertrag der BK mindern, doch unterliegt nur die 1. Gruppe der GewESt der BP auf Grund ihrer selbständigen GewSt-Pflicht.

Die zur 1. Gruppe gehörenden Leistungsvergütungen können weiter aufgespalten werden in:

(a) die laufenden Miet- und Pachtzinsen L_{bp}^{P}
(b) den Pachterneuerungsanspruch L_{bp}^{PR}, dem bei der BK die korrespondierende -rückstellung gegenübersteht
(c) Darlehenszinsen L_{bp}^{D} für Darlehen, die zum (Sonder-)Betriebsvermögen der BP bzw. der Gesellschafter gehören

Die L_{bp} gehen als Erträge in den einheitlich festzustellenden Gewinn der BP ein. Ihnen stehen die Aufwendungen der BP gegenüber, insbesondere die Abschreibungen auf die an die BK vermieteten/verpachteten Wirtschaftsgüter und weitere Aufwendungen im Zusammenhang mit dem (Sonder-)Betriebsvermögen. Die gesamten *Auf-*

wendungen sollen mit R_{bp} symbolisiert werden; sie haben i.d.R. ein *negatives* Vorzeichen, da die Erträge der BP in dem Bemessungsgrundlagenteil L_{bp} gesondert erfaßt werden.

Zur 2. Gruppe der Leistungsvergütungen L_{ges} gehören:

(a) Tätigkeitsvergütungen für die Geschäftsführung bei der GmbH L_{ges}^{G}

(b) Zuführungen zu Pensionsrückstellungen[90] für die Gesellschafter-Geschäftsführer L_{ges}^{GP} und Sozialaufwendungen

(c) Darlehenszinsen für Darlehen[91] im Privatvermögen der Gesellschafter L_{ges}^{D}

Eine besondere Stellung nehmen die Gewinnausschüttungen der BK an ihre Gesellschafter ein. Sie sind zwar formell im Gewinn der BP zu erfassen, jedoch bei der GewESt gemäß § 9 Nr. 2a GewStG wieder abzuziehen und können deshalb direkt den Gesellschaftern zugerechnet werden. Damit sind die Ausgangsgrößen für die Ermittlung des Gewerbeertrages der BP und BK festgelegt, die um die *gewerbeertragsteuerlichen Modifikationen* zu ergänzen sind. Bei ihnen ist zu unterscheiden, ob sie bei der BP oder bei der BK zu erfassen sind. Da jeweils weiter danach zu differenzieren ist, wer Eigentümer der Wirtschaftsgüter ist, mit denen die Modifikationen zusammenhängen, ergeben sich vier Gruppen gewerbeertragsteuerlicher Modifikationen M^{ge}, nämlich solche

- M_{bk}^{geu}, die mit den im Eigentum der BK stehenden Wirtschaftsgütern,
- M_{bp}^{geu}, die mit dem Gesamthandsvermögen der BP,
- M_{bp}^{gei}, die mit dem Sonderbetriebsvermögen der Gesellschafter der BP,
- M_{bk}^{gei}, die mit dem der BK überlassenen Privatvermögen der Gesellschafter

zusammenhängen.

Die *GewESt der BP*, S_{bp}^{ge}, erhält man aus folgender Gleichung:

$$(5.14) \quad S_{bp}^{ge} = s^{ge} \left(R_{bp} + M_{bp}^{e} + L_{bp} + M_{bp}^{geu} + M_{bp}^{gei} - S_{bp}^{gk} - F_{bp}^{ge} \right)$$

---

[90] Während die Zuführungen zu den Pensionsrückstellungen bei der BK sofort abzugsfähige Betriebsausgaben sind, erfolgt die Erfassung im Einkommen des begünstigten Gesellschafters erst bei Fälligwerden des Pensionsanspruchs.

[91] Soweit solche Darlehen Dauerschulden sind, erfolgt eine Hinzurechnung bei der BK.

Die *GewESt der BK*, S_{bk}^{ge}, ergibt sich als:

$$(5.15) \quad S_{bk}^{ge} = s^{ge} \left(R_{bk} + M_{bk}^{e} + M_{bk}^{k} - L_{bp} - L_{ges} + M_{bk}^{geu} + M_{bk}^{gei} - S_{bk}^{gk} \right)$$

Bei der Bestimmung der *KSt der BK*, S_{bk}^{k}, ist zu unterscheiden, ob der Normalfall oder die Maximalausschüttung unterstellt wird. Im Normalfall beträgt die KSt bei gegebener Ausschüttung A:

$$(5.16) \quad S_{bk}^{k} = s^{kn} \left[R_{bk} + M_{bk}^{e} + M_{bk}^{k} - L_{bp} - L_{ges} - S_{bk}^{gk} - S_{bk}^{ge} - (1 + s^{ka})A \right]$$
$$+ s^{ka} \cdot A$$

In der *ESt-Gleichung* sind die Einkünfte aus der BP und der BK zusammenzufassen:

Der ESt unterliegen

– die zugerechneten Einkünfte aus Gewerbebetrieb aus der BP, $R_{bp} + M_{bp}^{e} + L_{bp} - S_{bp}^{gk} - S_{bp}^{ge}$,

– die Barausschüttung der BK und der Anrechnungsanspruch, $(1 + s^{ka})\, A$

– und die Leistungsvergütungen L_{ges}.

Unter die einkommensteuerlichen Freibeträge F^e sollen bei einer Betriebsaufspaltung folgende Beträge subsumiert werden:

– Wie bei einer GmbH & Co KG sind die Sonderausgaben, der allg. Tariffreibetrag sowie der Formel-Freibetrag enthalten.
– Darüber hinaus stehen dem Gesellschafter-Geschäftsführer auf Grund seiner Einkünfte aus nichtselbständiger Tätigkeit der Arbeitnehmer- (480 DM) und Weihnachts-Freibetrag (400 DM) sowie die Werbungskosten-Pauschale (564 DM) zu.
– Die bei der BK als Betriebsausgaben abzugsfähigen Zuführungen zu den Pensionsrückstellungen und Sozialaufwendungen für den Gesellschafter-Geschäftsführer, die nicht (sofort) in die einkommensteuerliche Bemessungsgrundlage eingehen, wirken ebenfalls wie Freibeträge und sollen deshalb hier erfaßt werden.

Unter Berücksichtigung des Anrechnungsanspruchs ergibt sich die *kombinierte ESt/KiSt S^e* als:

$$(5.17) \quad S^e = s^e \left[R_{bp} + M_{bp}^{e} + L_{bp} - S_{bp}^{gk} - S_{bp}^{ge} + L_{ges} + (1 + s^{ka})\, A - F^e \right]$$
$$- s^{ka} \cdot A$$

Auf Grund der Einzelsteuer-Gleichungen kann die Gesamtsteuerbelastung der Betriebsaufspaltung ermittelt werden.

Teilsteuerrechnung

Die Einzelsteuer-Grundgleichungen können in einer Gesamtbelastungsgleichung zusammengefaßt und daraus die Multifaktoren für die einzelnen Teilsteuer-Bemessungsgrundlagenteile abgeleitet werden. Da bei der Betriebsaufspaltung Ertrag und Vermögen auf eine BP und eine BK aufgeteilt werden, sind auf den einen Teil der Bemessungsgrundlagenteile die Multifaktoren einer einfachen Personenunternehmung, auf den anderen Teil die einer einfachen Kapitalgesellschaft anzuwenden.

Die Zusammensetzung der Multifaktoren und Zuordnung zu den einzelnen Bemessungsgrundlagenteilen ist in *Tab. 10* aufgezeigt, wobei im oberen Teil die im Zusammenhang mit der BP, im unteren Teil die aus der Besteuerung der BK und ihrer Gesellschafter resultierenden Steuerfolgen zusammengestellt sind.

Aus der Zusammensetzung der Multifaktoren ist ersichtlich, daß keine neuen Multifaktoren definiert werden müssen.

Zu beachten ist lediglich, daß ein neuer Bemessungsgrundlagenteil definiert wurde, der die Erträge der Besitz-Personengesellschaft aus der BK (L_{bp}) zusammenfaßt. Diese sind bei der BK Betriebsausgaben, weshalb sie dort den Multifaktor $t^{(k)2}$ erhalten, bei der BP Betriebseinnahmen, was zu einer Belastung mit dem Multifaktor t^{p1} führt.

2.3.4.3 Beispiel

Als Ausgangsdaten werden die für die GmbH &Co KG angenommenen Zahlen zugrundegelegt. Diese sind den besonderen Verhältnissen bei einer Betriebsaufspaltung anzupassen (unter (a)). Danach folgt die Berechnung der Steuerbelastung im Wege der Veranlagungssimulation (unter (b)). Schließlich soll der Steuerbelastungsvergleich mit Hilfe der Teilsteuerrechnung durchgeführt werden (unter (c)).

(a) Als BK fungiert eine Einmann-GmbH, deren einziger Gesellschafter auch alleiniger «Gesellschafter» der BP ist.

Vertragliche Beziehungen zwischen dem Gesellschafter und der BP bzw. BK:

1. Das in der Bilanz (s. S. 236) ausgewiesene Darlehen in Höhe von DM 400 000 wird vom GmbH-Gesellschafter der BK direkt gewährt. Es wird angenommen, daß es nur der Kapitalanlage des Gesellschafters dienen soll, also ursächlich nicht auf die Betriebsaufspaltung zurückzuführen ist und deshalb nicht Sonderbetriebsvermögen des Gesellschafters bei der BP wird.
2. Der GmbH-Gesellschafter ist Geschäftsführer der BK. Die Vergütungen für die Geschäftsführung sind angemessen.

Bemessungsgrundlagenteil	Multifaktor		Teilsteuersatz	
	Symbol	Zusammensetzung	niedrig	hoch
R_{bp}, M_{bp}^e, L_{bp}	t^{p1}	$s^e + s^{ge} - s^e s^{ge}$	33,491	63,575
$M_{bp}^{geu}, M_{bp}^{gei}$	t^{p2}	$s^{ge} - s^e s^{ge}$	9,976	5,464
B_{bp}^u, M_{bp}^{tbu}	t^{p3}	$s^{vp} + s^{gk} + s^e s^{ge} s^{gk} - s^e s^{gk} - s^{ge} s^{gk}$	0,899	0,7185
$M_{bp}^{gku}, M_{bp}^{gki}, -M_{bp}^{gk}DS$	t^{p4}	$s^{gk} + s^e s^{ge} s^{gk} - s^e s^{gk} - s^{ge} s^{gk}$	0,399	0,2185
$B_{bp}^i, M_{bp}^{bi}, M_{bp}^{vi}$	t^{p5}	s^{vp}	0,5	0,5
F^{vp}	t^{p6}	$-s^{vp}$	$-0,5$	$-0,5$
F^e	t^{p7}	$-s^e$	$-23,514$	$-58,111$
F_{bp}^{ge}	t^{p8}	$s^e s^{ge} - s^{ge}$	$-9,976$	$-5,464$
F_{bp}^{gk}	t^{p9}	$-(s^{gk} + s^e s^{ge} s^{gk} - s^e s^{gk} - s^{ge} s^{gk})$	$-0,399$	$-0,2185$
$R_{bk}, M_{bk}^e, M_{bk}^k$	t^{k1}	$s^{kn} + s^{ge} - s^{kn} s^{ge}$	61,739	61,739
L_{bp}	$t^{(k)2}$	$s^{kn} s^{ge} - s^{kn} - s^{ge}$	$-61,739$	$-61,739$
L_{ges}	t^{k2}	$s^{kn} s^{ge} - s^{kn} - s^{ge} + s^e$	$-38,225$	$-3,628$
A	t^{k3}	$-s^{kn} - s^{ka} s^{kn} + s^e + s^{ka} s^e$	$-50,76$	$3,298$
$M_{bk}^{geu}, M_{bk}^{gei}$	t^{k4}	$s^{ge} - s^{kn} s^{ge}$	5,739	5,739
B_{bk}^u, M_{bk}^{tbu}	t^{k5}	$s^{nk} + s^{gk} + s^{kn} s^{ge} s^{gk} - s^{kn} s^{gk} - s^{ge} s^{gk} + s^{vp}$	1,430	1,430
$M_{bk}^{gku}, M_{bk}^{gki}, -M_{bk}^{gk}DS$	t^{k6}	$s^{gk} + s^{kn} s^{ge} s^{gk} - s^{kn} s^{gk} - s^{ge} s^{gk}$	0,230	0,230
M_{bk}^{ru}	t^{k7}	s^{vk}	0,7	0,7
$B_{bk}^i, M_{bk}^{bi}, M_{bk}^{vi}, M_{bk}^a$	t^{k8}	s^{vp}	0,5	0,5
F_{bk}^{gk}	t^{k11}	$-(s^{gk} + s^{kn} s^{ge} s^{gk} - s^{kn} s^{gk} - s^{ge} s^{gk})$	$-0,230$	$-0,230$

3. Der Gesellschafter der BP hat dieser ein Grundstück verpachtet, das wegen des engen Zusammenhangs mit den übrigen Wirtschaftsgütern als Sonderbetriebsvermögen behandelt wird.

Verträge zwischen der BP und der BK:

4. Das Anlagevermögen der BP, bestehend aus dem bebauten Grundstück (2,5 Mio) und den Maschinen und maschinellen Anlagen (1,5 Mio), wird der BK miet- bzw. pachtweise zur Verfügung gestellt und bildet die wesentlichen Betriebsgrundlagen der BP und BK.

5. Das ausgewiesene Umlaufvermögen, bestehend aus
   – Roh-, Hilfs- und Betriebsstoffen sowie Halb- und Fertigfabrikaten (1 Mio)
   – Forderungen (1,5 Mio)
   – sonstigem Umlaufvermögen und Zahlungsmitteln (800 Tsd.),
   wird mit Ausnahme eines Zahlungsmittel-Bestandes in Höhe von 200 000 DM, der bei der BP bleibt, der BK überlassen.

6. Die BK übernimmt von den ausgewiesenen Passivposten
   – die kurzfristigen Verbindlichkeiten gegenüber Dritten (2,32 Mio)
   – die Pensionsrückstellung gegenüber dem Gesellschafter-Geschäftsführer (80 Tsd.).
   Außerdem hat sie sich zur Rückzahlung des Gesellschafter-Darlehens (unter 1.) verpflichtet (400 Tsd.).

7. Dem überlassenen Umlaufvermögen (5.) von insgesamt 3,1 Mio stehen damit übernommene Verpflichtungen (6.) in Höhe von 2,8 Mio gegenüber; die Differenz von 300 000 DM kann ausgeglichen werden durch
   – eine Einlage als (Stamm-)Kapital der GmbH
   – die Gewährung eines Darlehens.
   Es wird hier angenommen, daß die GmbH mit einem Stammkapital in Höhe von 50 000 DM ausgestattet wird, in Höhe von 250 000 DM die BP der BK ein Darlehen gewährt (kein Sachwert-Darlehen).

Auf Grund der dargestellten vertraglichen Beziehungen ergibt sich für die BK folgende Bilanz, die zugleich als Vermögensaufstellung herangezogen werden kann, da sich bei dem von ihr auszuweisenden Betriebsvermögen keine bewertungsrechtlichen Abweichungen ergeben:

Bilanz/Vermögensaufstellung der BK

Roh-ver-mögen {	RHB-Stoffe, Halb- u. Fertigfabrikate	1000000	Stammkapital 50000	$\left.\right\} B_{bk}^u$
	Forderungen	1500000	kurzfristige Verbindlich-keiten 2320000	
			_ _ _ _ _ _ _ _ _ _ Pensionsrück-stellungen 80000	Schuld-posten
	Kasse, Bank, sonstiges UV	600000	Darlehen BP 250000	
			Darlehen Ge-sellschafter 400000	
		3100000	3100000	

Unter Berücksichtigung der Vorschriften des BewG ergibt sich für die BP folgende vorläufige (d.h. ohne Einbezug der GmbH-Anteile) Vermögensaufstellung:

Vermögensaufstellung der BP

Roh-ver-mögen {	Betriebs-grundstücke	2240000	Kapitalkonten lt. Handelsbilanz 2450000	$\left.\right\} B_{bp}^u$
	Maschinen u. maschinelle Anlagen	1825000	bewertungs-rechtliche Modifikationen 65000	$\left.\right\} M_{bp}^{bu}$
	Darlehen an Betriebs-GmbH	250000	langfr. Ver-bindlichkeiten gegenüber Dritten 2000000	Schuld-posten
	Kasse, Bank	200000		
	Gesellschafter-Grundstück	210000	Gesellschafter-Kapital 210000	$\left.\right\} B_{bp}^i$
		4725000	4725000	

Die genannten vertraglichen Beziehungen finden ihren Niederschlag in den prognostizierten Gewinn- und Verlustrechnungen der BP und BK. Bei der BK sind die Aufwendungen gegenüber Dritten zu erfassen. Als zusätzliche Aufwendungen sind bei ihr die Miet-/ Pachtzinsen für die Überlassung der Grundstücke und der Maschinen u. maschinellen Anlagen zu berücksichtigen. Es wird unterstellt, daß die BK keine Substanzerhaltungsverpflichtung übernommen hat.

Der Miet- und Pachtzins wurde in einer Höhe von 1 454 000 DM vereinbart und gliedert sich auf in:
- eine Vergütung für die Abnutzung der überlassenen Wirtschaftsgüter, wobei hier die Abschreibung der BP in Höhe von 770 000 DM zugrundegelegt wurde (10% AfA auf den als konstant angenommenen Buchwert der Gebäude sowie 40% AfA auf den konstanten Buchwert der Maschinen)
- eine Verzinsung für das in dem überlassenen Anlagevermögen investierte Kapital in Höhe von 684 000 DM.

Für die Darlehen der BP und des GmbH-Gesellschafters wird ein Zinssatz in Höhe von 8% vereinbart.

Die Gewinn- und Verlustrechnung *der BK* zeigt damit folgendes Bild:

GuV-Rechnung der BK

R_{bk}^-	Materialkosten	7 000 000	Umsatz-erlöse	15 000 000	$\Big\} R_{bk}^+$
	Personalkosten Dritte	6 000 000			
	Sonstige Aufwendungen	300 000			
L_{ges}	Geschäftsführer-Vergütung:				
	– Gehalt 90 000				
	– Sozialaufwand 40 000				
	– Zuführung zu Pens. Rückst. 8 000	138 000			
	Darlehenszinsen GmbH-Gesellsch.	32 000			
L_{bp}	Miet- u. Pachtzinsen	1 454 000			
	Darlehenszinsen BP	20 000			
	Gewinn	56 000			
		15 000 000		15 000 000	

Die Gewinn- und Verlustrechnung *der BP* ergibt sich auf Grund der genannten Vorgänge als:

Abschreibungen	770 000	Miet-/Pachtzins-	
Zinsen	200 000	erträge	1 454 000
Pachtzinsen für Ges.-Grundstück	18 000	Darlehenszinsen	20 000
Grundsteuer	14 560		
Sonstige Aufwendungen	207 440		
Gewinn	264 000		
	1 474 000		1 474 000

(b) *Veranlagungssimulation*

Substanzsteuerbelastung

Die Berechnung der Gesamtsteuerbelastung geht von der Ermittlung der GewKSt aus. Zu den vier Kategorien des BV gehören:

1. Das Betriebsvermögen der BK, bewertet nach handelsbilanziellen Grundsätzen, besteht aus dem Stammkapital in Höhe von DM 50 000; Modifikationen auf Grund des BewG ergeben sich nicht, so daß sich folgende Bemessungsgrundlagenteile ergeben:

$$B_{bk}^u = 50 000 \qquad M_{bk}^{bu} = 0$$

Der *Einheitswert der BK*, $B_{bk}^u + M_{bk}^{bu}$, beträgt demnach 50 000. Er ergibt sich auch als Differenz der aktiven Vermögensgegenstände in Höhe von 3 100 000 DM und der Schuldposten (einschließlich der Pensionsrückstellung) in Höhe von 3 050 000 DM.

2./3. In der Vermögensaufstellung der BP vor Einbezug der Anteile an der BK sind Vermögensgegenstände in Höhe von 4 725 000 DM ausgewiesen. Dem stehen Verbindlichkeiten in Höhe von 2 000 000 DM gegenüber. Der vorläufige *Einheitswert der BP* beträgt demnach 2 725 000 DM. Davon ist vorab dem Gesellschafter als dessen Privatvermögen das dem BP zur Verfügung gestellte Grundstück zuzurechnen. Es beträgt $B_{bp}^l = 210 000$, $M_{bp}^{bi} = 0$. Im *Gesamthandsvermögen* der BP verbleiben demnach noch 2 515 000 DM, die sich zusammensetzen aus den handelsrechtlichen Kapitalkonten mit $B_{bp}^u = 2 450 000$ und den Modifikationen $M_{bp}^{bu} = 65 000$.

4. Zum *Privatvermögen* des Gesellschafters, das der BK zur Nutzung überlassen ist, zählt das Darlehen des Gesellschafters in Höhe von 400 000 DM, das auch bewertungsrechtlich mit diesem Wert angesetzt werden muß, so daß gilt:

$$B_{bk}^l = 400 000 \qquad M_{bk}^{bi} = 0$$

Zur Berechnung der GewKSt der BK, S_{bk}^{gk}, und der BP, S_{bp}^{gk}, sind die gewerbekapitalsteuerlichen Modifikationen zu berechnen:

Bei der BK sind lediglich Dauerschulden hinzuzurechnen, und zwar

- gegenüber der BP: $\qquad\qquad\qquad M_{bk}^{gku} = 250\,000$
- gegenüber dem Gesellschafter: $\qquad M_{bk}^{gkl} = 400\,000$

Zusammen mit dem Freibetrag für die Dauerschulden $M_{bk}^{gk}DS$ in Höhe von 50 000 und dem ab EZ 1981 geltenden Freibetrag $F_{bk}^{gk} = 120\,000$, errechnet sich die *GewKSt der BK* gemäß (5.10) als:

$$S_{bk}^{gk} = 0,006\,[50\,000 + 0 + 250\,000 + 400\,000 - 50\,000 - 120\,000]$$
$$= 0,006\,[530\,000] = 3180$$

Die Modifikationen bei der BP ergeben sich aus:

- der Hinzurechnung von Dauerschulden
  gegenüber Dritten: $\qquad\qquad\qquad\qquad\qquad +2\,000\,000$
- der Kürzung um den 140%-igen Einheitswert
  des Betriebsgrundstücks: $\qquad\qquad\qquad\qquad\underline{-2\,240\,000}$
  $$M_{bp}^{gku} = -\,240\,000$$

Außerdem kann der erhöhte Einheitswert des zum Sonderbetriebsvermögen gehörigen Gesellschafter-Grundstücks abgezogen werden: $M_{bp}^{gkl} = 210\,000$. Unter Einbeziehung der Freibeträge $M_{bp}^{gk}DS = 50\,000$ und $F_{bp}^{gk} = 120\,000$ ergibt sich die *GewKSt der BP* gemäß (5.11) als:

$$S_{bp}^{gk} = 0,006\,[2\,450\,000 + 65\,000 - 240\,000 + 210\,000 - 210\,000$$
$$-\,50\,000 - 120\,000]$$
$$= 0,006\,[2\,105\,000] = 12\,630$$

Die *VSt der BK* auf ihren Einheitswert beträgt (bei $M_{bk}^{bu} = 0$) gemäß (5.12):

$$S_{bk}^{vk} = 0,007 \cdot 50\,000 = 350$$

Da die persönliche VSt-Belastung S^{vp} auch von der Höhe des gemeinen Werts (Ertragsaussichten) der GmbH-Anteile abhängt, wird die endgültige Berechnung zurückgestellt bis die ertragsbezogenen Bemessungsgrundlagen und die davon abgeleiteten Steuerbelastungen ermittelt sind.

Ertragsteuerbelastung und persönliche VSt

Zunächst ist der Reinertrag der BK vor Abzug sämtlicher Sondervergütungen und Steuern zu ermitteln. Er ergibt sich als Differenz der Umsatzerlöse und aller an gesellschaftsfremde Personen geleistete Zahlungen in Höhe von: $R_{bk} = 1\,700\,000$. Von den übrigen Aufwendungen der BK sind der *BP* zuzurechnen (L_{bp}):

– die laufenden Miet- und Pachtzinsen L_{bp}^P	1 454 000
– Darlehenszinsen L_{bp}^D	20 000
	$L_{bp} = 1\,474\,000$

Dem *Gesellschafter* sind direkt zuzurechnen (L_{ges}):

– Geschäftsführergehälter (L_{ges}^G)	90 000
– Zuführungen zu Pensionsrückstellungen (L_{ges}^{GP}) und Sozialkosten	8 000
	40 000
– Darlehenszinsen (L_{ges}^D)	32 000
	$L_{ges} = \quad 170\,000$

Aus der GuV-Rechnung für die BP ist ersichtlich, daß diese Aufwendungen an fremde Dritte in Höhe von 1 192 000 DM leisten muß. Nicht ausgewiesen ist die vom Gesellschafter zu zahlende Grundsteuer in Höhe von 1365 DM, die aber als Sonderbetriebsausgabe bei der einheitlichen Gewinnfeststellung der BP zu erfassen ist. R_{bp} ist definiert als Summe aller Aufwendungen (einschließlich der Sonderbetriebsausgaben) vor Abzug eines Gewinnvorab für die Überlassung von Wirtschaftsgütern (Pachtzinsen für Gesellschafter-Grundstücke). Im Beispiel ergibt sich demnach $R_{bp} = -(1\,192\,000 + 1365)$
$$= -1\,193\,365$$

Die gewerbeertragsteuerlichen Modifikationen betragen

bei der BK:

– Hinzurechnung der Dauerschuldzinsen an die Besitzgesellschaft	$M_{bk}^{geu} =$	20 000
– Hinzurechnung der Dauerschuldzinsen für das Darlehen an den Gesellschafter	$M_{bk}^{gei} =$	32 000

bei der BP:

– im Zusammenhang mit dem Gesamthandsvermögen:

Hinzurechnung von Dauerschuldzinsen an Dritte		200 000
Kürzung um 1,2% des (140%-)Einheitswerts der Betriebsgrundstücke		26 880
	$M_{bp}^{geu} =$	173 120

– im Zusammenhang mit dem Sonderbetriebsvermögen:

Kürzung um 1,2% des (140%-)Einheitswerts des Gesellschaftergrundstücks	$M_{bp}^{gei} =$	−2520

Damit kann die *GewESt der BK* gemäß (5.15) errechnet werden:

$$S_{bk}^{ge} = 0{,}13043 \cdot [1\,700\,000 - 1\,474\,000 - 170\,000$$
$$+ 20\,000 + 32\,000 - 3180]$$
$$= 0{,}13043 \, [104\,820] = 13\,671{,}67$$

Die *GewESt der BP* ergibt sich gemäß (5.14) als:

$$S_{bp}^{ge} = 0{,}13043 \, [-1\,193\,365 + 1\,474\,000 + 173\,120$$
$$- 2520 - 12\,630 - 36\,000]$$
$$= 0{,}13043 \, [402\,605] = 52\,511{,}77$$

Bei der Berechnung der KSt für die BK wird angenommen, daß keine Modifikationen M^e und M^k vorliegen. Die vorgesehene Barausschüttung A soll 24\,545,85 DM betragen. Die *KSt* berechnet sich dann gemäß (5.16) als:

$$S_{bk}^{k} = 0{,}56 \, [1\,700\,000 - 1\,474\,000 - 170\,000 - 3180 - 13\,671{,}67$$
$$- 1{,}5625 \cdot 24\,545{,}85] + 0{,}5625 \cdot 24\,545{,}85$$
$$= 0{,}56 \cdot 795{,}44 + 13\,807{,}04 = 14\,252{,}49$$

Das hier zugrundegelegte körperschaftsteuerpflichtige Einkommen in Höhe von 39\,148,33 DM ist Ausgangsbasis für die Ableitung der Ertragsaussichten im Stuttgarter Verfahren für den gemeinen Wert der GmbH-Anteile. Es ergibt sich ein Ertragshundertsatz in Höhe von 53,63%.

Zusammen mit dem Vermögenshundertsatz von 85% errechnet sich für den gemeinen Wert folgender %-Satz:

$$0{,}65 \, [85\% + 5 \cdot 53{,}63\%] = 229{,}55\%$$

Der *gemeine Wert der Anteile* beträgt demnach 114\,775 DM. Da $B_{bk}^{u} + M_{bk}^{bu} = 50\,000$ beträgt, ergibt sich als Anteilswert-Modifikation $M_{bk}^{a} = 64\,775$.

Die VSt für den Gesellschafter an der BK und der BP kann nun insgesamt errechnet werden. Es wird angenommen, daß vermögensteuerliche Modifikationen M^v nicht gegeben sind und der Freibetrag F^v bereits ausgeschöpft ist. Die vermögensteuerliche Bemessungsgrundlage ergibt sich als Summe der vier «Vermögensteile»:

– (Anteil am) Gesamthandsvermögen	$2\,450\,000 + 65\,000 =$	$2\,515\,000$
– Sonderbetriebsvermögen (Grundstück) des Gesellschafters bei der BP	$210\,000 + 0 \quad =$	$210\,000$
– Anteile an der BK	$50\,000 + 0 + 64\,775 =$	$114\,775$
– Darlehen an die BK	$400\,000 + 0 \quad =$	$400\,000$
Das Gesamtvermögen beträgt:		$3\,239\,775$

Die *VSt* ergibt sich demnach gemäß (5.13) als:

$$S^{vp} = 0,005 \cdot 3\,239\,775 = 16\,198,88$$

Der ESt unterliegen die Einkünfte

- aus dem Gewinnanteil an der BP:
  $$-1\,193\,365 + 0 + 1\,474\,000 - 12\,630 - 52\,511,77 \qquad = \qquad 215\,493,23$$
- aus den Ausschüttungen der BK und dem
  Anrechnungsanspruch:
  $$24\,545,85 + 13\,807,04 \qquad = \qquad 38\,352,89$$
- aus den Leistungsvergütungen der BK[92]:
  $$90\,000 + 32\,000 \qquad = \qquad \underline{122\,000,—}$$
  $$375\,846,12$$

Das zu versteuernde Einkommen wird gekürzt um verschiedene «Freibeträge»:

- Sonderausgaben, allg. Tariffreibetrag und
  Formelfreibetrag[93]: \qquad 28\,024,29
- Arbeitnehmer-Freibeträge \qquad \underline{1\,444,—}
  $$29\,468,29$$

Es verbleibt demnach ein zu versteuerndes Einkommen (vor Abzug der KiSt) in Höhe von 346\,377,83 DM. Daraus errechnet sich (einschließlich des Anrechnungsanspruchs) eine zu zahlende *ESt/KiSt* gemäß (5.17) in Höhe von:

$$S^e = 0,58111 \cdot 346\,377,83 - 13\,807,04 = 187\,476,58$$

Die Gesamtsteuerbelastung[94] der Betriebsaufspaltung beläuft sich bei den angenommenen Daten auf 300\,271,39 DM.

(c) Die Gesamtsteuerbelastung kann auch mit Hilfe der *Teilsteuerrechnung* bestimmt werden. Die dafür notwendigen Bemessungsgrundlagenteile wurden bereits unter (a) und (b) ermittelt. Die nachstehende Tabelle zeigt für den Normalfall die Bemessungsgrundlagen-

---

[92] Von den gesamten Aufwendungen für die Geschäftsführung in Höhe von 138\,000 DM unterliegt nur das Gehalt von 90\,000 DM sofort der ESt des Gesellschafters; Leistungen aus der Pensionszusage werden erst zum Zeitpunkt des Zuflusses und die Sozialleistungen (Arbeitgeber-Beiträge zur Sozialversicherung usw.) überhaupt nicht der ESt unterworfen. Dies ist bei der Interpretation der Ergebnisse im Auge zu behalten.

[93] S. hierzu Beispiel bei GmbH & Co KG.

[94] Auf S. 275 erfolgt eine nochmalige Zusammenstellung der einzelnen Steuerbelastungen und der Vergleich mit der GmbH & Co KG.

teile, die dazugehörigen Teilsteuersätze und die daraus resultierenden Teilsteuer-Belastungen. Dabei wurden im einkommensteuerlichen Freibetrag F^e auch die Aufwendungen der GmbH für die Geschäftsführung erfaßt, die nicht (sofort) der ESt des Gesellschafters unterliegen; sie betragen $40000 + 8000 = 48000$.

Bemessungsgrundlagenteil		Teilsteuer-satz	Teilsteuer
$[R_{bp} + L_{bp}]$	280 635	63,575	178 413,70
$[M_{bp}^{geu} + M_{bp}^{gei}]$	170 600	5,464	9321,58
$\begin{bmatrix} B_{bp}^u + M_{bp}^{bu} \\ + B_{bp}^i + M_{bp}^{bi} \end{bmatrix}$	2 725 000	0,7185	19 579,13
$\begin{bmatrix} M_{bp}^{gku} + M_{bp}^{gki} \\ - M_{bp}^{gk} DS \end{bmatrix}$	$-500 000$	0,2185	$-$ 1092,50
F^e	77 468,29	$-58,111$	$-45 017,60$
F_{bp}^{ge}	36 000	$-$ 5,464	$-$ 1967,04
F_{bp}^{gk}	120 000	$-$ 0,2185	$-$ 262,20
			158 975,07
$[R_{bk} - L_{bp}]$	226 000	61,739	139 530,14
L_{ges}	170 000	$-$ 3,628	$-$ 6167,60
A	24 545,85	3,298	809,52
$[M_{bk}^{geu} + M_{bk}^{gei}]$	52 000	5,739	2984,28
$[B_{bk}^u + M_{bk}^{bu}]$	50 000	1,430	715,—
$\begin{bmatrix} M_{bk}^{gku} + M_{bk}^{gki} \\ - M_{bk}^{gk} DS \end{bmatrix}$	600 000	0,230	1380,—
$[B_{bk}^i + M_{bk}^{bi}]$	400 000	0,5	2000,—
M_{bk}^a	64 775	0,5	323,88
F_{bk}^{gk}	120 000	$-$ 0,230	$-$ 276,—
			141 299,22
	Gesamtsteuerbelastung		300 274,29

Die Differenz von 2,90 DM gegenüber der Veranlagungssimulation ist auf das Runden der Teilsteuersätze zurückzuführen.

2.3.4.4 Vergleich der Gesamtsteuerbelastungen

Abschließend sollen die Steuerbelastungen bei der GmbH & Co KG und der Betriebsaufspaltung bei den einzelnen Steuerarten vergleichend gegenübergestellt werden:

	GmbH & Co KG			Betriebsaufspaltung		
GewKSt	der KG	S^{gk}	15810,—	der BK	S^{gk}_{bk}	3180,--
				der BP	S^{gk}_{bp}	12630,—
VSt	der GmbH	S^{vk}	359,10	der BK	S^{vk}_{bk}	350,—
	des Gesellsch.	S^{vp}	16202,48	des Gesellsch.	S^{vp}	16198,88
GewESt	der KG	S^{ge}	81574,18	der BK	S^{ge}_{bk}	13671,67
				der BP	S^{ge}_{bp}	52511,77
KSt	der GmbH	S^{k}	1766,06	der BK	S^{k}_{bk}	14252,49
ESt/KiSt	des Gesellsch.	S^{e}	219751,26	des Gesellsch.	S^{e}	187476,58
Gesamtsteuerbelastung			335463,08			300271,39

Während sich bei der GewKSt überhaupt keine Unterschiede (jeweils 15810), bei der VSt geringe Vorteile für die Betriebsaufspaltung ergeben, ist die Differenz der GewESt in Höhe von 15390,74 zugunsten der Betriebsaufspaltung erheblich. Sie ist im wesentlichen auf die Abzugsfähigkeit des Geschäftsführerkomplexes als Betriebsausgabe bei der BK zurückzuführen. Die KSt- und kombinierten ESt/KiSt-Belastungen sind zusammenzurechnen, da die KSt größtenteils nicht definitiv ist. Es ergibt sich bei der GmbH & Co KG eine Belastung in Höhe von 221517,32, bei der Betriebsaufspaltung in Höhe von 201729,07. Selbst wenn man berücksichtigt, daß bei Fälligwerden der Pensionsansprüche die Zuführungen zu den Pensionsrückstellungen in Höhe von 8000 mit dem ESt-/KiSt-Grenzsteuersatz von 58,111% «nachversteuert» werden müssen, ergibt sich immer noch eine Differenz in Höhe von 15139,37 zugunsten der Betriebsaufspaltung auf Grund des Geschäftsführerkomplexes.

(Übungsaufgabe Nr. 20 im Arbeitsbuch)

Literatur zu Abschnitt 2

Brandmüller: Wiederentdeckung der [Betriebsaufspaltung], in: BB 1979, S. 465 ff.

Beinert: Überlegungen zur Unternehmensform nach der Körperschaftsteuerreform, in: StbJb 1976/77, Köln 1977, S. 221 ff.

Costede: [Familien-GmbH] oder Familienpersonengesellschaft? – Steuerrecht – Handelsrecht – in: GmbH-Rdsch. 1979, S. 4 ff.

Costede: [Mitunternehmerschaft] und Betriebsaufspaltung bei der GmbH & Still, in: StuW 1977, S. 208 ff.

Döllerer: Die [Rechtsprechung] des Bundesfinanzhofs zum Steuerrecht der Unternehmen, in: ZGR 1977, S. 495 ff.

Döllerer: Verdeckte [Gewinnausschüttungen] und verdeckte Einlagen bei Kapitalgesellschaften, Heidelberg 1975

Ebeling: Wahl zwischen Personengesellschaft und Kapitalgesellschaft unter besonderer Berücksichtigung des Sonderbetriebsvermögens, in: JbFfSt 1977/78, S. 190 ff.

Eggesiecker/Schweigert: Anleitung für Steuerbelastungsvergleiche: GmbH, Personengesellschaft oder GmbH & Co KG?, Köln 1978

Fasold: Die Stille Gesellschaft mit der «eigenen» GmbH – eine attraktive Unternehmensform, in: GmbH-Rdsch. 1970, S. 155

Felix/Heinemann/Carlé/Korn/Streck/Richter: Kölner Handbuch der [Betriebsaufspaltung] und Betriebsverpachtung, 3. Aufl., Köln 1978

Fichtelmann: Die [Betriebsaufspaltung] im Steuerrecht, in: NWB, F. 18, S. 2413 ff.

Hesselmann: Handbuch der GmbH & Co KG, 15. Aufl., Köln 1976

Hofbauer: Der Einfluß der Körperschaftsteuerreform auf die Wahl der Unternehmensform, in: DStR 1977, S. 331 ff.

Jacobs/Brewi/Schubert: Steueroptimale Rechtsform mittelständischer Unternehmen, München 1978

Krause: Die steuerlich optimale [Rechtsform] mittelständischer Unternehmungen nach der Körperschaftsteuerreform, in: DB 1977, S. 505 ff.

Luckey: Steuerliche [Gewinnrealisierung] bei Umwandlung von Unternehmungen und Übertragung einzelner Wirtschaftsgüter, Wiesbaden 1977

Mittelbach: Personengesellschaft, GmbH oder Mischgesellschaft?, Ludwigshafen 1977

Mittelbach: Bedeutung der [GmbH & Co KG] nach der Körperschaftsteuerreform, in: StBp 1977, S. 225 ff.

Post: Die stille Beteiligung am Unternehmen der Kapitalgesellschaft, Bielefeld 1975

Rose: Die [Steuerbelastung] der Unternehmung. Grundzüge der Teilsteuerrechnung, Wiesbaden 1973

Rose: Betrieb und Steuer. Drittes Buch: Die [Substanzsteuern], 2. Aufl., Wiesbaden 1978

Schmidt: Angemessene Gewinnverteilung der Personengesellschaften, in: Steuerberaterkongreß-Report 1977, S. 67 ff.

Schulze zur Wiesche: Die [stille Beteiligung] an einer GmbH, in: GmbH-Rdsch. 1979, S. 33ff., 62ff.

Streck: Steuerliche [Bedingungen] der Betriebsaufspaltung, in: Felix u.a., Kölner Handbuch der Betriebsaufspaltung und Betriebsverpachtung, 3. Aufl., Köln 1978, S. 64ff.

Tillmann: [Rechtsformwahl] und Vertragsgestaltung nach der Körperschaftsteuer-Reform, in: GmbH-Rdsch. 1977, S. 252ff., 280ff.

Tillmann: Arbeitskreis I B: [Errichtung] einer GmbH einschließlich einer GmbH und Still, in: Steuerberaterkongreß-Report 1978, S. 255ff.

Wagner: Zum [«Schatteneffekt»] der Vermögensteuer bei Kapitalgesellschaften, in: FR 1978, S. 480f.

Wöhe: Betriebswirtschaftliche [Steuerlehre] II/1, 3. Aufl., München 1978

Zartmann/Litfin: Unternehmensform nach Maß, 2. Aufl., Stuttgart-Wiesbaden 1977

3. Steuerbilanzpolitik

3.1 Problemstellung

Selbst wenn alle Entscheidungen bezüglich der nichtsteuerlichen Variablen gedanklich oder faktisch bereits getroffen sind, besteht noch die Möglichkeit einer spezifischen Steuerpolitik. Aus verschiedenen Gründen wurden in den Steuergesetzen explizit Ansatz- und Bewertungswahlrechte eingeräumt; teilweise haben sie sich aus Verwaltungsübung und Rechtsprechung faktisch ergeben. Dadurch entsteht eine steuerliche «Manövriermasse» in Höhe des zeitlich verlagerbaren Gewinns. Diese Möglichkeiten wurden in der Praxis schon frühzeitig gesehen, allerdings nicht immer zielkonform genutzt. Bilanzpolitik herkömmlicher Art bestand i.d.R. darin, am Jahresende sich bietende Möglichkeiten zur Verminderung des steuerpflichtigen Gewinns des abgelaufenen Jahres auszuschöpfen. Infolge der auf die jeweilige Periode bezogenen Betrachtungsweise und der Vernachlässigung der künftigen Gewinnerwartungen kann man die herkömmliche Vorgehensweise als kurzfristige Steuertaktik kennzeichnen.

In neueren Ansätzen (*Marettek* [Unternehmenspolitik], *Siegel* [Zielfunktion], *Scherrer* [Gewinnausweisstrategien], *Müller-Kröncke* [Entscheidungsmodelle]) der langfristigen steuerlichen Planung des Gewinnausweises wird die *Optimierung des Gewinnausweises* als eine investitionstheoretische Fragestellung angesehen, die durch folgende spezifische Merkmale gekennzeichnet ist:

1. Da die Entscheidungen über alle nichtsteuerlichen Größen als Daten angesehen werden, sind Aktionsparameter lediglich die Wahlmöglichkeiten aus dem Bereich des Bilanzsteuerrechts. Würde eine simultane Optimierung von nichtsteuerlichen Variablen und der Ausübung steuerlicher Wahlrechte durchgeführt, so wäre eine spezifische Steuerbilanzpolitik entbehrlich (*Haegert* [Unternehmensforschung]). Im Grunde ist die Steuerbilanzpolitik nur die zweite Stufe eines Optimierungskalküls, die der ersten – der Auswahl ohne Berücksichtigung steuerlicher Wahlrechtsausübung – sukzessiv folgt.

2. Der relevante Planungszeitraum wird durch die zeitliche Ausdehnung der steuerlichen Folgen von Entscheidungen über nichtsteuerliche Variable bestimmt; für diesen Zeitraum ist eine Gewinnausweisplanung notwendig.

3. Im Gegensatz zur bisherigen Annahme konstanter Steuersätze wird der Fall der Steuerprogression mit einbezogen. Infolge der investitionstheoretischen Fragestellung ergibt sich nun ein Optimierungsproblem bezüglich der Kombination von *Progressionseffekt* und *Zinseffekt*: Einerseits führen spätere Gewinnausweise zu späterer Steuerzahlung und somit zu einem Zinsgewinn aus zwischenzeitlicher Anlage, andererseits kann dies mit höheren absoluten Steuerzahlungen verbunden sein, wenn die durch Aufwandsvorverlagerung künftig relativ höheren Gewinne mit einem höheren Steuersatz belastet werden.

4. Aus der Fragestellung des Optimierungsproblems folgt, daß in die Zielfunktion folgende Elemente aufzunehmen sind:

a) die absoluten periodischen Steuerzahlungen bei unterschiedlichen Gewinnausweisstrategien

b) die möglichen Zinserträge aus Steueraufschub bei vorzeitigem Einsatz der Manövriermasse

5. Aus den Zusatzinvestitionen, die nach Ausübung des primären Manövriermasseneinsatzes aus den Zahlungsüberschüssen nachSteuern getätigt werden, ergeben sich Zinserträge. Die Zusatzinvestitionen können prinzipiell in Sach- und Finanzinvestitionen bestehen. Aus Sachinvestitionen kann weitere sekundäre Manövriermasse entstehen, die ebenfalls in die Optimierung einzubeziehen wäre, usw. Da eine Lösung solcher Probleme außerordentlich aufwendig wird, soll davon ausgegangen werden, daß die Zusatzinvestitionen aus Finanzinvestitionen bestehen, die keine Manövriermasse enthalten.

278

6. Da die Progressionseffekte einbezogen werden, ist zu bedenken, daß auch die Zinsen aus den Finanzinvestitionen, die den KZF bestimmen, selbst der Progression unterliegen, so daß im Grunde die Progression auch bei der Festlegung des Netto-KZF zu berücksichtigen wäre. Da der KZF der Bestimmung des optimalen Gewinnausweises dient, in diesem Falle jedoch in seiner Höhe selbst vom Optimum abhängig wäre, müßten zur Lösung aufwendige dynamische Lösungsverfahren angewendet werden. Um dies zu vermeiden, soll zur Vereinfachung von einem für alle Perioden konstanten Netto-KZF i_s ausgegangen werden.

7. Zwar ist die Steuerbilanzpolitik zur Lösung eines Partialproblems formuliert, da sie von gegebenen Daten bezüglich aller nichtsteuerlichen Entscheidungen ausgeht, doch hat das steuerliche Ergebnis u. U. selbst wieder Einfluß auf nichtsteuerliche Größen. Bei Kapitalgesellschaften ist über das Maßgeblichkeitsprinzip der aktienrechtliche Gewinnausweis und damit die Ausschüttung mehr oder minder an das steuerliche Ergebnis gebunden. Es ist nun möglich, daß die partielle steuerliche Optimierung zu einem Gewinnausweis rät, der ursprünglich geplante Ausschüttungen verhindert, weil zuwenig Gewinn ausgewiesen wird. Dieses Problem kann durch Vorgabe von Nebenbedingungen für die steuerliche Optimierung, die sich aus der nichtsteuerlichen Optimierungsstufe ergeben, gelöst werden. Man kann dann allerdings nicht sicher sein, das tatsächliche Optimum zu realisieren, wie es sich bei simultaner Planung ergeben hätte. Dieser Schönheitsfehler wiegt praktisch nicht so schwer, da die Partialoptima in einem iterativen Prozeß einander angepaßt werden können. Wichtig ist, daß sich durch solche Überlegungen an dem Partialcharakter der Steuerbilanzpolitik und der ihr zugrundezulegenden Zielfunktionen nichts ändert.

8. Da bei Kapitalgesellschaften Gewinnausschüttungen und -thesaurierungen unterschiedlich behandelt werden, müssen die steuerlichen Folgen des Gewinnausweises explizit in die Planung aufgenommen werden. Da Ausschüttung aber nicht ohne Ausweis möglich ist, gelten für Kapitalgesellschaften und Personengesellschaften auch für die Steuerbilanzpolitik jeweils unterschiedliche Bedingungen.

9. Für eine vollständige Problemformulierung ist in beiden Fällen ein «*Durchgriff*» auf die Anteilseigner notwendig. Da für die Besteuerung des aus einem gewerblichen Betrieb fließenden Gewinns (auch) die persönlichen Besteuerungsmerkmale und die sonstigen Einkünfte maßgeblich sind, muß auch die Sphäre der Anteilseigner mit berücksichtigt werden (*Heigl/Melcher* [Steuerpolitik] 71 ff.). Bei der Auswahl steuerbilanzpolitischer Alternativen sind sämtliche Aktionsparameter,

die dem Betrieb und dem Anteilseigner zur Verfügung stehen, dann einzubeziehen, wenn die Steuerschuld in einer nichtlinearen, progressiven Beziehung zur Bemessungsgrundlage steht. Eine isolierte Alternativenwahl ist dann nicht möglich, weil das Zurechnungsproblem der Steuerfolgen auf Einzelobjekte nicht lösbar ist.

10. Objekte der Steuerplanung sind die Ertragsteuern. Im folgenden werden zur Vereinfachung nur die ESt, GewESt und KSt berücksichtigt; bei Kapitalgesellschaften wird zusätzlich die Gesellschaftsteuer berücksichtigt.

3.2 Aktionsparameter der Steuerbilanzpolitik

Um die Vielzahl der teilweise äußerst heterogenen Aktionsparameter in Form steuerlicher Wahlrechte überblicken zu können, ist es zweckmäßig, sie nach relevanten Kriterien zu ordnen. Für unternehmerische Gestaltungszwecke kommen zwei Kriterien in Frage (*Börner/ Krawitz* [Steuerbilanzpolitik] 101 ff.):

a) Systematik des Bilanzsteuerrechts: Danach können Ansatz- und Bewertungswahlrechte mit der zusätzlichen Differenzierung nach Aktiv- und Passivseite unterschieden werden.

b) Flexibilität des Einsatzes: Hier kann danach unterschieden werden, welcher Spielraum besteht,

ba) eine getroffene Ansatz- oder Bewertungsentscheidung zu revidieren (Reversibilität),

bb) den Zeitpunkt der Ausübung des Wahlrechts bestimmen zu können (zeitliche Flexibilität),

bc) das Volumen des Aktionsparameter-Einsatzes innerhalb eines Intervalls bis zur Höchstgrenze zu steuern (quantitative Flexibilität).

Die folgende Klassifikation folgt dem unter a) genannten Kriterium:

Wahlrecht	Rechtliche Grundlage
1. Aktivierungswahlrechte	
Umfang des Betriebsvermögens	§ 4 Abs. 1, § 5 EStG Abschn. 14 und 14 a EStR
2. Passivierungswahlrechte	
Pensionsrückstellungen	§ 6 a EStG
Rückstellungen für unterlassene Instandhaltung	Abschn. 31 a Abs. 6 EStR

Rückstellungen für Gewährleistungen, die ohne rechtliche Verpflichtung erbracht werden	Maßgeblichkeit des § 152 Abs. 7 Nr. 2 AktG für die Steuerbilanz
Rücklage für Veräußerungsgewinne	§ 6 b EStG
Rücklage für Ersatzbeschaffung	Abschn. 35 EStR
Preissteigerungsrücklage	§ 74 EStDV
Rücklage für die Aufnahme von Zuschüssen	Abschn. 34 Abs. 3 EStR

Daneben bestehen weitere Möglichkeiten für die Bildung von steuerfreien Rücklagen in § 6 UmwStG, §§ 1, 2 und 4 EntwLStG, §§ 1, 3 und 4 AuslInvG, § 82 Städtebauförderungsgesetz und §§ 3 und 4 des Gesetzes über steuerliche Maßnahmen bei der Stillegung von Steinkohlenbergwerken.

3. Bewertungswahlrechte für Aktiva

Umfang der Herstellungskosten	Abschn. 33 EStR
Abschreibungswahlrechte	§ 7 EStG
Abschreibungsbeginn	Abschn. 43 Abs. 10 EStR
Teilwertabschreibung	§ 6 Abs. 1 Ziff. 1 und 2 EStG
Bewertungsfreiheit für geringwertige Anlagegüter	§ 6 Abs. 2 EStG

Daneben bestehen weitere Möglichkeiten der Sonderabschreibung für bestimmte Personengruppen und Standorte sowie sonstige begünstigte Investitionen.

4. Bewertungswahlrechte für Passiva

Pensionsrückstellungen	§ 6 a EStG

Diese Aufstellung umfaßt eine Auswahl der gesetzlich geregelten Wahlrechte. Nicht erfaßt sind faktische Wahlrechte, die sich aus dem Ermessen des Steuerpflichtigen bei der Ausübung von Bewertungswahlrechten, wie etwa bei der Festlegung der Höhe von Rückstellungen ergeben (vgl. weitere Wahlrechte bei *Börner/Krawitz* [Steuerbilanzpolitik] 166 ff., *Heigl* [Ertragsteuer-Kennzahlen] 6 ff.).

Die vorstehenden Wahlrechte sind unterschiedlich geregelt bezüglich der Flexibilität ihres Einsatzes. Eine Einteilung gemäß der Flexibilität ist prinzipiell möglich, doch ist dies für die Planung des Einsatzes der Aktionsparameter nur von geringem Nutzen, da lediglich qualitative Aussagen gewonnen werden können. Eine Operationalisierung der Flexibilität kann nur erreicht werden, indem die durch vorangegangene Entscheidungen ausgelösten Wahlrechte in Form von Nebenbedingungen in Entscheidungsmodelle einbezogen werden (*Müller-Kröncke* [Entscheidungsmodelle]).

Verzichtet man auf diese rechentechnisch aufwendige Verfahrensweise, so ist die Bildung von nach der Flexibilität gestaffelten Manövriermassenschichten zu empfehlen. Der durch die optimale Gewinnausweisreihe geforderte Manövriermasseneinsatz wird dann zweckmäßigerweise so vorgenommen, daß zunächst die weniger flexiblen Manövriermassenschichten verbraucht werden, weil sie etwa nur zu bestimmten Zeitpunkten (keine Nachholbarkeit) oder in großem Umfang eingesetzt werden müssen. Zur Auffüllung der dann noch bestehenden Aufwandslücken zur Erreichung der optimalen Gewinnausweisreihe können anschließend die flexibleren Manövriermassenschichten verwendet werden.

3.3 Steuerbilanzpolitik bei Einzelunternehmen und Personengesellschaften

3.3.1 Zielfunktion

Die Steuerbilanzpolitik befaßt sich mit einem Partialproblem. Wegen der notwendigen Abstimmung von Zielfunktion und Entscheidungsfeld muß ihr folglich ein Subziel zugrundegelegt werden. Damit dies nicht zu Fehlentscheidungen im Sinne des finanziellen Oberziels führt, muß das Subziel aus diesem abgeleitet werden. Ausgangspunkt auch der Steuerbilanzpolitik ist immer die Maximierung des Barwerts oder Endwertes der Nettozahlungsüberschüsse nach Steuern, wie sie in der Zielfunktion (1.2) und (1.3) dargestellt ist. Dies ist nicht zu verwechseln mit dem Barwert der Nettogewinne nach Steuern, denn dies ist eine lediglich buchhalterische Größe ohne irgendeinen materiellen Hintergrund.

3.3.1.1 Traditionelle Ansätze

Die Zielsetzung traditioneller Beiträge zur Steuerbilanzpolitik berücksichtigt entweder nur die Zinseffekte infolge späterer Steuerzahlung oder nur die Progressionseffekte der Besteuerung.

Zinseffekt: Bei gegebener Progression berechnet sich die Steuerlast

S_t einer Periode als Produkt von Steuersatz s[95] und Steuerbemessungsgrundlage G_t. Für das Oberziel der Maximierung des Nettokapital-
wertes läßt sich daher schreiben:

$$(6.1) \quad \sum_{t=1}^{n} (Z_t - s \cdot G_t) \, q_s^{-t} \to Max$$

Da voraussetzungsgemäß die Entscheidungen über die nichtsteuerlichen Zahlungen Z_t für die Steuerbilanzpolitik als Daten anzusehen
sind, ist (6.1) äquivalent der folgenden Zielfunktion:

$$(6.2) \quad \sum_{t=1}^{n} s \cdot G_t \cdot q_s^{-t} \to Min$$

Die Bemessungsgrundlage G_t wird berechnet als Differenz zwischen steuerlich relevanten Erträgen Er_t und Aufwendungen Au_t.
Stellen die Erträge keine Manövriermasse dar und sind sie mit den E_t
identisch $(E_t = Er_t)$, dann können sie ebenfalls als Datum angesehen
werden. Wegen $G_t = Er_t - Au_t$ kann (6.2) daher auch wie folgt ausgedrückt werden:

$$(6.3) \quad \sum_{t=1}^{n} Au_t \cdot q_s^{-t} \to Max$$

(6.3) entspricht der bekannten Maxime einer möglichst weitgehenden Vorverlagerung des Aufwandes. Sinnvoll ist diese Zielsetzung
allerdings nur bei konstantem s, also unterhalb und oberhalb der Progressionszone.

Progressionseffekt: Werden G_t ausgewiesen, die innerhalb der Pro-
gressionszone liegen, so ist der periodische Steuersatz s_t explizit in die
Optimierung einzubeziehen. Für die Berechnung der periodischen
Steuer gilt dann:

$$(6.4) \quad S_t = s_t \, (G_t) \cdot G_t$$

Hierbei wird angenommen, daß das Individuum über keine weiteren Einkünfte verfügt. Ist diese Annahme unzutreffend, wird s_t durch
das zu versteuernde Einkommen bestimmt.

Berücksichtigt man ausschließlich den Progressionseffekt, so ist das
Subziel wie folgt zu formulieren:

$$(6.5) \quad \sum_{t=1}^{n} S_t \to Min$$

---

[95] Zur Vereinfachung wird die ESt zunächst nur mit dem Satz s bezeichnet.

Wegen des progressiven Verlaufs der Funktion $s_t(G_t)$ wird das Minimum realisiert für die Bedingung:

(6.6) $G_t = const!$

Dies entspricht der bekannten «Normallinie» der Gewinnbesteuerung (*Vogt* [Bilanztaktik]), die auf eine Nivellierung des Gewinnausweises abzielt.

3.3.1.2 Neuere Ansätze

An die Stelle der isolierten Betrachtung von Zinseffekt und Progressionseffekt muß eine Zielfunktion treten, die beide Effekte kombiniert, weil sonst widersprüchliche Maximen bezüglich der Aufwandsverrechnung entstehen können. Diese Zielfunktion muß aus dem finanziellen Oberziel der Nettokapitalwertmaximierung logisch abgeleitet werden. Zu diesem Zweck sind zwei Fälle zu unterscheiden:

a) *Vollkommener Kapitalmarkt mit einheitlichem Diskontierungssatz i_s*

In diesem Fall ist die Ableitung des Subziels unproblematisch. Aus

(6.7) $\sum\limits_{t=1}^{n} (Z_t - S_t)\, q_s^{-t} \to Max$

folgt wieder:

(6.8) $\sum\limits_{t=1}^{n} S_t \cdot q_s^{-t} \to Min$

unter den Nebenbedingungen

(6.9) $\sum\limits_{t=1}^{n} Z_t = \sum\limits_{t=1}^{n} G_t$ und $G_t \geqq 0$ für alle $t = 1, \ldots, n$

Dieser Maxime entspricht die Steuerbarwertminimierung (*Marettek* [Unternehmenspolitik]).

Verschiedentlich ist die Meinung vertreten worden, die Ableitung dieses Subziels sei an spezielle finanzielle Oberziele gebunden. Dies ist bei einheitlichem Soll- und Habenzins jedoch nicht der Fall. Da die Z_t Daten darstellen, maximiert die Alternative mit dem geringsten *Steuerbarwert* in allen Fällen den *Nettokapitalwert* nach Steuern. Die Alternative mit maximalem Nettokapitalwert aber ist optimal im Sinne jeder beliebigen finanziellen Zielsetzung, da Transformationen in den

284

gewünschten Zielzahlungsstrom mit einheitlichem Zinsfuß kapital-wertunschädlich sind.

Daher ist auch eine gesellschaftsvertragliche Bindung der Ausschüt-tungen an den Gewinnausweis ohne Bedeutung. Falls die maximal zu-lässigen Ausschüttungen nicht ausreichen, um den gewünschten Ent-nahmestrom zu finanzieren, kann der Konsum auf dem Kapitalmarkt privat kapitalwertunschädlich vorfinanziert werden.[96] Die Konsum-kredite können anschließend aus den Ausschüttungen, die wegen des begrenzten Manövriermasseneinsatzes erst später erfolgen können, ge-tilgt werden. Unter der Bedingung einheitlicher Soll- und Haben-zinssätze sind die steuerbilanzpolitische Zielsetzung und die Zielsetzung für die nichtsteuerlichen Variablen und damit auch die Entscheidungen separabel.

b) *Kapitalmarkt mit unterschiedlichen Zinssätzen*

In diesem Fall ist die Unabhängigkeit von Ausschüttungsverhalten und Steuerbilanzpolitik nicht mehr gewährleistet. Eine sukzessiv durchgeführte Optimierung für die Ausschüttungspolitik und die Ge-winnausweispolitik bietet daher keine Gewähr für das Erreichen des Gesamtoptimums. Wenn die Optimierung nicht in einem Simultan-modell, sondern einem Partialansatz wie der Steuerbilanzpolitik er-folgen soll, so müssen die Ergebnisse der ersten Optimierungsstufe für die nachfolgende als finanzwirtschaftliche Nebenbedingungen vorge-geben werden. Dies bedeutet, daß die Wahl des finanziellen Oberziels nicht mehr beliebig ist, sondern daß das Ziel explizit vorgegeben werden muß, weil dies Konsequenzen für den optimalen Gewinnaus-weis haben kann. Eine isoliert durchgeführte Steuerbarwertminimie-rung kann nicht gewährleisten, daß die steuerbarwertminimale Alter-native optimal im Sinne des geplanten Ausschüttungsziels ist.

In unserer Darstellung werden wir in den Fällen, in denen von der Annahme eines einheitlichen KZF abgewichen werden muß, vom Ziel der Maximierung des Endvermögens ausgehen; für die Steuer-bilanzpolitik von Personengesellschaften kann die Kapitalwertmaxi-mierung beibehalten werden.

---

[96] Auf Einschränkungen aufgrund der gegenwärtig geltenden Steuergesetze wurde in Abschnitt 1.1.2.4 im Zweiten Teil hingewiesen.

3.3.2 Verfahren der Optimierung

Aus der Zielfunktion ergibt sich nun das Problem, das durch Entscheidungen über nichtsteuerliche Größen geschaffene Aufwandspotential, das interperiodisch verlagerbar ist und damit Manövriermasse darstellt, im Sinne der Steuerbarwertminimierung auf die Perioden des Planungszeitraums zu verteilen. Da in der Steuerbilanz der Grundsatz der Einzelbewertung gilt, ist die Aufwandsverteilung im Grunde ein Problem, das für jedes einzelne Wirtschaftsgut zu lösen ist, das zum Aufwandsvolumen beiträgt. Die Summe der Aufwandsteile ergibt erst den Betriebsaufwand pro Periode; saldiert man diesen mit dem Periodenertrag, so ergibt sich der Steuerbilanzgewinn. Für die Optimierung des Gewinnausweises ist es notwendig, die Erträge sowie das gesamte Aufwandspotential und seine verlagerbaren Teile während des Planungszeitraums zu bestimmen.

Eine an den konkreten Bedingungen des Steuerrechts orientierte Optimierung wirft erhebliche rechentechnische Probleme auf. Die bislang entwickelten Lösungsverfahren können in zwei Gruppen aufgeteilt werden:

a) *Sukzessive Planung von optimalem Gewinnausweis und Manövriermasseneinsatz*

Bei diesem Verfahren wird in zwei Schritten vorgegangen: Zunächst wird unabhängig von der konkreten Manövriermasse die optimale Gewinnausweisreihe durch Aufteilung des im Planungszeitraum zu erwartenden Gesamtgewinns festgelegt. Damit wird der Rahmen für die in einem zweiten Schritt festzulegende Verteilung der Manövriermasse bestimmt: Bei diesem stufenweisen Verfahren wird nur auf der ersten Stufe ein annäherndes oder tatsächliches Optimum bestimmt. Auf der zweiten Stufe wird mittels eines Probierverfahrens eine Kombination einzelner Manövriermasseteile vorgenommen, bis eine hinreichend gute Lösung realisiert ist. Ein Optimum im strengen Sinne wird in bezug auf die Manövriermasseaufteilung nicht realisiert. Der mehr oder minder großen Flexibilität der Manövriermasse kann bei diesem Verfahren jedoch insoweit Rechnung getragen werden, als globale steuerrechtliche *Restriktionen* die beschränkte Verteilungsfähigkeit des Aufwandspotentials einzelner Wirtschaftsgüter zum Ausdruck bringen können.

b) Simultane Planung von optimalem Gewinnausweis und Manövriermasseneinsatz

Bei (*Müller-Kröncke* [Entscheidungsmodelle]) ist ein Ansatz vorgelegt worden, der sämtliche steuerrechtlichen Restriktionen für jedes einzelne Wirtschaftsgut, das zur Manövriermasse beiträgt, explizit erfaßt und in die Lösung einbezieht. Dadurch können bei der Festlegung der optimalen Gewinnausweisreihe die Einschränkungen der Aktionsparametervariation explizit und im einzelnen erfaßt werden. Der Gewinnausweis kann nur innerhalb der Nebenbedingungen bezüglich der Manövriermasseneinsatzmöglichkeiten erfolgen.

Dieses Verfahren würde erfordern, für jeden einzelnen Aktionsparameter «*Manövrierteilmassen*» abzuleiten, die das Aufwandspotential hinsichtlich Höhe und zeitlicher Verteilbarkeit für jedes einzelne Wirtschaftsgut zum Ausdruck bringen. Die kaum übersehbare Zahl der Restriktionen spricht jedoch zum gegenwärtigen Zeitpunkt gegen eine rechnerische Auswertung des Modells. Selbst wenn diese möglich werden sollte, ist der rechnerische Aufwand so hoch, daß eine praktische Anwendung auch in Zukunft fraglich erscheint.

Da es unrealistisch wäre, nur den Fall der unbeschränkten Aufteilbarkeit der Manövriermasse zu untersuchen, wollen wir in unserer Darstellung der Beschränkung der Aufteilbarkeit durch steuerrechtliche Nebenbedingungen bezüglich des Erfolgsausweises Rechnung tragen. Diese können etwa bestehen in der Notwendigkeit, einen Mindestgewinn auszuweisen oder einen Mindestaufwand geltend zu machen. Man kann sich dies vorstellen als Ergebnis von Überlegungen über die Aggregation von einzelnen Nebenbedingungen, die jedoch nicht detailliert, sondern in globaler Weise berücksichtigt werden.

Die modelltechnische Unterscheidung zwischen einer unbeschränkten und einer durch globale Nebenbedingungen beschränkten Aufteilbarkeit der Manövriermasse ist von erheblicher Bedeutung für die Beurteilung der unterschiedlichen steuerbilanzpolitischen Möglichkeiten von Personen- und Kapitalgesellschaften. Bei Personengesellschaften bewirken die Restriktionen, daß das ursprüngliche Optimum i. d. R. nicht mehr realisiert werden kann. Bei Kapitalgesellschaften gelten diese Restriktionen zwar ebenfalls, doch steht auch bei begrenzter Aufteilbarkeit des Gesamtgewinns ein weiteres steuerpolitisches Instrument in der Ausschüttungspolitik zur Verfügung. Die unterschiedlichen Wirkungen von Restriktionen bezüglich des Manövriermasseneinsatzes bei Personen- und Kapitalgesellschaften, deren Bedeutung für die Rechtsformwahl bereits angesprochen wurde, werden wir später durch konkrete Vergleichsrechnungen verdeutlichen.

Zunächst soll die Ermittlung der optimalen Gewinnausweisreihe bei unbeschränkter Aufteilbarkeit gezeigt werden. Dies erfolgt in zwei Schritten:

1. Schritt:

Das Verfahren hat zur Aufgabe, bei gegebener Steuerbelastungsfunktion und bekanntem Kalkulationszinsfuß, durch systematisches Vergleichen eine beliebig genaue Annäherung an das Optimum der Verteilung des Gesamtgewinns des Planungszeitraums auf die Perioden durchzuführen. Zum besseren Verständnis werden zunächst noch zwei Prämissen eingeführt:

(1) Es wird nur die ESt erfaßt.
(2) Die Unternehmung hat nur einen Beteiligten, der keine weiteren Einkünfte zu versteuern hat; der Steuerbilanzgewinn ist gleich dem zu versteuernden Einkommen.

Ausgangspunkt für die Verfahrensweise ist die Ableitung der Optimumbedingung für das Steuer-Barwertminimum. Diese erhält man, indem man die Zielfunktion der Steuerbarwertminimierung (6.8) nach dem Steuerbilanzgewinn G_t differenziert:

$$\frac{dS_t}{dG_t} \cdot q_s^{-t} = \frac{d\,[s_t(G_t)]}{dG_t} \cdot q_s^{-t}$$

Der Ausdruck kann wegen (6.4) auch als Barwert des periodischen Grenzsteuersatzes interpretiert werden. Analog dem Vorgehen bei der Bestimmung der Normallinie erhält man das Optimum, wenn die Barwerte der Grenzsteuersätze in allen Perioden gleich sind; also gilt:

(6.10) $P\,1\,(t) = \dfrac{d\,[s_t(G_t)]}{dG_t} \cdot q_s^{-t} = const!$ für $t=1,\ldots,n$

2. Schritt:

Die Bestimmung der optimalen Gewinnausweisreihe kann grafisch und rechnerisch durchgeführt werden. Da die grafische Lösung – darstellungstechnisch bedingt – nur eine begrenzte Genauigkeit erlaubt, beschränken wir uns auf die rechnerische Lösung mittels eines von (*Siegel* [Minimierung] und *Okraß* [Praktikabilität]) entwickelten Tabellenverfahrens.

Der Grundgedanke des Verfahrens liegt darin, zunächst die Grenzsteuersätze für alternative zeitliche Einkommensverteilungen zu berechnen und dann unter Einhaltung der Nebenbedingung (6.9) die Barwerte der Grenzsteuersätze in den einzelnen Perioden zum Ausgleich zu bringen. Die zeitliche Einkommensverteilung, bei der dies der Fall ist, bildet das Optimum. Die Barwerte der Grenzsteuersätze werden im konkreten Fall auf Grund der geltenden ESt-Tariffunktion bestimmt. Die Höhe der ESt S_t läßt sich bereichsweise wie folgt als Funktion des Einkommens G_t ausdrücken (G_t ist bereits nach § 32a EStG abgerundet):

$$
S = \begin{cases}
0 & \text{für} \quad 0 \leqq G \leqq 3690 \\[4pt]
0,22\,G - 812 & \text{für} \quad 3691 \leqq G \leqq 16000 \\[4pt]
\begin{aligned}[t]
&0,1086 \cdot 10^{-14}\,(G-16000)^4 - 0,15442 \\
&\cdot 10^{-9}\,(G-16000)^3 + 0,925 \cdot 10^{-5} \\
&(G-16000)^2 + 0,22\,(G-16000) + 2708
\end{aligned} & \text{für} \quad 16001 \leqq G \leqq 47999 \\[4pt]
\begin{aligned}[t]
&0,1 \cdot 10^{-16}\,(G-48000)^4 - 0,607 \cdot 10^{-11} \\
&\cdot (G-48000)^3 + 0,10995 \cdot 10^{-5} \\
&\cdot (G-48000)^2 + 0,48\,(G-48000) + 15298
\end{aligned} & \text{für} \quad 48000 \leqq G \leqq 129999 \\[4pt]
0,56\,G - 13644 & \text{für} \quad 130000 \leqq G
\end{cases}
$$

Diese Funktion ist bereichsweise differenzierbar. Die 1. Ableitungen lauten jeweils:

$$
\frac{dS}{dG} = \begin{cases}
0 & \text{für} \quad 0 \leqq G \leqq 3690 \\[4pt]
0,22 & \text{für} \quad 3691 \leqq G \leqq 16000 \\[4pt]
\begin{aligned}[t]
&0,4344 \cdot 10^{-14}\,(G-16000)^3 - 0,46326 \\
&\cdot 10^{-9}\,(G-16000)^2 + 1,85 \cdot 10^{-5} \\
&(G-16000) + 0,22
\end{aligned} & \text{für} \quad 16001 \leqq G \leqq 47999 \\[4pt]
\begin{aligned}[t]
&0,4 \cdot 10^{-16}\,(G-48000)^3 - 1,821 \cdot 10^{-11} \\
&(G-48000)^2 + 0,2199 \cdot 10^{-5} \\
&(G-48000) + 0,48
\end{aligned} & \text{für} \quad 48000 \leqq G \leqq 129999 \\[4pt]
0,56 & \text{für} \quad 130000 \leqq G
\end{cases}
$$

Somit erhält man die Grenzsteuersätze, indem die Gewinne in die 1. Ableitung eingesetzt werden, wobei die Abrundungsvorschriften des § 32a Abs. 2 EStG zu beachten sind. Sie sind in Anlage 1 für eine Schrittweite von DM 3000 berechnet.

Die Genauigkeit des Verfahrens ist durch die Schrittweite bei der Berechnung der Grenzsteuersätze bestimmt. Wird diese zunächst größer gewählt, so kann das Verfahren beliebig lange mit kleiner werdenden Gewinndifferenzen wiederholt werden. Für den Fall des einmaligen Verfahrens empfiehlt sich zunächst die Wahl größerer und dann kleiner werdender Gewinndifferenzen. Bei einer Tabellierung ist die Wahl kleiner Abschnitte von Beginn an empfehlenswert, damit der Vorgang nicht zu oft wiederholt werden muß.

Das Tabellenverfahren ist sehr einfach zu interpretieren: Durch Tabellierung der Grenzsteuerbarwerte werden sowohl die Progression als auch der Zinseffekt erfaßt. Durch Wahl der niedrigsten Grenzsteuerbarwerte, die die Nebenbedingung (6.9) einhalten, werden jeweils Zinseffekt und Progressionseffekt zugleich erfaßt und können somit simultan optimiert werden.

Zur besseren Illustration wollen wir das Verfahren an einem einfachen Beispiel wiederholen, das im weiteren verwendet werden soll. Es gelte:

$Z_t = 60\,000$ für $t = 1, \ldots, n$

$n = 5$

$s_t\ (G_t)$ ESt-Grundtabelle 1.1.1979

$i_s = 0{,}06$

In der Tabelle in Anlage 1 ist in der Spalte TA die Tarifbelastung für die in der Spalte G angegebenen Einkommenshöhen berechnet. In der Spalte DTA ist die Grenzbelastung für die jeweilige Schrittweite der in Spalte G angegebenen Einkommensteile angegeben. In den Spalten $P\,1(t)$ ist für $t = 1, \ldots, 5$ der jeweilige Grenzsteuerbarwert berechnet, dessen Angleichung im Optimum angestrebt wird. Analog sind auch die anderen Tabellen der Anlagen 2–8 aufgebaut.

Es sind also in den Anlagen 1 und 2 die *diskontierten* Werte der jeweiligen Optimumbedingung tabelliert, in diesem Fall, wie bereits erwähnt, die gemäß (6.10) anzugleichenden Grenzsteuerbarwerte. In Anlage 3–8 sind die *aufgezinsten* Werte der Optimumbedingung tabelliert, da bei den dort zugrunde liegenden Fällen der *Endwert* als Entscheidungskriterium gewählt wird. Hierauf wird jedoch noch eingegangen.

Verwendet man die Tabelle aus Anhang 1, so erhält man folgendes Ergebnis:

| t | 1 | 2 | 3 | 4 | 5 |
	Z_t	$1{,}06^{-t} Z_t$	G_t^{opt}	$Mind_t$	$5 = 2 - 4$
1	60 000	56 603,8	36 000	9 194,3	47 409,5
2	60 000	53 399,8	42 000	11 092,0	42 307,8
3	60 000	50 377,2	54 000	15 294,5	35 082,7
4	60 000	47 525,6	69 000	20 442,4	27 083,2
5	60 000	44 835,5	99 000	31 310,1	13 525,4
Σ	300 000	252 741,9	300 000	87 333,3	165 408,6

Die optimale Gewinnausweisreihe G_t^{opt} ergibt sich durch Angleichung der Grenzsteuerbarwerte in den Perioden 1–5: Es handelt sich dabei um folgende Werte:

t	1	2	3	4	5
$\dfrac{dS_t}{dG_t} \cdot q_s^{-t}$	0,415	0,413	0,414	0,411	0,411

Dabei ist zu beachten, daß Nebenbedingung (6.9) bei der Bestimmung der Werte für G_t^{opt} eingehalten wird, d.h. daß die Summe der ausgewiesenen Periodengewinne gleich der Summe der Zahlungsüberschüsse ist. Ist dies nicht der Fall, so werden entweder nicht alle Gewinne erfaßt oder es würde insgesamt ein zu hoher Gewinn ausgewiesen.

Bei der Gewinnverteilung G_t^{opt} ist in der Anlage 1 eine näherungsweise Angleichung der Grenzsteuerbarwerte erreicht. Zwar findet bei einer Schrittweite von 3000 noch keine vollständige Angleichung statt, doch wäre dies bei einer Verkürzung der Schrittweite leicht zu realisieren. In der Spalte 4 $Mind_t$ werden die im Rahmen der optimalen Gewinnausweisstrategien anfallenden Barwerte der Steuerzahlungen erfaßt, die die Zahlungsüberschüsse vermindern. Bei Realisierung der optimalen Gewinnausweisreihe beträgt der Nettokapitalwert nach Steuern 165 408,6.

Nun soll die Rechnung um die GewESt erweitert werden.
Für die Berechnung der GewESt S^{ge} gilt:

$$S^{ge} = s^{ge} \cdot G_t$$

Von Hinzurechnungen und Kürzungen zur Berechnung des Gewerbeertrages wird abgesehen. Wegen der Abzugsfähigkeit der GewESt als Betriebsausgabe erhalten wir:

$$S_t^{ek} = S_t^{ek}[G_t\,(1 - s^{ge})]$$

Es ergibt sich als modifizierte Zielfunktion:

$$(6.11) \quad \sum_{t=1}^{n} \{ Z_t - S_t^{ek}[G_t\,(1 - s^{ge})] - s^{ge} \cdot G_t \}\, q_s^{-t} \to Max$$

und für das entsprechende Subziel:

$$(6.12) \quad \sum_{t=1}^{n} \{ S_t^{ek}[G_t\,(1 - s^{ge})] + s^{ge} \cdot G_t \}\, q_s^{-t} \to Min$$

Schreibt man G_t^* für $G_t(1 - s^{ge})$, dann lautet das Subziel:

$$(6.13) \quad \sum_{t=1}^{n} [S_t^{ek} (G_t^*) + s^{ge*} \cdot G_t^*] \, q_s^{-t} \to Min$$

Die zugehörige Optimumbedingung lautet analog (6.10):

$$(6.14) \quad P\,2\,(t) = \left[\frac{dS_t^{ek} (G_t^*)}{dG_t^*} + s^{ge*} \right] q_s^{-t} = const! \quad \text{für} \quad t=1, \ldots, n$$

Aus (6.13) ist erkennbar, daß die Zielfunktion dazu tendiert, die Gewinne später auszuweisen als (6.8). Dies liegt daran, daß die GewESt wegen des proportionalen Tarifs lediglich einen Zinseffekt verursacht, der einen möglichst späten Gewinnausweis bewirkt.

Für obiges Beispiel ergeben sich unter Einbeziehung der GewESt und unter Zugrundelegung von Anlage 2 daher folgende Grenzsteuerbarwerte für den optimalen Gewinnausweis (der Freibetrag nach § 11 Abs. 1 GewStG von DM 36000 wurde nicht berücksichtigt):

t	1	2	3	4	5
	0,528	0,514	0,521	0,518	0,519

Die optimale Gewinnausweisreihe G_t^{opt} lautet entsprechend:

t	1	2	3	4	5	6
	Z_t	$1{,}06^{-t}Z_t$	G_t^{opt}	G_t^*	$Mind_t$	$6=2-5$
1	60000	56603,8	36000	31304	11732,7	44871,1
2	60000	53399,8	39000	33913	12390,5	41009,3
3	60000	50377,2	51000	44348	16968,0	33409,2
4	60000	47525,6	69000	60000	23926,0	23599,6
5	60000	44835,5	105000	91304	38378,9	6456,6
Σ	300000	252741,9	300000	260869	103396,1	149345,8

Das Ausmaß der Nachverlagerung der optimalen Gewinnreihe G_t^{opt} gegenüber der Berechnung ohne GewESt ist erheblich. Deshalb ist es bei Einkünften aus Gewerbebetrieb i.d.R. notwendig, die GewESt bei der Steuerbilanzpolitik zu berücksichtigen. Der Nettokapitalwert verringert sich wegen der erhöhten Steuerbelastung auf 149345,8.

Da die Festlegung der optimalen Gewinnausweisreihe durch den persönlichen Steuersatz bestimmt wird, kann das Optimum immer nur individuelle Geltung besitzen. Erhalten die Gesellschafter unterschiedlich hohe weitere Einkünfte, so folgt im Grunde eine für die einzelnen Gesellschafter unterschiedliche optimale Gewinnausweisreihe. Da jedoch im Wege der einheitlichen und gesonderten Gewinnfeststellung der von einer Personengesellschaft erwirtschaftete Gewinn weitgehend einheitlich für alle Gesellschafter festgestellt wird, besteht die Möglichkeit verschiedener Gewinnausweisstrategien nur in geringem Maße.

Die Realisierung des für die einzelnen Gesellschafter optimalen Gewinnausweises kann daher zu Konflikten führen. Da eine allgemeine Lösung für derartige Konflikte nicht existiert, kann man allenfalls Kompromisse empfehlen, den Gewinnausweis so zu gestalten, daß die Summe der Abweichungen des gemeinsamen Gewinnausweises von den individuell errechneten Optima möglichst gering gehalten werden soll.

(*Übungsaufgabe Nr. 21 im Arbeitsbuch*)

3.4 Steuerbilanz- und Ausschüttungspolitik bei Kapitalgesellschaften

3.4.1 Spezifische Merkmale bei Kapitalgesellschaften

Gegenüber Personengesellschaften weisen Kapitalgesellschaften eine Reihe spezifischer Probleme auf (*Marettek* [Anrechnungsverfahren], *Siegel* [Rücklagenplanung]):

(1) Die Ausschüttungen unterliegen zum Zwecke des Gläubigerschutzes Begrenzungen. Es ist daher nicht möglich, Gewinnausweis und Ausschüttung als unabhängig zu betrachten.

(2) Nach dem geltenden Anrechnungsverfahren der KSt werden ausgeschüttete und einbehaltene Gewinne unterschiedlich besteuert. Während einbehaltene Gewinne zunächst tarifversteuert werden (im Normalfall 56%), unterliegen die dem inländischen Anteilseigner zufließenden Gewinne dem persönlichen ESt-Satz, der nur im Grenzfall 56% erreicht. Die Verwendungsabhängigkeit der Besteuerung ausgewiesener Gewinne macht es erforderlich, die Ausschüttungspolitik in die Festlegung der Gewinnausweisstrategie einzubeziehen.

(3) Da der persönliche durchschnittliche ESt-Satz niemals 56% erreichen kann, ist die Ausschüttung des Gewinns bei uneingeschränkter Aufteilbarkeit der Manövriermasse zunächst immer von Vorteil, wenn man die KiSt nicht berücksichtigt. Davon soll im folgenden ausgegangen werden.

(4) Nachdem der Gewinn ausgeschüttet ist und der ESt unterlegen hat, kann es von Vorteil sein, ihn im Rahmen des SAHZ-Verfahrens wieder einzulegen. In diesem Fall ist die Gesellschaftsteuer mit dem Satz s^{ges} auf die Kapitalzuführung zu beachten.

(5) Da Kapitalgesellschaften kraft Rechtsform Gewerbebetriebe sind, berechnen wir in allen Fällen die GewESt mit ein.

(6) Wegen der Verschiedenartigkeit des privaten und firmenbezogenen Entscheidungsfeldes ist es sinnvoll, neben dem Fall eines einheitlichen KZF auch unterschiedliche interne Anlagesätze i_{in} und externe Anlagesätze i_{ex} zu beachten (*Siegel* [Ertragsteuerplanung]). Da bei unterschiedlichen Sätzen die Konsumpräferenz explizit berücksichtigt werden muß, ist der Kapitalwert als Entscheidungskriterium problematisch. Wir gehen deshalb bei der Kapitalgesellschaft von dem Ziel der *Maximierung des Endvermögens* aus.

(7) Die Sätze i_{in} und i_{ex} sind ebenfalls um Ertragsteuern zu kürzen. Da die GewESt in die Steuerplanung einbezogen wird, muß $i_{in,s}$ als Netto-KZF auch um die GewESt gekürzt sein. $i_{ex,s}$ ist der lediglich um die ESt gekürzte externe Anlagesatz, da die Finanzanlagen zu Einkünften aus Kapitalvermögen führen.

(8) Im Gegensatz zur Personengesellschaft ist es bei Kapitalgesellschaften auch sinnvoll, den Fall zu berücksichtigen, daß die Anteilseigner keinen Einfluß auf die Willensbildung haben. In diesem Fall besteht die Möglichkeit einer firmenbezogenen Steuerpolitik. Dem wird Rechnung getragen durch die Annahme des Ziels einer firmenbezogenen Vermögensmaximierung bei einer vorgegebenen Mindestausschüttung. In diesem Spezialfall läßt sich das Optimierungsproblem sehr stark vereinfachen. Für den Fall der personenbezogenen Kapitalgesellschaft wird – um Probleme der Willensbildung und Abweichungen in den Zielfunktionen zwischen Gesellschaftern auszuschalten – im folgenden von einer Ein-Mann-GmbH ausgegangen.

(9) Wegen der Einbeziehung der Ausschüttungspolitik in die Gewinnausweispolitik kann nicht mehr ausschließlich von einer Steuerplanung im engeren Sinne gesprochen werden. Im Grunde handelt es sich um eine kombinierte Betrachtung von Gewinnausweis- und Gewinnausschüttungspolitik, die gedanklich an die Wirkung der Besteuerung auf die Ausschüttungspolitik in Abschnitt 3.5 des Zweiten Teils des Buches anknüpft.

Die KSt und das Anrechnungsverfahren allein bieten noch keine Begründung für Abweichungen der Steuerbilanzpolitik gegenüber Personengesellschaften. Bestünden die obigen Besonderheiten (1), (4), (6) und (8) nicht, so wäre auch bei Kapitalgesellschaften anhand der persönlichen Einkommensverhältnisse des Gesellschafters die optimale Gewinnausweisreihe nach (6.14) zu bestimmen. In Höhe der persönlich optimalen Ausweisreihe wäre nun der Gewinn bei der Kapitalgesellschaft auszuweisen und auszuschütten. Wegen der genannten Besonderheiten kann davon jedoch nicht ausgegangen werden. Aus diesem Grund ist eine simultane Optimierung von Gewinnausweis- und Ausschüttungspolitik erforderlich.

Zunächst ist der Ausschüttungssperre Rechnung zu tragen. Da die Steuerbilanzpolitik auf der Ausübung steuerlicher Wahlrechte basiert, gilt grundsätzlich infolge des Maßgeblichkeitsprinzips, daß steuerliche Wertansätze auch in der Handelsbilanz anzusetzen sind. Daher ist es sinnvoll zu unterstellen, daß der Gewinn der Steuerbilanz gleich oder größer als der Jahresüberschuß ist. Wenn die gesetzlichen Rücklagen die vorgesehene Höhe erreicht haben, ist damit die handelsrechtliche Ausschüttbarkeit der als optimal festgestellten steuerlichen Ausschüttungen gewährleistet. Eine besondere Nebenbedingung für die Einhaltung der handelsrechtlichen Ausschüttungssperre ist daher nicht notwendig.

Auf Grund der genannten Besonderheiten ist es nützlich, für die Unterscheidung der einzelnen Problemkonstellationen von mehreren Falltypen auszugehen: Zunächst ist es sinnvoll, zu unterscheiden, ob der Gesamtgewinn durch Manövriermasseneinsatz uneingeschränkt aufteilbar ist oder nicht. Uneingeschränkte Aufteilbarkeit setzt eine voll flexible Manövriermasse voraus. Weiterhin ist zu unterscheiden, ob die Ausschüttung vorgegeben ist, wie bei der firmenbezogenen Betrachtungsweise, oder ob sie durch die Höhe des Gewinnausweises determiniert wird, also planungsabhängig ist. Außerdem ist es sinnvoll, zwischen gleicher und unterschiedlicher Verzinsung der Überschüsse bis zum Ende des Planungszeitraums bei interner Anlage (Firmenebene) und bei externer Anlage (Anteilseignerebene) zu unterscheiden.

Somit ergeben sich folgende Fallkonstellationen:

Gesamtgewinn	uneingeschränkt aufteilbar		eingeschränkt aufteilbar	
Ausschüttung ist planungsabhängig? Verzinsung auf Firmen- und Anteilseignerebene	ja	nein	ja	nein
gleich	1	2	3	4
verschieden	5	6	7	8

Abbildung 4.

In der folgenden Darstellung werden die Fälle 1, 2, 3, 4, 6 und 8 behandelt. Die Fälle 5 und 7 sind zwar theoretisch denkbar, doch ohne praktisches Interesse, da der Fall festgelegter Ausschüttungen nur für eine firmenbezogene Betrachtungsweise relevant ist, bei der jedoch verschiedene Anlagesätze auf Anteilseigner- und Firmenebene ohne Bedeutung sind.

3.4.2 Firmenbezogene Zielsetzung

Für den Fall der firmenbezogenen Betrachtungsweise wird als finanzielles Ziel meist firmenbezogene Vermögensmaximierung bei vorgegebenen Ausschüttungen unterstellt. Da die Interessen der Anteilseigner nicht berücksichtigt werden, ist steuerlich somit für die Optimierung nur die Ebene der Körperschaft zu berücksichtigen. Ein Unterschied zwischen unterschiedlichen Verzinsungsmöglichkeiten auf Firmenebene i_{in} und Anteilseignerebene i_{ex} beeinflußt demzufolge die Optimierungsüberlegungen nicht. Somit reduziert sich die firmenbezogene Betrachtungsweise auf die Fälle 2 und 4.

3.4.2.1 Unbeschränkte Aufteilbarkeit des Gesamtgewinns (Fall 2)

Die Zielfunktion für firmeneigene *Vermögensmaximierung* ohne periodische Ausschüttungen unter Einbeziehung von GewESt und KSt lautet:

$$(6.15) \quad \sum_{t=1}^{n} (Z_t - S_t^{ge} - S_t^{kn}) \, q_s^{n-t} \to Max$$

S_t^{kn} bezeichnet die KSt mit dem Satz s^{kn}.

Unter Berücksichtigung der Abzugsfähigkeit der GewESt läßt sich dafür auch schreiben:

$$(6.16) \quad \sum_{t=1}^{n} \{Z_t - G_t \, [s^{kn} \, (1-s^{ge}) + s^{ge}]\} \, q_s^{n-t} \to Max$$

Wegen des Datencharakters der Z_t und des konstanten Steuerfaktors wird (6.16) maximal, wenn die Gewinne möglichst spät ausgewiesen werden.

Soll eine Mindestbardividende $\bar{D}_t^a$ ausgezahlt werden, so ist (6.16) wie folgt zu modifizieren:

$$(6.17) \quad \sum_{t=1}^{n} \{Z_t - G_t \, [s^{kn} \, (1-s^{ge}) + s^{ge}] - \tfrac{11}{16} \, \bar{D}_t^a\} \, q_s^{n-t} \to Max$$

Dabei wird vorausgesetzt, daß die Dividendenzahlungen aus EK_{56} erfolgen: zur Ausschüttung wird somit nur EK in Höhe von $\tfrac{11}{16}$ der Dividende benötigt. Für den Ausweis eines Mindestgewinns $\bar{G}_t$ ist zusätzlich die Nebenbedingung zu beachten:

$$G_t \geqq \bar{G}_t$$

Dann ergibt sich die Optimumbedingung:

$$\begin{cases} G_t = \bar{G}_t & \text{für} \quad t = 1, \ldots, n-1 \\ G_n = \sum_{t=1}^{n} Z_t - \sum_{t=1}^{n-1} G_t \end{cases}$$

In den Perioden 1 bis $n-1$ wird nur der geforderte Mindestgewinn ausgewiesen; der Restgewinn wird erst in der letzten Periode ausgewiesen.

3.4.2.2 Beschränkte Aufteilbarkeit des Gesamtgewinns (Fall 4)

Es wird angenommen, daß die Manövriermassenverteilung durch Nebenbedingungen der Aufwandsverrechnung begrenzt ist. Daher wird die der Endwertmaximierung angepaßte Variante der Zielfunktion (6.3) verwendet.

$$(6.18) \quad \sum_{t=1}^{n} Au_t \cdot q_s^{n-t} \to Max$$

Soll ein Mindestgewinn $\bar{G}_t$ ausgewiesen werden, so gilt die Nebenbedingung:

$$E_t - Au_t \geqq \bar{G}_t \quad \text{für} \quad t = 1, \ldots, n$$

Zusätzlich ist die Aufwandsverrechnung begrenzt durch Nebenbedingungen wie

$$Au_t \leqq \overline{Au}_t$$

wobei $\overline{Au}_t$ den höchstens pro Periode verrechenbaren Aufwand angibt. Die einfache Optimierung soll an einem Beispiel gezeigt werden:

$$\sum_{t=1}^{3} Au_t = 300\,000$$

$$E_t = 200\,000 \quad \text{für} \quad t = 1, 2, 3$$

$$\bar{G}_t \geqq 20\,000$$

$$\bar{D}_t^a = 10\,000$$

$$Au_1 \leqq 60\,000$$

$$Au_2 \leqq 190\,000$$

$$s^{ge*} = 0,15$$

$$i = 0,06$$

Es ergibt sich folgende Rechnung:

t	1	2	3	$\sum_{t=1}^{3}$
1. E_t	200 000	200 000	200 000	600 000
2. Au_t	60 000	180 000	60 000	300 000
3. $\bar{G}_t$	140 000	20 000	140 000	300 000
4. $\bar{G}_t \cdot \frac{71}{115}$	86 435	12 348	86 435	185 218
5. $\bar{D}_t^a$	10 000	10 000	10 000	30 000
6. $\bar{D}_t^a \cdot \frac{11}{16}$	6 875	6 875	6 875	20 625
7. $1. - 4. - 6.$	6 690	80 777	6 690	94 157
8. $7. \cdot 1,06^{3-t}$	7 517	85 624	6 690	99 831

Das Firmenvermögen in $t = 3$ beträgt 99 831 DM.

(Übungsaufgabe Nr. 22 im Arbeitsbuch)

3.4.3 Anteilseignerbezogene Betrachtungsweise

Wird neben der Firmenebene auch die Anteilseignerebene in die Optimierung mit einbezogen, so ist es erforderlich, die unterschiedlichen Anlagemöglichkeiten i_{in} und i_{ex} explizit zu berücksichtigen. Das Ziel der Optimierung wird also darin gesehen, bei gegebenen Zahlungsüberschüssen Z_t und gegebenen internen und externen Anlagemöglichkeiten der Überschüsse Gewinnausweis und Ausschüttung so zu gestalten, daß das persönliche Endvermögen nach Steuern maximiert wird.

3.4.3.1 Unbeschränkte Aufteilbarkeit des Gesamtgewinns

a) *Das Entscheidungskriterium im allgemeinen Fall*

Bei uneingeschränkter Aufteilbarkeit der Manövriermasse ist es immer von Vorteil, den ausgewiesenen Gewinn G_t sofort auszuschütten, da der KSt-Satz s^{kn} von 56% vom durchschnittlichen ESt-Satz nicht erreicht wird. Da an den Gewinnausweis nur die GewESt anknüpft und der Gewinn nach Ausschüttung Einkommen des Eigners bildet, braucht die KSt bei der Optimierung nicht berücksichtigt zu werden. Von dem Verhältnis des internen Anlagesatzes i_{in} und des externen Anlagesatzes i_{ex} ist es nun abhängig, ob die Netto-Ausschüttungen nach Versteuerung mit dem persönlichen ESt-Satz intern oder extern angelegt werden. Werden sie wieder intern angelegt, so sind diese Rückflüsse R_t um die Gesellschaftsteuer mit dem Satz s^{ges} zu kürzen. Somit ergibt sich die Zielfunktion:

$$(6.19) \quad \sum_{t=1}^{n} [Z_t - s^{ge} \cdot G_t - D_t + (1 - s^{ges}) R_t] \, q_{in,s}^{n-t}$$

$$+ \sum_{t=1}^{n} (D_t - S_t^{ek} - R_t) \, q_{ex,s}^{n-t} \rightarrow Max$$

Die Zielfunktion bringt zum Ausdruck, daß die um die GewESt und die Ausschüttungen gekürzten Zahlungsüberschüsse, die durch die um die Gesellschaftsteuer verminderten Rückflüsse erhöht werden, intern angelegt werden. Extern angelegt werden die um die ESt gekürzten Ausschüttungen abzüglich der im Rahmen des SAHZ wieder erfolgten Einlagen.

Da alle Gewinne abzüglich der GewESt ausgeschüttet werden, gilt:

$$(6.19a) \quad D_t = G_t - s^{ge} \cdot G_t$$

$$= G_t \, (1 - s^{ge})$$

Setzt man (6.19a) in (6.19) ein, so ergibt sich die Zielfunktion in Abhängigkeit von der zu optimierenden Variablen D_t:

$$(6.20) \quad \sum_{t=1}^{n} [Z_t - (1 + s^{ge^*}) D_t + (1 - s^{ges}) R_t] \, q_{in,s}^{n-t}$$

$$+ \sum_{t=1}^{n} (D_t - S_t^{ek} - R_t) \, q_{ex,s}^{n-t} \to Max$$

Die modifizierten Nebenbedingungen lauten:

$$(6.21) \quad \sum_{t=1}^{n} [Z_t - (1 + s^{ge^*}) D_t] = 0$$

und

$$(6.21a) \quad (1 + s^{ge^*}) D_t \geqq 0 \qquad \text{für} \qquad t = 1, \ldots, n$$

Die erste Nebenbedingung ist notwendig, um sicherzustellen, daß alle Zahlungsüberschüsse abzüglich der GewESt während des Planungszeitraums ausgeschüttet werden. Dadurch wird gleichzeitig erreicht, daß die KSt auf die erzielten Gewinne voll auf die ESt angerechnet wird. Durch die zweite Nebenbedingung wird der Verlustfall ausgeschaltet.

Mit der Formulierung dieser Zielfunktion ist jedoch das Problem, die optimale Gewinn- bzw. Ausschüttungsreihe festzulegen, noch nicht gelöst. Dies wird erst möglich, wenn man die Zielfunktion vereinfacht. Da davon ausgegangen wird, daß die Sätze $i_{in,s}$ und $i_{ex,s}$ während des Planungszeitraums konstant sind, lassen sich folgende Fälle unterscheiden:

(a) $\quad i_{in,s} > i_{ex,s}$
(b) $\quad i_{in,s} = i_{ex,s}$
(c) $\quad i_{in,s} < i_{ex,s}$

Bei der Unterscheidung dieser Fälle müßte richtigerweise noch die Gesellschaftsteuer berücksichtigt werden, doch ändert dies wegen des geringen Satzes von gegenwärtig 1% am Optimierungsergebnis praktisch nichts. Würde man sie bei der Fall-Unterscheidung berücksichtigen, kompliziert sich die Berechnung erheblich. In Fall (b) ist dies aus der Konstellation der Zinssätze ersichtlich, in Fall (a) ist zu bedenken, daß die Rückflüsse bei Wiedereinlage um die Gesellschaftsteuer gekürzt werden und deshalb nur ein geringerer Betrag zinsbringend angelegt werden kann. Während in Fall (b) der optimale Gewinnausweis = Ausschüttung nur von der Höhe des Anlagesatzes und dem persönlichen ESt-Satz beeinflußt wird, wird das Optimum in Fall (c) zusätzlich durch die Differenz zwischen internem und externem Anlagesatz bestimmt. Da in beiden Fällen aber keine Rückflüsse getätigt werden und folglich $R_t = 0$, kann die Zielfunktion vereinfacht werden.

Im Fall (a) ist die Außenanlage nicht lohnend. Daher gilt:

$$D_t - S_t^{ek} = R_t$$

Der zweite Summenausdruck in der Zielfunktion wird folglich Null. Die vereinfachte Zielfunktion hat deshalb nur die interne Anlage zu berücksichtigen.

Somit erhalten wir drei vereinfachte Zielfunktionen, für die das Optimum relativ einfach bestimmt werden kann: Im Fall (b) einen einheitlichen internen und externen Anlagesatz mit externer Anlage der Nettoausschüttungen auf der Ebene der Anteilseigner, im Fall (c) abweichender Anlagesätze ebenfalls die externe Anlage und im Fall (a) nur die interne Anlage auf Firmenebene.

b) *Das Entscheidungskriterium bei Gleichheit der Anlagesätze (Fall 2)*

Für $i_{in,s} = i_{ex,s}$ lautet die vereinfachte Zielfunktion:

$$(6.22) \quad \sum_{t=1}^{n} [Z_t - (1 + s^{ge^*}) D_t] \, q_s^{n-t} + \sum_{t=1}^{n} (D_t - S_t^{ek}) \, q_s^{n-t} \to Max$$

Sie läßt sich weiter vereinfachen zu:

$$(6.23) \quad \sum_{t=1}^{n} (Z_t - s^{ge^*} \cdot D_t - S_t^{ek}) \, q_s^{n-t} \to Max$$

Die Optimumbedingung lautet:

$$(6.24) \quad F\,1\,(t) = \left(\frac{dS_t^{ek}}{dD_t} + s^{ge^*} \right) q_s^{n-t} = const! \qquad \text{für} \qquad t = 1, \ldots, n$$

Diese Optimumbedingung unterscheidet sich grundsätzlich nicht von (6.14), die für Personengesellschaften abgeleitet wurde. Dies folgt unmittelbar aus der Überlegung, daß bei unbegrenzter Aufteilbarkeit der Manövriermasse die optimale Gewinnausweisreihe ausschließlich von ESt, GewESt und dem KZF bestimmt wird, da weder KSt noch Gesellschaftsteuer anfallen. Für die Optimierung kann daher auf die Vorgehensweise bei der Personengesellschaft verwiesen werden. Da hier allerdings als Oberziel die Endwertmaximierung verwendet wird, sind nicht die Steuerbarwerte, sondern die Steuerendwerte zu tabellieren (Anlage 3). Dies hat bei einheitlichem KZF auf den optimalen Gewinnausweis jedoch keine Auswirkung.

In den Tabellen der Anlagen 3–8 ist in der Spalte TA die ESt auf die aus den Gewinnen der Spalte G möglichen Ausschüttungen der Spalte A berechnet ($A = G(1 - s^{ge})$). In der Spalte DTA ist die ESt-Grenzbelastung für die jeweilige Schrittweite der in der Spalte G angegebenen Einkommensteile berechnet. In den Spalten $F\ i\ (t)$ ist für $i = 1, \ldots, 6$ und $t = 1, \ldots, 5$ der jeweilige Endwert der Grenzsteuerbelastung berechnet, dessen Angleichung im Optimum angestrebt wird.

Für das Ausgangsbeispiel ergibt sich unter Benutzung von Anlage 3 folgende Rechnung:

t	1 Z_t	2 $1{,}06^{5-t}Z_t$	3 G_t^{opt}	4 D_t	5 $Mind_t$	6 $6 = 2 - 5$
1	60000	75748,6	36000	31304	15701,0	60047,6
2	60000	71461,0	39000	33913	16581,3	54879,7
3	60000	67416,0	51000	44348	22707,0	44709,0
4	60000	63600,0	69000	60000	32018,4	31581,6
5	60000	60000,0	105000	91304	51359,7	8640,3
Σ	300000	338225,6	300000	260869	138367,4	199858,2

Die optimale Gewinnausweisreihe G_t^{opt} ergibt sich aus den folgenden angeglichenen Grenzsteuerendwerten:

t	1	2	3	4	5
	0,707	0,688	0,698	0,693	0,694

$Mind_t$ in Spalte 5 umfaßt die aufgezinste ESt und GewESt. Da sich die Optimumbedingung nicht vom Fall der Personengesellschaft unterscheidet, ist auch die optimale Gewinnausweisreihe identisch. Es ergibt sich ein Endwert nach Steuern von 199858,2.

c) *Entscheidungskriterium bei verschiedenen Anlagesätzen (Fall 6)*

(1) Anlage auf Anteilseignerebene

Bei Durchführung der bereits skizzierten Vereinfachungen erhalten wir die Zielfunktion:

$$(6.25)\quad \sum_{t=1}^{n} [Z_t - (1 + s^{ge*})\, D_t]\, q_{in,s}^{n-t} + \sum_{t=1}^{n} (D_t - S_t^{ek})\, q_{ex,s}^{n-t} \to Max$$

302

Da keine Rückflüsse getätigt werden, werden die um die GewESt und die Ausschüttungen gekürzten Z_t zu $i_{in,s}$ angelegt, während außerhalb zu $i_{ex,s}$ die um die ESt-Zahlungen gekürzten Ausschüttungen angelegt werden.

Das Optimum von (6.25) kann bestimmt werden, wenn die Zielfunktion nach D_t differenziert wird. Wir erhalten:

$$(6.26) \quad F2(t) = (1 + s^{ge*})\, q_{in,s}^{n-t} - \left(1 - \frac{dS_t^{ek}}{dD_t}\right) q_{ex,s}^{n-t} = const!$$

$$\text{für} \quad t = 1, \ldots, n$$

Die Auswirkung auf die Gewinnausweisreihe kann an dem obigen Beispiel gezeigt werden. Lediglich der KZF muß variiert werden. Es gelte: $i_{in,s} = 5\%$, $i_{ex,s} = 6\%$.

Das Ergebnis der Optimierung ergibt sich aus Anlage 4 und lautet wie folgt:

t	1 Z_t	2 $1{,}05^{5-t} Z_t$	3 G_t^{opt}	4 D_t	5 $Mind_t$	6 $6 = 2 - 5$
1	60000	72930,4	39000	33913	15744,3	57186,1
2	60000	69457,5	45000	39130	18756,1	50701,4
3	60000	66150,0	54000	46957	23398,3	42751,7
4	60000	63000,0	69000	60000	31328,4	31671,6
5	60000	60000,0	93000	80870	44162,4	15837,6
Σ	300000	331537,9	300000	260870	133389,5	198148,4

Die optimale Gewinnausweisreihe G_t^{opt} errechnet sich aus den folgenden angeglichenen Tabellenwerten:

t	1	2	3	4	5
	0,675	0,681	0,681	0,682	0,684

Der Endwert nach Steuern sinkt wegen der geringeren internen Verzinsung auf 198148,4.

Gegenüber dem Fall gleicher Anlagesätze kommt es zu einer Vorverlagerung des Gewinnausweises. Dies liegt daran, daß gemäß der Zielfunktion die ausgewiesenen Gewinne ausgeschüttet werden, damit sie möglichst früh außerhalb der Unternehmung angelegt werden können. Die Tendenz zur Vorverlagerung des Gewinnausweises wächst um so mehr, je größer der Unterschied zwischen dem externen und dem internen Anlagesatz ist.

(2) Anlage auf Firmenebene

Die angegebenen Vereinfachungen führen über $R_t = D_t - S_t^{ek}$ zu folgender Zielfunktion:

$$(6.27) \quad \sum_{t=1}^{n} [Z_t - (1 + s^{ge^*}) D_t + (1 - s^{ges}) (D_t - S_t^{ek})] \, q_{in,s}^{n-t} \to Max$$

bzw.

$$(6.28) \quad \sum_{t=1}^{n} [Z_t - (s^{ge^*} + s^{ges}) D_t - (1 - s^{ges}) S_t^{ek}] \, q_{in,s}^{n-t} \to Max$$

Da in diesem Fall alle Ausschüttungen, nachdem sie der persönlichen ESt unterlegen haben, abzüglich der Gesellschaftsteuer wieder in der Firma zu $i_{in,s}$ angelegt werden, braucht die externe Anlagemöglichkeit nicht berücksichtigt zu werden.

Das Optimum von (6.28) wird bestimmt, indem man die Zielfunktion nach D_t differenziert:

$$(6.29) \quad F\,3\,(t) = \frac{dZF}{dD_t} = \left[(s^{ge^*} + s^{ges}) + (1 - s^{ges}) \frac{dS_t^{ek}}{dD_t} \right] q_{in,s}^{n-t} = const!$$

für $t = 1, \ldots, n$

Für die Auswirkungen dieses Falls auf die Gewinnausweisreihe verwenden wir wieder das Ausgangsbeispiel, wobei:

$i_{ex,s} = 4\%$

$i_{in,s} = 6\%$.

Wir erhalten unter Verwendung von Anlage 5 folgendes Ergebnis:

t	1 Z_t	2 $1{,}06^{5-t} Z_t$	3 G_t^{opt}	4 D_t	5 $Mind_t$	6 $6 = 2 - 5$
1	60 000	75 748,6	36 000	31 304	15 998,5	59 750,1
2	60 000	71 461,0	39 000	33 913	16 880,0	54 581,0
3	60 000	67 416,0	51 000	44 348	23 053,0	44 363,0
4	60 000	63 600,0	69 000	60 000	32 429,6	31 170,4
5	60 000	60 000,0	105 000	91 304	51 896,1	8 103,9
Σ	300 000	338 225,6	300 000	260 869	140 257,2	197 968,4

Die optimale Gewinnausweisreihe G_t^{opt} erhalten wir aus den folgenden angeglichenen Tabellenwerten:

t	1	2	3	4	5
	0,715	0,695	0,704	0,698	0,699

Da alle Ausschüttungen zurückfließen, ist die Gewinnverteilung gegenüber dem Fall $i_{in,s} = i_{ex,s}$ nicht verändert. Der Endwert sinkt wegen der geringeren externen Verzinsung jedoch auf 197 968,4.

3.4.3.2 Beschränkte Aufteilbarkeit des Gesamtgewinns

a) *Das Entscheidungskriterium im allgemeinen Fall*

Es muß i. d. R. davon ausgegangen werden, daß der Gesamtgewinn wegen fehlender oder mangelnder Teilbarkeit der Manövriermasse nicht unbeschränkt aufteilbar ist. Dies bedeutet bei Personengesellschaften, daß die optimale Gewinnausweisreihe nicht realisiert werden kann. Bei Kapitalgesellschaften kann zwar ebenfalls die Gewinnausweisreihe nicht beliebig beeinflußt werden, doch ist die ESt nicht vom Gewinn, sondern von den Ausschüttungen abhängig. Da diese nicht an den Gewinnausweis gebunden und somit gestaltbar sind, besteht auch bei gegebenem Gewinnausweis die Möglichkeit, eine optimale Ausschüttungsreihe zu bestimmen.

Während für die Optimierung bei unbeschränkter Aufteilbarkeit des Gesamtgewinns die KSt auch bei der Kapitalgesellschaft keine Rolle spielt, ist diese nun ebenfalls zu berücksichtigen. Bei Abweichungen zwischen der gegebenen Gewinnausweisreihe und der optimalen Ausschüttungsreihe müssen in Höhe der Differenz zwischen Gewinn und Ausschüttungen die thesaurierten Beträge dem KSt-Tarif unterworfen werden und Rücklagen gebildet werden. Zwar ist diese KSt, die bei der Ausschüttung wieder rückgängig gemacht wird, nur als Interimsteuer anzusehen, doch entstehen auf einen Betrag in Höhe der Differenz zwischen dem KSt-Satz und dem persönlichen ESt-Satz Zinsverluste, die das Ergebnis der Optimierung beeinflussen und die bewirken, daß es zu Unterschieden zwischen der optimalen Gewinnausweisreihe bei Personengesellschaften und der optimalen Ausschüttungsreihe bei Kapitalgesellschaften kommen kann.

Es wäre nun wünschenswert, eine simultane Optimierung von Gewinnausweis und Ausschüttung anzustreben. Dieses Ziel läßt sich jedoch mit den bekannten Optimierungsverfahren nicht realisieren. Daher muß die Optimierung von Gewinnausweis und Ausschüttung sukzessiv durchgeführt werden. Zunächst ist die optimale Gewinnausweisreihe zu bestimmen, wie sie sich bei uneingeschränkter Aufteilbarkeit ergibt. Läßt sich dieser Ausweis nicht durch entsprechenden Manövriermasseneinsatz realisieren, so hat der Ausweis so zu erfolgen, daß die Interimkörperschaftsteuer minimiert wird. Das heißt, die G_t müssen auf Grund des Zinseffekts (unter Beachtung der Nebenbedingungen) weitestmöglich vorverlagert werden. In einer zweiten Stufe wird nun die optimale Ausschüttung bei gegebenem Gewinnausweis ermittelt.

Die geänderte Zielfunktion mit Berücksichtigung der Zinsverluste bei Rücklagenbildung lautet:

$$(6.30) \quad \sum_{t=1}^{n} [Z_t - s^{ge} \cdot G_t - (G_t - s^{ge} \cdot G_t - D_t) \, s^{kn} - D_t$$
$$+ (1 - s^{ges}) \, R_t] \, q_{in,s}^{n-t} + (D_t - S_t^{ek} - R_t) \, q_{ex,s}^{n-t} \to Max$$

Für die Anlage zu $i_{in,s}$ stehen zur Verfügung: Z_t abzüglich der GewESt und KSt (wobei der KSt nur die thesaurierten Gewinne unterliegen), abzüglich der Ausschüttungen D_t, zuzüglich der Nettorückflüsse. An der Anlage zu $i_{ex,s}$ ändert sich gegenüber den anderen Zielfunktionen nichts.

Wir formen (6.30) um zu:

$$(6.31) \quad \sum_{t=1}^{n} \{Z_t - [s^{kn} (1 - s^{ge}) + s^{ge}] \, G_t - (1 - s^{kn}) \, D_t + (1 - s^{ges}) \, R_t\} \, q_{in,s}^{n-t}$$
$$+ (D_t - S_t^{ek} - R_t) \, q_{ex,s}^{n-t} \to Max$$

Bei der Bestimmung des Optimums sind die Nebenbedingungen zu beachten:

$$(6.32) \quad \sum_{t=1}^{n} (G_t^* - D_t) = 0$$

und

$$(6.32a) \quad \sum_{t=1}^{t*} (G_t^* - D_t) \geqslant 0 \qquad \text{für alle} \qquad t^\star = 1, \ldots, n$$

wobei $G_t^* = G_t \, (1 - s^{ge})$

Dadurch wird die Ausschüttung aller Gewinne abzüglich GewESt gesichert und verhindert, daß Rücklagen modelltechnisch schon vor ihrer Bildung durch Ausschüttungen aufgelöst werden. Wie im Fall der unbeschränkten Aufteilbarkeit des Gesamtgewinns können nun für die einzelnen Planungssituationen vereinfachte Zielfunktionen abgeleitet werden.

b) *Das Entscheidungskriterium bei Gleichheit der Anlagesätze (Fall 4)*

Bei gleicher Verzinsung auf Firmenebene und Anteilseignerebene gilt wie bei (6.22), daß keine Rückflüsse stattfinden. Deshalb kann die Zielfunktion analog vereinfacht werden:

$$(6.33) \quad \sum_{t=1}^{n} \{Z_t - [s^{kn}(1-s^{ge}) + s^{ge}] G_t + s^{kn} \cdot D_t - S_t^{ek}\} q_s^{n-t} \to Max$$

Die entsprechende Optimumbedingung lautet:

$$(6.34) \quad F\,4(t) = \left(\frac{dS_t^{ek}}{dD_t} - s^{kn}\right) q_s^{n-t} = const! \quad \text{für} \quad t = 1, \ldots, n$$

Für den Vergleich der Optimierungsergebnisse ist das bisherige Beispiel nicht sehr anschaulich, weil sich die Lage der Optima in den einzelnen Fällen nur unwesentlich unterscheidet. Es wird daher von dem Fall ausgegangen, daß in $t=1$ $Z_1 = 300\,000$ anfallen, die als Gewinn zu versteuern sind.

Da der Gewinn zunächst ausgewiesen werden muß, entsteht verwendbares EK_{56} in Höhe von 114783, das in der ersten und den folgenden vier Perioden ausgeschüttet werden soll. Es ergibt sich im Optimum unter Verwendung von Anlage 6 folgende Entwicklung:

t	1 Z_t	2 $1{,}06^{5-t}Z_t$	3 G_t	4 D_t^{opt}	5 $Mind_t$	6 $6=2-5$
1	300 000	378 743,1	300 000	57 391	218 358,3	160 384,8
2	0	0	0	54 783	−14 384,2	14 384,2
3	0	0	0	52 174	−13 387,0	13 387,0
4	0	0	0	49 565	−12 410,0	12 410,0
5	0	0	0	46 957	−11 500,7	11 500,7
Σ	300 000	378 743,1	300 000	260 870	166 676,4	212 066,7

Die optimale Ausschüttungsreihe D_t^{opt} erhalten wir aus den folgenden angeglichenen Tabellenwerten:

t	1	2	3	4	5
	−0,077	−0,078	−0,080	−0,081	−0,082

Würde es sich um eine Personengesellschaft handeln, so wäre der Betrag von 300000 in der Periode 1 sofort zu versteuern gewesen. Gegenüber einem Endvermögen von 212066,70 würde sich nur ein

Endvermögen von 194 904,53 ergeben. Dies zeigt, daß bei ungleichmäßig anfallenden Einnahmen die Rechtsform der Kapitalgesellschaft doch recht deutliche Vorteile bieten kann. Es muß allerdings angemerkt werden, daß das zur Demonstration gewählte Beispiel von sehr speziellen Voraussetzungen ausgeht.

c) *Entscheidungskriterium bei verschiedenen Anlagesätzen (Fall 8)*

(1) Anlage auf Anteilseignerebene

Auch in diesem Fall wird kein SAHZ vorgenommen. Die Zielfunktion kann daher analog (6.25) vereinfacht werden:

$$(6.35) \quad \sum_{t=1}^{n} \{Z_t - [s^{kn}\,(1-s^{ge}) + s^{ge}]\,G_t - (1-s^{kn})\,D_t\}\,q_{in,s}^{n-t}$$

$$+ (D_t - S_t^{ek})\,q_{ex,s}^{n-t} \to Max$$

Das entsprechende Optimum ist erreicht, wenn gilt:

$$(6.36) \quad F\,5(t) = q_{in,s}^{n-t}\,(1-s^{kn}) - q_{ex,s}^{n-t}\left(1 - \frac{dS_t^{ek}}{dD_t}\right) = const!$$

$$\text{für} \quad t = 1, \dots, n$$

Der Unterschied zum vorangehenden Fall läßt sich am Beispiel zeigen. Wir erhalten unter Verwendung von Anlage 7 folgendes Ergebnis ($i_{in,s} = 5\%$, $i_{ex,s} = 6\%$):

t	1 Z_t	2 $1{,}05^{5-t}Z_t$	3 G_t	4 D_t^{opt}	5 $Mind_t$	6 $6 = 2-5$
1	300 000	364 651,9	300 000	60 000	208 245,7	156 406,2
2	0	0	0	57 391	−15 441,6	15 441,6
3	0	0	0	52 174	−13 871,4	13 871,4
4	0	0	0	46 957	−12 397,3	12 397,3
5	0	0	0	44 384	−11 277,8	11 277,8
Σ	300 000	364 651,9	300 000	260 870	155 257,6	209 394,3

Die optimale Ausschüttungsreihe D_t^{opt} erhalten wir aus folgenden angeglichenen Tabellenwerten:

t	1	2	3	4	5
	−0,092	−0,087	−0,089	−0,092	−0,089

Das Endvermögen sinkt wegen der geringeren internen Verzinsung auf 209 394,3.

(2) Anlage auf Firmenebene

Auch hier kann die Zielfunktion analog (6.27) vereinfacht werden zu:

$$(6.37) \quad \sum_{t=1}^{n} \{Z_t - [s^{kn}(1-s^{ge}) + s^{ge}]\, G_t + (s^{kn} - s^{ges})\, D_t$$

$$- (1 - s^{ges})\, S_t^{ek}\} \, q_{in,s}^{n-t} \to Max$$

Die zugehörige Optimumbedingung lautet:

$$(6.38) \quad F\,6\,(t) = q_{in,s}^{n-t} \left[\frac{dS_t^{ek}}{dD_t}(1-s^{ges}) - s^{kn} + s^{ges} \right] = const!$$

$$\text{für} \quad t = 1, \ldots, n$$

Für unser Beispiel errechnet sich unter Verwendung von Anlage 8 folgendes Ergebnis ($i_{in,s} = 6\%$, $i_{ex,s} = 4\%$):

t	1 Z_t	2 $1{,}06^{5-t} Z_t$	3 G_t	4 D_t^{opt}	5 $Mind_t$	6 $6 = 2 - 5$
1	300 000	378 743,1	300 000	57 391	218 831,9	159 911,2
2	0	0	0	54 783	−13 953,3	13 953,3
3	0	0	0	52 174	−12 995,2	12 995,2
4	0	0	0	49 565	−12 054,7	12 054,7
5	0	0	0	46 957	−11 179,0	11 179,0
Σ	300 000	378 743,1	300 000	260 870	168 649,7	210 093,4

Die optimale Ausschüttungsreihe erhalten wir durch Angleichung folgender Tabellenwerte:

t	1	2	3	4	5
	−0,071	−0,072	−0,074	−0,076	−0,077

Das Endvermögen beträgt 210 093,4.

Zusammenfassung:

1. Der optimale Gewinnausweis kann bei Personengesellschaften unabhängig von der Ausschüttung, bei Kapitalgesellschaften nur simultan mit der Ausschüttung bestimmt werden.

2. Das Optimum wird sowohl durch die ESt, KSt, GewESt als auch durch die Struktur der Z_t und die internen und externen Anlagemöglichkeiten beeinflußt. Es ist durch Lösungsverfahren der gezeigten Art möglich, alle Faktoren simultan zu erfassen.

3. Bei eingeschränkter Aufteilbarkeit des Gesamtgewinns können Kapitalgesellschaften gegenüber Personengesellschaften günstiger sein, weil die Kapitalgesellschaft neben der Ausweispolitik einen zusätzlichen Aktionsparameter in der Ausschüttungspolitik zur Steuerung des Progressionseffektes besitzt.

(*Übungsaufgabe Nr. 23 im Arbeitsbuch*)

Literatur zu Abschnitt 3

Börner/Krawitz: [Steuerbilanzpolitik], Herne/Berlin 1977

Dieckmann: Steuerbilanzpolitik, Wiesbaden 1970

Günther: Die Berücksichtigung des zeitlichen Unterschiedes zwischen Entstehung und Entrichtung der Ertragsteuerschulden im Steuerbarwertminimierungsmodell, in: ZfB 1979, S. 298 ff.

Haegert: Die Rolle der Steuern in den Modellen der [Unternehmensforschung], in: Quantitative Ansätze in der Betriebswirtschaftslehre, Hrsg.: H. Müller-Merbach, München 1978, S. 317 ff.

Heigl: Betriebliche [Ertragsteuer-Kennzahlen], Köln 1974

Heigl/Melcher: Betriebliche [Steuerpolitik] – Ertragsteuerplanung, Köln 1974

Kühn/Günther: Steuerbarwertmodell – ein praktikabler Planungsansatz für die Steuerbilanzpolitik, in: NSt v. 1. Nov. 1975, S. 13 ff.

Mann: Betriebswirtschaftliche Steuerpolitik als Bestandteil der Unternehmenspolitik, in: WiSt 1973, S. 114 ff.

Marettek: Steuerbilanz- und [Unternehmenspolitik], Freiburg i. Br., 1971

Marettek: Zur Planung der Körperschaftsteuer beim [Anrechnungsverfahren], in: ap 1977, S. 107 ff.

Melcher: Zu den Zielprämissen für eine betriebliche Steuerpolitik, in: StuW 1973, S. 344 ff.

Müller-Kröncke: [Entscheidungsmodelle] für die Steuerbilanzpolitik, Berlin 1974

Okraß: Zur [Praktikabilität] des Modells der Steuerbarwertminimierung, in: BFuP 1973, S. 492 ff.

Scherrer: Die Bestimmung optimaler [Gewinnausweisstrategien], in: ZfB 1973, S. 77 ff.

Siegel: Verfahren zur [Minimierung] der Einkommensteuer-Barwertsumme, in: BFuP 1972, S. 65 ff.

Siegel: Zur [Zielfunktion] und Problemlösung bei der Ertragsteuerplanung, in: ZfB 1973, S. 265 ff.

Siegel: Probleme und Verfahren der [Ertragsteuerplanung], in: Unternehmensprüfung und -beratung, Hrsg.: B. Aschfalk/S. Hellfors/A. Marettek, Freiburg i. Br. 1976, S. 223 ff.

Siegel: [Rücklagenplanung] unter dem Einfluß des Anrechnungsverfahrens, in: ap 1978, S. 66 ff.

Vogt: [Bilanztaktik] – Wahlrechte des Unternehmens beim Jahresabschluß, 6. Aufl., Heidelberg 1963

Vierter Teil:
Organisatorische
Probleme der Steuerplanung

Im Rahmen der entscheidungslogischen Überlegungen wurde Problemen der Informationsverarbeitung insoweit Rechnung getragen, als eine Partialisierung der Planung in einzelne Bereiche vorgenommen wurde. Außerdem wurde eine Unterscheidung in Modelle mit Entscheidungen über steuerliche und nichtsteuerliche Variable vorgenommen.

Es ist jedoch offensichtlich, daß bei Realisierung der vorgestellten Konzeptionen unter den Bedingungen der Praxis eine Vielzahl zusätzlicher Probleme der Informationsverarbeitung und Kompetenzabgrenzung entstehen, die über die in den Modellannahmen berücksichtigten hinausgehen. Man wird daher nicht unbesehen davon ausgehen können, daß die steuerlichen Wirkungen, die unter den jeweiligen Annahmen *logisch* abgeleitet wurden, mit den *tatsächlichen* Wirkungen übereinstimmen, die Steuern auf Entscheidungen der Praxis haben (*Gaugler* [Sonderabschreibungen]).

Organisatorische Probleme der Steuerplanung interessieren unter zwei Aspekten. Einerseits besteht das Bestreben, organisatorische Schwierigkeiten bei der Realisierung zielkonformer Berücksichtigung von Steuern zu überwinden. Insofern besteht ein Interesse an einer organisatorischen Gestaltung der Steuerplanung, die zu möglichst geringen Abweichungen von deren gedanklichem Planungsideal führt.

Andererseits ist das tatsächliche Entscheidungsverhalten von Unternehmungen und Individuen vor allem unter finanzpolitischem Aspekt von Bedeutung. In die Auswirkungen finanzpolitischer Maßnahmen auf die Entscheidungen von Unternehmern und Privathaushalten werden in der Finanzpolitik große Hoffnungen gesetzt. So verspricht man sich etwa von der Einführung von Sonderabschreibungen «die nachlassende inländische Investitionsneigung wieder zu beleben» u.ä.

Die Vorstellung, daß steuerliche Wirkungen von erheblichem Einfluß auf gesamtwirtschaftliche Ziele wie Beschäftigung und Preisstabilität sind, ist auch in einer Vielzahl von Fällen in die offiziellen Begründungen finanzpolitischer Maßnahmen der Bundesregierung eingegangen.

Dieser Optimismus wird durch empirische Untersuchungen kaum gerechtfertigt. Die Überprüfung der vorherrschenden offiziellen Meinung kann auf Mikro- und Makroebene vorgenommen werden. Eine wichtige Grundlage für mikroökonomische Analysen bildet dabei die Analyse der Organisation der Steuerplanung. Je dysfunktionaler die Steuerplanung in der Praxis organisiert ist, um so weniger wird man tatsächlich mit den Steuerwirkungen rechnen können, wie sie entscheidungslogisch abgeleitet werden. Dementsprechend wäre ein Finanzpolitiker, der die Wirkung von steuerlichen Maßnahmen nur entscheidungslogisch wie ein Einzelunternehmer berechnet, schlecht beraten.

Für die Darstellung der organisatorischen Probleme der Steuerplanung ist es erforderlich, neben den Planungsaktivitäten auch die anderen steuerlichen Aktivitäten in die Überlegungen einzubeziehen, da Zweckmäßigkeitserwägungen bezüglich der organisatorischen Gestaltung von diesen nicht unabhängig sind. Sieht man die Zielsetzung der Steuerplanung in der Beeinflussung der Steuern, so sind neben den darauf gerichteten Aktionen noch die zusätzlich notwendigen *Erfüllungs- und Durchsetzungsaktionen* durchzuführen, d.h. es sind die Aufgaben der steuerlichen *Sachverhaltsdokumentation*, der Auseinandersetzung mit der Finanzverwaltung zur Anerkennung der Sachverhalte und die steuerliche Zahlungsabwicklung vorzunehmen (vgl. hierzu *Hetfleisch* [Besteuerung] 46 ff.; *Selchert* [Besteuerung]).

Die Beurteilung organisatorischer Lösungen wird durch den Zwang, Steuerplanungsaktionen und Steuererfüllungs- und Steuerdurchsetzungsaktionen organisatorisch zu kombinieren, erheblich beeinflußt. In Anlehnung an die Literatur sollen daher folgende Phasen bzw. Funktionen innerhalb des Ablaufs eines Besteuerungsprozesses unterschieden werden:

1. *Anregungsphase für Steueraktionen*
2. *Planungsphase (=Beeinflussungsphase)*
3. *Erfüllungsphase*

Für die institutionelle Zuweisung der einzelnen steuerlichen Funktionen innerhalb des Besteuerungsprozesses ist zu unterscheiden zwischen einer

a) *unternehmungsexternen*,
b) *unternehmungsinternen*

Institutionalisierung der Funktionen, wobei diese Unterscheidung i. d. R. mit dem Aufbau einer innerbetrieblichen Steuerabteilung oder der Einschaltung eines externen Steuerberaters verknüpft ist.

Externe Institutionalisierung

Die Wahrscheinlichkeit, daß die Steuerfunktionen einem externen Berater übertragen werden, ist abhängig von der Unternehmensgröße. Sie nimmt mit der Unternehmensgröße zunächst zu und später wieder ab. Dies bedeutet, daß externe Steuerberater vorwiegend bei Unternehmen mittlerer Größe das Schwergewicht ihrer Mandanten haben. Man kann davon ausgehen, daß in aller Regel ein Steuerberater mehrere Mandanten hat, wobei die Zahl der möglichen Mandanten mit fallender Unternehmensgröße wegen des entsprechend geringeren Arbeitsaufwandes zunimmt (*Hetfleisch* [Besteuerung] 151).

Besitzt aber ein Steuerberater eine Vielzahl von Mandanten, so ist die Wahrscheinlichkeit gering, daß ein Informationsfluß organisiert werden kann, wie er für eine zielkonforme Ausübung von Einflußaktionen notwendig ist. Es wäre erforderlich, daß der Steuerberater zunächst die Anregungsinformation gibt, im Anschluß daran über die Planung der nichtsteuerlichen Variablen informiert wird und nach der unternehmerischen Entscheidung die Erfüllungs- und Durchsetzungsaktionen durchführt. Am schwierigsten dürfte dabei die Beteiligung des externen Beraters an einer regelmäßigen Planung sein. Dies setzt voraus, daß der Berater über alle relevanten nichtsteuerlichen Probleme bereits in der Planungsphase informiert wird und daß er die Informationen verarbeiten kann.

In der Praxis bleibt die Funktion des externen Beraters meist auf die Anregung und die Erfüllung (*«Steuerdeklarationsberatung»*) beschränkt. In der Beeinflussungsphase ist eine Beteiligung externer Berater am häufigsten bei konstitutiven Entscheidungen wie Rechtsformen- und Standortwahl.

Da finanzpolitische Maßnahmen jedoch selten konstitutive, sondern eher laufende Entscheidungen betreffen, ist in den Fällen der externen Steuerberatung eine Steuerwirkung, wie sie in den entscheidungslogischen Modellen abgeleitet wird, nicht zu erwarten.

Untersuchungen zeigen, daß die Informationen über finanzpolitische Maßnahmen bei den Unternehmungen teilweise gar nicht zur Kenntnis genommen werden, was sicherlich auch daran liegt, daß von externen Beratern nur selten Anregungsinformationen gegeben werden. Falls die externen Berater aber die Anregungsinformationen geben, ist nicht gesichert, daß sie adäquat verarbeitet werden. Bei (*Hauschildt/Wacker* [Gewicht]) wird die Ansicht vertreten, daß Entscheidungsinitiativen besonders hohe Chancen haben aufgegriffen zu werden, wenn sie sich auf steuerliche Argumente stützen. Dies ist insbesondere dann sehr leicht möglich, wenn die Anregungen externer Berater nicht durch deren weitere Beteiligung an Beeinflussungsaktionen angemessen berücksichtigt werden, sondern isoliert gesehen und daher überbewertet werden. Die Interdependenz zwischen nichtsteuerlichen und steuerlichen Handlungen kann von einem externen Berater nicht angemessen quantifiziert werden, so daß die Gefahr besteht, daß qualitative Argumente die Überhand gewinnen.

Dies zeigt sich in der Praxis etwa an der zu beobachtenden Häufigkeit der Anschaffung geringwertiger Wirtschaftsgüter zum Schluß des Kalenderjahres oder der Argumentation sog. «*Abschreibungsgesellschaften*» mit der Höhe der «*Verlustzuweisung*», die isoliert gesehen ohne jede Aussagekraft ist, auf deren Attraktivität als Möglichkeit zur Verringerung der Steuern aber die Werbung für solche Kapitalanlagen aufgebaut wird. Solange derartige Argumente zur Werbung eingesetzt werden, ist zumindest anzunehmen, daß das Wissen um die problemadäquate Integration der Steuern in nichtsteuerliche Entscheidungsprobleme gering ist.

Aus finanzpolitischer Sicht dürfte eine angemessene Reaktion der Unternehmer auf die Einführung bestimmter Maßnahmen eher bei einer gezielten Information der *Fachverbände* zu erreichen sein. Empirische Untersuchungen haben gezeigt, daß den Verbänden in der steuerlichen Anregungsphase große Bedeutung zukommt (*Hetfleisch* [Besteuerung] 146 ff.). Gegenüber offiziellen Informationen ist die Information durch Verbände möglicherweise wirksamer, da sie aus unternehmerischer Sicht den Vertrauensschutz speziell beauftragter Personen genießt. Zudem bietet sich über die Fachverbände die Möglichkeit, die angemessene Berücksichtigung der Steuern bei den betrieblichen Entscheidungen durch Beispielsrechnungen zu exemplifizieren, die für bestimmte Branchen und Wirtschaftszweige nach gemeinsamen Schemata gestaltet werden können. Dies ist ein wesentlicher Vorteil gegenüber externen Steuerberatern, die i.d.R. mit Mandanten aus sehr heterogenen Branchen zusammenarbeiten. Da bislang die betriebswirtschaftliche Steuerplanung in der Ausbildung der steuerberatenden Berufe keine Rolle spielt, ist eine Anregung aus diesen Berufsgruppen nicht immer zu erwarten.

Da für kleine und mittlere Betriebe der Aufbau einer innerbetrieblichen Steuerabteilung aus Kostengründen nicht in Erwägung gezogen wird, könnte über die Verbände die Fähigkeit, eine angemessene Berücksichtigung steuerlicher Aspekte bei Entscheidungen zu erreichen, wesentlich verbessert werden.

Interne Institutionalisierung

Empirische Untersuchungen haben gezeigt, daß in der Praxis keine einheitliche Regelung der Berücksichtigung steuerlicher Aspekte in den Entscheidungsprozessen anzutreffen ist. Auch bei interner Institutionalisierung wird die Anregungsinformation i. d. R. von Fachverbänden vermittelt, wobei insbesondere Mitglieder größerer Firmen häufig selbst Mitglieder solcher Verbände sind (*Hetfleisch* [Besteuerung] 148 f.).

Die Planungs- und Erfüllungsaufgaben unterliegen einer Steuerabteilung, wobei für deren organisatorische Einordnung im Grunde zwei Möglichkeiten bestehen:

1. Sicherung des steuerlichen Einflusses in den jeweiligen Entscheidungsinstanzen durch steuerliche Ausbildung der Entscheidungsträger oder durch Dezentralisierung der Steuerspezialisten
2. Einrichtung einer zentralen Stabsstelle

Zu 1.: Wegen der notwendigen Kenntnis des detailreichen Steuerrechts hat sich sowohl im akademischen als auch im praktischen Bereich gezeigt, daß eine Ausbildung von Entscheidungsträgern mit allen für die jeweiligen Entscheidungen relevanten steuerlichen Kenntnissen nicht möglich ist. Der notwendige Grad der Professionalisierung ist hierfür zu hoch. Möglich ist allenfalls, bei den Entscheidern das Bewußtsein zu schaffen, wann ein steuerlicher Einfluß mit einiger Wahrscheinlichkeit von einer Entscheidung ausgeht, und dann die Order zu erteilen, daß in diesem Fall weiterer steuerlicher Rat eingeholt wird.

Eine *dezentrale* Aufteilung der Steuerspezialisten würde bedeuten, daß sie den jeweiligen Entscheidungsinstanzen zuzuordnen wären. Dies ist nicht gangbar, weil einzelne Entscheidungen u. U. eine Vielzahl von Steuern berühren und wegen der notwendigen Professionalisierung eine fachlich kompetente Berücksichtigung von Steuern auf dezentraler Ebene nicht möglich ist (*Hetfleisch* [Besteuerung] 144).

Zu 2.: Am häufigsten ist die Auffassung anzutreffen, daß bei interner Institutionalisierung die Steuerabteilung zentral als *Stabsabteilung* eingerichtet werden soll, ähnlich der Revisionsabteilung oder der Rechtsabteilung. Die früher in der Praxis anzutreffende Angliederung der Steuerabteilung an die Finanz- und Rechtsabteilung wird kaum mehr befürwortet (vgl. auch *Selchert* [Besteuerung] 8 ff.).

Die Unterstellung unter die Unternehmensleitung ist insofern sinnvoll, als Steuern auf *aggregierte* Größen wie Gewinn, Betriebsvermögen usw. erhoben werden, für die es in den internen Instanzen keine entsprechenden Entscheidungsbefugnisse gibt. Die Einordnung als Stabsstelle hat allerdings den Nachteil, daß die Steuerabteilung nicht tätig werden kann, wenn keine Anfragen kommen. Man könnte sich vorstellen, daß der steuerliche Einfluß gesichert wird, indem die Entscheidungen steuerlich *genehmigungspflichtig* gemacht werden. Dies würde jedoch organisatorisch eine sehr schwerfällige Regelung darstellen. Zudem ist eine so starke Zentralisierung weder für die steuerlichen noch für die nichtsteuerlichen Probleme erreichbar und sinnvoll.

Praktikabler erscheint es daher, die Einschaltung der Steuerabteilung nur in bestimmten Fällen vorzusehen, bei denen am ehesten mit gewichtigen steuerlichen Einflüssen zu rechnen ist. Dies darf jedoch nicht dem Zufall überlassen bleiben, sondern muß einheitlich geregelt werden. Hierfür ist gegebenenfalls ein Katalog von Problemen zu formulieren, bei denen die Steuerabteilung hinzuzuziehen ist. Für die Aufstellung eines solchen Katalogs erweisen sich die Grundlagen der entscheidungslogischen Steuerplanung als nützlich.

Die Problematik einer zentralen Stabsstelle liegt in der Notwendigkeit der Zentralisierung wegen der Steuern einerseits und der Schwerfälligkeit einer solchen Zentralisierung in organisatorischer Hinsicht andererseits. Versucht man diesen Konflikt mit einem Kompromiß zu lösen, der nur die Bearbeitung bestimmter Probleme in steuerlicher Hinsicht vorsieht, so läuft man allerdings Gefahr, daß die restlichen Probleme nicht optimal im Sinne übergeordneter Ziele entschieden werden. Dieser Nachteil wird allerdings dadurch gemildert, daß die Probleme unterer Instanzen, die der Steuerabteilung nicht vorgelegt zu werden brauchen, in aller Regel auch finanziell von geringerer Tragweite sind, so daß sich die Fehler infolge der Vernachlässigung von Steuern in Grenzen halten (*Hetfleisch* [Besteuerung] 160).

Mit einer organisatorischen Regelung, die durch einen Katalog von Entscheidungstypen festlegt, in welchen Fällen die Steuerabteilung zu konsultieren ist, wird daher i. d. R. ein befriedigender Kompromiß erreicht. Dies erfordert allerdings, um ein völlig schematisches Vorgehen auszuschließen, bei den Entscheidungsträgern das Vorhandensein steuerlicher Grundkenntnisse.

Bei interner Institutionalisierung der Beeinflussungsaktionen ist es zweckmäßig, auch die Erfüllungsaktionen intern zu institutionalisieren, da zwischen der Beeinflussung z. B. durch Ausübung steuerlicher Wahlrechte und den Erfüllungs- und Durchsetzungsaktionen Interdependenzen bestehen. Auch hier besteht noch die Möglichkeit zwischen einer Zentralisierung oder einer Dezentralisierung der Erfüllungsfunktionen zu wählen. Sinnvoll und selbstverständlich ist die Ausgliederung von Arbeiten, die mit folgenden Steuern zusammenhängen: Lohnsteuer, Umsatz- und Verbrauchsteuern. Diese Dezentralisation ist von der Sache her notwendig und entscheidungsunschädlich, da diese Steuern i. d. R. geringe Entscheidungsrelevanz haben. Alle anderen Steuern, insbesondere die Ertragsbesteuerung, soll-

318

ten bei der zentralen Steuerabteilung verbleiben (vgl. auch *Selchert* [Besteuerung] 11 ff.).

Für die Zentralisierung und Unterstellung unter den Vorstand spricht auch, daß die Stelle, die bei der Erfüllung und Durchsetzung mit dem Fiskus verhandelt, entsprechend autorisiert sein muß (*Zünd* [Steuerplanung] 109).

Auch bei Schaffung eigener Steuerabteilungen können Unternehmungen auf die Hinzuziehung externer Berater nicht verzichten. Dies gilt insbesondere bei Aktivitäten im Ausland. In diesem Fall ist es zweckmäßig, Kollegien von internen und externen Steuerfachleuten zu bilden (vgl. auch *Wehmeyer* [Planung] 126).

Die organisatorischen Überlegungen zeigen, daß einer unmittelbaren Anwendung der Modelle der Steuerplanung Schwierigkeiten entgegenstehen, die nur dann überwunden werden können, wenn die Steuerwirkungen in ihrer Bedeutung aus den Modellen bekannt sind. Insofern sind die entscheidungslogischen Modelle auch dann als Vorarbeit notwendig, wenn die Bedingungen für ihren Einsatz nicht im Sinne der Prämissen gegeben sind.

Literatur zum Vierten Teil

Brenzke: Organisation der Ertragsteuerplanung, Diss. Erlangen–Nürnberg, 1974

Eisenach: Entscheidungsorientierte Steuerplanung, Wiesbaden 1974

Gaugler: [Sonderabschreibungen] als Konjunkturmaßnahme, in: ZfbF 1968, S. 518 ff.

Hauschildt/Wacker: Zum unangemessenen [Gewicht] steuerlicher Gesichtspunkte in unternehmenspolitischen Entscheidungsprozessen, in: StuW 1974, S. 252 ff.

Hetfleisch: [Besteuerung] und Unternehmungsorganisation, Frankfurt a. M. und Zürich 1970

Paulus: Ziele, Phasen und organisatorische Probleme steuerlicher Entscheidungen in der Unternehmung, Berlin–Bielefeld 1978

Selchert: [Besteuerung] und Unternehmungspolitik (I), (II), in: ZfB 1975, S. 429 ff., S. 561 ff.

Wehmeyer: Die steuerliche [Planung] der Unternehmung, Düsseldorf 1967

Zünd: Möglichkeiten und Grenzen der [Steuerplanung] in multinationalen Unternehmungen, in: Steuerplanung in der Unternehmung, Hrsg.: E. Höhn/B. Lutz/A. Zünd, Bern–Stuttgart 1975

Verzeichnis der wichtigsten Symbole

A_0 = Anschaffungsausgabe, zugleich Anfangs-Buchwert für ertragsteuerliche Zwecke;

A_t = Auszahlung in t;

A_t^{Su} = Wert des Rohbetriebsvermögens für substanzsteuerliche Zwecke zum Ende der Periode t;

AfA_t = ertragsteuerliche Abschreibung in t;

AfA_t^{Su} = substanzsteuerliche Abschreibung in t;

AS = Ausschüttung;

Au_t = Aufwand in t;

B_t = Buchwert in t;

BE^{EK} = Mindestertragsbedarf bei Beteiligungsfinanzierung;

BE^{FK} = Mindestertragsbedarf bei Fremdfinanzierung

BE^{SF} = Mindestertragsbedarf bei Selbstfinanzierung;

d = (Bar-)Dividendensatz;

D_t^a = (Bar-)Dividendenzahlung in t;

D_t = Bruttodividendenzahlung in t;

DS = Dauerschulden;

DTA = Grenzsteuersatz (ESt) (in der Anlage);

E (ohne Zeitindex) = Einkommen;

E_t = Einzahlung in t;

EI = steuerpflichtiges Einkommen vor Abzug der Kirchensteuer;

Er_t = Ertrag in t;

EWA_t = Ertragswertabschreibung in t;

F_t = finanzieller Überschuß in t;

FK = Fremdkapital;

G = steuerpflichtiger Gewinn;

G_t^{opt} = optimaler Gewinnausweis in t;

GE_t = Gewerbeertrag in t;

Gr_t = zeitlicher Grenzgewinn der Anlage in der Periode t;

H = Hebesatz;

i = Kalkulationszinsfuß (KZF) vor Steuern;

i_s = KZF nach Ertragsteuern;

$i_{s\bullet}$ = KZF nach Ertrag- *und* Substanzsteuern;

$JÜ$ = Jahresüberschuß;

K = Kapitalwert;

K_s = Kapitalwert nach (Ertrag-)Steuern;

$K_{s\bullet}$ = Kapitalwert nach Berücksichtigung von Ertrag- *und* Substanzsteuern;

K_s^{EK} = Kapitalwert der Beteiligungsfinanzierung nach Steuern;

K_s^{FK} = Kapitalwert der Fremdfinanzierung nach Steuern;

L_t = Veräußerungserlös in t;

m = Meßbetrag (GewESt);

n = tatsächliche Nutzungsdauer;

$n^\star$ = (steuerliche) betriebsgewöhnliche Nutzungsdauer;

p = Fremdkapitalzinssatz;

q = Abzinsungsfaktor vor Steuern;

q_s = Abzinsungsfaktor nach Steuern;

r = interner Zinsfuß;

s = Steuersatz;

s^e = kombinierter Einkommensteuer- und Kirchensteuersatz;

s^{ek} = Einkommensteuersatz;

s^{ge} = Gewerbeertragsteuerfaktor;

s^{ge*} = nominaler Gewerbeertragsteuerfaktor;

s^{ER} = Ertragsteuerfaktor;

s^{ges} = Gesellschaftsteuersatz;

s^{gk} = Gewerbekapitalsteuerfaktor;

s^{ki} = Kirchensteuersatz;

s^{kn} = Normaltarif der Körperschaftsteuer;

s^v = Vermögensteuersatz;

s^{vk} = Vermögensteuersatz der Kapitalgesellschaft;

s^{vp} = Vermögensteuersatz des Gesellschafters;

S = Steuerzahlung;

S^e = Einkommen- und Kirchensteuer;

S^{ek} = Einkommensteuer;

S^{ge} = Gewerbeertragsteuer;

S^{ges} = Gesellschaftsteuer;

S^{gk} = Gewerbekapitalsteuer;

S^{ki} = Kirchensteuer;

S^{kn} = Tarifbelastung mit Körperschaftsteuer;

S^{ka} = Ausschüttungsbelastung mit Körperschaftsteuer;

S^v = Vermögensteuer;

S^{vk} = Vermögensteuer der Kapitalgesellschaft;

S^{vp} = persönliche Vermögensteuer des Gesellschafters;

t = Zeitindex;

t_A^{kn} = Entlastungssatz der Körperschaftsteuer bei Ausschüttung;

t^{Su} = Substanzsteuerfaktor;

TIL_t = Tilgungsauszahlung in t;

V_t = Verlust in t;

Z_t = Zahlungsüberschuß in t.

Anlagen

G	TA	DTA	P1(1)	P1(2)	P1(3)	P1(4)	P1(5)
15000	2488	0.2200	0.208	0.196	0.185	0.174	0.164
18000	3183	0.2552	0.241	0.227	0.214	0.202	0.191
21000	4020	0.3015	0.284	0.268	0.253	0.239	0.225
24000	4985	0.3406	0.321	0.303	0.286	0.270	0.255
27000	6057	0.3732	0.352	0.332	0.313	0.296	0.279
30000	7218	0.4001	0.377	0.356	0.336	0.317	0.299
33000	8453	0.4220	0.398	0.376	0.354	0.334	0.315
36000	9746	0.4394	0.415	0.391	0.369	0.348	0.328
39000	11086	0.4533	0.428	0.403	0.381	0.359	0.339
42000	12463	0.4642	0.438	0.413	0.390	0.368	0.347
45000	13869	0.4728	0.446	0.421	0.397	0.375	0.353
48000	15298	0.4800	0.453	0.427	0.403	0.380	0.359
51000	16747	0.4864	0.459	0.433	0.408	0.385	0.363
54000	18216	0.4925	0.465	0.438	0.414	0.390	0.368
57000	19702	0.4983	0.470	0.443	0.418	0.395	0.372
60000	21206	0.5038	0.475	0.448	0.423	0.399	0.376
63000	22725	0.5090	0.480	0.453	0.427	0.403	0.380
66000	24259	0.5139	0.485	0.457	0.431	0.407	0.384
69000	25808	0.5185	0.489	0.461	0.435	0.411	0.387
72000	27370	0.5228	0.493	0.465	0.439	0.414	0.391
75000	28945	0.5269	0.497	0.469	0.442	0.417	0.394
78000	30531	0.5307	0.501	0.472	0.446	0.420	0.397
81000	32129	0.5342	0.504	0.475	0.449	0.423	0.399
84000	33736	0.5374	0.507	0.478	0.451	0.426	0.402
87000	35353	0.5404	0.510	0.481	0.454	0.428	0.404
90000	36978	0.5432	0.512	0.483	0.456	0.430	0.406
93000	38612	0.5457	0.515	0.486	0.458	0.432	0.408
96000	40253	0.5480	0.517	0.488	0.460	0.434	0.409
99000	41900	0.5501	0.519	0.490	0.462	0.436	0.411
102000	43553	0.5519	0.521	0.491	0.463	0.437	0.412
105000	45211	0.5536	0.522	0.493	0.465	0.439	0.414
108000	46874	0.5550	0.524	0.494	0.466	0.440	0.415
111000	48541	0.5563	0.525	0.495	0.467	0.441	0.416
114000	50212	0.5573	0.526	0.496	0.468	0.441	0.416
117000	51885	0.5582	0.527	0.497	0.469	0.442	0.417
120000	53560	0.5589	0.527	0.497	0.469	0.443	0.418
123000	55238	0.5594	0.528	0.498	0.470	0.443	0.418
126000	56916	0.5597	0.528	0.498	0.470	0.443	0.418
129000	58596	0.5599	0.528	0.498	0.470	0.443	0.418
132000	60276	0.5600	0.528	0.498	0.470	0.444	0.418

G	G*	TA	DTA	P2(1)	P2(2)	P2(3)	P2(4)	P2(5)
18 000	15 652.	2626	0.2200	0.349	0.329	0.311	0.293	0.276
21 000	18 261.	3245	0.2592	0.386	0.364	0.344	0.324	0.306
24 000	20 870.	3975	0.2993	0.424	0.400	0.377	0.356	0.336
27 000	23 478.	4803	0.3340	0.457	0.431	0.406	0.383	0.362
30 000	26 087.	5714	0.3638	0.485	0.457	0.431	0.407	0.384
33 000	28 696.	6698	0.3890	0.508	0.480	0.453	0.427	0.403
36 000	31 304.	7741	0.4101	0.528	0.498	0.470	0.444	0.419
39 000	33 913.	8835	0.4276	0.545	0.514	0.485	0.458	0.432
42 000	36 522.	9971	0.4420	0.558	0.527	0.497	0.469	0.442
45 000	39 130.	11 140	0.4538	0.570	0.537	0.507	0.478	0.451
48 000	41 739.	12 337	0.4633	0.579	0.546	0.515	0.486	0.458
51 000	44 348.	13 557	0.4711	0.586	0.553	0.521	0.492	0.464
54 000	46 957.	14 795	0.4776	0.592	0.559	0.527	0.497	0.469
57 000	49 565.	16 049	0.4834	0.598	0.564	0.532	0.502	0.473
60 000	52 174.	17 303	0.4888	0.603	0.569	0.536	0.506	0.477
63 000	54 783.	18 601	0.4941	0.608	0.573	0.541	0.510	0.481
66 000	57 391.	19 882	0.4990	0.612	0.578	0.545	0.514	0.485
69 000	60 000.	21 206	0.5038	0.617	0.582	0.549	0.518	0.489
72 000	62 609.	22 511	0.5083	0.621	0.586	0.553	0.521	0.492
75 000	65 217.	23 828	0.5126	0.625	0.590	0.556	0.525	0.495
78 000	67 826.	25 187	0.5167	0.629	0.593	0.560	0.528	0.498
81 000	70 435.	26 525	0.5205	0.633	0.597	0.563	0.531	0.501
84 000	73 043.	27 904	0.5243	0.636	0.600	0.566	0.534	0.504
87 000	75 652.	29 261	0.5277	0.639	0.603	0.569	0.537	0.506
90 000	78 261.	30 659	0.5310	0.642	0.606	0.572	0.539	0.509
93 000	80 870.	32 032	0.5340	0.645	0.609	0.574	0.542	0.511
96 000	83 478.	33 446	0.5369	0.648	0.611	0.577	0.544	0.513
99 000	86 087.	34 835	0.5395	0.650	0.614	0.579	0.546	0.515
102 000	88 696.	36 262	0.5420	0.653	0.616	0.581	0.548	0.517
105 000	91 304.	37 664	0.5443	0.655	0.618	0.583	0.550	0.519
108 000	93 913.	39 103	0.5464	0.657	0.620	0.585	0.552	0.520
111 000	96 522.	40 516	0.5484	0.659	0.622	0.586	0.553	0.522
114 000	99 130.	41 966	0.5502	0.661	0.623	0.588	0.555	0.523
117 000	101 739.	43 387	0.5518	0.662	0.625	0.589	0.556	0.524
120 000	104 348.	44 846	0.5532	0.663	0.626	0.590	0.557	0.525
123 000	106 957.	46 275	0.5545	0.665	0.627	0.592	0.558	0.526
126 000	109 565.	47 740	0.5557	0.666	0.628	0.593	0.559	0.527
129 000	112 174.	49 175	0.5567	0.667	0.629	0.593	0.560	0.528
132 000	114 783.	50 646	0.5576	0.668	0.630	0.594	0.560	0.529
135 000	117 391.	52 086	0.5583	0.668	0.630	0.595	0.561	0.529
138 000	120 000.	53 560	0.5589	0.669	0.631	0.595	0.562	0.530
141 000	122 609.	55 003	0.5593	0.669	0.631	0.596	0.562	0.530
144 000	125 217.	56 446	0.5596	0.669	0.632	0.596	0.562	0.530
147 000	127 826.	57 924	0.5598	0.670	0.632	0.596	0.562	0.530
150 000	130 435.	59 368	0.5600	0.670	0.632	0.596	0.562	0.531

Anlage 3

G	A	TA	DTA	F1(1)	F1(2)	F1(3)	F1(4)	F1(5)
18000	15652.	2626	0.2200	0.467	0.441	0.416	0.392	0.370
21000	18261.	3245	0.2592	0.517	0.487	0.460	0.434	0.409
24000	20870.	3975	0.2993	0.567	0.535	0.505	0.476	0.449
27000	23478.	4803	0.3340	0.611	0.576	0.544	0.513	0.484
30000	26087.	5714	0.3638	0.649	0.612	0.577	0.545	0.514
33000	28696.	6698	0.3890	0.680	0.642	0.606	0.571	0.539
36000	31304.	7741	0.4101	0.707	0.667	0.629	0.594	0.560
39000	33913.	8835	0.4276	0.729	0.688	0.649	0.612	0.578
42000	36522.	9971	0.4420	0.747	0.705	0.665	0.628	0.592
45000	39130.	11140	0.4538	0.762	0.719	0.678	0.640	0.604
48000	41739.	12337	0.4633	0.774	0.730	0.689	0.650	0.613
51000	44348.	13557	0.4711	0.784	0.740	0.698	0.658	0.621
54000	46957.	14795	0.4776	0.792	0.747	0.705	0.665	0.628
57000	49565.	16049	0.4834	0.800	0.754	0.712	0.671	0.633
60000	52174.	17303	0.4888	0.806	0.761	0.718	0.677	0.639
63000	54783.	18601	0.4941	0.813	0.767	0.724	0.683	0.644
66000	57391.	19882	0.4990	0.819	0.773	0.729	0.688	0.649
69000	60000.	21206	0.5038	0.825	0.779	0.735	0.693	0.654
72000	62609.	22511	0.5083	0.831	0.784	0.740	0.698	0.658
75000	65217.	23828	0.5126	0.837	0.789	0.744	0.702	0.663
78000	67826.	25187	0.5167	0.842	0.794	0.749	0.707	0.667
81000	70435.	26525	0.5205	0.846	0.799	0.753	0.711	0.671
84000	73043.	27904	0.5243	0.851	0.803	0.758	0.715	0.674
87000	75652.	29261	0.5277	0.856	0.807	0.761	0.718	0.678
90000	78261.	30659	0.5310	0.860	0.811	0.765	0.722	0.681
93000	80870.	32032	0.5340	0.864	0.815	0.769	0.725	0.684
96000	83478.	33446	0.5369	0.867	0.818	0.772	0.728	0.687
99000	86087.	34835	0.5395	0.870	0.821	0.775	0.731	0.690
102000	88696.	36262	0.5420	0.874	0.824	0.778	0.734	0.692
105000	91304.	37664	0.5443	0.877	0.827	0.780	0.736	0.694
108000	93913.	39103	0.5464	0.879	0.829	0.782	0.738	0.696
111000	96522.	40516	0.5484	0.882	0.832	0.785	0.740	0.698
114000	99130.	41966	0.5502	0.884	0.834	0.787	0.742	0.700
117000	101739.	43387	0.5518	0.886	0.836	0.789	0.744	0.702
120000	104348.	44846	0.5532	0.888	0.838	0.790	0.745	0.703
123000	106957.	46275	0.5545	0.889	0.839	0.792	0.747	0.704
126000	109565.	47740	0.5557	0.891	0.840	0.793	0.748	0.706
129000	112174.	49175	0.5567	0.892	0.842	0.794	0.749	0.707
132000	114783.	50646	0.5576	0.893	0.843	0.795	0.750	0.708
135000	117391.	52086	0.5583	0.894	0.844	0.796	0.751	0.708
138000	120000.	53560	0.5589	0.895	0.844	0.797	0.751	0.709
141000	122609.	55003	0.5593	0.895	0.845	0.797	0.752	0.709
144000	125217.	56446	0.5596	0.896	0.845	0.797	0.752	0.710
147000	127826.	57924	0.5598	0.896	0.845	0.798	0.752	0.710
150000	130435.	59368	0.5600	0.896	0.846	0.798	0.753	0.710

Anlage 4

G	A	TA	DTA	F2(1)	F2(2)	F2(3)	F2(4)	F2(5)
18000	15652.	2626	0.2200	0.413	0.402	0.391	0.381	0.370
21000	18261.	3245	0.2592	0.463	0.449	0.436	0.422	0.409
24000	20870.	3975	0.2993	0.513	0.497	0.481	0.465	0.449
27000	23478.	4803	0.3340	0.557	0.538	0.520	0.502	0.484
30000	26087.	5714	0.3638	0.595	0.574	0.553	0.533	0.514
33000	28696.	6698	0.3890	0.626	0.604	0.581	0.560	0.539
36000	31304.	7741	0.4101	0.653	0.629	0.605	0.582	0.560
39000	33913.	8835	0.4276	0.675	0.650	0.625	0.601	0.578
42000	36522.	9971	0.4420	0.693	0.667	0.641	0.616	0.592
45000	39130.	11140	0.4538	0.708	0.681	0.654	0.629	0.604
48000	41739.	12337	0.4633	0.720	0.692	0.665	0.639	0.613
51000	44348.	13557	0.4711	0.730	0.701	0.674	0.647	0.621
54000	46957.	14795	0.4776	0.738	0.709	0.681	0.654	0.628
57000	49565.	16049	0.4834	0.746	0.716	0.687	0.660	0.633
60000	52174.	17303	0.4888	0.752	0.722	0.693	0.666	0.639
63000	54783.	18601	0.4941	0.759	0.729	0.699	0.671	0.644
66000	57391.	19882	0.4990	0.765	0.735	0.705	0.676	0.649
69000	60000.	21206	0.5038	0.771	0.740	0.710	0.682	0.654
72000	62609.	22511	0.5083	0.777	0.746	0.715	0.686	0.658
75000	65217.	23828	0.5126	0.783	0.751	0.720	0.691	0.663
78000	67826.	25187	0.5167	0.788	0.756	0.725	0.695	0.667
81000	70435.	26525	0.5205	0.792	0.760	0.729	0.699	0.671
84000	73043.	27904	0.5243	0.797	0.765	0.733	0.703	0.674
87000	75652.	29261	0.5277	0.802	0.769	0.737	0.707	0.678
90000	78261.	30659	0.5310	0.806	0.773	0.741	0.710	0.681
93000	80870.	32032	0.5340	0.810	0.776	0.744	0.714	0.684
96000	83478.	33446	0.5369	0.813	0.780	0.748	0.717	0.687
99000	86087.	34835	0.5395	0.816	0.783	0.750	0.719	0.690
102000	88696.	36262	0.5420	0.820	0.786	0.753	0.722	0.692
105000	91304.	37664	0.5443	0.823	0.789	0.756	0.724	0.694
108000	93913.	39103	0.5464	0.825	0.791	0.758	0.727	0.696
111000	96522.	40516	0.5484	0.828	0.793	0.760	0.729	0.698
114000	99130.	41966	0.5502	0.830	0.796	0.762	0.731	0.700
117000	101739.	43387	0.5518	0.832	0.797	0.764	0.732	0.702
120000	104348.	44846	0.5532	0.834	0.799	0.766	0.734	0.703
123000	106957.	46275	0.5545	0.835	0.801	0.767	0.735	0.704
126000	109565.	47740	0.5557	0.837	0.802	0.769	0.737	0.706
129000	112174.	49175	0.5567	0.838	0.803	0.770	0.738	0.707
132000	114783.	50646	0.5576	0.839	0.804	0.771	0.739	0.708
135000	117391.	52086	0.5583	0.840	0.805	0.772	0.739	0.708
138000	120000.	53560	0.5589	0.841	0.806	0.772	0.740	0.709
141000	122609.	55003	0.5593	0.841	0.806	0.773	0.740	0.709
144000	125217.	56446	0.5596	0.842	0.807	0.773	0.741	0.710
147000	127826.	57924	0.5598	0.842	0.807	0.773	0.741	0.710
150000	130435.	59368	0.5600	0.842	0.807	0.773	0.741	0.710

G	A	TA	DTA	F3(1)	F3(2)	F3(3)	F3(4)	F3(5)
18000	15652.	2626	0.2200	0.477	0.450	0.424	0.400	0.378
21000	18261.	3245	0.2592	0.526	0.496	0.468	0.442	0.417
24000	20870.	3975	0.2993	0.576	0.543	0.513	0.484	0.456
27000	23478.	4803	0.3340	0.619	0.584	0.551	0.520	0.491
30000	26087.	5714	0.3638	0.657	0.620	0.584	0.551	0.520
33000	28696.	6698	0.3890	0.688	0.649	0.612	0.578	0.545
36000	31304.	7741	0.4101	0.715	0.674	0.636	0.600	0.566
39000	33913.	8835	0.4276	0.736	0.695	0.655	0.618	0.583
42000	36522.	9971	0.4420	0.754	0.712	0.671	0.633	0.598
45000	39130.	11140	0.4538	0.769	0.726	0.685	0.646	0.609
48000	41739.	12337	0.4633	0.781	0.737	0.695	0.656	0.619
51000	44348.	13557	0.4711	0.791	0.746	0.704	0.664	0.626
54000	46957.	14795	0.4776	0.799	0.754	0.711	0.671	0.633
57000	49565.	16049	0.4834	0.806	0.761	0.717	0.677	0.639
60000	52174.	17303	0.4888	0.813	0.767	0.723	0.683	0.644
63000	54783.	18601	0.4941	0.820	0.773	0.729	0.688	0.649
66000	57391.	19882	0.4990	0.826	0.779	0.735	0.693	0.654
69000	60000.	21206	0.5038	0.832	0.785	0.740	0.698	0.659
72000	62609.	22511	0.5083	0.837	0.790	0.745	0.703	0.663
75000	65217.	23828	0.5126	0.843	0.795	0.750	0.708	0.667
78000	67826.	25187	0.5167	0.848	0.800	0.755	0.712	0.672
81000	70435.	26525	0.5205	0.853	0.804	0.759	0.716	0.675
84000	73043.	27904	0.5243	0.857	0.809	0.763	0.720	0.679
87000	75652.	29261	0.5277	0.862	0.813	0.767	0.723	0.682
90000	78261.	30659	0.5310	0.866	0.817	0.770	0.727	0.686
93000	80870.	32032	0.5340	0.869	0.820	0.774	0.730	0.689
96000	83478.	33446	0.5369	0.873	0.824	0.777	0.733	0.692
99000	86087.	34835	0.5395	0.876	0.827	0.780	0.736	0.694
102000	88696.	36262	0.5420	0.879	0.830	0.783	0.738	0.697
105000	91304.	37664	0.5443	0.882	0.832	0.785	0.741	0.699
108000	93913.	39103	0.5464	0.885	0.835	0.788	0.743	0.701
111000	96522.	40516	0.5484	0.887	0.837	0.790	0.745	0.703
114000	99130.	41966	0.5502	0.890	0.839	0.792	0.747	0.705
117000	101739.	43387	0.5518	0.892	0.841	0.794	0.749	0.706
120000	104348.	44846	0.5532	0.893	0.843	0.795	0.750	0.708
123000	106957.	46275	0.5545	0.895	0.844	0.797	0.751	0.709
126000	109565.	47740	0.5557	0.897	0.846	0.798	0.753	0.710
129000	112174.	49175	0.5567	0.898	0.847	0.799	0.754	0.711
132000	114783.	50646	0.5576	0.899	0.848	0.800	0.755	0.712
135000	117391.	52086	0.5583	0.900	0.849	0.801	0.755	0.713
138000	120000.	53560	0.5589	0.901	0.850	0.801	0.756	0.713
141000	122609.	55003	0.5593	0.901	0.850	0.802	0.757	0.714
144000	125217.	56446	0.5596	0.901	0.850	0.802	0.757	0.714
147000	127826.	57924	0.5598	0.902	0.851	0.802	0.757	0.714
150000	130435.	59368	0.5600	0.902	0.851	0.803	0.757	0.714

Anlage 6

G	A	TA	DTA	F4(1)	F4(2)	F4(3)	F4(4)	F4(5)
18000	15652.	2626	0.2200	−.429	−.405	−382.	−.360	−.340
21000	18261.	3245	0.2592	−.380	−.358	−338.	−.319	−.301
24000	20870.	3975	0.2993	−.329	−.310	−.293	−.276	−.261
27000	23478.	4803	0.3340	−.285	−.269	−.254	−.240	−.226
30000	26087.	5714	0.3638	−.248	−.234	−.220	−.208	−.196
33000	28696.	6698	0.3890	−.216	−.204	−.192	−.181	−.171
36000	31304.	7741	0.4101	−.189	−.179	−.168	−.159	−.150
39000	33913.	8835	0.4276	−.167	−.158	−.149	−.140	−.132
42000	36522.	9971	0.4420	−.149	−.141	−.133	−.125	−.118
45000	39130.	11140	0.4538	−.134	−.126	−.119	−.113	−.106
48000	41739.	12337	0.4633	−.122	−.115	−.109	−.103	−.097
51000	44348.	13557	0.4711	−.112	−.106	−.100	−.094	−.089
54000	46957.	14795	0.4776	−.104	−.098	−.093	−.087	−.082
57000	49565.	16049	0.4834	−.097	−.091	−.086	−.081	−.077
60000	52174.	17303	0.4888	−.090	−.085	−.080	−.075	−.071
63000	54783.	18601	0.4941	−.083	−.078	−.074	−.070	−.066
66000	57391.	19882	0.4990	−.077	−.073	−.069	−.065	−.061
69000	60000.	21206	0.5038	−.071	−.067	−.063	−.060	−.056
72000	62609.	22511	0.5083	−.065	−.062	−.058	−.055	−.052
75000	65217.	23828	0.5126	−.060	−.056	−.053	−.050	−.047
78000	67826.	25187	0.5167	−.055	−.052	−.049	−.046	−.043
81000	70435.	26525	0.5205	−.050	−.047	−.044	−.042	−.039
84000	73043.	27904	0.5243	−.045	−.043	−.040	−.038	−.036
87000	75652.	29261	0.5277	−.041	−.038	−.036	−.034	−.032
90000	78261.	30659	0.5310	−.037	−.035	−.033	−.031	−.029
93000	80870.	32032	0.5340	−.033	−.031	−.029	−.028	−.026
96000	83478.	33446	0.5369	−.029	−.028	−.026	−.024	−.023
99000	86087.	34835	0.5395	−.026	−.024	−.023	−.022	−.020
102000	88696.	36262	0.5420	−.023	−.021	−.020	−.019	−.018
105000	91304.	37664	0.5443	−.020	−.019	−.018	−.017	−.016
108000	93913.	39103	0.5464	−.017	−.016	−.015	−.014	−.014
111000	96522.	40516	0.5484	−.015	−.014	−.013	−.012	−.012
114000	99130.	41966	0.5502	−.012	−.012	−.011	−.010	−.010
117000	101739.	43387	0.5518	−.010	−.010	−.009	−.009	−.008
120000	104348.	44846	0.5532	−.009	−.008	−.008	−.007	−.007
123000	106957.	46275	0.5545	−.007	−.007	−.006	−.006	−.005
126000	109565.	47740	0.5557	−.005	−.005	−.005	−.005	−.004
129000	112174.	49175	0.5567	−.004	−.004	−.004	−.003	−.003
132000	114783.	50646	0.5576	−.003	−.003	−.003	−.003	−.002
135000	117391.	52086	0.5583	−.002	−.002	−.002	−.002	−.002
138000	120000.	53560	0.5589	−.001	−.001	−.001	−.001	−.001
141000	122609.	55003	0.5593	−.001	−.001	−.001	−.001	−.001
144000	125217.	56446	0.5596	−.001	−.000	−.000	−.000	−.000
147000	127826.	57924	0.5598	−.000	−.000	−.000	−.000	−.000
150000	130435.	59368	0.5600	0.000	0.000	0.000	0.000	0.000

G	A	TA	DTA	F5(1)	F5(2)	F5(3)	F5(4)	F5(5)
18000	15652.	2626	0.2200	−.450	−.420	−.391	−.365	−.340
21000	18261.	3245	0.2592	−.400	−.373	−.347	−.323	−.301
24000	20870.	3975	0.2993	−.350	−.325	−.302	−.281	−.261
27000	23478.	4803	0.3340	−.306	−.284	−.263	−.244	−.226
30000	26087.	5714	0.3638	−.268	−.248	−.230	−.212	−.196
33000	28696.	6698	0.3890	−.237	−.218	−.201	−.186	−.171
36000	31304.	7741	0.4101	−.210	−.193	−.178	−.163	−.150
39000	33913.	8835	0.4276	−.188	−.172	−.158	−.145	−.132
42000	36522.	9971	0.4420	−.170	−.155	−.142	−.129	−.118
45000	39130.	11140	0.4538	−.155	−.141	−.129	−.117	−.106
48000	41739.	12337	0.4633	−.143	−.130	−.118	−.107	−.097
51000	44348.	13557	0.4711	−.133	−.121	−.109	−.099	−.089
54000	46957.	14795	0.4776	−.125	−.113	−.102	−.092	−.082
57000	49565.	16049	0.4834	−.117	−.106	−.095	−.086	−.077
60000	52174.	17303	0.4888	−.111	−.099	−.089	−.080	−.071
63000	54783.	18601	0.4941	−.104	−.093	−.083	−.074	−.066
66000	57391.	19882	0.4990	−.098	−.087	−.078	−.069	−.061
69000	60000.	21206	0.5038	−.092	−.082	−.072	−.064	−.056
72000	62609.	22511	0.5083	−.086	−.076	−.067	−.059	−.052
75000	65217.	23828	0.5126	−.081	−.071	−.063	−.055	−.047
78000	67826.	25187	0.5167	−.075	−.066	−.058	−.050	−.043
81000	70435.	26525	0.5205	−.071	−.062	−.054	−.046	−.039
84000	73043.	27904	0.5243	−.066	−.057	−.049	−.042	−.036
87000	75652.	29261	0.5277	−.061	−.053	−.046	−.039	−.032
90000	78261.	30659	0.5310	−.057	−.049	−.042	−.035	−.029
93000	80870.	32032	0.5340	−.053	−.046	−.038	−.032	−.026
96000	83478.	33446	0.5369	−.050	−.042	−.035	−.029	−.023
99000	86087.	34835	0.5395	−.047	−.039	−.032	−.026	−.020
102000	88696.	36262	0.5420	−.043	−.036	−.030	−.023	−.018
105000	91304.	37664	0.5443	−.040	−.033	−.027	−.021	−.016
108000	93913.	39103	0.5464	−.038	−.031	−.025	−.019	−.014
111000	96522.	40516	0.5484	−.035	−.029	−.022	−.017	−.012
114000	99130.	41966	0.5502	−.033	−.026	−.020	−.015	−.010
117000	101739.	43387	0.5518	−.031	−.024	−.018	−.013	−.008
120000	104348.	44846	0.5532	−.029	−.023	−.017	−.012	−.007
123000	106957.	46275	0.5545	−.028	−.021	−.015	−.010	−.005
126000	109565.	47740	0.5557	−.026	−.020	−.014	−.009	−.004
129000	112174.	49175	0.5567	−.025	−.019	−.013	−.008	−.003
132000	114783.	50646	0.5576	−.024	−.018	−.012	−.007	−.002
135000	117391.	52086	0.5583	−.023	−.017	−.011	−.006	−.002
138000	120000.	53560	0.5589	−.022	−.016	−.011	−.006	−.001
141000	122609.	55003	0.5593	−.022	−.016	−.010	−.005	−.001
144000	125217.	56446	0.5596	−.021	−.015	−.010	−.005	−.000
147000	127826.	57924	0.5598	−.021	−.015	−.010	−.005	−.000
150000	130435.	59368	0.5600	−.021	−.015	−.009	−.004	0.000

G	A	TA	DTA	F6(1)	F6(2)	F6(3)	F6(4)	F6(5)
18000	15652.	2626	0.2200	−.419	−.396	−.373	−.352	−.332
21000	18261.	3245	0.2592	−.370	−.349	−.330	−.311	−.293
24000	20870.	3975	0.2993	−.320	−.302	−.285	−.269	−.254
27000	23478.	4803	0.3340	−.277	−.261	−.246	−.233	−.219
30000	26087.	5714	0.3638	−.240	−.226	−.213	−.201	−.190
33000	28696.	6698	0.3890	−.208	−.196	−.185	−.175	−.165
36000	31304.	7741	0.4101	−.182	−.172	−.162	−.153	−.144
39000	33913.	8835	0.4276	−.160	−.151	−.142	−.134	−.127
42000	36522.	9971	0.4420	−.142	−.134	−.126	−.119	−.112
45000	39130.	11140	0.4538	−.127	−.120	−.113	−.107	−.101
48000	41739.	12337	0.4633	−.115	−.109	−.103	−.097	−.091
51000	44348.	13557	0.4711	−.106	−.100	−.094	−.089	−.084
54000	46957.	14795	0.4776	−.097	−.092	−.087	−.082	−.077
57000	49565.	16049	0.4834	−.090	−.085	−.080	−.076	−.071
60000	52174.	17303	0.4888	−.083	−.079	−.074	−.070	−.066
63000	54783.	18601	0.4941	−.077	−.072	−.068	−.064	−.061
66000	57391.	19882	0.4990	−.071	−.067	−.063	−.059	−.056
69000	60000.	21206	0.5038	−.065	−.061	−.058	−.054	−.051
72000	62609.	22511	0.5083	−.059	−.056	−.053	−.050	−.047
75000	65217.	23828	0.5126	−.054	−.051	−.048	−.045	−.043
78000	67826.	25187	0.5167	−.049	−.046	−.043	−.041	−.038
81000	70435.	26525	0.5205	−.044	−.041	−.039	−.037	−.035
84000	73043.	27904	0.5243	−.039	−.037	−.035	−.033	−.031
87000	75652.	29261	0.5277	−.035	−.033	−.031	−.029	−.028
90000	78261.	30659	0.5310	−.031	−.029	−.027	−.026	−.024
93000	80870.	32032	0.5340	−.027	−.025	−.024	−.023	−.021
96000	83478.	33446	0.5369	−.023	−.022	−.021	−.020	−.018
99000	86087.	34835	0.5395	−.020	−.019	−.018	−.017	−.016
102000	88696.	36262	0.5420	−.017	−.016	−.015	−.014	−.013
105000	91304.	37664	0.5443	−.014	−.013	−.013	−.012	−.011
108000	93913.	39103	0.5464	−.011	−.011	−.010	−.010	−.009
111000	96522.	40516	0.5484	−.009	−.008	−.008	−.008	−.007
114000	99130.	41966	0.5502	−.007	−.006	−.006	−.006	−.005
117000	101739.	43387	0.5518	−.005	−.004	−.004	−.004	−.004
120000	104348.	44846	0.5532	−.003	−.003	−.003	−.002	−.002
123000	106957.	46275	0.5545	−.001	−.001	−.001	−.001	−.001
126000	109565.	47740	0.5557	0.000	0.000	0.000	0.000	0.000
129000	112174.	49175	0.5567	0.001	0.001	0.001	0.001	0.001
132000	114783.	50646	0.5576	0.003	0.002	0.002	0.002	0.002
135000	117391.	52086	0.5583	0.003	0.003	0.003	0.003	0.003
138000	120000.	53560	0.5589	0.004	0.004	0.004	0.004	0.003
141000	122609.	55003	0.5593	0.005	0.004	0.004	0.004	0.004
144000	125217.	56446	0.5596	0.005	0.005	0.004	0.004	0.004
147000	127826.	57924	0.5598	0.005	0.005	0.005	0.004	0.004
150000	130435.	59368	0.5600	0.006	0.005	0.005	0.005	0.004

Sachregister

NEUE LEHRBUCHREIHE

Grundwissen der Ökonomik
Betriebswirtschaftslehre

Hrsg. von F. X. BEA, Stuttgart-Hohenheim
E. DICHTL, Mannheim
M. SCHWEITZER, Tübingen

Diese neue Taschenbuchreihe bietet dem Studierenden der BWL geschlossene Darstellungen abgegrenzter Teilgebiete in knapper, systematischer und didaktisch gestalteter Art. Die Bände sind zur vorlesungs- und übungsbegleitenden Arbeit sowie zur Examensvorbereitung konzipiert, sie dienen aber auch zur Vertiefung und Fortbildung nach Studienabschluß.

Die für diese Reihe vorgesehenen Einzelbände decken insgesamt den Wissensbereich der modernen Betriebswirtschaftslehre weitestgehend ab. Als Autoren konnten Hochschullehrer und erfahrene Praktiker des deutschsprachigen Raumes gewonnen werden, die aus den verschiedensten Schulen kommen, unterschiedliche Wissenschaftsauffassungen vertreten sowie verschiedenen Altersgruppen angehören. Damit versucht diese Reihe, ein aktuelles Spiegelbild der Wissenschaftsvielfalt der Betriebswirtschaftslehre zu sein.

Lieferbare Bände:

C.C. BERG
Materialwirtschaft, DM 14,80 (UTB Nr. 859)

K. BLEICHER
Unternehmungsentwicklung und organisatorische Gestaltung, DM 22,80 (UTB Nr. 749)

H.-E. BÜSCHGEN
Bankbetriebslehre, DM 16,80 (UTB Nr. 917)

E. DICHTL
Grundzüge der Binnenhandelspolitik, DM 14,80 (UTB Nr. 806)

P. HAMMANN/B. ERICHSON
Marktforschung, DM 16,80 (UTB Nr. 805)

H.R. HANSEN
Wirtschaftsinformatik I, DM 19,80 (UTB Nr. 802)

H.R. HANSEN
Wirtschaftsinformatik II, DM 14,80 (UTB Nr. 803)

A. HEIGL
Controlling und Interne Revision, DM 14,80 (UTB Nr. 750)

G.B. IHDE
Distributions-Logistik, DM 9,80 (UTB Nr. 751)

P. KUPSCH
Unternehmungsziele, DM 16,80 (UTB Nr. 861)

B. TSCHAMMER-OSTEN
Haushaltswissenschaft, DM 16,80 (UTB Nr. 869)

In Kürze erscheinen:

J. BLOECH/W. LÜCKE
Produktionswirtschaft (UTB Nr. 860)

F. BÖCKER
Marketing (UTB Nr. 919)

H. KOSSBIEL
Personalwirtschaft (UTB Nr. 920)

O. Opitz
Numerische Taxonomie (UTB Nr. 918)

H. D. Plötzeneder
Wirtschaftsinformatik III (UTB Nr. 862)

Zahlreiche weitere Bände befinden sich in Planung

Außerhalb der Reihe erscheinen als Ergänzung zu fast allen Bänden in lockerer Folge **Arbeitsbücher.** Sie verfolgen die Absicht, dem Studierenden bei der systematischen Erarbeitung eines Gebietes gezielt Hilfestellung zu geben und seinen Lernvorgang möglichst rationell zu gestalten. Dies geschieht durch Bereitstellung knapper Definitionen von Grundbegriffen, durch Wiedergabe von Fragen und Antworten zu den wichtigsten Problemkreisen sowie durch Vermittlung komplexer Aufgabenstellungen mit den zugehörigen Lösungen. Auch praktische Fälle werden beschrieben und mit Lösungshinweisen versehen, wenn die behandelten Gebiete dies zulassen.

Zunächst erschienen:

K. Bleicher
Unternehmungsentwicklung und organisatorische Gestaltung – Arbeitsbuch, DM 14,80

H. R. Hansen
Wirtschaftsinformatik – Arbeitsbuch, DM 19,80

G. B. Ihde u. a.
Distributions-Logistik – Arbeitsbuch, DM 22,80

Bestellkarte

Ich bestelle über die Buchhandlung:

Grundwissen der Ökonomik – BWL

Lieferbare Bände

...... Expl. Berg, **Materialwirtschaft**
DM 14,80   (UTB 859)

...... Expl. Bleicher, **Unternehmungsentwicklung**
DM 22,80   (UTB 749)

...... Expl. Bleicher, **Unternehmungs-
entwicklung-Arbeitsbuch,** DM 14,80

...... Expl. Büschgen, **Bankbetriebslehre**
DM 16,80   (UTB 917)

...... Expl. Dichtl, **Binnenhandelspolitik**
DM 14,80   (UTB 806)

...... Expl. Hammann, **Marktforschung**
DM 16,80   (UTB 805)

...... Expl. Hansen, **Wirtschaftsinformatik I**
DM 19,80   (UTB 802)

...... Expl. Hansen, **Wirtschaftsinformatik II**
DM 14,80   (UTB 803)

...... Expl. Hansen, **Wirtschaftsinformatik-
Arbeitsbuch,** DM 19,80

...... Expl. Heigl, **Controlling**
DM 14,80   (UTB 750)

...... Expl. Ihde, **Distributions-Logistik**
DM 9,80   (UTB 751)

...... Expl. Ihde, **Distributions-Logistik,
Arbeitsbuch,** DM 22,80

...... Expl. Kupsch, **Unternehmungsziele**
DM 16,80   (UTB 861)

...... Expl. Tschammer-Osten,
Haushaltswissenschaft
DM 16,80   (UTB 869)

...... Expl. ....

...... Expl. ....

Über 30 weitere Bände sind in Vorbereitung

☐ Information bei Erscheinen weiterer
Bände erbeten.

Preisänderungen vorbehalten

Datum: ....   Unterschrift: ....

Absender
(Studenten bitte Heimatanschrift angeben):

....

....

....

Beruf: ....

Ich bitte um kostenlose Zusendung von

☐ Teilverzeichnis Medizin

☐ Teilverzeichnis Biologie

☐ Teilverzeichnis Wirtschaftswissenschaften

Wagner, Steuerplanung, UTB 863
II. 80. 5.5. nn. Printed in Germany

Werbeantwort/Postkarte

Uni-Taschenbücher GmbH

Postfach 80 11 24

Am Wallgraben 129

7000 Stuttgart 80

Bitte
ausreichend
frankieren